CAREER DEVELOPMENT AND PLANNING

Business Administration Classics
工商管理经典译丛

职业生涯发展与规划

（第4版）（FOURTH EDITION）

罗伯特·里尔登（Robert C. Reardon）
珍妮特·伦兹（Janet G. Lenz）
加里·彼得森（Gary W. Peterson）
小詹姆斯·桑普森（James P. Sampson, Jr.）
著
侯志瑾 等 译

中国人民大学出版社
·北京·

工商管理经典译丛

出版说明

随着中国改革开放的深入发展，中国经济高速增长，为中国企业带来了勃勃生机，也为中国管理人才提供了成长和一显身手的广阔天地。时代呼唤能够在国际市场上搏击的中国企业家，时代呼唤谙熟国际市场规则的职业经理人。中国的工商管理教育事业也迎来了快速发展的良机。中国人民大学出版社正是为了适应这样一种时代的需要，从1997年开始就组织策划“工商管理经典译丛”，这是国内第一套与国际管理教育全面接轨的引进版工商管理类丛书，该套丛书凝聚着100多位管理学专家学者的心血，一经推出，立即受到了国内管理学界和企业界读者们的一致好评和普遍欢迎，并持续畅销数年。全国人民代表大会常务委员会副委员长、国家自然科学基金会管理科学部主任成思危先生，以及全国MBA教育指导委员会的专家们，都对这套丛书给予了很高的评价，认为这套译丛为中国工商管理教育事业做了开创性的工作，为国内管理专业教学首次系统地引进了优秀的范本，并为广大管理专业教师提高教材甄选和编写水平发挥了很大的作用。其中《人力资源管理》（第六版）获第十二届“中国图书奖”；《管理学》（第四版）获全国优秀畅销书奖。

进入21世纪后，随着经济全球化和信息化的发展，国际MBA教育在课程体系上进行了重大的改革，从20世纪80年代以行为科学为基础，注重营销管理、运营管理、财务管理到战略管理等方面的研究，到开始重视沟通、创业、公共关系和商业伦理等人文类内容，并且增加了基于网络的电子商务、技术管理、业务流程重组和统计学等技术类内容。另外，管理教育的国际化趋势也越来越明显，主要表现在师资的国际化、生源的国际化和教材的国际化方面。近年来，随着我国MBA和工商管理教育事业的快速发展，国内管理类引进版图书的品种越来越多，出版和更新的周期也在明显加快。为此，我们这套“工商管理经典译丛”也适时更新版本，增加新的内容，同时还将陆续推出新的系列和配套参考书，以顺应国际管理教育发展的大趋势。

本译丛选入的书目，都是世界著名的权威出版机构畅销全球的工商管理图书，被世界各国和地区的著名大学商学院和管理学院所普遍选用，是国际工商管理教育界最具影响力的教学用书。本丛书的作者，皆为管理学界享有盛誉的著名教授，他们的这些著作，经过了世界各地数千所大学和管理学院教学实践的检验，被证明是论述精辟、视野开阔、资料丰富、通俗易懂，又具有生动性、启发性和可操作性的经典之作。本译丛的译者，大多是国内各著名大学的优秀中青年学术骨干，他们不仅在长期的教学研究和社会实践中积累了丰富的经验，而且具有较高的翻译水平。

本丛书的引进和运作过程，从市场调研与选题策划、每本书的推荐与论证、对译者翻译水平的考察与甄选、翻译规程与交稿要求的制定、对译者质量的严格把关和控制，到版式、封面和插图的设计等各方面，都坚持高水平和高标准的原则，力图奉献给读者一套译文准确、文字流畅、从内容到形式都保持原著风格的工商管理精品图书。

本丛书参考了国际上通行的MBA和工商管理专业核心课程的设置，充分兼顾了我国管理各专业现行通开课与专业课程设置，以及企业管理培训的要求，故适应面较广，既可用于管理各专业不同层次的教学参考，又可供各类管理人员培训和自学使用。

为了本丛书的出版，我们成立了由中国人民大学、北京大学、中国社会科学院等单位专家学者组成的编辑委员会，德高望重的袁宝华同志、黄达教授和中国人民大学校长纪宝成教授，都给了我们强有力的支持，使本丛书得以在管理学界和企业界产生较大的影响。许多我国留美学者和国内管理学界著名专家教授，参与了原著的推荐、论证和翻译工作，原我社编辑闻洁女士在这套书的总体策划中付出了很多心血。在此，谨向他们致以崇高的敬意并表示衷心的感谢。

愿这套丛书为我国MBA和工商管理教育事业的发展，为中国企业管理水平的不断提升继续做出应有的贡献。

中国人民大学出版社

前　言

出版《职业生涯发展与规划》的目的是从认知心理学的角度，为指导者及学生提供能够用以解决生涯问题，完成生涯决策的相关知识。本书及相关的教学材料介绍了一个综合、完整的生涯教学系统，旨在改善教学水平，加强学习效果。

为了满足大学阶段的通识教育需求，教材的理论基础是至关重要的。本书涵盖了三个领域的相关知识：认知和社会基础；职业世界与工作行为；个体和组织的生涯选择与发展。

学习者的成果

学完本书后，学生可以具备如下能力：

1. 理解职业生涯和工作行为相关信息的多学科性，及不同个体如何运用这些信息；
2. 理解语义层面的知识及个人经验性的知识的获取；
3. 理解记忆和认知信息的加工是如何与问题解决、具体的生涯决策相联系的；
4. 理解认知的方法，包括信息加工领域的金字塔和 CASVE 循环，如何应用于个人生涯决策和问题解决；
5. 找出影响职业发展的独特的个人信息，包括自我知识、职业知识、决策技能和元认知；
6. 理解跨学科的社会和行为科学如何影响人的求职和工作；
7. 形成个人目标和行为计划，主动提高个人生涯规划水平；
8. 培养就业相关的个人技能，积累信息资源。

内容设计

本书包含了认知心理学和应用行为科学相关知识的理论研究。

第Ⅰ篇（第 1～5 章）关注认知信息加工的理论基础和在特定生涯情境中的实际应用，包括自我知识、职业知识和决策。

第Ⅱ篇（第 6～10 章）提供生涯决策影响因素的多学科概括图，如经济趋势、组织文化、新工作方式和双生涯。

第Ⅲ篇（第 11～15 章）从认知和多学科的视角，关注执行战略性生涯规划和求职的具体步骤，包括常见话题的考察，如面试、简历制作、沟通和工作适应。

本书基于认知信息加工理论（CIP；Peterson，Sampson，& Reardon，1991；Sampson，Reardon，Peterson，& Lenz，2004）和应用行为科学，帮助教师获得批准给在校大学生教授值得自主学习和通识教育的生涯课程。本书整合了在生涯教育实践中最有影响力的一些生涯理论。此外，该方法自 1974 年开始通过一个 3 学分的大学生涯课程进行实践测试。最后，本书运用了一个学习理论模型，该模型认为每个学生都应该获得生涯发展相关的累积性知识，以及针对特定的个人生涯发展问题的学习技巧。

效 度

基于本课程的研究，已经发表了经同行评审的 9 篇论文。此外，CIP 理论和相关材料已接受同行评审，而书中采用的来访者版本的理论相关材料在全球范围内十几个学术期刊中被提及。

本书的四位作者成功合作的期刊论文、图书或国内外会议的专业报告 100 多篇（部），整合生涯理论的专业经验和在大学阶段的实践经验总和超过 100 年。本书的第一作者已经教授本课程超过 75 次。

第 4 版

本书封面是一条林间小径。[①] 我们如此选择的原因是，“生涯”（career）在牛津英语词典中的定义是一个人的工作生活和专业成就的一般进程。Carrière 在古代法语中意为载人或运货的马车通过的路。本书考虑了各种方案后，想要在空间和时间上构建一个独特的，如封面所意指的生活之道。职业生涯发展与规划包括探索这片森林和林间的树木。

在修订第 4 版的时候，我们有几个目标。

第一，更新资源，提供关于职业和就业的新信息。修订描述了职业信息传递新系统的介绍（第 3 章），就业研究（第 7 章），工作方式（第 9 章），工作与生活平衡（第 10 章）和网络发展（第 12 章）。章节内的参考文献和链接也根据需要进行了更新。

第二，因为书中某些地方过于晦涩，我们删除了一些内容——在 3 学分的学期课程中学生有太多学习内容或教师的教授内容太多。因此，我们删减了上一版第 2，3，5，6，8，10，11，14 和 15 章的冗余内容。

第三，我们在《教师手册》里增加了基于“主动学习”原则的策略。供学生使用的工作表单、作业和其他学习工具都罗列在附录中。该手册包括了 28 次课的教学活动设计、每单元的测试题目和超过 370 页幻灯片资料。

---

① 这里指英文原著的封面。——译者注

致 谢

许多过去和现在的同事提出的许多观点，帮我们完成了这个最新的版本（在我们学校有超过 300 人教授过这门课程）。我们特别感谢 Karin Snider 邀请我们出版该书，并在整个撰写过程中提供帮助，同样感谢 Michelle Bahr 作为项目协调人在这 7 个月的修改工作中的帮助。我们希望能够在未来推出新的版本，也欢迎各位教师和学生提供反馈。

罗伯特·里尔登博士
珍妮特·伦兹博士
小詹姆斯·桑普森博士
加里·彼得森博士

目　录

第Ⅰ篇 生涯的概念与应用

Career Concepts and Applications

第1章 生涯规划导言

大多数在美国长大的人认为，拥有自己的职业生涯是理所当然的事情。这几乎就像是与生俱来的权利。正如歌谣里所唱的："它如同七月四日、棒球、苹果派和雪佛兰牌汽车一样美国味儿十足。"父母、老师和朋友们都期盼着我们拥有自己的事业。我们的人生成功与否以及身份认定都要由我们的职业生涯来衡量。我们上学、选择学习的专业都是在为工作做准备。人们告诉我们，"正确"的生涯会带来快乐、成功和充实的生活。

以上是人们对生涯所持有的普遍看法，社会中那些对塑造我们的态度和价值观有重要影响的人也持有这样的看法。这些观念通过教师、父母、电视广播、神父和政客灌输给我们。这种种期许不仅在选择合适的职业时为我们施加重重压力，也让社会为了确保能提供给我们好工作而倍感压力。

然而，对于现在的大学生来说，好工作和重要的职业生涯是否仍是合理的期待？本书探讨了这些观点，并检验看待最新生涯服务、调查和理论发展的新视角。我们会关注那些能有效地帮助学生解决实际的生涯问题和制定生涯决策的事情。

1.1 一种历史的视角

在开始探讨这一职业生涯规划的新方法前，我们先简要回顾过去。究竟这种生涯的观点从何而来？它是否向来如此？是哪些力量促成了我们当前对职业生涯问题的思考？

至少从历史的角度看，“生涯”这一概念还很年轻。其实，在 20 世纪以前，职业选择对于多数人来说还不是寻常之事。换句话说，“拥有一份职业”的理念自出现至今也不过百余年。在那以前，许多人只是自动地继承父母所从事的职业。假如你是男孩，你的父亲是农民，或者是店主，那么你通常将子承父业。假如你是女孩，那么你通常会和母亲做一样的事情。生涯选择几乎是不存在的。你的生涯是生来就注定的，无须自己规划或作最终决策，你只需沿着家庭环境为你铺设的道路一直走下去。

当然也有例外。比如，假如你的家庭十分富有，或属于特权阶层，你就可以为将来从事某种专业化的工作做准备。你可以追求像牧师、医生、教师、艺术家或政府职员这样的职业。如果你是男性，这就更有可能成为事实了。当然，所有这些职业都要求你受过良好的大学教育，而在当时，大学一般只对白人男性开放。

为什么情况发生了变化？众多变化都是由一种外部的力量所引起，即工业革命，工业革命进而又引起其他变革。在美国，新兴大工业的发展，如石油业、铁路运输业、纺织业、肉类加工业、船舶业、汽车业、公用事业、建筑业、木材业、银行业和钢铁业等，使整个经济发生了巨大变化。这些产业所创造出的各种工作机会吸引了来自农场和乡村地区的劳动力，他们渴望积累财富，过上更好的生活。这些岗位是新的，是上一代人从未经历过的。突然间，社会提供了很多可供选择的岗位。

也有些变化可归因于美国的经济体系的性质。20 世纪初，成千上万的欧洲人举家迁徙，离开故土，移民到美国。在美国，新来者可以进入新行业，开始新生意，发展新技能，并在这一过程中获得财富与成功。当然，这里也存在风险。他也许会失败，但能够有机会就已具有强大的吸引力。所有这些新发现的机会都在生涯选择以及进行良好的生涯规划的责任中被具体化。

当然，社会变革也带来了一些问题。在 20 世纪早期，许多新工作具有危险性。一些工厂雇主压榨童工和新移民。年轻人会离开学校到工厂工作，帮助贴补家用。在一些东部城市，学生辍学率高达 90%。最终，联邦政府颁布了各种保障儿童的教育与安全的法律，帮助工人组织工会，要求雇主建立安全的工作环境。许多新来的移民不讲英语，也不知道如何成为这个美国民主制度下的公民，他们有时会被不道德的政客或商人所利用甚或虐待。在很多方面，以上所有这些在当今 21 世纪的美国仍然没有改变。

1.2 职业指导入门

1908 年，为了帮助青年和成人梳理这个日渐复杂的职业选择过程，一个叫弗兰克·帕森斯（Frank Parsons）的人在波士顿某个社区的一栋住宅楼里创建了职业局（Vocations Bureau）。这个新项目指导求职者（尤其是新来的移民）去审视自己的个性特点，调查当地的就业选择状况，然后帮助他们选择最佳的就业机会。正如我们今天所知，这就是生涯咨询的肇始。

帕森斯的理论极为盛行，他的著作《选择职业》(*Choosing a Vocation*)（Parsons，1909）为那些有兴趣在其他城市发展该项目的人介绍了这一项目。帕森斯的项目界定了进行明智的生涯选择所包括的三个步骤：

1. 对兴趣、技能、价值观、目标、背景和资源进行细致的自我评估。
2. 考察所有学校学习、业余培训、就业机会和各种职业的可供选择的机会。
3. 基于前两个阶段所发掘的信息，仔细推断何为最佳选择。

帕森斯的三阶段模型可能让你印象深刻，这是一个解决生涯问题和进行决策制定的非常有逻辑的理性方法。这可能反映出帕森斯早年作为一个律师、工程师和教授的职业素养。帕森斯的思想在当今世界仍然非常有用，他的工作成果是人们思考生涯选择方式的重大突破。

自 20 世纪 50 年代初期，生涯理论家日益推崇一种观念，即生涯不仅仅是一份职业或一个工作，也是决定人们如何生活的贯穿一生的过程。换言之，人们在不断使用帕森斯的三阶段模型来调整自己的各种生活角色。这些生活角色包括工作者、学生、父母和公民。以此种新近的观点来看，职业指导涉及的内容不仅仅是选择和从事某份职业。我们将在本章后面探讨这些新近的观点。

1.3 当今的职业生涯

让我们回到现在。当今的职业生涯规划与 100 年前有何不同？首先，社会的飞速发展影响着我们今天的生活，并已触及生涯发展过程的核心。社会巨变波及我们每一个人，影响着我们工作的时间、方式、地点和原因，进而影响我们对职业生涯的规划及追求。

正如一个世纪以前一样，工作的基本性质正在发生改变。人们进入一家公司或机构后就忠于职守直到退休，这样的日子已经一去不复返。这种观点已不再适合许多工作者的生活现实。此外，工作和组织机构在范围上已日趋国际化，而不是仅限于一个国家内。此外，工人像燃料和电力一样被视为一种商品。人们从成本和收益的角度将美国工人与墨西哥工人、中国工人进行比较。我们将在第 6 章、第 7 章具体探讨这些观念。

除去每周 40 小时的有偿工作外，许多员工的工作是兼职的、弹性的、临时的或应急性的，还有远程或其他的工作安排，这些工作常常是无偿的。这些新兴的灵活工作方式使生涯构建的复杂性日益增加。第 7 章和第 8 章对这些观点进行探讨。

工作场所的多样性对工作和职业生涯产生了巨大的冲击。现在美国组织中的人员构成反映了近年来来自中美洲、南美洲和亚洲的移民浪潮，这股移民潮在规模上远胜于 20 世纪初越洋而来的欧洲移民潮。

性别和工作之间的平衡正在发生变化。这种现象与当前人们的家庭生活观念有关，然而，越来越多的女性走出家门寻求工作，这一事实导致工作组织和日常家庭生活发生重大改变。妇女进入劳动力市场引发了许多改变，包括工作职责定义方式的变化和相关决策方式的变化。这一趋势也迫使人们以更平等的眼光来看待男女两性的家庭角色。现在一些家庭中，母亲在外忙工作，就期待父亲来分担做饭、做家务、抚养孩子和处理家事的责任。

最后，用来帮助人们做出生涯和工作选择的资料、资源已经极为丰富，生涯专家称之为生涯干预，包括为人们的生涯发展提供帮助的计算机系统、问卷量表、图书、视听材料、印刷材料以及专业和准专业人员。如今，各种生涯干预比以前丰富得多，对于使用者来说，也就更加难以了解在特定情境下哪种选择最为合适。

总之，由于社会、经济生活的急剧变化，生涯规划已经成为一项更具挑战性的任务。然而，即使面临所有这些变化和新的复杂形势，我们相信，你依然有可能学会如何设计和执行生涯规划。

1.4 生涯问题

2007—2009 年美国的经济衰退是第二次世界大战和 20 世纪大萧条之后最严重的一次，导致了成千上万的工人大规模失业（Bruyere，Podgornik，& Spletzer，2011）。而且，佩克（Peck，2010）认为“年轻人这一代的生涯机会可能受到这次衰退的永久削减”（p. 6）。这是大学生所面对的现实问题，需要积极思考、不屈不挠、适应力、坚持和谦逊来做出强有力的回应。

个人常常会因失业、职业转向或家庭与工作之间的冲突而经受巨大的创伤。而机构也会因为员工的生涯问题而遭遇困境。对于任何机构来说，最关键的问题之一就是将合适的人安置到合适的工作岗位，因为这会极大地影响组织绩效。甚至国家也意识到生涯发展的重要性。新兴国家和老的工业国家都力图开发各种教育和经济项目，以使国民能致力于任何可能的有意义的职业生涯活动。

充分就业是当今世界每个国家的目标。判断一个国家运转是否健康、国力是否强大，通常要看其人民是否充分就业，以及产出是否大于其自身的需求。当人们失业或是未能充分就业时，国家就陷入困境，因为当国民变得惶惑、害怕，对国家领导人感到愤怒时，发生罢工和革命的可能性就会增加。许多国家之间的纠纷往往涉及某个国家力图把就业机会保留在国内的做法。个人的生涯发展就与国家乃至全球促进就业增长的政治经济力量直接相连。

吉姆·克利夫顿（Jim Clifton）是盖洛普（Gallup）组织的执行总裁，他进行世界性的民意测验，发现“最基础的世界意志不再是和平、自由或者民主，也不是拥有家庭，也不是上帝或拥有房子或土地。世界的意志最初最原本的是有一份好工作。所有的其他事都会随之而来”（Clifton，2011，p. 185）。

职场生活的质量非常重要，因为失业率的增加与个人健康问题、家庭暴力和犯罪直接相关。对个人来说，失业有时会引起心血管疾病、胃溃疡、情绪紧张以及其他健康问题。失业也与虐待儿童与配偶、抢劫、攻击以及其他形式的人身伤害和财产损失等现象的增加有关。所有这些都意味着当一个国家的工作生活质量下降时，国家的社会和经济成本将迅速上升。

近年来，像全美金融公司（Countrywide Financial）、通用汽车公司、高盛投资公司以及加利福尼亚州政府这些大的机构都解雇了数千名员工、大规模调整工作职位，有的公司甚至倒闭。这类机构的瓦解或倒闭所带来的创伤，不仅对个人，而且对整个地区都造成深远的影响。你个人的生涯发展可能直接与某个行业或机构的成功与稳定息息相关。

生涯问题因其影响之巨大而极具重要性。每天都有成千上万的人进出职场，或流动于不同的工作之间，就业市场极不稳定。有时，这些变动甚至被视为一种“生涯地震”（Bolles，2012）。鉴于充分就业对于个人和国家的重要意义，像经济危机那样在短时间内就有成千上万人失业的灾难性事件，其影响则更为深远。而且更糟糕的是，使人们重返劳动力市场的系统却效率低下。你的生涯质量很可能受到国家经济运行的健康状况、行业和机构状况以及你求职所使用的方法的影响。

1.5 生涯发展术语

在本书中，像生涯（career）、行业（vocation）、工作（work）、就业（employment）、工作（job）、职业（occupation）、职位（position）和产业（industry）这样一些熟悉的词汇值得给予特别的注意，因为在生涯发展领域，它们的意义不同于新闻媒体或日常交谈中的那些传统用法。我们也会在定义上对其他术语如兴趣（interest）、价值观（value）、技能（skill）、能力（ability）和目标（goal）等给予特别的界定。

为什么要有这些特别的定义？原因之一，这是用以组织和交流生涯发展领域里的知识和事实的方式。在你个人进行生涯决策制定时，了解职业信息、就业信息和生涯信息之间的区别非常重要，因为三者所涵盖的事实和数据各不相同。当你在解决生涯问题时寻求帮助，你需要恰当地询问信息。使用正确的术语将有助于你更快地得到正确的答案。

另一个需要这些特殊定义的原因在于，问卷量表和计算机信息系统等各种生涯发展服务所用的工具也在使用这套术语。为了成为一个知情的生涯服务消费者，你需要了解和有效使用该领域的术语。

1.5.1 定义

以下是生涯研究领域中几个最重要的定义。我们还将在全书各处重点讲述其他大家需要了解的重要概念。下列定义是源自《职业指导季刊》（*Vocational Guidance Quarterly*）中的一篇文章（Sears，1982）。

生涯发展

生涯发展（career development）是指那些共同塑造我们生涯的经济、社会、心理、教育、生理以及机遇等因素之总和。

以上定义表明，生涯发展是一个很大的概念。它受到资金和财务资源、团队关系、社会阶层、心理健康、个性、教育水平和经历、身体能力和特质以及机遇因素的影响。所有这些因素结合起来，影响人们职业生涯道路的展开方式。有一点非常重要，我们不得不提：这些因素中的任何一个都无法单独决定一个人的生涯，但它们以复杂的方式结合起来后就可以塑造人的生涯。随后，我们将更为细致地考察安妮·罗伊（Anne Roe）博士是如何看待这些因素结合起来进而塑造个人生涯的。

生涯

生涯（career）是指个人通过从事工作所创造出的一种有目的的、延续不断的生活模式。

这个定义由美国生涯发展协会（National Career Development Association）提出，是生涯领域中使用最为广泛的一个定义。该定义中包含了一些重要的观念，对于从事生涯规划的工作者来说具有重要的实践意义。

“延续不断的”指生涯不是作为某个事件或选择的结果而发生的事情，也不局限或束缚于某一特定的工作或职业。更确切地说，生涯是一个持续一生的过程，它受到个人内在和外在力量的影响。该领域的一些专家甚至使用“人生/生涯”这一术语来作为联结生命过程与生涯观念的桥梁。

“创造出”是指生涯是人们在愿望与可能性之间、现实与理想之间妥协和权衡的产物。生涯发展是人们一系列接连不断的选择的结果，当人们做出选择时，需要权衡这些选择的收益及其代价与风险。对人们来说，没有“十全十美”的生涯道路，但也许存在最适宜的道路。

“有目的的”是指生涯对个人来说是有意义的。生涯不是偶然发生或应运而生的，它是规划、慎重考虑、制定和执行的结果。生涯因个人的动机、抱负和目标而形成、发展，它反映了个人的价值观和信念。

“生活模式”意味着生涯不仅是一个人的职业或工作。生涯包含所有的成人生活角色（如父母、配偶、持家者、学生），以及人们整合与安排这些角色的方式。

"工作"(work)可能是生涯领域最易被误解的词语之一。我们都知道这个词的意思，但对生涯专业工作者来说，"工作"是一种为自己和他人创造价值的活动。

因此，工作不仅限于有偿的活动，如果活动能产生对我们或他人有价值的结果，那么无偿的、志愿的活动也包含在其中，比如训练少年棒球队、领导教堂唱诗班、绘制风景画或掌握一种电脑程序。此外，闲暇活动也是生涯的一部分，有时还是很重要的一部分。工作，而非就业，是对生涯进行操作化定义的方式。

为了使这一点更加清晰，考西、戴斯卡和马泽罗勒(Cawsey, Deszca, and Mazerolle, 1995, p.44)引用了汉迪(Handy, 1989)对五种工作类型的描述。作为一名大学生，你已经参与这些工作类型中的一部分，尤其是第五种：

1. 工资制工作，依据时间和努力获取报酬的工作。
2. 报酬制工作，依据工作结果获取报酬的工作。
3. 家庭工作，在家里所从事的工作，例如抚养儿童或养护草坪。
4. 志愿性工作，志愿或慈善工作。
5. 学习性工作，研习新技能。

最后，"个人通过从事"强调生涯对于个人而言是独一无二的。在现实生活中，没有哪两个人拥有完全相同的"生涯"，因为生涯建立在个人独特的历史和情境之上。尽管人们可能拥有相似的兴趣和技能，从事相同的职业，甚至为同一个机构工作，他们的生涯仍然不同。

总之，"生涯"一词的定义将焦点从"寻找适合于我的生涯"转向"发展属于我自己的生涯"。对于某些人来说，生涯规划的重点转向人们自身是个好事情。而对于另一些人，承担自身生涯发展的责任却令他们感到恐惧。本书的目的是要帮助你获得做出良好生涯选择并为之担负责任的工具。

那些面临生涯问题解决和生涯决策制定的人常常混淆生涯、职业、职位和工作这几个词。简而言之，生涯是从人的角度赋义，最终它们对于每个个体而言都是独一无二的。而职业、职位和工作是存在于机构和行业中的，与人们所赋予它们的意义相分离，我们能通过研究技能发现它们，因为信息本身就在那里。

职业

职业(occupation)是指不同行业和组织中存在的一组类似的职位。

不论是一门手艺还是某种专业，职业都独立于个人而存在于某个行业或机构中。例如，会计是一种职业，它在医药行业或美国联邦调查局(Federal Bureau of Investigation, FBI)里都存在。

职位

职位(position)是指组织中所从事的一组任务；它是由重复发生或持续进行的任务构成的一个工作单元。任务是一个有起点和终点的工作行为单元，这一单元以小时计而不是以天计。

职位形成于当组织划分出某个知识领域或一套技术任务之时，这些任务的完成将使整个组织运转得更好。例如，X－Y－Z 公司决定，公司需要有个人来改善员工、顾客和投资者之间的信息传递过程。公司撰写了一个叫“沟通专员”的新职位说明，继而设法雇人来做这项工作。

虽然人们找工作时通常会申请一个空缺的职位，但无论该职位空缺与否，这个职位都是存在的。一个人可能一生中会在许多不同的职位上工作，即使是在同一个机构或同一个职业里。通常，在这些职位上工作的都是带薪雇员，但一些机构也设立无薪的志愿岗位。

工作

工作（job）是指由具备某些相似特征的人从事的带薪职位。

一份工作可能包含一个或一组相似的带薪职位，传统上实行每周 40 小时的工作制。人们也许一生中从事许多不同的工作。工作也包括个体经营，对于特定的组织，也可能会有特殊含义。工作由人来完成，以任务、结果和组织为中心。我们可以这么来比较“职位”与“工作”的不同：人们失去或得到工作；组织失去或得到职位。

总之，牢记当他或她做出人生选择时，只有生涯对于每个人是独一无二的，生涯也许包括也许不包括人们的职业活动，这意味着我们所有人早已身处生涯之中。事实上，生涯并非我们为之准备之事——那只是一个职业或一份工作——而是我们所生活、经历，并且已置身于其发展过程中的事情。因而，生涯是我们人生中至关重要的方面。

如前所述，本书会讲述关于生涯观念的一些新观点，而如上这些概念及其定义将贯穿全书，它们将帮助你确切地理解我们正在讨论的问题。

1.6 生涯决策中所涉及的因素

到目前为止，我们已经勾勒出一些当前从个人、机构和国家的角度思考生涯的方法，以帮助你拓展对生涯领域的思考视野，超越仅仅是一个人做出某个生涯抉择的简单方式。在当今世界，成功的生涯规划需要大量的知识和技能。

安妮·罗伊（Anne Roe）博士是一名生涯理论家，她一生主要致力于阐明与生涯决定有关的复杂事实，解释人们选择某种特定职业的原因。20 世纪 40 年代，她研究科学家和艺术家的生涯行为。她提出的理论认为，可用 12 个因素来解释一个人的职业选择，这 12 个因素又可归为四个不同的类别（Roe & Lunneborg，1990）。她将这些因素整合为一个代数公式（见表 1—1），它看起来有点“吓人”，但实际上它可以帮助我们更充分地理解错综复杂的生涯选择。让我们将公式拆开逐一分析。罗伊使用小写字母来表示调节系数，用来表明 12 个用大写字母表示的一般因素会如何在特定的时间点及个人所处的独特环境中，受到个人独特品质的影响。每个人的公式都是独特的。有趣的是，S（性别）因素前没有调节系数，S 是影响其他所有 11 个因素的总调节系数。你认为性别在职业选择中真的如此重要吗?

表 1—1　　**罗伊的公式**

职业选择=S((eE+bB+cC)+(fF,mM)+(lL+aA)+(pP×gG×tT×iI))	
E=总体经济状况	A=后天习得的特定技能
B=家庭背景，种族	P=生理特点
C=机遇	G=认知能力或特殊天赋
F=朋友，同伴群体	T=气质与个性
M=婚姻状况	I=兴趣和价值观
L=一般的学习和教育	S=性别

资料来源：From *Career Choice and Development*：*Applying Contemporary Theories to Practice*，2nd Edition by D. Brown，L. Brooks，and Associates. Copyright © 1990 Jossey-Bass Inc.，Publishers. Reprinted with permission of John Wiley & Sons，Inc.

最后，罗伊将这些因素（性别除外）分为四组，分别列于公式中四个圆括号内。概括地说，第一组包含的是人们几乎无法控制的因素，后三组中则包含那些基于遗传和后天经验的因素。我们认为，一个人在某种程度上能选择自己的经历或兴趣。罗伊的分析有助于我们理解生涯发展与职业选择为何有时如此艰难。生涯问题解决和生涯决策制定是复杂的任务，但只要有动机并付出时间和努力，我们就能发展出技能，学会掌控自己的生涯。这便是本书的基本原理。

1.7　生涯选择与生涯发展理论

自帕森斯 20 世纪初的开创性工作以来，心理学家、社会学家、经济学家和教育学家一直尝试进一步了解人们进行生涯选择和生涯问题解决的过程和方式。他们所累积的知识可视为一门学科或一套知识体系。这些生涯发展领域具有多学科性，包括职业心理学、职业社会学、劳动力市场经济学以及职业行为学。

本书所呈现的研究和理论是那些有关如何提高生涯满意度的实用建议的基础。如果你使用这些基于学术研究的信息并能系统地执行任务，那么你可能作出更好的生涯决策。

学习生涯理论还有另一个现实原因。简而言之，我们本能地使用个人生涯理论（Personal Career Theory，PCT）（Holland，1997）来解决生涯问题、进行生涯决策。例如，你可能说，“我是那种户外型的人，我喜欢水和生物课。我觉得我将来会成为一个海洋生物学家”。了解你的人也许会说，“我认为你会成为一个伟大的小学老师”。在这两个例子中，人们都将对自我的了解与各种教育、职业选择相匹配，从而选择一个职业。一些生涯理论家，比如霍兰德（Holland），已经研究这种匹配长达40年，进一步学习霍兰德理论也许能帮助你改善自己的PCT。

> 当你的PCT出现问题，无法继续有效帮助你解决生涯问题、进行生涯决策时，你可以向专业的生涯咨询师咨询，或者获取某种特殊的帮助来改善你的PCT。事实上，本书的目的就是帮助你改善PCT的质量，使你成为一个更有效的生涯决策者。

在本书中，我们汲取了几位生涯理论家的研究成果，基于他们的思想已经发展出许多量表、计算机系统以及用于生涯干预过程的其他材料。我们将从帕森斯的理论开始，接着是霍兰德的理论，最后介绍唐纳德·舒伯（Donald Super）以及佛罗里达州立大学研究团队的研究成果。

帕森斯

弗兰克·帕森斯被视为结构取向的理论家。为何如此？因为他分别聚焦于每种职业选择或生涯选择，他试图考察与个人以及职业选择有关的所有因素。帕森斯强调在生涯决策制定中需要掌握有关个人以及各种选择的高质量信息。对于帕森斯而言，最后的步骤就是运用逻辑推理技能来决定最佳的选择。一个人如果缺乏对自身或职业和工作的了解，或是推理能力不足，那将有做出糟糕选择的危险。帕森斯将高质量的自我评估、职业或就业信息，再加上专业的咨询者，作为帮助人们解决生涯问题的关键。

霍兰德

约翰·霍兰德（John Holland，1997）发展了一种被称为“类型学”的理论，它是关于人格类型和与之相匹配的环境类型的理论。后面我们将进一步深入探讨霍兰德的RIASEC理论，因为自20世纪50年代，他的理论使生涯领域发展出最为广泛使用的工具和材料。霍兰德的理论不断产生出关于人们如何选择职业的大量研究，已发表的研究结果超出2 000个。他编制的兴趣量表——职业自我探索量表（Self-Directed Search），1970年问世，至今已经被翻译成25种语言，销量3 000余万册。霍兰德的方法也能用于研究各种社会、工作环境，包括职业、职位、组织、学校和人际关系。

舒伯

唐纳德·舒伯（Donald Super，1990）是最为重要的“过程取向”理论家之一。他于20世纪50年代初开始提出关于生涯发展的新思路。例如，他指出职业选择部分基于个人的自我概念；也就是说，个人通过职业选择来寻求自我概念的实现。这一观点与人格、职业这两个概念紧密结合，形成他对生涯的看法。

舒伯提出了生活/生涯彩虹理论，他认为九种生活角色是我们理解生涯概念的良好途径。每个人在其一生中的不同时间里承担着一个或多个角色。此外，对于每个人来说，每个生活角色的强度随时间而变化。各种生活角色的结合及其强度构成了每个人的生涯基础。有些角色是从生物和遗传的角度来定义的，有些则是个人的选择（这一点与罗伊的观点类似）。如图 1—1 所示，这九种角色是：(a) 孩子（儿子或女儿）；(b) 学生；(c) 休闲者；(d) 公民；(e) 工作者；(f) 退休者；(g) 配偶或伴侣；(h) 持家者；(i) 父母或祖父母。你预期在你的生活/生涯中将扮演哪种角色？各种角色的强度、力度如何？有哪些内部、外部的力量？

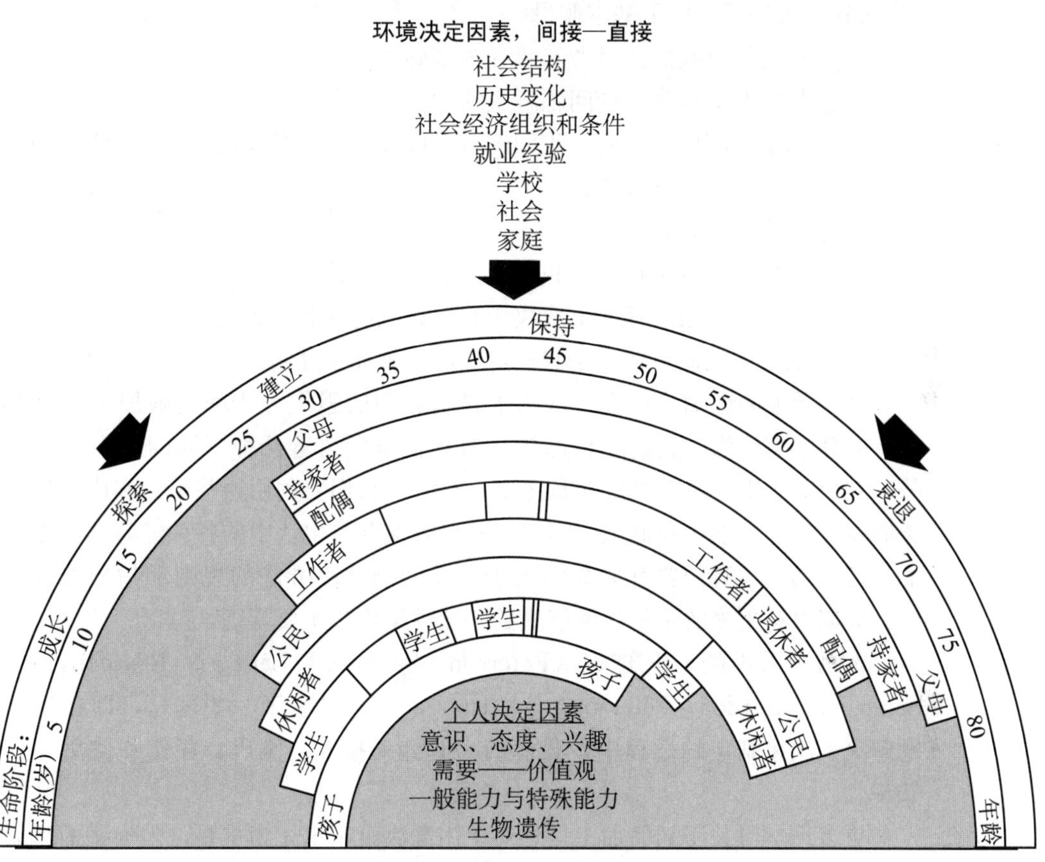

图 1—1　舒伯的生活/生涯彩虹

资料来源：*Journal of Vocational Behavior* by Academic Press. Reproduced with permission of Academic Press in the format Journal via Copyright Clearance Center.

舒伯从人们的自我概念、年龄和生活角色来看待生涯发展，使我们更清楚地理解生涯发展和决策制定所包含的内容。显然，生涯规划不仅仅是选择一个大学专业、一种职业或是一个工作地点，它包含的是对我们自身以及我们在生活中所扮演的所有角色的彻底剖析。

前面我们已经回顾了这些学者对人类理解生涯行为上的理论贡献，现在我们将通过自己的努力继续前行，进一步探索生涯问题解决和决策制定。让我们来看看认知信息加工（cognitive information processing，CIP）理论对于生涯发展的理解。

1.8 认知信息加工理论

1991 年，加里·彼得森、詹姆斯·桑普森和罗伯特·里尔登合著了《生涯发展与服务：一种认知的方法》（*Career Development and Services：A Cognitive Approach*）一书。这本书阐述了一种思考生涯发展的新方法。这一认知信息加工（CIP）方法基于以下基本假设：

1. 生涯选择以我们的思考和感受为基础。
2. 进行生涯选择是一种问题解决活动。
3. 作为生涯问题解决者，我们的能力以我们所知及我们如何思考为基础。
4. 生涯决策需要良好的记忆。
5. 生涯决策需要有动机。
6. 生涯发展持续进行，是我们毕生学习和成长的一部分。
7. 我们的生涯很大程度上取决于我们思维的内容和方式。
8. 我们的生涯质量取决于我们对生涯决策和生涯问题解决所了解的程度。

我们所说的认知是什么？基本上是指我们的思维方式和大脑加工信息的方式。心理学家认为，我们在自己的长时记忆里保留着几种不同的知识结构和成分，它们对于生涯决策制定非常重要。第一，我们要利用这些结构和成分处理有关职业、专业等事实和概念。第二，我们要保存对生活中的各种经验和历史事件的记忆。第三，我们要有成套的用于寻找问题解决方法的规则和指导方针。第四，我们要有更多的用于问题解决的一般性策略或主要规则。

本书所采用的 CIP 理论（Peterson，Sampson，Lenz，& Reardon，2002；Sampson，Reardon，Peterson，& Lenz，2004）是基于一些理念，即在生涯问题解决和决策制定的过程中，我们的大脑如何接收、编码、存储和使用信息与知识。

更多地学习关于如何加工信息对于生涯决策制定尤为重要，因为我们每天收到许多轰炸式的事实、数据和观点。决策制定的科学表明信息越多，实际上导致决策越差（Begley，2011）。就上述理由，我们相信 CIP 方法可以帮助人们更好地使用可获得的关于生涯决策的信息。就这点我们会进一步讨论如何实际应用 CIP 方法。

1.9 生涯选择所涉及的内容

我们认为生涯问题有一些共同的特征。

1. 它们可以通过现存之事与我们欲为之事之间的差距来定义。它是正在发生之事和我们理想中希望发生之事二者之间的差异。

2. 生涯问题通常很复杂，并且包含情感因素。它们呈现出模糊的线索和信号。其复杂性来源于各种冲突的愿望和动机、他人的压力以及担忧和窘迫的感受。

3. 生涯问题的解决通常有多种备选方案，而不是只有一个正确选择。每种选择似乎都会对其他选择产生影响，它们相互依存，所以最佳的解决方案通常是各种选择的结合。

4. 选择的结果常常具有不确定性。没有任何一种解决方法可以保证成功地、令人满意地解决生涯问题。

5. 针对一个主要生涯问题的决策，几乎总是会导致另一些事先无法完全预料到的问题产生。

我们认为，这五个方面是所有生涯问题的共同点。其中有多少与你的生涯状况有关呢?

1.10 信息加工金字塔

图 1—2 显示了一个金字塔，它包含了进行生涯选择所涉及的各种成分。金字塔底部的两个部分称为知识领域，包括了解自我（自我知识）和了解自己的各种选择（职业知识）。自我知识包括自我的价值观、兴趣、技能以及相关的个人特性。职业知识包括了解特定的职业、大学专业和（或）工作及其组织方式。

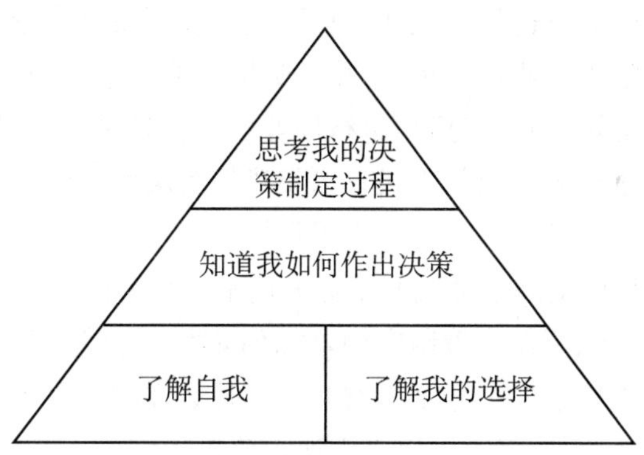

图 1—2 生涯决策的信息加工金字塔模型

资料来源：Reprinted from *The Career Development Quarterly*，41，1992，p. 70，copyrighted NCDA. Reprinted with permission of the National Career Development Association. Used with permission.

金字塔底部的知识领域可以比作存储于计算机存储器中的数据文件。各种信息以图式的方式存储，或是存储为一条动态的信息。这些图式使我们能够对生涯问题解决和决策制定中的信息进行处理和加工。例如，在职业知识领域，当我们对会计这一职业了解得越多，我们就会发展出更为完善、更加详细的有关会计的工作、技能、兴趣等的图式。同样，在自我知识领域，如果我们做过兴趣测验，就会对自己的兴趣模式有更为清晰的了解。

金字塔的第二级水平——知道我如何作出决策——决策制定技能领域，包含如何进行良好决策的五步骤指南（见图1—3)。这一步骤可比作使用存储于计算机内存和文件中的事实和数据的计算机程序。生涯问题的解决需要占用大量的记忆空间，并要求我们的大脑有足够的容量来进行信息处理。为达到这一点，我们必须聚精会神，就像准备比赛的运动员。这之后，我们就到达了金字塔的顶端。

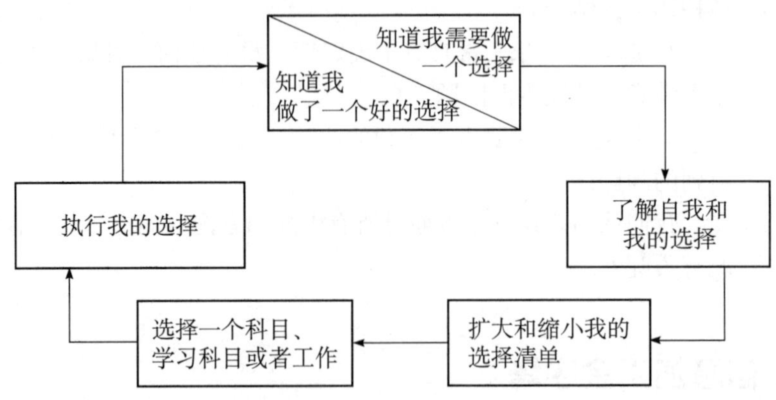

图1—3　良好决策制定指南

资料来源：Reprinted from *The Career Development Quarterly*，41，1992，p. 70，copyrighted NCDA. Reprinted with permission of the National Career Development Association. Used with permission.

在金字塔的顶端，我们要对决策过程进行思考，即执行加工领域。这一部分就好比是一种工作控制功能，它告诉计算机金字塔第二级水平上的各种程序将以何种顺序进行运作。例如，你可能会在考虑职业选择以及为哪个机构工作之前，先着手解决专业选择的问题，或者，你可能会先考虑自己喜欢的生活方式（比如，经常旅行)，然后再进行职业选择。这些想法主宰着我们决定为实现自己的目标而奋斗的时间与方式，以及我们解决生涯问题的途径。并且，这些想法帮助我们弄清自己在何时已实现了目标。

CIP理论是帮助我们学会如何解决生涯问题和进行生涯决策的简单而有效的方法。它强调在决策制定中，如何定位、存储和使用信息，因此改善了生涯发展。你的信息加工金字塔看起来是什么样的？是否知识领域强大，而决策技能部分薄弱（比如，CASVE（沟通，分析，综合，评估，执行）循环)？是否会随着你获得关于自己和工作方面的新知识而发生变化？在执行加工领域，你的思维质量如何（积极抑或消极)？一个人的信息加工金字塔的特征能够提供此人在解决生涯问题和进行生涯决策方面有效性的相关信息。本书将帮助你改善个人生涯理论的信息加工质量。

小　结

在本章，我们了解了20世纪初促使生涯发展领域兴起的各种社会因素。我们还举例说明了生涯问题对于个人和国家异常重要的原因及程度。我们也对一些现代专家对于生涯领域的重要理论，以及这些看法与传统的普遍看法间的差异进行了回顾。最后，我们简要介绍了认知信息加工理论以及信息加工金字塔模型，本书后续将对此进行更加详细的探讨。

参考文献

Begley, S. (2011, March 7). I can't think. *Newsweek*, 28–33.

Bolles, R. (2012). *A practical manual for job hunters and career changers: What color is your parachute*? Berkeley, CA: Ten Speed Press.

Bruyere, C. N., Podgornik, G. L., & Spletzer, J. R. (2011). Employment dynamics over the last decade. *Monthly Labor Review Online, 134*(8), 16–29.

Cawsey, T. F., Deszca, G., & Mazerolle, M. (1995, Fall). The portfolio career as a response to a changing job market. *Journal of Career Planning and Employment*, 41–46.

Clifton, J. (2011). *The coming jobs war*. New York, NY: Gallup Press.

Handy, C. (1989). *The age of unreason*. Boston, MA: Harvard Business School Press.

Holland, J. (1997). *Making vocational choices* (3rd ed.). Odessa, FL: Psychological Assessment Resources.

Parsons, F. (1909). *Choosing a vocation*. Tulsa, OK: National Career Development Association.

Peck, D. (2010, March). How a new jobless era will transform America. *The Atlantic Online*. Retrieved from http://www.theatlantic.com/doc/print/201003/jobless-america-future

Peterson, G. W., Sampson, J. P., Jr., & Reardon, R. C. (1991). *Career development and services: A cognitive approach*. Pacific Grove, CA: Brooks/Cole.

Peterson, G. W., Sampson, J. P., Jr., Lenz, J. G., & Reardon, R. C. (2002). A cognitive information processing approach in career problem solving and decision making. In D. Brown (Ed.), *Career choice and development* (4th ed., pp. 312–369). San Francisco, CA: Jossey-Bass.

Roe, A., & Lunneborg, P. (1990). Personality development and career choice. In D. Brown & L. Brooks (Eds.), *Career choice and development* (2nd ed., pp. 68–101). San Francisco, CA: Jossey-Bass.

Sampson, J. P., Jr., Reardon, R. C., Peterson, G. W., & Lenz, J. G. (2004). *Career counseling and services: A cognitive information processing approach*. Pacific Grove, CA: Wadsworth-Brooks/Cole.

Sears, S. (1982). A definition of career guidance terms: A National Vocational Guidance Association perspective. *Vocational Guidance Quarterly, 31*, 137–143.

Super, D. (1990). A life-span, life-space approach to career development. In D. Brown & L. Brooks (Eds.), *Career choice and development* (2nd ed., pp. 197–261). San Francisco, CA: Jossey-Bass.

第2章 了解自我

那些需要决定该学什么专业的学生，来到生涯中心的第一个问题通常是“什么专业能保证我毕业后找到工作?”另一些学生会问：“我毕业之后能够获得最优厚薪酬的工作是什么?”在这两种情况下，学生都是在为自己的生涯决策寻找“外部”信息。

这些学生关注的是信息加工金字塔模型中的“了解我的选择”这个部分。正如我们在第1章中所阐述的那样，这部分属于存储了各种事实和信息的知识领域，有些人想要从这里开始解决生涯问题和做出生涯决策。

然而，我们认为最好从“了解自我”（见图2—1）这一知识领域开始。从这里开始，能使你在最初先把注意力放在自己即决策者身上。最终必须为自己的生涯选择承担责任的人是你自己。而且，从自身开始生涯规划的过程相对比较容易，不那么令人困惑。你能在生活经历以及那些迄今为止构成你生活的各种事件中找到有关自我的信息。

关于职业、雇主和学习专业领域的事实与数据数不胜数。美国劳工部的《职业名称词典》(*Dictionary of Occupational Titles*)（U. S. Department of Labor, 1991）描述了12 700种不同的职业，每天都不断有新的工作产生。我们认为，如果你对自己喜欢什么、不喜欢什么有足够了解，那么就能缩小你需要获取信息的选择范围。这就能帮助你避免把时间和精力浪费在那些对你而言不重要、明天可能就不复存在或是那些与你的兴趣能力不相符合的职业上。

自我知识是你生涯规划的基础。我们将介绍一些可在生涯决策中用来改善自我知识的方法，还将提供一些使用自我知识的途径。你可以利用这些信

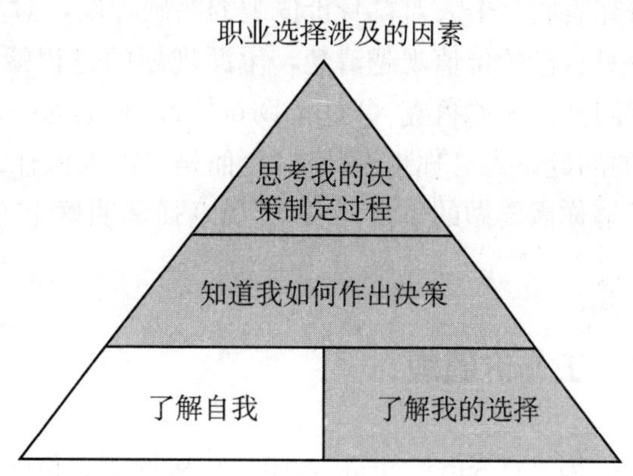

图 2—1　自我知识——CIP 金字塔

资料来源：Reprinted from *The Career Development Quarterly*，41，1992，p. 70，copyrighted NCDA. Reprinted with permission of the National Career Development Association. Used with permission.

息改善你的“个人生涯理论”，尤其是信息加工金字塔和 CASVE 循环。

在第 1 章中，我们回顾了一些重要的生涯理论家的研究成果。我们提到安妮·罗伊博士提出了对于职业选择具有重要意义的 12 个因素。其他心理学家则找出了更多生涯决策过程中所涉及的人格特点。尽管在某些情况下，有时候详尽的自我知识非常有用，但我们认为有三个因素即价值观、兴趣和技能，在大学生的生涯决策过程中，是最为核心的自我知识。我们将逐一讨论这三者是如何对增进自我了解以及生涯规划发挥作用的。

2.1　价值观

20 世纪 50 年代开始，唐纳德·舒伯、马丁·卡茨（Martin Katz）及其他心理学家开始研究价值观，更具体地说是职业价值观，在生涯选择中有何作用。研究发现，价值观的确是生涯决策过程的一个影响因素，它们还与日后的工作满意度水平相关。如果人们依循自己的价值观生活，就能获得最大限度的幸福感和自尊感。

然而，价值观的概念却难以界定。有一种实用的定义是“某些对你非常重要或是你所渴望的事物”。价值观也与“应该”这一元素相关，即“你所应为之事”。价值观有时会与兴趣相混淆，后者更多指的是“你为享受其中之乐而为之事”。在生涯决策中，无论是价值观还是兴趣，都是自我知识的重要组成部分。

价值观是后天习得的，即使是很小的孩子也能够识别和评估自己各种价值观的相对重要性。我们的工作价值观的发展似乎与我们对职业的了解程度无关。影响价值观形成的因素很多，包括我们家庭的价值观、社会价值观，我们的民族与文化传统，学校老师与教育经历，我们的宗教经验与信念，以及我们的朋友和同伴。

研究表明，个人对自身价值观的明确程度，对其做出有效的生涯决策存在影响——对自己的价值观越清楚，生涯规划的过程就越容易。著名的社会观察员、管理顾问彼得·德鲁克（Peter Drucker）和他的一个朋友发现（Buford，2009）："首要的问题不是'你想做什么？'而是'需要做什么？'你应该开拓自己的眼界，观察了解你需要做的事情。"这个观点强调明确个人价值观在有效生涯规划中的重要性。

2.1.1 工作价值观

舒伯等人（Super et al.，1986）从价值观角度对所谓工作重要性（work salience）问题进行了研究。他们发现有些人并不十分重视工作，因此在进行生涯决策时存在困难。他们更看重为人父母与家庭生活、与配偶和伴侣的关系、休闲和娱乐，或者是学习和深造。我们将在第 10 章探讨工作和家庭角色变化时，对此进行更深入的讨论。

然而，另一个心理学家马丁·卡茨找出了与工作有关的价值观，这些价值观可以帮助人们澄清从职业中获得的回报和满足。20 世纪 60 年代末，卡茨（Katz，1993）对 250 种职业进行了详尽的研究，以确定如何用 10 种职业价值观来对它们进行评定。表 2—1 呈现的是 8 种现在依然使用的价值观及其定义。卡茨最终还发展出一套用于计算机职业生涯指导系统的价值观澄清练习，该指导系统名为交互指导信息系统（System for Interactive Guidance Information，SIGI，发音为"siggy"），目前的版本称为 SIGI[3]（Valpar International Corp.，2007）。

表 2—1 **SIGI 价值观**

1. **社会贡献：**几乎所有的工作都对社会运转有贡献，但是你希望你的工作主要致力于在整体上改善健康、教育或社会福利。
2. **高收入：**你希望找到一个相对于其他职业的人有更高平均收入的职业。这个平均数是一半挣得更多、一半挣得更少的区分点。
3. **独立性：**你希望在无严格监管，且无须每日听从工作指示的环境下工作。
4. **领导：**你喜欢领导他人，告诉他们怎样做，组织他们一起完成工作，并为他们的表现负责，在出现错误的时候愿意承受责备。
5. **休闲：**你希望工作时间短或假期长。工作之余的满意感对你来说十分重要，你不希望被工作所干扰。
6. **社会声望：**你希望你的职业能使他人在社会事务中尊重你，倾听你的意见，寻求你的帮助。
7. **稳定性：**你希望的工作不因经济衰退、技术变革、政府开支或公众潮流的突然改变而变化，你想回避工资收入呈现季度性的高低起伏。
8. **多样性：**你想要接触不同的活动和问题，不同的人，或工作地点——而不是一个固定的常规工作。如果工作一成不变，你会很容易厌倦。

资料来源：Reprinted by permission of Valpar International Corporation，the copyright owner of SIGI and SIGI PLUS. SIGI is a registered trademark of Valpar International Corporation.

卡茨的价值观澄清练习的一个重要观点是人们必须区分价值观的优先次序，因为一个职业不可能满足人们所有的重要价值观。

职业和工作并不是为满足我们所有重要的价值观而生。卡茨的另一个重要观点是：在生涯决策中，个体的价值观体系，即个体各个重要价值观之间的相容与和谐程度，与个体最看重的价值观同样重要。例如，“高收入”和“稳定性”这两种价值观常常不相容。卡茨认为，在生涯决策中，价值观比兴趣更加重要，但正如我们将要看到的，其他心理学家并不同意这种观点。

2.1.2 价值观澄清

对自己的价值观有清晰认识的人在生涯规划中遇到的困难较少。一些专家（Raths，Simon，& Harmin，1966）认为，最重要的是价值观的澄清过程，而不是价值观本身的内容。他们确定了价值观澄清的七个步骤，分为三个阶段。第一个阶段为选择价值观，包括：(a) 在不考虑来自他人压力的情况下自由选择一种价值观；(b) 将此价值观与其他选择放在一起考虑；(c) 考虑每种价值观选择的结果。第二个阶段为评估价值观，包括：(d) 珍视、喜爱你的价值观选择；(e) 在适当的时候乐于向他人公开自己的选择。第三个阶段为按价值观行事，包括：(f) 做与选择有关的行为（例如投票）；(g) 以与你的价值观选择一致的模式行动。

想想你的某个重要价值观，看看是否能用以上的七个步骤来“澄清”。

2.2 兴 趣

从最早期的弗兰克·帕森斯开始，职业生涯发展专家就专门把兴趣当做职业选择的一个重要部分。在开发心理测验和量表以前，职业生涯咨询师会让人们列出他们的爱好，找出他们所欣赏的人，或者让他们在自传里描述喜欢什么、不喜欢什么。即使在今天，这些也是辨识人们兴趣的好方法。早期的职业咨询师认为，发现兴趣是一个人寻求未来可能从事的职业的一种方法。

我们将兴趣定义为“人们为从中获得乐趣而做之事”。弗雷德里克·库德（Frederick Kuder）博士、斯特朗（E. K. Strong）博士及其他心理学家于 20 世纪 40 年代开发出兴趣量表和兴趣测验，用以帮助人们弄清自己喜欢什么、不喜欢什么。这些心理学家发现，在不同职业领域工作的人有不同的兴趣模式。例如，会计师的兴趣不同于工程师、护士。因此，如果能够快速、有效地测量兴趣，就能简化生涯规划的过程。

这些兴趣量表发展顺利，应用十分广泛。斯特朗兴趣量表（Strong Interest Inventory）（Strong，1994）、库德职业兴趣量表（Kuder Career Search with Person Match）（Zytowski & Kuder，1999）及其他类似测验直到今天仍被广泛使用。这些兴趣量表测量的是一个人对上百条关于个人喜欢什么、不喜欢什么的题目的反应，而后将此人的兴趣剖面图与某个职业领域中其他人的剖面图进行比较，看二者是否相符。这就是这些兴趣量表的精髓。

2.2.1 霍兰德兴趣类型说

20 世纪 70 年代初，另一位心理学家约翰·霍兰德博士开始提出一些新的方法来思考兴趣以及兴趣的测量（Holland，1997）。霍兰德提出，兴趣只是描述人格特点的另一途径，正是这一广义的人格概念，在职业选择中发挥了最为重要的作用。人格被认为是兴趣、价值观、需要、技能、信念、态度和学习风格的综合体。而就职业选择而言，兴趣是人格中最重要的部分，是将人与职业进行匹配的依据。

霍兰德还发现，通过让人们按顺序列出他们最想从事的职业这一方法，可以快速、有效地测量出兴趣。他将此称为“表达式”兴趣测量。而有些心理学家则用包含许多条目的长量表来测量兴趣，这种方法有时被称为“评估式”兴趣测量。霍兰德主要关注的是表达式兴趣测量。他的方法去除掉了一些兴趣测量和职业选择的神秘性，使普通人可以利用此方法来探寻与自己的人格相匹配的职业。

霍兰德的思想是如何起作用的？这种新的匹配方式取得成功的原因是基于霍兰德提出的六边形模型。这个六边形模型用于比较一个领域的兴趣与其他领域的兴趣，最终用来进行人与职业的匹配。简而言之，这一理论基于以下四个基本观点。

1. 大多数人都可以被归为六种 RIASEC 类型中的一类：现实型（R）、研究型（I）、艺术型（A）、社会型（S）、企业型（E）和传统型（C）（更多信息见表 2—2）。

2. 与之相应，也存在六种 RIASEC 环境：现实型、研究型、艺术型、社会型、企业型和传统型（更多信息见表 2—3）。

3. 人们在寻找这样的环境，能够在其中运用他们的技能、能力，表达他们的态度和价值观，处理适宜的问题，承担合适的角色。

4. 人们的行为取决于人格与环境特点的交互作用。

表 2—2　　RIASEC 人格类型说

特性	人格类型					
	现实型（R）	研究型（I）	艺术型（A）	社会型（S）	企业型（E）	传统型（C）
偏好的活动和职业	操作机器、工具以及具体事物	探索、理解、预测和控制自然及社会现象	文学、音乐或艺术性活动	助人、教学、治疗、咨询，通过人际交往服务他人	说服、操纵、指导他人	建立或保持日常秩序，按标准行事
价值观	对有形的成就的物质回报	知识的获得与发展	思想、情绪或情感的创造性表达	增进他人的福祉，社会服务	物质成就和社会地位	物质或经济成就，在社会、商业和政治领域获得权力

续前表

特性	人格类型					
	现实型（R）	研究型（I）	艺术型（A）	社会型（S）	企业型（E）	传统型（C）
对自己的看法	实干的、保守的，具备动手能力和机械技能；缺乏人际交往技能	善于分析，聪慧，有怀疑精神，有学术能力；缺乏人际交往技能	对经验保持开放，创新、聪慧；缺少文书或办公技能	富有同情心，有耐心，有人际交往技能；缺乏机械操作能力	具有销售、说服的能力；缺乏科学能力	拥有商业或制造业的技术性技能；缺乏艺术才能
他人的看法	普通的，坦率的	不善社交的，有知识的	非传统的，无序的，有创造力的	善于照顾人的，宜人的，外向的	精力充沛的，爱交际的	小心谨慎的，顺从的
避免	与人交往	说服或销售活动	例行公事，遵从现有的规则	机械操作或技术活动	科学性的，知识性的，深奥的话题	模棱两可的，非结构化的任务

资料来源：Reproduced by special permission of the publisher，Psychological Assessment Resources，Inc.，16204 North Florida Avenue，Lutz，Florida 33549，from the *Dictionary of Holland Occupational Codes* 3rd Edition by Gary D. Gottfredson，Ph. D. and John L. Holland，Ph. D. Copyright 1982，1989，1996 by PAR，Inc. Further reproduction is prohibited without permission from PAR，Inc.

表 2—3　RIASEC 环境类型说

特性	环境类型					
	现实型（R）	研究型（I）	艺术型（A）	社会型（S）	企业型（E）	传统型（C）
要求	动手能力、操作机械能力，与机器、工具和物体打交道	分析能力、技术能力、科学与语言能力	创新或创造能力，通过情感性表达与他人互动	人际交往能力，指导、训练、治疗和教育他人的能力	说服、操纵他人的能力	文书技能，具备按照精确的标准完成任务的技能
所要求并因此获得报偿的行为、表现	遵从性的行为，实践操作上的成果	怀疑主义，在问题解决上的坚持性，用文献证实新知识，理解和解决难题	文学、绘画、音乐创作上的想象力	同情心、人道主义、和蔼可亲、友善	主动追求经济、物质成就；主导性、自信	组织能力，遵从，可靠
可以表达的价值观或个人风格	实践的、生产性的实用主义价值观；坚定、大胆、喜欢冒险的风格	通过学术研究获得知识	非传统的观念、方式，审美性价值观	关心他人的福祉	盈利或权力导向，责任感	传统的观点；看重秩序与常规
所包含的职业和环境	具体的实践活动；使用机器、工具和物质材料	以解决难题、创造和使用知识为目的的分析、智力活动	音乐、写作、表演、雕刻上的创造性工作，或是非结构性的智力探索工作	以帮助或促进的方式同他人开展工作	销售、领导和操控他人以达到个人或组织的目标	与具体事务、数字或机器打交道，以达到可预见的组织要求或特定标准
职业举例	木匠、货车司机	心理学家、微生物学家	音乐家、室内设计师	咨询师、牧师	律师、零售店经理	编辑、图书管理员

资料来源：Reproduced by special permission of the publisher，Psychological Assessment Resources，Inc.，16204 North Florida Avenue，Lutz，Florida 33549，from the *Dictionary of Holland Occupational Codes*—Revised by Gary D. Gottfredson，Ph. D. and John L. Holland，Ph. D. Copyright 1992，1996.

让我们对霍兰德理论背后的四个基本假设或理念进行更具体的考察。首先，人可分为不同类型是心理学中常见的观点。研究者有时根据友善性、竞争性、创造性及其他特性对人，更确切地说是对人格进行分类。霍兰德用六种类型将人格分类的理论正是基于这一常见观点。20世纪50年代末以来的大量研究表明，霍兰德的六种类型是一种实用而有效的人格分类方法。更重要的是，这些研究表明，兴趣可以通过这六种类型进行有效测量，而我们的人格基本上是由这六种类型组合而成。一个人的兴趣和人格很大程度上从21岁开始变得稳定、不太可能变化。将人格视为一个分为六份的圆饼，也许有助于我们理解这一问题，它们中的某些部分可能比其他部分大。每个人的圆饼图都是这六种兴趣的独特组合，通常六种类型中的某一个占据最大的部分。

其次，将环境也划分为类似的六种类型这一观点又如何？对于霍兰德来说，环境可以指一种职业、一份工作、一种休闲活动、一个教育项目或是一个学习领域、一所大学，甚或一个机构的文化氛围。环境被某种特定的人格所主导，也就是说，现实型环境被现实型的人所主导，或者说，现实型环境中现实型人格的人数占最大比例。环境亦可以被视为与他人的一种社会关系。例如，你的“现实型”朋友因为其兴趣、爱好、技能等特点，为你创造出一种现实型环境。

再次，人们寻求其人格特点在其中能够得到尊重、被珍视、能获得回报并且有用的环境，正如俗语所说的“物以类聚，人以群分”。例如，艺术型的人会寻找艺术型环境，包括工作、休闲、俱乐部、朋友。在这样的环境中，他们的创造性、独立性和理想主义能获得珍视。

最后，人们的行为是人格与环境特点交互作用的结果。如果一个现实型的人处于社会型环境，他也许会不快乐、紧张、有压力、疏远他人、表现不良，进而可能很快会采取行动离开这一社会型环境。

仔细观察图2—2中的六边形模型能让我们深入理解霍兰德的类型说。首先，你会发现，在六边形中相邻或相近的类型有较多的共同点。例如，企业型和社会型。其次，在六边形上距离最远的类型共同点最少，例如现实型与社会型，或是传统型与艺术型。霍兰德的一名同事发现，六种类型之间的关系就像这个六边形图形本身。这一发现的现实意义在于，人与职业通常都包含六边形上相邻或相隔的几个类型。

霍兰德开发出许多实用的工具帮助人们找出自己的类型及与其匹配的环境。例如，职业自我探索量表（SDS）（Holland，1994）广泛用于帮助人们确定与职业生涯规划有关的兴趣及人格类型。人们完成SDS测验后，会得到一个由三个字母组成的“总结码”，因为测验结果就是以这一最能描述他们人格特点的三个字母组合的形式报告出来。例如，一个人的测验结果可能是IAS，这三个字母与兴趣类型相连。如果以一个圆饼图来考虑，那么“I”是最大的那份，“A”次之，以此类推。对于环境，霍兰德编制了《职业搜寻手册——修订版》（*Occupations Finder—Revised Edition*）（Holland，2011）和《霍兰德职业编码字典》（*Dictionary of Holland Occupational Codes*）（Gottfredson & Holland，1996），分别为1 335种和7 500种职业确定了霍兰德码。人们还开发了其他工具来确定

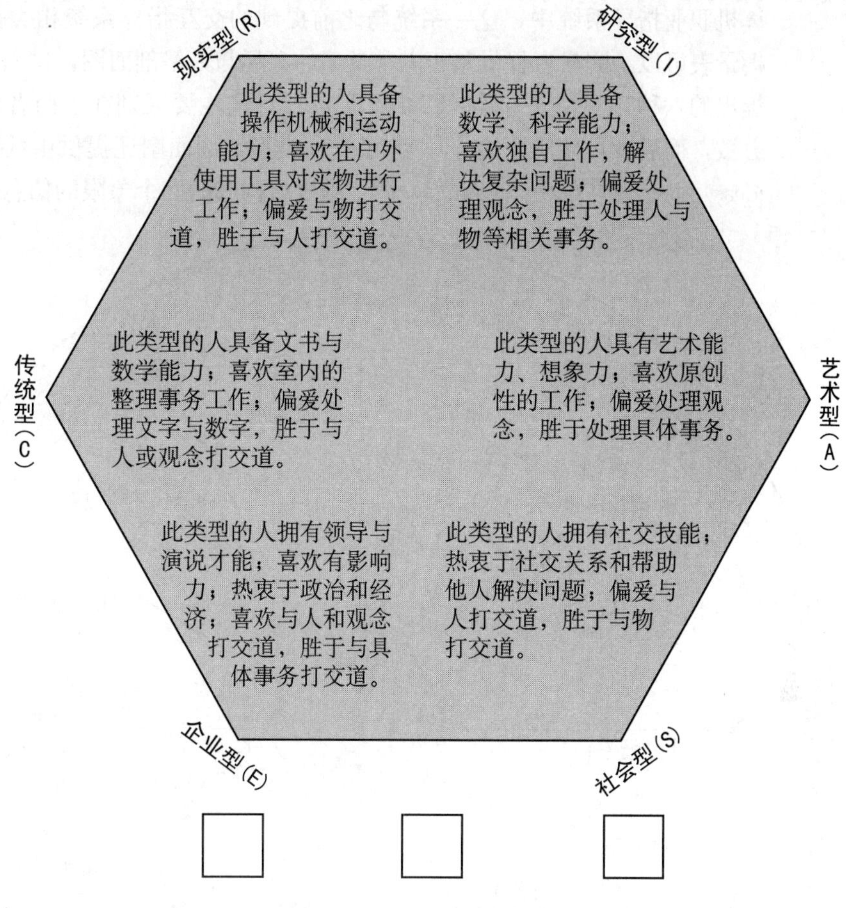

图 2—2　RIASEC 六边形模型

资料来源：Reproduced by special permission of the publisher，Psychological Assessment Resources，Inc.，from *Making Vocational Choices*，copyright 1973，1985，1992，1997 by PAR，Inc. Further reproduction is prohibited without permission from PAR，Inc..

休闲活动以及学习领域的霍兰德码。

2.2.2　其他兴趣分类

除了霍兰德的框架之外，在各种生涯服务机构里还使用其他一些兴趣、人格类型的评估和分类方法，包括 ACT 工作世界地图（ACT World-of-Work Map）（ACT，2001）和迈尔斯-布里格斯类型指标（Myers-Briggs Type Indicator®）（MBTI；McCaulley，1990）。

ACT 工作世界地图

这一系统包含在美国大学入学考试（ACT）中心开发出来的生涯规划项目当中（ACT，2001）。如果你参加 ACT 考试以作为大学入学考试的一部分，你可能就已经在使用这一项目。UNIACT 兴趣量表和工作世界地图也包含在 DISCOVER 计算机职业指导系统中，这一系统与之前提到的交互指导系统相类似。UNIACT兴趣量表可以给测量者提供基于六种类型的兴趣与人格剖面图，这六种类型与霍兰德提出的六种几乎完全一样（UNIACT与SDS的主要区别在于前者使用常模来确定分数，而后者只使用原始分）。除了六种类型，剖面图还提供由数据—观念（data-ideas）、人—物（people-things）两个维度所构成的四个象限的信息（见图2—3）。

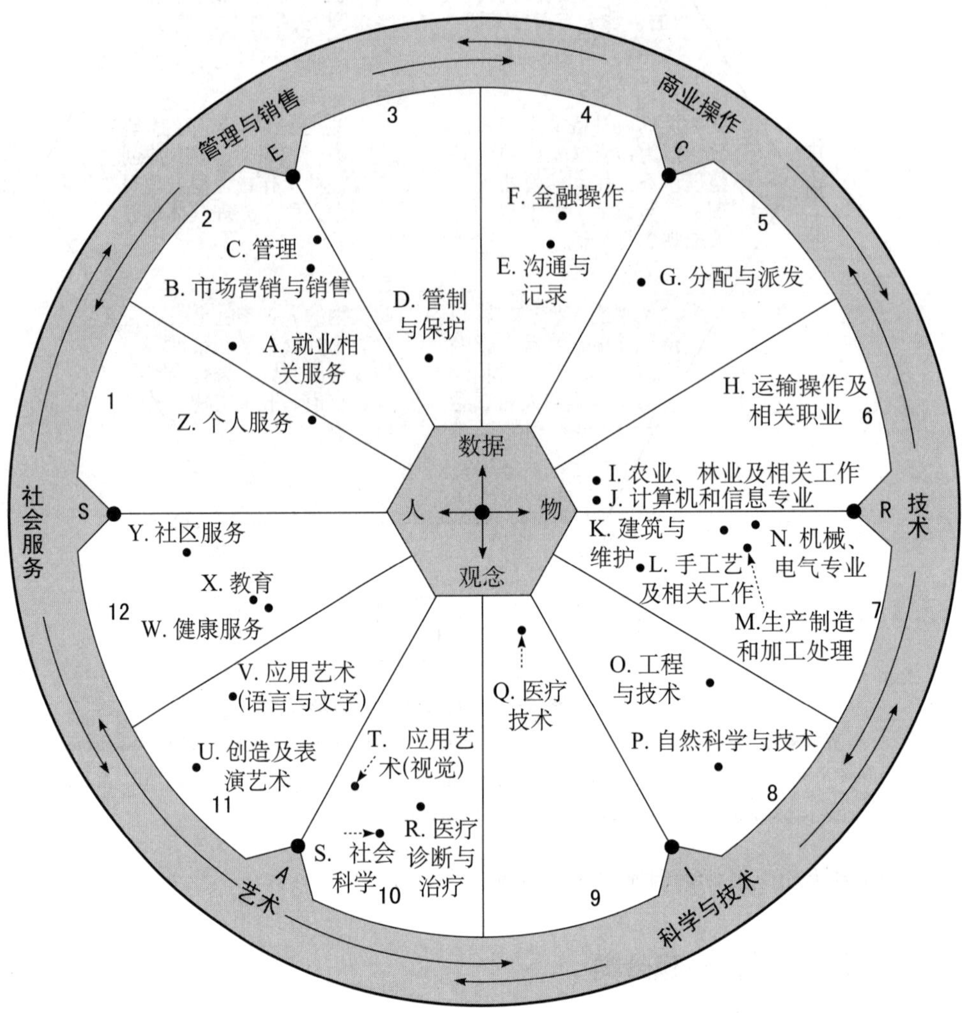

图2—3 工作世界地图（第三版）

关于地图

1. 工作世界地图将26种职业领域（相似的工作群）分为12个区域，这些区域几乎覆盖了美国的所有职业。大部分职业领域位于所示点的邻近位置。但是，一些落到了邻近的地图区域。

2. 一个职业领域的位置基于它最初的工作任务，这四个任务的工作对象分别是：

数据：事实，数字，文件，计算，商业程序。

观念：洞见，理论，新的表达或行动方式——例如，文字、方程式或音乐。

人：你能够为之提供帮助、为之服务、提供信息和照顾，或是你向其售卖商品的人。

物：机器，工具，生物，以及食物、木头、金属等材料。

3. 六个基本类型（“工作族群”）和相关的霍兰德类型（RIASEC）呈现在地图边缘。重叠的生涯族群箭头显示了邻近族群的职业内容上的重叠。

4. 因为他们对人比对物有更强的导向，下面两个科学和技术族群的职业领域定位在地图左侧（区域10）：医学诊断与治疗和社会科学。

资料来源：

ACT工作世界地图将26种职业领域（相似的工作群）分为六个工作族群，这些区域几乎覆盖了美国的所有职业。每种职业领域都按照以下四种工作任务族群来确定其在工作世界地图中的位置：(a) 数据：事实，数字，文件，计算，商业程序。(b) 观念：洞见，理论，新的表达或行动方式，可以是文字、方程式或音乐等形式。(c) 人：你能够为之服务、提供帮助、提供信息和照顾，或是你向其售卖商品的人。(d) 物：机器、工具、生物，食物、木材、金属等材料。

表2—4显示了如何将近500种职业划分为六个工作族群和26个工作领域。你会发现这六个族群与霍兰德的六个RIASEC类型非常相似。

表2—4　职业族群与职业领域

管理与销售职业族群
1. 就业相关服务
员工福利经理，面试官，人力资源经理，劳工关系专员，培训/教育经理
2. 市场营销与销售
广告经理，采购者，保险代理，房地产代理，销售/市场经理，旅行代理
3. 管理
金融经理，外事服务官，总经理，酒店经理，财产/房地产经理
4. 管制与保护
海关检查员，侦探（警察），FBI探员，食物与药品检查员，公园管理员，警务人员
商业操作职业族群
5. 沟通与记录
摘录者，法庭书记员，酒店职员，医学档案技术员
6. 金融操作
会计师/审计师，银行出纳，财务/信用分析师，税务师，资产评估师
7. 分配与派发
空中交通管制员，运输/收货员，仓管员，邮递员，飞行调度
技术职业族群
8. 运输操作及相关职业
飞行员，宇航员，公共汽车司机，火车司机，船长，卡车司机
9. 农业、林业及相关工作
水产养殖者，农场经理，林务员，苗圃/温室经理，树艺师
10. 计算机和信息专业
保险精算师，档案员，计算机程序员，计算机系统分析师，网站开发者
11. 建筑与维护
木匠，电工，消防员，水管工
12. 手工艺及相关工作
家具师，厨师，珠宝匠，酿酒师
13. 生产制造和加工处理
钣金工，焊工，印刷机操作工，工具、模具制造者
14. 机械、电气专业
锁匠，技工，各领域的技师（汽车、航空、广播等）
科学与技术职业族群
15. 工程与技术
各领域的工程师（民用、机械等）和技术员（能源、质量控制等），建筑师，生产计划员，调查员

16. 自然科学与技术
物理学家，气象学家，生物学家，食品工艺师
17. 医疗技术
营养师，药剂师，配镜师，各领域的放射线技师（医疗、外科手术等）
18. 医疗诊断与治疗
麻醉师，牙医，全科护士，理疗师，兽医
19. 社会科学
人类学家，社会学家，实验心理学家，政治学者，犯罪学家
艺术职业族群
20. 应用艺术（视觉）
动画片绘制者，时装设计师，图形艺术家（软件），摄影师，布景师
21. 创造及表演艺术
演员，作曲家，时装，模特，舞蹈家，音乐家，作家
22. 应用艺术（语言与文字）
记者，专栏作家，编辑，广告词撰稿人，公共关系专家，图书管理员，翻译
社会服务职业族群
23. 健康服务
运动培训者，管理者，娱乐治疗师，精神科技师，口腔保健员
24. 教育
运动教练，学院/大学教师，教育管理者，各领域的教师（艺术、外语、音乐）
25. 社区服务
各领域的咨询师（心理健康、康复等），律师，社会工作者
26. 个人服务
理发师，飞机乘务员，发型设计师

迈尔斯-布里格斯类型指标（MBTI）

MBTI是使用最为广泛的人格量表之一（McCaulley，1990）。与职业自我探索量表（SDS）一样，它亦是基于人格类型理论。该理论的基础是人格的四个维度，该量表的测量分数把人划分为16种类型中的一种（8个字母的所有可能组合）。与霍兰德码相类似，人们可以用字母代码来形容自己。例如，“我是ESTJ”或者“我是INFP”。MBTI在解决生涯问题中运用广泛，尤其在组织机构中用于工作者监管和团队建设。

兴趣可能是与职业生涯决策和职业探索有关的最为重要的自我知识。它就像一座灯塔，为人们的职业发展指明方向。因此在生涯决策过程中，了解和关注自身兴趣有重要作用。

总而言之，霍兰德的理论和测量方法已经主导生涯发展领域超过50年，这也是我们在本书中强调RIASEC理论的原因。已有1 600多个出版物（Ruff，Reardon，& Bertoch，2008）对该理论进行探讨，结果表明，他所创造的这一工具在帮助人们选择与自己的兴趣、人格相匹配的职业上非常实用。

2.3 技　能

除了价值观与兴趣以外，我们认为技能是自我知识中的第三个重要组成部分。技能领域是雇主特别感兴趣的部分，他们关注的问题是“你能做什么?”如同价值观与兴趣，技能也是我们人格的重要组成部分。它们根据我们擅长（或不擅长）做的事情，我们长期以来习得或获得的行为，以及我们拥有的特殊天赋和能力对我们进行区分。

密歇根州立大学的高校就业研究所（CERI）每年调查上千名雇员，结果显示，即使在第一份工作中，学生也需要展示自己的高级思维能力（CERI，2010）。新员工会被要求去分析、综合、评估、创造信息和知识，来帮助组织解决问题并发展壮大。“沟通是［学生］需要具备的基本能力，包括证明自己在岗位上的价值，以及说服同事和客户采纳你对调整改变的建议”（CERI，2010，p. 4）。第二份和第三份职业，对该技能的要求更高。

从这个意义上说，技能不同于能力倾向，这个术语在职业评估或天赋中也常常使用，有时与艺术努力相联系。技能包括发展和习得的知识与躯体行为，而能力倾向或天赋指我们先天遗传的能力以及有待开发可用于学习和发展技能的能力。

2.3.1 技能识别

过去很多年来，研究者已开发出大量的心理测验用于测量与工作和职业相关的技能。其中应用最广的是差别能力倾向测验（Differential Aptitude Test，DAT）和一般能力倾向测验（General Aptitude Test Battery，GATB）。这两种测验都只适用于高中学历或更低学历的人，不太适用于大学生。它们测量词汇量、计算能力、手眼协调、文书速度和精确性、机械推理等方面的能力（本书中把能力和技能视为是可以相互替换的）。

一些雇主、专业团体和行业开发出高度专门化的能力倾向测验用以测量某些特质，这些特质可以预测学习某些特定工作技能的能力倾向，例如，分类技术、牙科技术、焊接技术等。但这些测验大多运用于培训项目的申请，或是机构中特定职位的资格审核中。在表演艺术领域，则不用纸笔测验，而是通过试听和观看其作品样例来评估其在舞蹈、音乐和绘画艺术上的技能。

对于多数大学水平和专业性工作来说，技能测验通常并不能提供有用的结果，以告诉人们他们有什么技能，是否会在专业水平的职业或工作上取得成功。诸如 SAT（学术能力评估测试）、MAT（数学系入学考试）、ACT（美国大学入学考试）、LSAT（法学院入学考试）和 MCAT（医学院入学考试）等学业能力测试是用于预测个体获得进行技术信息加工所必需的高水平语言和计算技能的能力。所以，我们发现依靠表达式而不是评价式的测量来评估生涯决策中自我知识中的技能部分更有帮助。

关于最流行且应用最广的有关技能及生涯决策的一些观点都包含在一本由理查德·鲍利斯（Richard Bolles）所撰写的畅销书中，书名为《你的降落伞是什么颜色?》(*What Color Is Your Parachute*?)。鲍利斯（Bolles，2012）的基本观点是：那些想要进行生涯决策的人，需要辨识他们在诸如学校教育、休闲活动、志愿工作和早先工作经验等各种日常活动中发展出的技能和素质。一旦人们完成一个全面的技能评估问卷，就能对各种技能进行排序，排序的依据可以是技能对自己的重要程度、自己对它们的满意程度、它们与工作的关系以及是否需要进一步提高等。鲍利斯认为，许多人低估或忽视了自己的技能，从而限制了解决生涯问题的能力。

另一种鉴别技能的方法能通过佛罗里达州立大学的生涯档案系统（Florida State University Career Portfolio system）(Lumsden，Garis，Reardon，Unger，& Arkin，2001）来说明。这一系统列出了九种能转化到任何特定工作中的一般基本技能，它们能从一种工作迁移到另一种工作中，或是从一种生活角色迁移到另一种角色中。这九种技能是在佛罗里达州立大学职业生涯中心的工作人员、教学人员以及与大学有联系的雇主达成共识所找出的技能。它们是更为宽泛的技能，而不是针对诸如工程、护理等某个特定专业领域的技能，那些领域会在更为专门化的技术领域方面对人们进行培训。

这些技能也就是经常出现在简历上的技能，在求职面试中也常被谈到。经理和领导者使用这些一般技能最多。它们都是些什么技能呢?

1. 沟通。
2. 创造力。
3. 批判性思维。
4. 领导能力。
5. 生活管理。
6. 社会责任。
7. 团队合作。
8. 技术/科学。
9. 研究/项目开发。

表2—5对以上九种基本技能进行了详细描述。过去的成就记录是证明这些技能的好方法，因为它们不容易通过纸笔测验来评估。

表2—5　　**一般生涯技能**

沟通 沟通技能包括阅读、书写、编辑、倾听、陈述和人际关系等方面的能力。这些技能在工作场所至关重要，因为它们涉及的是人们之间的信息传递。回顾课堂内外强调沟通的项目，或想想将来你可能参与的项目，包括制作学校年鉴、撰写研究报告、为班级写篇随笔；个人所修的课程和接受的技能训练或其他可能与沟通技能有关的经验。

创造力

创造力包括许多不同领域的技能（例如，艺术、文学、机械和社会科学领域）。回顾你创造性地解决问题的经历，并想想有什么独特之处。将来你可以通过什么经验发展创造力呢？

批判性思维

批判性思维包括诸如在某种情境或组织中找出问题，思考问题的复杂性，通过研究搜集证据，评估解决问题的各种方法，最终得出结论或找到解决办法。在寻找解决问题的各种方法时，你需要同时考虑它们的可能性和恰当性。在比较这些途径时，你需要一些类型的衡量标准，这些标准可能来源不同。站好位置，摆明立场，提出解决问题之道是批判性思维的最高宗旨。回顾一下过去你在课堂上或是完成项目时使用批判性思维的情境，再想想将来你能发展这一技能的场合。

领导能力

领导能力是指为团体制定目标并指明方向的能力。当你提出某种计划或方法来达成团体目标时，你已经是一个“正式”的领导者。这可能包括在某事件上提出动议以使团体采取行动，还包括给其他人委派任务或权力的能力，也包括激励他人的能力。举例来说，作为解决某个特定问题的团体，为阐明团体目标提出问题或是向团体展示说明自己的提议都是领导力。回顾一下你曾经或想要承担领导角色的情境，包括班级中某个小组项目或大学校园组织（官员、委员会主席等），或是社区、教会组织。

生活管理

生活管理能力包括诸如时间管理这类能力，既指长期的项目、活动，也指日常生活的时间管理（例如，完成课程、每周有效地应对工作和学业要求），包括准时、为行动做好准备。生活管理还包括适应变化的能力，个人生活管理还包含管理财务的能力（例如，做预算、评估收入与支出、保留详细的记录）。思考一下过去你展示出生活管理技能的地方，或是将来你如何证明这些技能。

研究/项目开发

研究/项目开发技能包括为解决问题发现和决策制定而寻找信息的技能。在对某个问题进行研究时，个体阅读并评估先前的工作报告或收集新数据并在书面或口头报告中进行总结，以提供新的信息。除研究问题，个体还要为项目提出包含消除问题在内的一系列合理行动措施的计划，也包括关于项目方向以及项目协调配合的计划，以确保在预算内以讲求成本效益的途径达到目标。回顾你的教授曾经布置给你的研究报告，你的上司曾经委派给你的项目，以及你参与的某些机构、俱乐部的服务项目（例如，招募新成员、募集基金）。

社会责任

社会责任方面的技能包括尊重个体和文化差异，发现他人身上令人钦佩的品质——尤其是那些外表、思想以及个性特征显得非常不同的人——这些都是具有社会责任技能的人的行为。社会责任与良好的公民身份相联系，具备这一领域技能的个体定期积极参与社区建设活动。回顾一下你参与社区活动的例子（例如，成为某个社区服务团体的一员，参加教会团体、娱乐团体，以及提供某种社区服务）。

团队合作

团队合作能力包括在团队中提出某种观点，或是使得团队成员互相合作、彼此协商。有效的团队合作行为是指承担与他人一起达到目标（合作）的责任。团队合作包括认识自己和他人的优劣势，鼓励团队利用优势，最小化弱点。回顾一下你是某个团队成员并使用（或可能使用）团队合作技能的情境，包括班级中某个小组项目或大学校园组织（官员、委员会主席等），或是社区、教会组织。

技术/科学

技术/科学技能与社会科学、生物学和物理学等领域的经验有关。当前最为常见的技术/科学技能是计算机的应用。回顾一下你因为某个项目或活动使用某个软件程序的经历。技术技能包括系统管理（例如，管理数据仓库或网络相关服务），以及为研究及相关活动使用互联网。将来你能寻找何种经验来增强这一领域的技能呢？

2.3.2 可迁移技能

可迁移技能的重要性在于招募者认为其在任何可能选择的领域或职业中都很重要。一些人认为，“人际技能”对未来的雇主来说是最重要的（Crane & Seal，2011），这些技能包括沟通、处理问题的适应力、责任心、积极行为和团队合作。这些人际和个人的能力有时被认为是“社会和情感性的能力或智力”，因为它们是包括认知、调节和影响自我及他人情感在内的一系列相关行为。很容易发现，组织如何通过在当前工作场所中设置压力、多样性和变化来寻求具备上述技能的人。

2.4 价值观、兴趣和技能小结

在总结对生涯决策制定具有重要作用的三个领域——价值观、兴趣和技能的自我知识时，我们要再次强调，通常那些表面的、客观的测量方法对于我们增加自我知识并不那么有效。诸如那些心理学测验或是专家的生涯咨询等客观测量方法，不如我们的自我检视和自我反思来得有用。只有表达性测量与评估性测量相结合，对于提高我们在价值观、兴趣和技能上的自我认知才是有效的。

概括地说，价值观包括找出重要的东西和对自己有意义的东西。这种信息能维持我们的动力和恒心。兴趣包括我们所喜欢和享受的东西，为我们的职业决策提供方向。大多数人最后从事他们喜欢的工作，享受他们喜欢的休闲方式。技能包括工具和行为，推动我们实现个人价值观，做自己喜欢的事。随着生涯发展的进程，我们可以尝试同时强化这三个方面的作用来推进当前的生活。

2.5 改善我们的自我知识

在我们为进行生涯决策而逐渐了解自己的过程中，我们可以做下述一些事情。首先，我们要确保对自己持有积极的态度，不要让消极的思维干扰我们对价值观、兴趣和技能的思考。我们要确保“更好地”思考自身，并且尽可能清晰和准确。其次，我们需要了解如何提高自我知识的质量，用以进行生涯决策。

2.5.1 “更好地”思考自身

我们能做些什么来改善自我知识的质量呢？第一，我们要当心过度泛化过去的经验。也许你曾经有过解决数学问题或在野外露营中对付臭虫的糟糕经历，你因此决定拒绝探索所有涉及数学以及户外工作的职业。这种泛化会严重限制你成功探索所有那些可能让你满意的职业。我们也可能泛化过去的成功经验。在一门数学课上表现出色并不意味着你应该去一所顶级的航天工程学校接受高等教育。

第二，我们要当心过于依赖他人对我们生涯选择相关的价值观、兴趣和技能的看法。当这个人具有很高的声望或社会影响力时尤其如此，例如家人、老师、导师甚至是职业咨询师。

第三，我们要避免在处于某种情绪危机时进行生涯决策。我们有时会遇见有些学生刚刚有一门化学课不及格，就决定放弃所有与健康护理有关的职业。还有一些学生可能收到父母的来信，告知他们如果不读商科，就不会继续为他们付学费。当你处于高度情绪化的状态时，几乎不可能对所有与生涯决策相关的价值观、兴趣和技能的相关信息进行全面考虑，而这些信息恰恰是你做出一个良好生涯决策的重要因素。

第四，充分利用那些先进的生涯干预服务工具非常重要。我们大多数人都可以在几乎无须他人帮助的情况下使用这些材料，但是专业的生涯咨询师能够在量表、心理测验、计算机生涯指导系统和其他工具的选择和结果的解释上提供专业的帮助。

2.5.2　增进自我知识的途径

我们关于自我知识的储备是基于能回忆起的经验以及日常生活中所发生的事件，了解这点很重要。事件本身很重要，而我们的回忆尤为重要。所以，我们应该尽可能多地寻求获得不同的生涯/生活经历，即使那些经历是我们不喜欢的、令我们感到不快的，它们依然会增加我们的自我知识。加工、谈论我们的经历，回顾与这些经历有关的感受也同样重要，因为它们能澄清我们的价值观、兴趣和技能，从而成为自我知识的组成部分。最后，我们对于这些经历的感受在决策制定中也是有价值的。

我们还应该把这些生活事件和经历相互联系起来。你的价值观、兴趣和技能之间彼此有什么关系？它们是以某种有意义的方式相互关联吗？它们彼此相关吗？例如，一个喜欢与孩子相处（兴趣）的人拥有照顾孩子以及在教会学校教书（技能）的经历，决定其毕生致力于儿童教育，因为国家的未来与儿童的教育质量密切相关（价值观）。而另一个数学成绩优异（技能）、想要挣很多钱（价值观）的人，可能并不会选择成为一名保险精算师或会计师，因为他喜欢户外活动（兴趣）。不仅要了解你的技能，还要了解与技能有关的价值观、兴趣，这点非常重要。

我们对在价值观、兴趣和技能方面的自我知识越清楚、越准确、越丰富，我们就越可能解决生涯问题和做出生涯决策。这是如何做到的呢？我们可以通过获取各种不同工作领域里的经验以及关注我们对这些经验的感受和反应，以形成丰富的自我影像。正如俗语所说："运用你的判断力，你一定不会迷路。"这也意味着，即使是兼职或做义工的经历也有助于你澄清自己与职业和工作有关的价值观、兴趣和技能。教六岁的儿童能让你意识到针对孩子的工作是让自己快乐还是感到挫败。“观察你的脚”以了解自己真实的想法和感受，因为我们用嘴说话，但却用脚来投票。

最后，你必须意识到，增进与生涯决策相关的自我知识是一个终生的过程，永远不会终结。每个新的生活事件或经历都会增加我们关于价值观、兴趣和技能的信息存储。而且，没有任何生活经历会白费——重大的经验教训有时来自那些最初被视为是失败的经历。有时，学生们说他们选择了错误的专业或没找对工作。这通常是短期的评价。从长远看，那些经历能够明确和澄清一个人的职业生涯旅程。例如，我们学校一位著名的临床心理学家曾经提到他的本科专业是化学，后来他意识到他的化学知识使他更深刻地理解了生理学和脑化学在解释人类行为上的重要性。也许世界上确实有一张“无缝的知识网”在起作用，但当我们在制定生涯决策中试图了解各种选择可能性和机会时，却常常忽略了它。

小　结

在这一章中，我们考察了自我知识领域——“了解自我”，它是生涯决策制定的起点。三个领域——价值观、兴趣和技能——被认为是自我知识的重要组成部分。我们扼要说明了评估性测量和表达性测量的区别，并阐述了增进价值观、兴趣和技能等自我知识的策略。这有助于你改善自己的个人生涯理论中自我知识领域的信息质量。

参考文献

ACT. (2001). *Career Planning Survey technical manual.* Iowa City, IA: Author.

Bolles, R. (2012). *A practical manual for job hunters and career changers: What color is your parachute*? Berkeley, CA: Ten Speed Press.

Collegiate Employment Research Institute (2010, February). Under the economic turmoil a skills gap simmers. *CERI Research Brief 1-2010*, pp. 1–18.

Crane, D. D., & Seal, C. R. (2011). Student social and emotional competence in the hiring process. *NACE Journal*, 26–30.

Gottfredson, G., & Holland, J. (1996). *Dictionary of Holland occupation codes* (3rd ed.). Odessa, FL: Psychological Assessment Resources.

Fulford, B. (2009, November/December). An interview about the stages of life—part I. *Career Planning & Adult Development Network Newsletter*, 7–9.

Holland, J. (1997). *Making vocational choices* (3rd ed.). Odessa, FL: Psychological Assessment Resources.

Holland, J. (2011). *Occupations finder—revised edition*. Odessa, FL: Psychological Assessment Resources.

Holland, J. (1994). Self-Directed Search. Odessa, FL: Psychological Assessment Resources.

Katz, M. (1993). *Computer-assisted career decision making: The guide in the machine*. Hillsdale, NJ: Lawrence Erlbaum.

Lumsden, J., Garis, J., Reardon, R., Unger, M., & Arkin, S. (2001). Developing an on-line career portfolio. *Journal of Career Planning & Employment, 62*(1), 33–38.

McCaulley, M. H. (1990). The Myers-Briggs Type Indicator: A measure for individuals and groups. *Measurement & Evaluation in Counseling & Development, 22*, 181–195.

Nevill, D., & Super, D. E. (1986). Salience Inventory. Palo Alto, CA: Consulting Psychologists Press.
Raths, L., Simon, S., & Harmin, M. (1966). *Values and teaching: Working with values in the classroom.* Columbus, OH: Merrill.
Ruff, E. A., Reardon, R. C., & Bertoch, S. C. (2008, June). Holland's RIASEC theory and applications: Exploring a comprehensive bibliography. *Career Convergence.* Retrieved from http://associationdatabase.com/aws/NCDA/pt/sd/news_article/5483/_self/layout_details/false
Strong, E. (1994). Strong Interest Inventory. Palo Alto, CA: Consulting Psychologists Press.
Super, D. E. (1970). Work Values Inventory. Boston, MA: Houghton Mifflin.
Super, D. E., & Nevill, D. (1986). Values Scale. Palo Alto, CA: Consulting Psychologists Press.
U.S. Department of Labor. (1991). *Dictionary of occupational titles* (4th ed., revised 1991). Washington, DC: U.S. Government Printing Office.
Valpar International Corp. (2007). SIGI3. [computer software]. Tucson, AZ: Author.
Zytowski, D. G., & Kuder, F. (1999). Kuder Career Search with Person Match. Adel, IA: National Career Assessment Services, Inc.

第3章 了解我的各种选择

生涯问题和生涯决策要求个体了解自己，也需要个体对学习领域、职业和闲暇活动等进行探索。关于自我与职业选择的知识是制定职业生涯决策的信息基础和基石。

在当今世界，工作、学习和娱乐的各种选择非常多，甚至多到令人难以承受。然而，要在这种复杂的全球性经济环境中高效而明智地生活，意味着我们要深入了解各种选择，了解各种选择之间是如何组织以及相互联系的。正如我们在第2章中提到的，最好在开始探索各种选择之前收集和理解与自我有关的信息。

本章主要聚焦于信息加工金字塔模型的知识基础的第二部分，包括我们对学习领域、职业和闲暇活动的各种选择的了解。我们将考察劳动力市场和职业信息，了解这些信息是如何组织的，以及如何查找和评估它们。我们还将了解教育和培训的各种选择，包括资金支持来源，我们还对娱乐和闲暇的各种方式进行探索。最后，我们将讨论如何增加你对职业、教育和闲暇选择的知识。

各种选择的知识是你生涯规划的第二块基石。我们将考察一些能改善人们关于选择的知识的方法，并为你提供在完善知识过程中所使用的一些材料。这些信息能帮助你改善你的个人生涯理论，尤其是图3—1中的信息加工金字塔模型以及CASVE循环的质量。

3.1 连接职业、教育和闲暇

除了《你的降落伞是什么颜色?》，理查德·鲍利斯还撰写了《人生的三个组

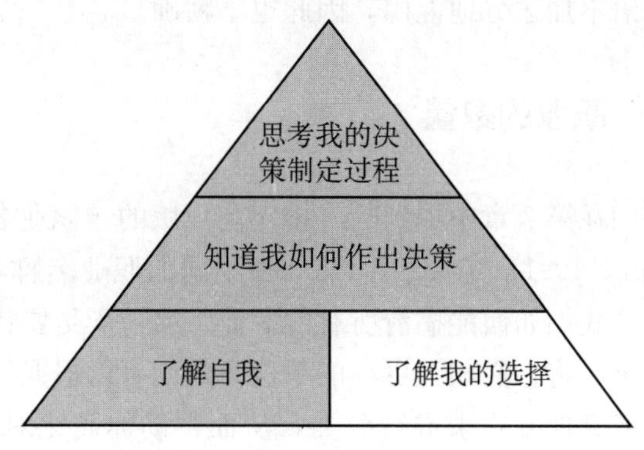

图 3—1　职业知识——CIP 金字塔

资料来源：Reprinted from *The Career Development Quarterly*，41，1992，p. 70，copyrighted NCDA. Reprinted with permission of the National Career Development Association. Used with permission.

成部分》（*Three Boxes of Life*）（Bolles，1981），该书分析了教育、工作和闲暇之间的联系。

鲍利斯指出，我们中的很多人认为教育、工作和退休（或是娱乐）位于人生的三个不同阶段，或者说三个部分。早期的人将三个阶段视为截然不同、彼此分割的，试图为每个阶段做好准备以高效地生活，似乎它们彼此之间毫无联系。鲍利斯认为，将教育（学习）、工作（上班）和娱乐（退休）视为生活/生涯里三个相互联系的部分更为重要。也许你可以思考一下目前你是如何将工作、学习和娱乐融入自己的生活里的，在过去你是怎么做的，在未来的 20 年里，你又将怎么做。根据鲍利斯的观察，在生涯问题的解决过程中，将教育、工作和闲暇看作彼此相关的选项而进行探索是恰当的做法。

教育、工作和闲暇的各种选择就在"那里"，很多信息都可以通过网络资源、出版物或与已经工作的人谈话来获得。关于选择的一些信息也会以图表的形式呈现，图表中详细记录了薪水、培训要求、费用和其他方面的特征。从这个角度来说，我们关于选择的知识和信息不同于我们关于自身的知识和信息，因为后者多数都存储在人的记忆系统里。例如，职业知识在政府文件、书面报告、自传、计算机文件和其他媒体资源中都是可共享的。这些具体而客观的信息资源独立于我们对它们的直接主观经验而存在。有关各种选择的信息存储在网络上、图书馆的书架上、书本中以及其他各种多媒体资源中。

3.2　职　业

首先，我们回顾一下第 1 章中介绍的工作行为（work）、生涯、职业、工作内容（job）和职位的定义。我们将职业定义为在不同行业或机构中都能找到的一组类似的工作内容。本章将重点讲述职业信息的关键元素、职业知识的变化、职业分类的一般框架以及职业信息的主要来源。（值得注意的是，有些资料将这几个术语不加区分地混用，因此也不精确。）

3.2.1 职业的数量

我们在第 2 章中提到的许多年前出版的《职业名称词典》（U. S Department of Labor，1991）定义了 12 700 种不同的职业名称，并有 17 000 个名称是相互参照的。我们如何能搞清所有的职业？第一步是要找出合理的方式将它们进行组织、分类，将它们归为更小的单位。我们可以根据教育水平、收入、工作活动的相似性或其他方式来进行分类，从而帮助你简化对职业的了解过程。在过去的 60 年里，人们制定了许多不同的框架来对相似的职业进行分组，下面我们将对此进行说明。

在 20 年前存在 12 000 多种不同的职业这一事实不过是故事的一部分。其中的一些职业虽然可以识别，但在大部分人日复一日的工作生活中却没有太大意义。一些专家估计，大约 95%的劳动力都集中在约 400 种职业中。400 种虽然很多，但相对于 12 000 多种的总数少得多。

在近 50 年的时间里，《职业名称词典》是职业信息标准的基本参考资料。近些年，它已经被网站"O* NET"（http：//online. onetcenter. org/）所取代，这是一个能提供 780 种职业信息、工作者技能和工作训练要求的内容全面的数据库。每年，O* NET 都会根据新的研究发现更新网站，它是目前美国职业信息的首要来源，许多计算机生涯信息传递系统都包含该网站数据。O* NET 是由美国劳工部的就业和培训管理部（U. S. Department of Labor's Employment and Training Administration，http：//www. doleta. gov/）主办的。

3.2.2 关于职业

美国大部分的职业信息都是由劳工部收集整理的。美国劳工统计局（U. S. Bureau of Labor Statistics）定期发布美国的就业报告，包括就业人员情况、工作时间、收入等。职业就业统计（Occupational Employment Statistics，OES）是关于职业信息的最重要的数据库。许多政府部门，如商务部、教育部、国防部、劳工部、人口普查局、内政部、州政府、农业部和其他部门都为职业就业统计提供数据（我们在第 7 章将深入介绍职业就业统计）。

我们对职业的了解可以通过 Choices® Planner 所使用的主题这一例子来说明。Choices® Planner 是一种计算机生涯信息传递系统（CIDS）。佛罗里达州的居民可以在网站（http：//www. bridges. com/cpflorida/）上找到这一系统。Choices® Planner 包含 23 个关于职业分类的不同主题，例如教育水平、薪水和前景、技能、兴趣、工作价值观、体力要求、工作时间和工作环境等。这些主题又进一步分为 172 种不同因素，用来描述该系统中的 650 种不同职业（见表 3—1）。这些主题和因素可用于在该 CIDS 中搜索职业，它们提供了大量的职业信息。其他州的CIDS也提供相似的详细的职业信息。

表3—1 **Choices® Planner的主题和因素**

主题	因素
教育水平	从高中以下到专业或研究生学位
体力要求	从基本无体力要求到重体力（举100磅以上物体）
收入	从年薪10 000美元到年薪100 000美元的10个种类
才能	举例：一般学习能力；语言能力；手工操作灵活性；手眼协调能力；形状感知能力
工作时间和出差	举例：倒班；周末上班；加班；夜间出差；规则的工作时间和有限的出差
工作环境条件	25种具体分类，例如，避免室内工作
职业领域、工作族群	举例：艺术；科学；自然；法律；商业；慈善事业；体育表演
工作技能	举例：社会复杂问题解决；资源管理
兴趣	现实型；研究型；艺术型；社会型；企业型；传统型
生理能力	21种分类，例如，避免种族歧视
就业前景	增加；稳定；减少；所有职业
学徒制	是或否
学校科目	23个种类，例如，艺术、生物
工作领域	23个种类，例如，避免生产型职业
基本技能	9个种类，例如，书写、语言与批判性思维
生涯路径	艺术和沟通；商业，信息管理和市场；健康护理相关服务；社会和人类服务；工程和工业技术；农业和自然资源
职业族群	16个种类，例如，建筑、金融服务
工作价值观	成就；独立；认可；关系；支持
高中毕业后的教育/专业	根据学校提供的信息，每年更新分类
职业能力倾向测验	
军队	
按性别分类	

资料来源：Reproduce by permission of Bridges Transitions，Inc.，a XAP corporation. Copyright © 2012 Bridges Transitions，Inc.，a XAP corporation.

1998年，美国生涯资源网（America's Career Resource Network，ACRN）承担起在全美范围内收集职业信息并提高信息质量的责任。它提供了大量的信息和资源来帮助青少年和成人在掌握足够信息的情况下制定生涯决策。全美和各州都设立生涯资源网以使所有居民能获得最新的职业信息、教育项目和教育资金援助、培训和工作机会等信息。熟悉全美和各州的职业信息系统并加以利用是明智的做法。你可以在全美任何地区自由搜索职业信息。这类信息可以在美国职业信息网获取（America's Career InfoNet，www. careerinfonet. org）。

除了美国劳工部和美国职业信息网，还有很多其他私营性质的职业信息提供者，包括行业协会、生涯网站、私营性质的作者和出版商、当地政府、教育机构、工业和商业机构、外国政府和私营基金组织。值得一提的是，许多网络资源经常转发政府机构（如美国劳工部）和行业协会的“官方”信息，而作为职业信息的消费者，你需要运用批判性思维去评估这个信息，我们会就这个话题在本章做进一步探讨。除了这些相对正式的职业信息来源，我们还能通过与职场中的人交谈、对他们进行观察获取更多信息。你甚至可以通过与那些在博客上分享自己工作经验的人进行实时在线交谈来了解自己。

3.2.3 职业是否在发生变化?

职业一直在持续不断地变化，职业信息也相应发生变化。职业信息是流动且不断变化的，就像从船边流过的水——水看起来都一样，但其实一直都是不同的。这是因为新职业的出现以及原本长期存在的职业的消失。总体来说，拥有大量从业人员的职业其变化最少，大部分职业的变化都很小。事实上，过去的 30 年里，即使在美国经济局部衰退的情况下，制造业依然提供了成千上万个工作岗位。

经常变化的是行业中职位和工作组织的信息，而不是职业信息，诸如职位空缺的数量、前景和薪水等与就业有关的主题就是如此。其他方面的职业信息则没有如此快的变化，例如主要的工作职责、培训背景要求和工作条件。因此，最好对职业信息保持某种程度的不确信，因为职业信息永远不能代表任一时刻某一特定员工或工作场所所发生的所有事情。

3.2.4 职业分类

根据某些共同特征将职业进行分组和分类非常有效。我们已经探讨了《职业名称词典》和霍兰德码，在这一部分，我们将介绍最新的分类系统——标准职业码（Standard Occupational Code，SOC）（U. S. Dept. of Labor，2012，www.bls.gov/SOC/）。

标准职业码（SOC）和霍兰德码（RIASEC）一样，用于像 Choices® Planner 这样的计算机职业指导系统。SOC 涵盖了 840 种有报酬或利润的工作，包括军队与普通居民的职业。它使用的是 4 层级系统，每个层级都有更详细的划分。表 3—2 呈现的是 23 个职业领域。如果你知道自己所感兴趣职业的 SOC 码，那你就拥有了打开相关信息之门的“钥匙”。

表 3—2　　SOC 主要职业群

1. 管理类职业。
2. 商业和金融操作类职业。
3. 计算机和数学类职业。
4. 建筑和工程类职业。
5. 生命、物理和社会科学类职业。
6. 社区、社会服务类职业。
7. 法律相关职业。
8. 教育、培训和图书馆相关职业。

9. 艺术、设计、娱乐、运动和媒体相关职业。
10. 健康保健实践性和技术类职业。
11. 健康保健支持性职业。
12. 保护性服务职业。
13. 食物准备和相关服务类职业。
14. 建筑和地面清理与养护类职业。
15. 个人护理和服务类职业。
16. 销售及相关职业。
17. 办公室和管理支持类职业。
18. 农业、渔业和林业类职业。
19. 建设和提炼类职业。
20. 装备、维修类职业。
21. 生产性职业。
22. 交通和运输类职业。
23. 军队特定职业。

3.3 行业分类

在了解工作方式和场所的各种选择时，通常大多数人首先想到的是他们想要什么样的工作，即“职业”。但这样的工作会在什么行业、什么样的环境中进行呢？根据《行业指南（2010—2011 版）》（*Career Guide to Industries*，2010－2011 Edition）（http：//www. bls. gov/oco/cg/indchar. htm）的统计，2008 年美国共有多达 880 万家私营企业，主要是小规模企业。大约 61.6%的企业雇员数量少于 5 人，中等规模到大规模企业雇用的员工数所占比例相对较大。例如，那些拥有 50 名或更多员工的企业仅占所有企业的 4.5%，却雇用了所有工作者中的 56.2%。那些拥有 500 名以上员工的大型企业仅占所有企业的 0.2%，员工数却占所有工作者的 16.7%。这些信息与求职者相关，因为它会告诉我们何处可以获得工作。

了解行业如何分类对于考虑职业选择特别有用。标准行业分类（Standard Industrial Classification，SIC）编制于 20 世纪 30 年代，用于对各种商业和雇佣机构进行分类，因此可用于获取职业和相关工作的信息。例如，如果你对物理治疗工作感兴趣，你就可以通过 SIC 对医院、物理治疗中心和其他机构的编码来寻找潜在的雇佣机构，在此你可以得到有关职业和就业的更多相关信息。

然而，SIC 系统随着经济的变化而变得过时，它已被新的系统所取代。北美产业分类体系（North American Industry Classification System，NAICS）（U. S. Bureau of Census，2007；also available at http：//www. census. gov/epcd/www/naics. html）是与加拿大和墨西哥合作共同编制的，大大改变了旧的 SIC 系统。NAICS 基于企业所主要从事的经济活动对企业进行分类。使用相似的原材料、相似的固定资产设备和相似的劳动力的企业被归入同一个行业中。换句话说，以相同的方式做相同事情的企业分入一类。在编制 NAICS 时，经济中的每一个部门都被重新定义和结构化。例如，考虑到我们的经济是以信息为基础的情况下，新的信息产业部门包括通信、出版、动画和声音记录以及网络服务。制造业也重新进行结构化以包含新的高科技产业。此外，餐饮场所则变为新的住宿和餐饮部门。NAICS将所有的经济实体划分为 20 个产业部门（见表 3—3），而旧的 SIC 则只有 10 个。

表 3—3　　北美产业分类体系（NAICS）产业划分

1. 农业、林业、渔业和捕猎业。
2. 矿业。
3. 公共事业。
4. 建筑业。
5. 制造业。
6. 批发贸易业。
7. 零售贸易业。
8. 运输和仓储业。
9. 信息业。
10. 金融、保险业。
11. 房地产、出租和租赁业。
12. 专业、科学和技术服务业。
13. 公司和企业管理业。
14. 行政和支持管理、废弃物管理、补救服务业。
15. 教育服务业。
16. 健康护理和社会支持业。
17. 艺术、娱乐业。
18. 住宿和餐饮业。
19. 其他服务业（不包括公共管理）。
20. 公共管理业。

在生涯规划中如何使用 NAICS 体系？假设你想要寻找专业、科学和技术服务业的机构，因为你想在这类行业中工作。以下是 NAICS 体系中所包含的六大类此类机构。

1. 会计、报税、记账和薪酬服务；
2. 建筑设计、工程和相关服务；
3. 计算机系统设计和相关服务；
4. 管理、科学、技术咨询服务；
5. 科学研究和开发服务；
6. 广告和相关服务。

更具体地说，如果你对体育行业的工作感兴趣，你就要先找到 NAICS 中的类别 711（艺术表演、体育比赛和相关产业），然后是子类 7112（体育比赛），最后是细类 71121（体育比赛）。你会发现该产业包括：（a）以参加观众付费观看的现场体育赛事为主的体育团体和俱乐部；（b）主要进行赛道相关运营的企业；（c）以参加观众付费观看的现场体育赛事为主的独立运动员；（d）竞赛参与者

（例如车、狗和马）的所有者，让这些参与者参与赛跑或其他有观众观看的体育赛事是其主营业务；（e）诸如体育教练这类给体育赛事的参与者提供支持性专业服务的人或机构。最后一步，你将在细类 71121（体育比赛）中找到该行业中机构的名称和联系信息，之后你就能与它们联系工作上的事情。

3.4 定位职业信息

作为一名大学生，你正处于寻找职业信息的理想环境中。职业生涯图书馆和职业生涯中心或咨询中心的信息室通常是两个最好的信息来源。这两个地方都可能有专门人员使用互联网寻找高质量信息。在一些案例中，你可以与信息专员现场沟通来帮助你获得所需信息。

在这个信息时代，学生搜索信息的首要途径通常是“用谷歌搜索它”，但是了解校园内一般会有专设的信息库来帮助你进行职业探索和决策是很重要的。职业生涯服务办公室就是最好的开始。记住我们在第 1 章对职业、工作和教育信息的区分，因为这三类信息通常被放置在不同的地方。在职业生涯服务办公室，至少有一位员工主要负责管理职业信息资源，也是帮助你找到你所需的信息的最好人选。此外，这些资源根据特定设置整理，因此你可以快速浏览不同类型的信息；例如，寻找与你专业相关的信息，探索实习机会，找到与你所学专业对口的机构类型。除了职业生涯服务办公室，校园图书馆也有专业化的资源，如企业和机构的名录是职业规划和求职的重要资源。

如果你不是在大学校园里，那你可以去公共图书馆。图书馆里也许有专门的职业方面的藏书，或者图书管理员也能够帮助你进行职业相关的信息搜索。你还能在就业服务中心、州立 CRN 办公室、公共或私人的职业生涯咨询机构或是就业重新安置服务办公室寻找其他职业信息。

有一些质量特别好的职业信息方面的重要出版物。在接下来的段落，我们列举了一些你可以在图书馆中或通过互联网获取信息的参考来源。

最好的美国政府出版物是《职业展望手册》（*Occupational Outlook Handbook*，OOH）（U. S. Dept. of Labor，2012；also available at http：//www. bls. gov/oco/）。该手册每两年修订一次，并提供了 250 种职业的最新信息，占美国工作的 90%。这些信息包括工作信息、就业场所、培训和其他资质、晋升、就业前景、收入和工作条件以及附加信息来源。

另一本原本由联邦政府制作的参考书是《职业探索新指南（第四版）》（*New Guide for Occupational Exploration*，Fourth Edition，GOE）（Farr & Shatkin，2006）。GOE 的最新版本描述了 900 种以上的职业，从业者约占全美劳动力的 95%。GOE 中的职业按照 16 种兴趣领域对职业进行分类，例如“艺术、娱乐或媒体”“销售和市场”，人们可以根据这 16 种领域来搜寻相关信息。

最后，《职业展望季刊》（*Occupational Outlook Quarterly*，OOQ）（U. S. Dept.

of Labor）是描述有关职业的最新发展趋势以及教育、培训与职业活动的关系的一个政府出版物。在 OOQ 中发布的新信息最终也会出现在最新版本的 OOH 中，只是要晚一些。参见 http：//www. bls. gov/opub/ooq/ooqhome. htm。

1995 年以来，包括特定岗位空缺、职业和培训机会等在内的劳动力市场信息已经可以在成百上千的网站中获得。例如，美国劳工部在网站（http：//www. CareerOneStop. org）上创设劳动力市场和相关职业信息的在线资源，该网站为求职者和寻找更多关于职业探索、简历编写、退伍转换或更多信息的人提供了一站式服务。

私营出版商也制作了大量的职业参考信息。《生涯和职业指导百科全书（第 13 版）》（*Encyclopedia of Careers and Vocational Guidance*，13th edition）由 Ferguson 公司出版，共 5 册，囊括 2 500 余种职业。专业协会则编制了大量描述本领域职业的信息，《国家贸易和专业协会目录》（*Directory of National Trade and Professional Associations*）每年出版，已有 39 年，包括了 8 100 多个协会的名录。该目录收录的是会员信息和经过认证的培训项目，却常常因为是职业领域内部信息而被忽略。这些参考资源并不是免费提供的，这也是为什么不能忽视职业生涯资源中心和图书馆这些有价值的信息资源的原因。它们购买并搜集可获取的分类信息资源，使更多的人能够获得这些材料。

还有许多关于生涯和职业的特定出版物，例如《黑人大学生杂志》（*Black Collegian Magazine*）（www. black-collegian. com/）、《职业女性》（*Working Woman*）、《大学中的职业女性》（*The Collegiate Career Woman*）、《平等机会的职业生涯》（*Equal Opportunity Careers*）（www. eop. com）、《生涯与残疾人》（*Careers and the Disabled*）、《生涯世界》（*Career World*）、《企业工作展望》（*Corporate Job Outlook*）及《拉丁美洲商业》（*Hispanic Business*）（www. hispanicbusiness. com/magazine/）。

现在，当你通过互联网或去生涯图书馆、公共图书馆寻求帮助时，你会对你能用的这类图书、出版物和网站有一些概念。

3.5 关于教育和培训的知识

我们关于教育和培训的知识是非常广泛的，但我们基本上可以根据它们的水平和时限来进行考量。大多数 CIDS 和其他职业信息系统都使用这两个指标来描述职业。水平是根据一般教育发展（General Educational Development，GED）来定义，水平 1 和水平 2 是小学或更低水平；水平 3 和水平 4 是中学水平或是一些专门培训；水平 5 和水平 6 是大学水平和研究生训练。作为大学生，你对 GED 中的水平 5 和水平 6 的职业最感兴趣。

培训的时限是根据特定职业准备（Specific Vocational Preparation，SVP）来定义的。SVP 是指你需要多久的训练才能掌握一个特定工作的技能，每种职业都用 1～9 个级别来评定。一个 SVP 评级为 4 的职业要求 3～6 个月的培训，

SVP 评级为 8 的职业需要 4～10 年的培训。GED 水平低的职业可以有高的 SVP 评级，反之亦然。其他工作，如骨外科医生，两种评级都很高。

下面我们将要考察：教育项目和学习领域的几种不同的定义方式；几种不同培训项目中可用的一些例子；证书和资格证的区别；终身学习过程；教育、培训的提供者；经济支持和教育信息的来源。

3.5.1　教育项目的分类

教育和培训项目可以按照一些与职业分类相似的方法来进行分类。例如，霍兰德类型和 GOE 分类都各自按照自己的分类系统对学习领域和教育培训项目进行分类。

在《教育机会搜索》（*Educational Opportunities Finder*）（Rosen，Holmberg，& Holland，1994）中，霍兰德码用于对 900 多种大学专业和职业技术培训项目进行分类。这些学习领域也按教育水平（2 年、4 年、研究生）和字母顺序列表。GOE 工作族群则在《职业探索指南》（*Guide for Occupational Exploration*）（Farr & Shatkin，2006）中使用，对 550 多种中学和大学水平的学校科目进行定义和分类。

3.5.2　大学培训的各种选择

你能说出你们大学所有专业和学位的名称吗？在考虑高等教育项目时，你需要知道什么？以下是一些想法。

首先，记住“系”和“所学专业领域”（常常简称专业）之间常常有所不同。“系”是教育机构的一个行政单元，可能包括几种专业和学位项目。系是设在学校或大学里的一个高级别行政单元。一个学习项目可以指一个系，也可以指一个专业，取决于学校的组织结构。

其次要记住的是，一些学习项目通过证书和认证项目直接与职业相联系。其他教育项目，如文学艺术专业或科学，则不直接与专业或职业相关。了解在你的体系中学业项目的组织结构在进行教育决策时非常重要，因为你可以用它来组织各种选择。在一些学校，与职业高度匹配的专业被设置在“专科院系”。

当我们将之与本章之前所考察的职业分类体系作比较时，可以很明显地看出专业和职业的分类有明显的不同。只有那些主修职前培训、认证专业的学生才能将专业与职业选择看作紧密相关的二者。

学科项目分类系统在不同的学校之间差异很大。例如，广告专业被设置在一所学校的商学院，而在另一所学校则是属于通信学院。咨询类的研究生项目在一所学校属于心理学，而在另一所学校则是教育或社会工作。信息技术可能属于商学院、计算机科学院、工程学院、图书馆科学部门或将这些整合起来的学院。

大学教育和就业

有很多人认为大学培训就是就业的保障，但事情往往不是这样。美国劳工部的报告指出，在 2006—2016 年间，仅有 20%的工作需要学士学位（Franklin，2007）。我们将对除大学以外的其他与就业更为直接相关的培训选择进行考察。

假设大学学历可以保证有工作的第二个问题是其降低了个人的重要性。雇主雇用的是人而不是学位或专业。例如，拥有计算机科学学位并不必然就可以带来一份工作。更进一步说，即使在那些维持稳定或衰退的行业和职业仍需要雇用很多人，有时候每年招上万人。

然而，大学学历会有几种方式可以得到回报。首先，从平均水平看，在一生中，如果你有大学学历，那么会比只有高中文凭的人赚钱多。其次，你失业的可能性会更小，或者如果有大学学历的话，你失业的时间会更短。因此，就这两方面平均来说，对大学教育的投资对于就业来说是值得的（我们将在第 7 章进行更深入的讨论）。

那么，大学里的文科专业与生涯准备的关系又如何？了解大学文科学位可以为你提供与工作有关的各种可迁移技能很重要。修一个职前学位并不能自动地让你比那些拥有文科学位的人有更充分的工作准备。虽然一线的管理者在雇用大学毕业生时可能会寻找那些具有技术技能的人，但是很多企业领导都完成了文科专业的学习，他们在招聘新员工时也都看重这方面的学习。

你最好选择与自己的价值观、兴趣和技能相关的领域作为专业，因为这样能获得最佳的学业成就（如分数）。一般来说，好的学习成绩能让你将来有更多的选择机会。除了完成你的专业学位要求以外，你还可以做其他一些事情来提高自己的就业能力：通过实习、暑期工作和合作式教育来获得经验；选择辅修专业来平衡专业；制作高质量的个人简历；与已经在你感兴趣的职业领域里工作的人建立关系网络。

3.5.3 非大学培训的各种选择

在传统的四年制大学教育之外，有成千上万种培训项目。事实上，有些报道指出，美国的非教育机构，如政府部门、商业和制造业以及工会，每年花费 600 多亿美元用于培训。相反，所有小学和中学教育只花费 320 亿美元。以下是一些培训举例。

职业教育

职业教育可以在中学、大学和成人教育的水平上进行，它是以工作为取向的一种教育。设立职业教育是因为雇主需要受过培训的员工来从事当地某些特定的工作。职业教育可能持续几个月到几年不等，毕业时常常颁发的是证书而不是学位。有时技术这个词会被加到职业教育的定义中，使其成为职业技术教育。

近些年，相对于州政府或地方政府设立的职业教育项目，由私营公司提供的职业教育项目出现了一些问题。这些私人的教育机构提供者并不能让学生有较高的就业率。换言之，这些培训项目并未根据雇主对受训员工的需求评估来设立。然而有些培训项目实际上可以培训与工作相关的任何技能，这是一种万无一失的做法。

学徒

许多技能、技术行业的培训，诸如电工和冶炼工人，都是通过学徒制来进行的。美国劳工部的学徒办公室（http：//www. doleta. gov/oa/）与国家、州和当地的行业合作推行不同行业中结构化的在职教育。学徒需要在一个技能水平很高的高级别工作者的指导下工作几年，参加一系列的笔试。学徒培训意在提供现场的先进学习经验，学员可以发展与工作相关的现实生活的问题解决技能。人们用诸如助手和学徒期满的熟练工人等词汇来描述学徒的不同水平。

继续教育

实际上，不管是专业工作还是技术工作，现在每种职业都需要继续教育。因为职业和胜任职业所需的知识都随时间而发生变化，所以继续教育对于几乎所有工种的人都是必需的。继续教育有时也叫专业发展、在职培训（与你作为全职学生所获得的职前培训相对）或是员工发展。继续教育的分数以 CEU 的形式给出，它是继续教育的标准测量方法。1CEU 等于 10 小时培训。按照这种方式，CEU 就相当于传统大学里的按学期或学时给出的学分。

继续教育的例子包括社区大学的半天工作坊、由客座顾问在工作现场提供的两天培训、函授课程、雇主举办的周末 MBA 班，或是通过网络学习工具获得的教育模块。当我们谈到继续教育时常会提及远程学习，即学习者与教育者不在同一处所的教育。继续教育越来越多地以非课堂教育的创新形式的教学项目来进行。

军事培训

世界上最大的非学院培训提供者是美国国防部。这个国家军事服务机构提供了大量的职业和技术领域的培训项目，因为军事武器、交通工具、通信和社区支持系统具有广泛性和复杂性的特点，所以需要受过良好培训的工作人员。应该指出，已经出现了将民用和军事工作以及培训项目彼此相连的“交叉项目”。这些交叉项目的许多信息都可以通过计算机生涯信息传递系统（CIDS）获得。之前提到的网站（www. careeronestop. org）就包含帮助个人将军事经验转换为社会职业经验的部分。

先前工作学分

有些学校会为先前的工作提供学业学分。这一系统对以工作为基础的学习和培训进行认真的考证，有时会使用先前学习的记录和档案。体验性学习促进委员会（Council for Adult and Experiential Learning，CAEL；http：//www. cael. rog/）的成员，已经同意结合个体的在职培训和其他先前学习来进行教育学位项目的设计，并给先前学习提供学分。然而大多数大学都不为先前学习提供学分，当你在职业生涯中获得培训经验时需要意识到这一点。

3.5.4 认证、排名、证书和资格证

职业与培训常常经由认证、排名、证书和资格证这四个过程来发生联系。这些词可能令进行教育与生涯规划的人感到非常困惑，因此比较这四个词的异同会很有用。

认证（accreditation）是指专业协会或培训项目管理小组的指定。认证并不直接面向学生或受训者。一个通过认证的培训项目是指达到协会、专家委员会或其他认证团体所制定的标准的项目。一般而言，人们都想要参加某领域中最强大、最有影响力的组织认证的学习项目并完成学习。参加经过认证的项目对你非常有益处，包括容易获得资金资助，以后容易就业，在专业上更有声誉和信誉，容易获得证书和资格证。

这里需要提及排名（rankings）一词。学生有时想要了解其正在考虑的学校或是学位项目的排名，他们常常会参考美国新闻（U. S. News；http：//www. usnews. com/）。此外，员工对这样的排名也同样感兴趣（Koc，2009）。虽然在进行教育规划时考虑这个因素看似合理，但这里存在一些问题。第一，排名很可能基于“声誉分析”来进行，这是一种奇特的知名度竞争。典型的做法是，一些人会请系主任、教职人员或其他人来对本领域的学校或学习项目进行排名，最后得出排名列表。第二，人们对质量的感知基于历史，即培训项目在几年前所获得的成绩，而不反映当前的情况和信息。第三，“光环效应”可能会起作用。哈佛大学似乎总是得到很高的排名，最重要的就是因为它是哈佛。然而，并不能确定它的所有项目都是高质量的。第四，对本科教育的排名尤其不可靠，因为排名大多基于研究生项目的质量。经过细致的研究，考克（Koc，2009）总结提出“影响美国‘最好’大学排名顺序的不仅仅是数据”。

如果满足以下几点，排名是有助于你的教育项目的。(a) 该排名是基于对你而言非常重要的特定结果标准（例如，毕业生薪水、律师资格考试通过率）；(b) 该排名有助于你找出著名项目的重要特性，以便你能使用这些信息来评价其他未排名的项目；(c) 该排名是以当前信息为基础的；(d) 该排名描述了如何排名以及排名的原因。

证书（certification）是专业协会或独立机构在你完成某一特定培训项目（可能包括受督导的现场经验以及考试）后，颁发给你的证明。证书是一个公开的证明，证明你已经完成某一领域作为专业人员所要求的全部学习，可以被授予一个名称或头衔。证书一般由国家机构颁发，但教师这一职业的证书常常由州立

机构颁发。

与证书不同，资格证（licensure）由政府机构而非专业团体（法律例外）颁发。资格证常常由州政府部门颁发，它意味着你可以作为该州某一特定职业或行业的一员来进行实践或提供有偿服务。上百种职业都要求从业人员持有资格证才能合法执业，但各州对资格证的要求却不尽相同。一些州与其他州的资格证互通，因此你可以不需要再花时间和费用就能在另一个州获得开业资格。

持证上岗的职业成为现代社会的特点（Hoppough，2008）。美国工作者中在持证经营的领域工作的人由 50 年前的 4.5%上升到现在的 28%。例如，在加利福尼亚州，有 1 100 余种持证上岗的职业。这些职业典型的要求包括课堂学习的时数（例如，会计需要 150 学时的大学课堂学习），还需要通过州立资格证考试。

上述这些区分对于你的教育和生涯决策有何意义？首先，你要知道教育和培训项目不能让你获得任何证书或资格证，只有全国性的协会、委员会或政府机构才能进行此项工作。其次，完成一个认证的培训项目可能会让你获取证书和资格证的准备过程更容易，但并不能保证你成功。再次，在评估教育和培训项目中，排名相对而言并不那么重要。最后，你应该向教育和培训机构询问以往毕业生在完成认证和资格证要求方面的情况。

3.5.5　教育与培训：生活/生涯过程

我们在第 1 章考察舒伯（Super，1990）的生活/生涯彩虹模型时（见图 1—1），曾经提到培训在人的整个生涯过程中需要重复进行。我们已经看到培训是如何贯穿人的终生，以及教育如何帮你发展可迁移技能。教育和培训可能是预测一个人日后职业与闲暇生活情况的早期指标。例如，一个人在焊接技术班中学习了关于焊接过程的知识，并发展出这方面的技能作为嗜好，那么若干年后他可能会做焊接生意。培训的经历还为参加培训的人提供一些机会来认识志趣相投的人，了解当地对焊接人员及焊接服务的需求情况，从而拓宽视野，重新订立更广泛的生涯目标。

就这一意义而言，我们应该认识到教育与培训已经是生涯的一部分，它们不仅是在为你未来的生涯做准备。如果你现在是大学生，那么你就已经开始了生涯之路。

3.5.6　信息来源与支持

以计算机为基础的生涯信息传递系统以及其他基于网络的程序已经使教育信息的传递发生了非常大的变化（例如，Choices® Planner，DISCOVER®，CIS，GIS，Focus 和 SIGI[3]）。你可以利用这些系统来搜索符合你标准的教育项目信息。假设你想要搜索海洋生物专业的学士学位项目，搜索条件为州、计划招收人数、学费、大学里可提供的体育活动项目。系统将会扫描成千上万条相关选项，而后整理出你所指定的那些州里所包含的各种项目列表。你也可以通过计算机获得来自4 000所学校的5 000余种教育项目，它们可能包含在其中某个系统的一个标准数据库中。

除了计算机，很多图书馆和生涯中心、咨询中心都有关于教育、培训的各种选择方面的参考图书，并且每年更新。标准的资料包括《大学手册》（*College Handbook*）（大学入学考试委员会）、《美国大学概况以及两年制大学指南》（*Barron's Profiles of American Colleges and Guide to Two-Year Colleges*）（巴伦教育系列）、《彼得森大学和研究生院指南》（*Peterson's College or Graduate School Planners*）（Peterson's，A Nelnet Company，http：//www.petersons.com/）、《大学蓝皮书》（*College Blue Book*）（Macmillan Publishing）以及《650种职业概要编年史》（*650 Chronicle Occupational Briefs*）（Chronicle）。

3.5.7 经济援助

人们可以通过许多形式获得教育和培训的经济援助。州CIDS和其他计算机生涯指导系统提供了职业技术和高等教育培训的国家和私人经济资助资源。大学里的经济援助办公室和公共图书馆也能提供相关的参考书。

提供培训的学校可能在经济援助方面有其特定的规则和来源，这点对你特别重要。这些当地的资助资源对你申请更有用。雇主和工会组织有时也会提供培训基金，作为员工或会员的一种福利，有时甚至会为员工的配偶或子女提供资助。需要提醒的是，在这个领域里有一些非法或不道德的操作者，他们会拿了你的钱却只是在CIDS的数据库里搜索一下，可能还不如你自己做的好。最后，尽早开始寻找经济援助。10个月是申请经济援助或奖学金的最佳提前期。

3.6 闲　暇

鲍利斯（Bolles，1981）所描述的生命的三个组成部分中，关于退休、娱乐和闲暇的部分被认为是生涯的最后一个阶段。在美国，人们对于闲暇时间的看法非常不同。有些人认为闲暇是件积极的事情，是生活中令人向往的一部分。另一些人则消极地看待闲暇，认为是浪费时间的无用之事。人们是如何得出这样相反的观点的呢？为什么闲暇是生涯规划中的重要部分？

3.6.1 关于闲暇的历史观点

我们关于闲暇的矛盾观点起源于很多年前。在古希腊的柏拉图和亚里士多德时代，闲暇作为学习、创造和体育竞赛的时间，被公民们所珍视。他们没有关于工作的词汇，因为只有奴隶和非公民才需要劳动。希腊文明的衰败导致闲暇概念的完全改变。在之后的罗马帝国，闲暇被视为堕落、酗酒和自我放纵。早期的基督教领袖和后来的新教改革者将闲暇看作懒惰，而懒惰被认为是道德堕落。即使是今天，有些人还认为闲暇是药物滥用、反社会行为和浪费金钱的温床。简要回顾了西方的文化传统后，我们就不再对人们常常迷惑于闲暇的价值感到奇怪了。

尽管有些人并不看重闲暇，但有些人沉湎其中，花费很多时间。《工作的终结》（*The End of Work*）的作者杰里米·里夫金（Jeremy Rifkin，1995）报告说，1992年大约有51%的美国人，即约9 420万成年人，每周花费4.2小时于各种课程和机构中。他指出，这个经济的第三部门包括140多万个非营利组织，其主要目的在于提供服务和发展事业。这些时间大多是志愿（无偿）付出的，它表明很多人将精力投入于此。

大多数生涯发展专家是如何从工作的角度来看待闲暇的呢？我们将工作定义为为自己或他人生产有价值产品的活动。这一定义包括无偿的工作和业余活动。我们进一步将“生涯”定义为个人通过工作所创造的一个有目的的、延续不断的生活模式。通过这些定义，我们可以将闲暇看作生涯中重要的、有意义的组成部分，赋予闲暇以下定义：

> **闲暇**（leisure）是指根据可随意支配的收入、时间和社会行为，相对而言由自己决定的活动和经验。这些活动可以是身体的、智力的、志愿的、创造性的，或是以上四种的结合。

还有几个重点需要强调。第一，闲暇是由自己决定的，就如同生涯的其他方面。是你自己决定了闲暇在你的生活中所扮演的角色。第二，闲暇所涉及的金钱、时间和社会关系都可随意支配，不是你“必须”为之，而是你“选择”为之。第三，闲暇活动可以是身体的、智力的、私人的、社会的、常规的、精神上的、创造性的，或是它们的一些组合。

以这种观点来看，闲暇是我们生涯发展的重要组成部分，我们需要对此有更多更好的了解，以便有效地解决生涯问题、制定生涯决策。与其他职业和教育选择一样，在开始探索闲暇的各种选择之前，从了解自己开始是非常重要的。

闲暇，与其他职业教育活动相比，可以是：（a）馈赠性的；（b）补充性的；（c）补偿性的（Blocker & Siegal，1981）。

● 如果是馈赠性的，闲暇扩展和放大了你的工作。如果你是一个在交响乐团工作的职业音乐家，你可能在周末教其他有天赋的音乐家掌握你所演奏的那种乐器的要点。

● 如果是补充性的，闲暇活动可以丰富你的生活，让你获得工作之外的满足，让你的生活更为圆满。如果你是高中足球队的教练，你可以参加陶艺班，从中认识不同类型的人，享受独自工作的乐趣。

● 如果是补偿性的，闲暇活动可以弥补工作的缺憾和不足。如果你是会计师事务所的办公室经理，想要变得更为活跃，做与孩子在一起的工作，你的业余生活就可能是当一名少年棒球队的教练。

3.6.2 闲暇分类

有多少种不同的闲暇活动呢？奥弗斯、泰勒和阿德金斯（Overs，Taylor，& Adkins，1977）采用三层次分类的方法列出了 725 种以上不同的闲暇活动。《闲暇活动搜索》（*The Leisure Activities Finder*）则以两位字母的霍兰德码为基础对 760 余种闲暇活动进行分类，这种编码由霍姆博格、罗森和霍兰德（Holmberg，Rosen，& Holland，1990）所创立。他们的分类以霍兰德的六种环境类型模型为基础，我们已经在前面看到它们是如何用于职业和学习领域的分类。每种闲暇活动都有一个分组标签，例如收集、自然或娱乐，以作为一种帮助定义闲暇活动性质的方法。

3.6.3 闲暇活动信息来源

处处都有关于闲暇活动的信息。一些俱乐部、组织机构和在线聊天组群实际上都在致力于各种闲暇活动。这些组织为对活动感兴趣的人提供演示说明、培训、有组织的活动、会员制度以及虚拟社区。还有各种网站和出版物也在为各种闲暇活动服务。虚拟或是实体的图书馆是搜索这些期刊和出版物的地方。当地的报纸和电话黄页是社区闲暇机构的信息来源，学校里的网站或学生活动办公室会提供学校组织的活动和机构信息。旅游胜地、社区娱乐中心、志愿者机构和其他社区组织能为那些寻找闲暇活动相关信息的人提供信息和帮助。

3.7 改善我们选择的知识

我们可以做很多事情来对各种选择有更多的了解，以解决生涯问题和制定生涯决策。改善我们对职业、教育和闲暇的各种选择的相关知识并不意味着简单地获取更多的事实和数据。以下是一些可以帮助我们做到这一点的方法。

第一，建立一个概念框架或心理地图（认知心理学家称之为“图式”）来对这三个领域各自的选择进行思考。例如，霍兰德的六种类型提供了一个六边形模型，可用于思考所有这三个方面的选择。本章也介绍了其他框架，但我们喜欢用霍兰德的分类模型，因为它既可用于对自我知识进行分类，也可用于以上三个领域中各种选择的分类。以类型或类型组合来思考各种选择，能让你解放自己，并以新的方式思考各种选择。

第二，基于对它们进行有用的区分，开发考虑各种选择的方法。例如，一些有关学习领域的信息，诸如男性在护理和基础教育领域中所占的比例，对于你区分各种学习领域的专业来说，并不特别重要或有用。你需要聚焦于你面临的各种选择中对你来说很重要的那些方面，然后对之进行仔细考察。换言之，在考虑各种选择的区别时，要考虑你的价值观、兴趣和技能。

第三，全面考虑职业、教育和闲暇选择。现在你已经知道有很多思考各种选择的不同方法。例如，与职业、行业、教育和培训、闲暇等相关的各种选择从整体上说都是彼此相关、不断变化、彼此区别的。而所有这些领域中还存在当地、本州、地区、全国和国际等不同的角度。这种复杂性是使得生涯问题解决和决策制定困难的原因之一。

第四，不要使用存有偏见、肤浅或不准确的信息。例如，有些信息是以招聘为目的的，它们会强调该选择的积极方面，使其更具吸引力。

3.7.1　使用有关各种选择的信息

你能做些什么来改善有关职业、教育和闲暇的各种选择的信息呢？第一，将你在学校中发展出来的研究技能运用于你个人的生涯决策制定中。大量有关各种选择的信息都在线或存放于图书馆或其他类似的地方，你已经具备搜索和使用计算机索引、数据库、图书、期刊、文件、多媒体资源、参考资料和其他资源的技能。事实上，用你的研究技能去寻找关乎你个人生活/生涯的各种选择的信息，是你所做的最重要的研究。

第二，寻找有关各种选择的信息需要花费时间，不是你能通过冲刺或走捷径的方式就能完成的。有一个看待此事的好方法，如果你将在某个职位上工作86 000小时（计算公式为：8小时/日×5日/周×50周/年×43年），在下一年你花100小时来学习和研究与你的各种选择相关的信息源，那么，这只占你在工作中所花费时间的约1‰，相当于一天8小时中的28秒。这甚至还不包括你的生涯规划中所包含的上千小时的学习和闲暇时间。常识告诉我们，为了在未来的几年中获得更高的生活/生涯满意度，现在投入时间到这样的研究中具有非常重要的意义。

第三，你可以通过以下这些活动获得有关信息：(a) 阅读；(b) 倾听；(c) 观察；(d) 记录；(e) 参观；(f) 谈话。思考一下这六种活动能够帮助你获取相关选择信息的途径。有一种评估你在获取相关选择信息方面获得进步的方法，就是核对每一次你所参加的以上六种活动，准确记录每次你所做的事情。例如，你可以列出你所阅读的资源，那些你写信给他们以了解职业信息的人和机构，或者你进行过的信息面谈。每种行为都能用于提供有关各种选择的信息，它们在本质上稍微有所不同，因此，最好能运用这些行为中的几种来获取你正在探索的每种选择的信息。

第四，养成不断从朋友、朋友的家人、亲戚、熟人或是飞机、公共汽车上你邻座的人那里获取职业信息的习惯。教会活动和志愿者组织也提供了一种让你与在各种职业领域里工作的人碰面的途径。有目的的信息搜索行为帮助个体获得关于职业和决策的有质量的信息。如果没有这种渠道，家人的职业和教学也许是唯一你可直接了解的职业和工作。

第五，你必须批判性地阅读职业、教育和闲暇信息。我们周围充斥着各种信息。各种网络出版物、主要的国内报纸、流行刊物、专业和协会的通讯、研讨会、博客和电视常常包含生涯选择的信息。正如我们之前提到的，这些来源浓缩和总结了政府报告、大学研究成果、公共调查的重要内容，使其成为更易于阅读的信息报告。如果你是一名大学生，还应关注校园里生涯中心和中心网站上的资源。中心每周收集了上百条能让你了解各种选择的信息。

第六，利用专业生涯咨询员、图书馆管理员或其他信息专员，帮助你寻找和评估各种生涯信息资源。许多公共教育图书馆都设有成人服务图书管理员，专门负责生涯信息，包括职位空缺信息、公司和行业信息等。这些专业人员能帮你弄清信息的含义，了解你是否已经具备足够信息，以及你处于生涯决策过程中的哪一个环节。

小 结

本章介绍的是生活/生涯选择的主题，涉及职业、教育和闲暇领域的信息。我们通过组织分类、信息来源和改善信息的质量和数量的建议这三个方面来考察三个领域，强调三个领域之间的相互联系，对发展出更综合的方法来思考各种选择提出建议，以改善生涯问题的解决和决策制定。本章的目的在于帮助你改善个人生涯理论中，关于各种选择的知识方面的信息质量。

参考文献

ACT. (2012). DISCOVER® [computer software]. Iowa City, IA: Author.

Bolles, R. (2012). *A practical manual for job hunters and career changers: What color is your parachute?* Berkeley, CA: Ten Speed Press.

Bolles, R. (1981). *The three boxes of life, and how to get out of them*. Berkeley, CA: Ten Speed Press.

Bridges Transitions Co. (2008). Choices® Planner [computer software]. Oroville, WA: Author.

Farr, M., & Shatkin, L. (2006). *New guide for occupational exploration* (4th ed.). Indianapolis, IN: JIST Works.

Franklin, J. C. (2007, November). Employment outlook: 2006–16: An overview of BLS projections to 2016. *Monthly Labor Review,* 3–12.

Gottfredson, G. D., & Holland, J. L. (1996). *Dictionary of Holland occupational codes* (3rd ed.). Odessa, FL: Psychological Assessment Resources.

Holland, J. L. (2011). *Occupations finder—revised edition*. Odessa, FL: Psychological Assessment Resources.

Holmberg, K., Rosen, D, & Holland, J. (1990). *Leisure activities finder*. Odessa, FL: Psychological Assessment Resources, Inc.

Hoppough, S. (2008, February 25). The new unions. *Forbes,* 100–101.

Koc, E. W. (2009, September). NCE research: The frustration and futility of college rankings. *NACE Journal,* 16–28.

Overs, R. P., Taylor, S., & Adkins, C. (1977). *Avocational counseling manual: A complete guide to leisure guidance*. Washington, DC: Hawkins & Associates.

Rifkin, J. (1995). *The end of work*. New York, NY: Putnam's.

Rosen, D., Holmberg, K., & Holland, J. (2011). *Educational opportunities finder*. Odessa, FL: Psychological Assessment Resources, Inc.

Super, D. (1990). A life-span, life-space approach to career development. In D. Brown & L. Brooks, (Eds.), *Career choice and development* (2nd ed.) San Francisco: Jossey-Bass.

U.S. Bureau of Census. (2007). *North American industry classification system: United States 2007*. Washington, DC: National Technical Information Service.

U.S. Department of Labor. (2010). *Standard occupational classification (SOC) system manual 2010*. Washington, DC: U.S. Government Printing Office.

U.S. Bureau of Labor Statistics, U.S. Department of Labor. (2012, March 29). *Career guide to industries, 2010-11 edition*. Retrieved from http://www.bls.gov/oco/cg

U.S. Department of Labor (1991). *Dictionary of occupational titles* (4th ed.). Indianapolis, IN: JIST Works.

U. S. Bureau of Labor Statistics, U.S. Department of Labor. (2012, March 29). *Occupational outlook handbook, 2010–11 edition, bulletin 2800*. Retrieved from http://www.bls.gov/oco

U.S. Department of Labor. (2007). *Occupational outlook quarterly*. Washington, DC: Author.

第4章 生涯决策制定

问题解决和决策制定是我们生活中的要素——我们不断地从各种可能性中挑选出我们想要的和我们所喜欢的。回想一下，也许你今天已经做过一系列决策。我该穿什么衣服？我想吃什么？我该什么时候给朋友打电话？每个决策都需要你核查关于自己和周围环境的信息。例如，决定穿什么可能就需要你评估一下当时的感受——冷，性感，疲劳——也许你还要查查天气预报，考虑你今天需要在户外走多少路，白天需要与什么人会面。换句话说，要决定穿什么，基于你对自己的了解和你对有哪些选择的了解。

生涯问题解决和决策制定同样需要考虑你的价值观、兴趣和技能方面的信息，以及有关职业、教育和休闲方面选择的信息。在第1章里，我们把自我知识和职业知识类比为存储在我们记忆中的计算机数据文件，它们构成我们进行生涯规划的基础。我们将自我知识和职业知识视为信息加工金字塔模型的知识领域部分，也是模型的基础。我们已在第2、3章中考察过这两个领域。

我们生活在信息时代，这意味着我们通过网络可以获得几乎所有事的大量即时信息。这些雪崩式的信息导致了决策困难。例如，施瓦茨（Schwartz，2004）报告，RAND公司对提供医疗信息的网站做了一个评估，发现除了少数例外，这些网站都没有做好自己的工作。“有时重要信息被遗漏，有时呈现的信息是误导或不准确的。而且，调查显示这些网站实际上影响了70%用户做出的与健康相关的决策”（pp. 55-56）。因此有理由相信职业信息也会有同样的情况发生。

我们对这个决策问题在本章做出回应，本章将考察金字塔的第二层级，即决策技能领域（见图4—1）。在这里我们聚焦于“知道我如何作出决策”。决策技能领域就像一个软件程序，从各个文件获得经过选择的数据，按照预先设定的方式回答问题。决策技能领域将决策制定分为五个阶段，帮助我们了解解决生涯问题的系统过程。

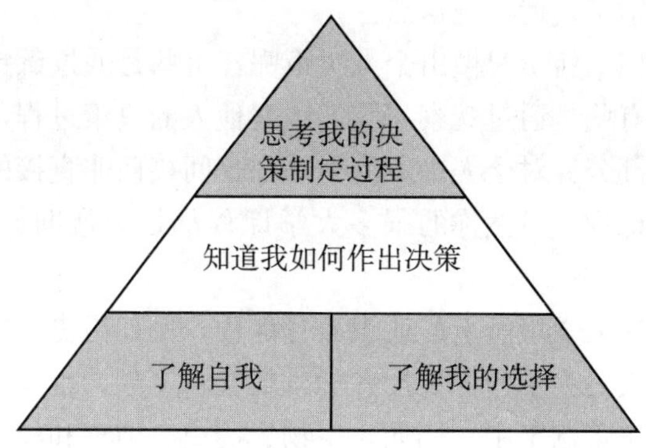

图 4—1　决策制定技能——CIP 金字塔

资料来源：Reprinted from *The Career Development Quarterly*，41，1992，p. 70，copyrighted NCDA. Reprinted with permission of the National Career Development Association. Used with permission.

本章所提供的信息将帮助你改善与生涯规划有关的问题解决和决策制定技能。你可以利用这些信息来提高你个人生涯理论的质量，尤其是信息加工金字塔模型中的 CASVE 循环。在阅读完本章后，你就能详细分析有关你学习、职业或就业方面决策的 CASVE 阶段。

4.1　与决策制定有关的主题

首先，我们将对与生涯决策过程有关的几个主题进行梳理，包括：(a) 了解如何做出好的决策为什么重要；(b) 生涯决策的类型；(c) 制定个人决策的基本方法；(d) 有效决策的障碍；(e) 决策制定是一般问题解决的基本技能。

4.1.1　良好决策的重要性

有时我们发现，有些学生似乎对自我以及各种选择的信息都有很好的了解，但做出的决策却很糟糕。他们在不停地试图“纠正错误”。还有一些学生，他们做了大量测验以了解自己的兴趣、价值观和技能，在计算机生涯系统和书籍上花费大量时间。在以上两种情况下，尽管他们都在改善自我知识和职业知识方面投入了大量的精力，但其效果都被糟糕的决策制定技能削弱了。

决策制定至关重要，因为评定我们生活是否有效率的指标之一，就是我们个人决策所采用方式的质量。请注意我们的重点在于决策是“如何”做出的，尤其对于重大的生活决策而言，例如从事什么职业、与谁发展关系等。这些重大生活决策会对未来的若干年产生长期影响，因此做出决策格外困难。其他人会通过我们进行重大决策的方式来了解和评价我们。有时，对他人而言重要的不是决策结果，而是决策过程。这正是我们在本书中所采纳的观点——我们关注的是过程，而不是结果，请牢记这点。

我们如何学习做出个人决策呢？有些是通过试错法，从实践和过去的经验中学习。有些是通过观察，我们观察他人的决策过程，并从中学习。然而，我们受到的大部分针对个人决策的训练都是间接而非直接的。你可能从未上过有关这一主题的课程，虽然你的很多大学课程都是为帮助你更有效地制定个人决策而设立的。

你在大学里所上的通识教育课程，例如历史、文学、人文学科、生物和心理学，不仅是为了向你传授各学科的基本原理，也是为了帮助你把这些知识运用于个人的决策制定中。例如，生物、历史、地理和经济学能帮助你了解环境变化和生态的重要性，对这些方面的问题有个人的理解，并在此基础上进行个人决策。我们将在本章中做更深入探索的 CASVE 循环，是以通识教育课程为基础的共同的问题解决思想。

4.1.2 生涯决策制定者的类型

对于生涯决策，有时很难区分谁是已经决策、尚未决策或无法决策的人。即使我们已经决定了生涯目标并且制定了生涯规划，我们仍然有可能体验不确定，在某些特定的方面犹豫不决。彼得森、桑普森和里尔登（Peterson，Sampson，& Reardon，1991）对这一领域的理论和研究进行了回顾，鉴别出生涯决策制定者的三种状态，分别是：(a) 已决策（decided）；(b) 未决策（undecided）；(c) 犹豫不决（indecisive）。

已决策者是指那些独立地将自我知识和各种选择的知识进行整合，制定出让自己和社会都感到满意且对双方都有益的生涯规划的人。他们需要确认某一决策，或是执行决策。关键在于此人已经考虑过所有与自身和选择相关的事实和资料。换言之，我们认为一个人“已决策”，是因为他内部的决策制定过程，而不是他人的外部判断。然而，也存在一些“虚假的”已决策者，他们为了减少即时压力而做出选择。例如，一个学生为了避免被他人（大学招生人员）视为尚未决策之人，在大学入学申请表上填写了心理学专业，其实他并不确定自己想学什么专业。

未决策者是指那些在职业或教育选择上尚未决定之人。有些未决策者可能正在考虑他的选择，但由于非常恰当的理由，他们尚未表明自己的第一选择，且没有因此感到不适。另一些未决策者希望确定职业，对于尚未确定第一选择感到不舒服。这种不舒服可能会促使他们去寻求生涯咨询，或是获取更多有关职业和教育选择的相关信息。还有些未决策者可能有很多兴趣和技能，由于适合他们兴趣和技能的选择太多，导致他们无法决定选择某一个职业。

犹豫不决者是指那些经常无法做出生涯决策的人，他们在生活中持续体验到较大的压力。他们常常发现在生活的任何方面都难以制定计划，他们在进行决策时通常关注外部的人和事。有时，犹豫不决者会因为他们的焦虑而导致难以对各种选择进行探索，他们推迟或拖延决策，他们将决策的责任转移给他人，或是夸大各种选择的优点和缺点。

对于特定的个体，我们有时很难辨别出这三种决策状态，但总体而言，它们帮我们了解可能需要什么样的生涯援助。犹豫不决者可能在生涯决策制定中需要特别的帮助。

4.1.3　有效决策制定的阻碍

什么因素会干扰我们做出有效决策？以下列举的是一些最常见的问题。对这些问题的意识和察觉，能帮助你采取必要的措施，以让你成功地进行生涯决策。

个人因素

要进行有效的生涯决策，必须要有健康的身体、情绪、精神状态作保证。就像我们要参加田径比赛，我们必须处于巅峰状态且准备充分，才能获得成功，才能有最大机会在比赛中获胜。而疲惫不堪、紧张焦虑，或是无法集中精力专注于决策制定，都不能保证良好的表现。道理听起来非常浅显，但生涯咨询师们发现，那些在生涯决策制定上存在困难的人，通常都不是处于良好的决策状态之下。他们通常缺少生活管理技能，无法为有效的决策制定提供基础。

家庭因素

与家庭成员以及重要他人的关系会对你有效地进行生涯决策形成干扰（当然，他们也会提供帮助，但在这里我们只关心有问题的部分）。对于年轻人而言，问题可能来自家长；对于年长的人而言，问题可能与配偶、伴侣和孩子有关。研究家庭系统和生涯决策的学者们已经观察到，那些与家庭成员关系过于密切的人，在进行决策时，往往很难保持情绪和心理上的独立。例如，当一个人不能区分重要他人认为你应该从事的专业和你认为自己应该从事的专业时，你无法将二者分开，那么问题就会出现。如果家庭成员无法就义务、金钱、责任、成就和价值观达成共识，个体的决策也可能出现问题。（补充一句，有一点需要引起重视，在有些文化中，人们会认为年长的家庭成员积极参与年轻人的生涯决策是恰当的、合宜的。我们会在第Ⅱ篇对此进行更多的探讨。）

社会因素

社会、经济、历史和文化的力量会干扰有效的生涯决策过程。全社会的所有居民都要面对国家经济衰退、性别及种族歧视等问题，年龄歧视也可能使一个人生涯选择和决策制定变得复杂。若遇上经济衰退，可能没有任何好的选择，除非你在一个专门帮助被解雇工人寻找工作的公司工作。

总而言之，这三方面的因素都会使做出决策变得比平时更困难，但许多决策都可能遇到这些问题。有效的生涯决策者应该学习发展出一套策略，用来克服个人因素和社会因素对生涯决策的干扰。

4.1.4 与问题解决对应的决策制定

你可能已经注意到，在本书的前四章中，我们反复使用“问题解决”和“决策制定”这两个词。它们之间有什么相似点和不同点呢？要想从本书中获得帮助，理解两个词的区别非常重要。

认知心理学家视“问题”为事件的当前状态与理想状态之间的差距。消除差距的愿望就是我们解决生涯问题和决策制定的动机源泉。

问题解决就是对信息进行思考和加工，从而引发一系列消除差距的行动。思考过程包括：（1）认识差距；（2）分析成因；（3）产生消除差距的各种方法；（4）从中选择一种方法来消除差距。因此，问题解决包含在多个合理的行动选项中进行选择的过程。

与问题解决不同，认知心理学家采用更为宽泛的视角来看待决策制定。它包含问题解决的四个步骤，同时还增加了一点：（5）制定实施选择方案的计划和策略，并采取冒险的态度，对执行该计划做出承诺。因此可以说，决策制定是在问题解决的过程中加入我们的情感和行为，它包含了对所选择方案的实施过程。

举个例子，当你在挑选该进哪所大学时，用问题解决过程来选择行动方案（选择进入你现在的大学），以消除现实和理想之间的差距（可以回答每个问我将去哪所学校上学的人）。决策制定则在当你采取承担风险的态度（你的申请可能被拒绝；你的朋友可能会笑话你），并投入精力和各种资源去实施你的第一选择（交付房屋押金、存钱、安排交通）之时。问题解决和决策制定都是生涯规划的内容，了解二者的区别有助于你集中精力，变得更有效率。

决策制定是一种广泛的生活技能，在生活/生涯发展和规划中经常被人们运用。

4.2 CASVE 循环

信息加工金字塔模型的第二层级是决策制定，CASVE 循环会指导你完成整个生涯问题解决和决策制定过程（Sampson，Reardon，Peterson，& Lenz，2004）。图 4—2 表明了 CASVE 循环的五个步骤以及各步骤处理的顺序：沟通（communication）、分析（analysis）、综合（synthesis）、评估（valuing）、执行（execution）。

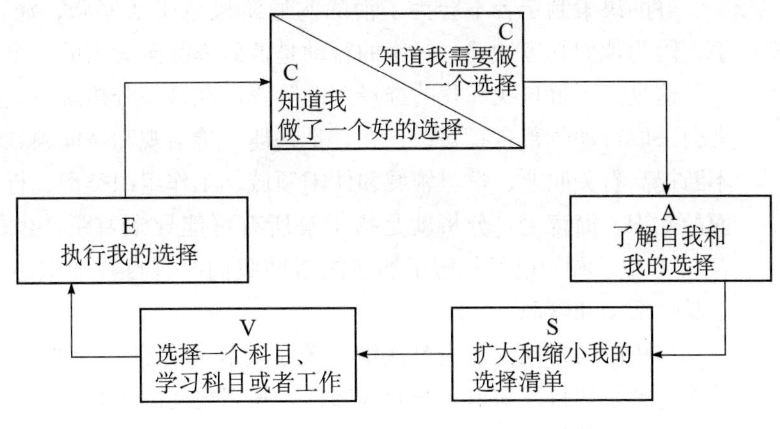

图 4—2　信息加工技能——CASVE 循环

资料来源：Reprinted from *The Career Development Quarterly*，41，1992，p. 70，copyrighted NCDA. Reprinted with permission of the National Career Development Association. Used with permission.

4.2.1　沟通

我们用“沟通”一词用来描述 CASVE 决策制定过程的第一阶段，因为在这一阶段我们接收到理想与现实之间存在差距所传达出来的信息。这些信息可能通过内部或外部的途径传达给我们。内部沟通可能包括情绪，比如为选择一个专业或推迟开始寻找职业而焦虑，还包括身体信号，诸如头痛或胃病。外部沟通包括来自系主任让你确定专业的通知、家人关于你毕业后计划的询问、老板解雇你的通告，或是报纸上关于你所在领域即将过时的一篇报道。

这是“知道我需要做一个选择”的阶段，在这个阶段，我们从认知和情感上充分地接触问题。当我们完全意识到，这些沟通表明已经有问题或差距存在，我们不能再置之不理时，我们就能开始分析问题的来源，探究问题成因。附录 F 良好决策制定指南提供了一些方法，帮助你更具体地对生涯决策中的“沟通”问题进行思考。

4.2.2　分析

我们用“分析”一词描述 CASVE 决策制定过程的第二阶段，因为在这一阶段，好的问题解决者会花时间去思考、观察、研究，更充分地了解所存在的差距以及他们有效做出反应的能力。他们可能会问诸如下列一些问题：

- “要解决这个问题，我需要了解自己以及环境的哪些方面？”
- “我确实需要做些什么来解决这个问题？”
- “我为什么有这样的感受？”
- “我的重要他人如何看待我的选择过程？”
- “选择的压力从何而来？”

好的决策制定者不会为了消除沟通阶段带来的紧张、痛苦的体验而冲动行事，因为他们知道冲动、轻率的行动是低效率甚至无效的，会让问题更糟。

这是“了解自我和我的选择”的阶段。在这一分析阶段，生涯问题解决者经常会采取行动改善自我知识，尤其是兴趣、价值观和技能领域的相关知识，同时不断提高有关职业、学习领域和休闲领域、工作组织类型、行业、地理位置等方面的知识。简言之，分析就是指了解所有可能导致差距产生的相关因素。在第2、3章中，我们已经了解了那些能帮助我们改善自我知识解决生涯问题的各种工具、活动和资源。

分析阶段不仅仅是简单地增加关于自我和各种选择的知识。例如，“分析”可能包括了解自我知识与职业（选择）知识之间的关联。我们可以凭借学者先前的研究以及其他富有思想的学者的结论，得出二者之间的联系。霍兰德的六边形和工作世界地图就是两个好例子。例如，我们知道有些特定的职业选择与现实型的联系相对更紧密，其他五种霍兰德类型同样如此。现在是回顾第2、3章中知识的好时机，以确保你理解如何用框架来建立自我知识和职业知识之间的联系。

最后，分析还包括了解你通常是如何进行重要决策的。你对生涯问题解决和决策制定过程的态度如何？你对此有何看法？附录F良好决策制定指南提供了一些有关自我对话、自我觉察，以及对自我对话的觉察和控制的例子。

4.2.3　综合

我们用“综合”一词来描述CASVE循环的第三阶段，因为我们将在这一阶段对分析阶段的结果进行综合、加工处理，进而制定出消除问题或差距的行动方案。综合阶段的基本问题是：“我能够做些什么来解决问题？”

这是一个“扩大及缩小我的选择清单”的阶段。实际上，综合在两个子阶段进行，尽可能多地找出能够消除差距的各种选择，将选择范围缩小。“综合细化”（synthesis elaboration）是一个子阶段，问题解决者在这一阶段尽可能扩展解决问题的备选清单，发散性地思考每个可能的问题的解决方法。有时，团体会运用“头脑风暴”过程来扩展并细化可能的问题解决方法清单。这是一项很难完成的工作，尤其当你处于紧张、被威胁或有压力的状况之下。有时候，这样一个心理想象能够帮助我们：想象你正在一个池塘里捉鱼，用了一张巨大的网将所有想要的东西都捞上来。显然，并不是网中的所有东西都满足你的需求，能够消除差距（捉到能做晚餐的鱼），但这一过程对于问题解决而言是非常有用的。在生涯问题解决的这一阶段，我们要列出大致符合你的价值观、兴趣和技能的所有可能职业、专业和工作选择。

“综合结晶化”（synthesis crystallization）是综合的第二子阶段。在这个时候，问题解决者会把选择清单缩减到更少的数目，通常保留3～5个选项。认知研究表明，我们的头脑记忆和处理这一数量的选项最为有效。这也是我们常常把电话号码分为三或四位数的小组进行记忆的原因。为了缩减备选项的清单，问题解决者必须回到分析阶段的结果上，从中挑选 3～5 个最好的选项，它们要能够消除沟通阶段所找出的差距。

现在，你可能已经注意到，分析和综合阶段需要不断地反复核查信息和决策过程的质量，核查的标准就是它们能否消除差距。仔细回顾附录 F 良好决策制定指南，它能帮你对 CASVE 循环的这一阶段进行更具体的思考，为下一阶段做好准备。

4.2.4　评估

我们用评估一词来描述 CASVE 循环的第四阶段，这是一个“选择职业、工作或是研究领域”的阶段。

评估阶段的第一步是评估每种选择对你和你生活中重要他人的影响，例如，如果选择职业 A，那这一选择会给你的朋友、父母、配偶、家庭、邻居、社会、性别以及种族带来什么影响？每种选择的影响都要从对自己和他人的代价和收益两方面考虑。

然而，“评估”还需要根据问题解决者的道德观念、他的是非感来对每种选择进行判断。正如你所见，生涯决策的“评估”阶段也涉及是与非的道德判断。我们每个人最终都面临这样的抉择：(a)“对我个人而言什么是最好的?”(b)“对于我生活中的重要他人而言，什么是最好的?”(c)“总体而言，对我的社区什么是最好的?”有时，评估过程会发现一些既对个人有益也对社会有利的选择。有些社会团体对于什么选择最有价值持有坚定的信念。这些社会团体包括民族和种族团体、新近的美国移民团体、宗教团体、爱国主义团体等。

评估过程的第二阶段是对分析阶段产生的选择进行评级和排序，能够最好地消除沟通阶段所确定的存在于现实与理想状态之间差距的那个选择，将被排在第一位，这一选择可能是职业或是大学专业。次好的选择就排在第二位，以此类推。请参考附录 F 良好决策制定指南，了解评估过程需要考虑的一些特别之处。

此时，一名好的问题解决者会选择那个最好的选项，并在情感上做出付诸实施的承诺，生涯问题就此解决，即一个人已经成功地完成问题解决活动。然而，你也需要确保一旦第一选择由于某些原因无法实现时，在评估阶段排在后面的那些选择也是适合的备选项。换言之，在我们确信第一选择就是最后的最佳选择之前，我们必须在现实世界里将其付诸实施。这就将我们引入 CASVE 循环的下一阶段。

4.2.5　执行

我们用执行一词来描述 CASVE 循环的最后一个阶段，因为在这一阶段我们将通过制定和实施行动计划，把思考转化为行动。执行需要建立手段—目的间的联系，确定一系列合乎逻辑的步骤以达到目的。在考虑评估阶段得出的结果时，需要将其作为目标进行重构，然后聚焦于那些能够让目标达成的具体行动。

这是“实施我的选择”的阶段。很多人都觉得在执行阶段制定行动方案是件快乐的、有意义的事情，因为他们感到自己要采取积极行动去解决在沟通阶段所确定的生涯问题了。这时他们非常专注、精力充沛，积极从外界获取对于他们行动的反馈。然而，那些犹豫不决者则会在这一阶段体验到压力，因为他们不得不放弃犹豫与不确定，取而代之以对第一选择做出承诺。对某一方向或是目标做出承诺也随之带来不可避免的失败风险。

附录 F 良好决策制定指南指出三种与执行相关的特定活动：（1）计划；（2）尝试；（3）申请。计划指制定有关接受教育与培训的书面计划，包括时间和地点。尝试指通过合作教育、志愿工作、兼职工作或上课来获得相关的经验。申请则指填写申请表格、报名、缴费，以及采取其他具体的步骤来实施有计划的行动方案。

4.2.6 沟通再循环

CASVE 循环是一个不断重复的持续过程。在执行阶段之后，个体又回到沟通阶段，以确认所做的选择是否好——现实与理想之间的差距是否已经消除。附录 F 良好决策制定指南以图表的形式展现了这一过程。如果 CASVE 循环中的问题解决过程和决策过程是成功的，那么最初在沟通阶段所体验到的消极情绪则会被积极情绪所取代。

这是“知晓我已经做了个好的选择”的阶段。在问题解决和决策制定的过程中，很多时候人们会很快完成 CASVE 循环的五个阶段，或是在某一特定阶段滞留。CASVE 模型无论是对解决个体问题，还是解决组织问题都非常有用。它可以帮助你更加深思熟虑，并在了解更多信息后做出选择。以系统化的方式来思考这五个步骤，为你提供了一个有效的工具，使你成为更加有效率的人。

4.3 改进我们的生涯决策制定

CASVE 五个阶段中的每一个阶段都能以不同的方式提高你的问题解决和决策制定能力。请牢记，每一阶段的建议都是建立在第 2、3 章中关于改善与自我知识和职业知识相关技能的基础之上，这一点非常重要。信息加工金字塔模型中的每一层级也都是建立在更低层级的基础之上。

4.3.1 了解过程

生涯问题解决和决策制定是连续的过程，而不只是事件。这一过程的顺利完成有赖于五阶段中每一阶段的成功。整个过程的好坏决定于最糟糕的那一阶段。

我们的研究表明，任何阶段出现问题，都会阻断或误导整个问题解决过程。

有三个关键之处可能会出现问题。沟通阶段是其一。人们无法承受面临的问题，他们感觉非常糟糕，焦虑、挫败、抑郁。最糟的是，他们处于迷惘状态，不知从何开始，如何着手处理这一看起来无法应对的任务。结果，他们始终无法超越这些感觉进入分析或综合阶段。

人们也可能卡在评估阶段。他们发现在缩小选择范围后，无法对其中的一个做出承诺。当这种情况发生时，他们可能会感到挫败、焦虑、抑郁，发现自己又回到沟通阶段，为自己仍未找到符合他们所有要求的“完美”职业而感到煎熬。

第三个出现困难的地方在执行阶段。人们难以将第一选择付诸实施，因为：(a) 他们无法将执行阶段划分为各个小的行动步骤；(b) 他们无法确定首先要完成的任务是什么；(c) 他们被任务的模糊和不确定所压倒；(4) 他们将外界的消极阻力看得过大，以至于认为任何努力都是徒劳。因此，我们要想成功解决生涯问题或进行生涯决策，就必须集中精力将 CASVE 循环的每一个步骤都完成好。

CASVE 循环只是诸多生涯理论所描述的问题解决或决策制定模型中的一种。使用这些模型中的任何一种，开始时都会显得有些奇怪。但通过练习、认真反思，加上几次成功的体验，使用 CASVE 循环会变得几乎自动化。在学习使用这一循环模型的早期阶段，很重要的是检查 CASVE 过程中哪个地方被阻断，导致出现决策问题。有时，人们被卡在某个特定的阶段，他们必须采取额外的措施以穿过这个卡壳点。我们的目标是能将 CASVE 循环自动化地运用于重大生活问题的解决中，从而达到问题解决的高效状态。

还有一点非常重要，请牢记生涯问题是持续不断的，这意味着它们总是将一个问题建立在另一个问题之上。成功地运用 CASVE 循环解决一个问题，必然导致再次使用该循环来应对下一个问题。例如，决定了去哪所大学就读后，随之而至的问题是安排生活、缴付学费以及决定何时开学等问题。

4.3.2　改善决策制定技能

你可能需要做一次测评活动，去找一位咨询师或是生涯顾问来帮助你更了解自己的生涯决策制定技能。可选择的评估工具包括生涯观念问卷（Career Thoughts Inventory，CTI）、生涯决策量表（Career Decision Scale）或是生涯信念量表（Career Beliefs Inventory）。计算机生涯指导系统，诸如 Choices® Planner，DISCOVER®或 SIGI[3]，能帮助你练习和提高生涯决策制定技能。此外，生涯课程、工作坊、个体咨询、生涯规划书籍以及其他生涯干预手段，都能帮你在生涯决策制定上拥有更多技能。

你也可以使用附录 F 良好决策制定指南，了解在解决特定生涯问题或是改善你的个人生涯理论（PCT）方面，可以采取的各个步骤。找一个你信赖的朋友或生涯咨询师，他们会就你在沟通和评估阶段的感受、你在分析和综合细化阶段所使用的信息以及你在执行阶段计划采用的行动等方面提出一些问题。与那些跟你处境相似的人一起分享他们在 CASVE 循环每一阶段的观点和体验。与他人谈论你的 CASVE 阶段，也许会使你对自己的优势和不足有新的发现。

阅读你打算进入的领域中的重要人物的传记，用 CASVE 循环分析他们解决生活和生涯问题的方法。你还可以对在你所感兴趣的领域工作的人进行信息访谈，尝试用 CASVE 模型理解他们如何解决与工作相关的问题。这些活动可以达到两个重要的目的：获得所感兴趣的生涯领域的信息，练习使用 CASVE 循环。

为了提高你在沟通阶段的技能，如确定现实与理想之间的差距或者对自己的决策风格更为了解，你可以做下列事情：

- 回顾一下过去你如何做重要决定，找出过去决策的常见主题；
- 回忆你当时的感受，以及这些情感如何影响你的决定；
- 培养渐进放松和想象的技能，以便对差距形成更清晰的图像；
- 与最近经历过重大生涯转变的人交谈，特别要关注他们当时的感受；
- 找出当你处于决策制定的沟通阶段时生活中的重要他人的角色及影响。

为了提高分析阶段的技能，你要找出问题的所有原因（无论是内因还是外因），你可以这样做：

- 评估你的价值观、兴趣和技能，确保你对自己有足够的了解；
- 确保你对各种选择的信息不存在偏见，没受到外界不恰当的影响；
- 写一篇自传，描述塑造你生活的重要因素；
- 寻找各种选择的正式和非正式信息之间的差异；
- 找出能把你的个性与各种可能的选择联系起来的主题和分类，例如霍兰德码。

关注你在这些领域里得到的信息的质量，能帮助你提高分析阶段的技能。

为了提高综合阶段的技能，如形成可供选择的选项、去除不可能的选项，你可以：

- 寻找各种资源，找出能够满足你最低要求的所有可能，列出清单；
- 将有共同特点的选择归在一起，建立分类；
- 确定每个选项中，让你在对它进行评估时产生重要差异的因素；
- 进行头脑风暴和右脑活动的练习；
- 找出限制某一选项使用的因素，例如费用或距离，把这些选项从你的清单中删除。

请牢记，综合阶段需要扩展和缩小你的选择清单，最终得出 3～5 个最佳选项。

为提高评估阶段的技能，如确定 3～5 个选择的优先次序，你可以：

- 明确你的家庭或文化背景以及你最亲密的人最为看重的价值观；
- 考察你最看重的价值观彼此之间的匹配和冲突情况；
- 写一篇自传，回顾你从前做过的重要决定，看看你的价值观如何影响决策；
- 考察在先前的生活决策中，你最重要的考虑因素；

● 考察你所确定的每一选项会如何影响你的各种生活角色，诸如学生、孩子、工作者、公民；

● 与他人讨论，看他们对你所确定的选项的评价是否与你相似。

澄清你的价值观，并公开、一贯地按照你的价值观行事，这是与评估阶段有关的重要问题解决技能。

为了提高执行阶段的技能，如制定计划以实现你解决问题的第一选择，你可以：

● 了解有关的规划概念，例如里程标、时间线、流程图、预算；

● 运用每个概念来制定实施第一选择的计划；

● 将你的计划，以叙述的形式写下来并把它解释清楚，用图表和曲线来展示；

● 与你生活中的重要他人一起检查你的计划，吸纳他们有用的建议来改善计划。

这些步骤的顺利完成将帮助你提高执行阶段的技能。如果你觉得卡在某一阶段或不确定如何推进，和从事生涯服务的人讨论一下。

小　结

本章考察了信息加工金字塔模型的第二个领域——CASVE 循环。对该循环如何指导生涯问题解决和决策制定过程进行详细解释。我们对有效决策制定中常出现的问题进行了探讨，考察了三种决策者的状态：已决策、未决策和犹豫不决。我们呈现了对如何提高 CASVE 循环中生涯问题解决和决策制定技能的观察，提出相应建议。本章的目的在于帮助改善个人生涯决策理论中决策制定技能领域相关信息的质量。在读完这一章后，在选择专业、职业或是工作时，你就能够回答“我现在处于 CASVE 循环中的什么位置”这一问题。

参考文献

Peterson, G. W., Sampson, J. P., Jr. & Reardon, R. C. (1991). *Career development and services: A cognitive approach*. Pacific Grove, CA: Brooks/Cole.

Sampson, J. P., Jr., Reardon, R. C., Peterson, G. W., & Lenz, J. G. (2004). *Career counseling and services: A cognitive information processing approach*. Pacific Grove, CA: Wadsworth-Brooks/Cole.

Schwartz, B. (2004). *The paradox of choice—Why more is less*. New York, NY: Harper Perennial.

第5章 思考我的生涯决策

生涯问题和决策是我们大多数人在一生中所面临的最复杂的问题。我们已经介绍了一种认知信息加工（CIP）的方法，包括信息加工金字塔模型和 CASVE 循环，这些方法能帮助我们找出解决这一问题的途径。金字塔模型以及五步骤循环就像一张地图或一本烹饪手册，能作为向导帮助我们弄清在决策制定中现在所处的位置以及未来的方向，能帮助我们提升个人生涯理论的质量。

本章要考察金字塔的顶端部分，内容是“思考我的决策制定过程”。你应该还记得，我们从知识领域（包括自我知识和职业知识）沿金字塔直上，穿越决策制定技能领域（即 CASVE 循环），我们已经反复提到我们的思维是如何影响我们的生涯决策制定。

金字塔的顶端是执行加工过程，这一领域负责发号施令。正是这个领域为人们提供生涯决策该如何进行的精确指导。如果你是电影《星际迷航》（Star Trek）的影迷，你可能会把这里想象成“星际舰队指挥”。我们已经以计算机为例，展示了信息加工金字塔模型是如何在大脑中工作的。知识领域就像存储在计算机中的文件和数据。CASVE 循环则是规定何种信息、在何时、如何使用的程序。执行加工领域则主宰整个过程。例如，它会告诉系统何时启动和停止 CASVE 循环过程，需要从文件中提取多少信息，以及过程是否进展顺利。

另一个能说明执行加工领域如何运作的例子是处于比赛中的一支足球队。知识领域包括各种事实，诸如球队的战术手册、队员生理特点、天气、比赛场地的条件等。CASVE 循环则指后卫在混乱中所作的决策。在混乱中，信息必须被迅速加工，球队要依赖比赛计划，这一计划详细规定了在特定的情况下应该采用何种踢法。这些情况可能包括比分、比赛剩余的时间、球在场上的位置以及球员受伤的情况。

在这个例子中，执行加工过程掌握在球队的主教练手中。主教练决定在比赛后期应进两个球，而不是一个，应该努力争取赢球而不是平局。主教练根据比赛进行的好坏情况，决定何时更换后卫。事实上，执行加工过程中，主教练可以决定忽略某些信息，叫一次暂停，或是决定以类似掩球计（hidden-ball trick play）的方法来执行 CASVE 循环。

信息时代和互联网改变了我们大脑的执行加工功能和决策的能力。《新闻周刊》科学版的编辑莎伦·贝格利（Sharon Begley，2011）描述了大量信息洪流带来的"信息疲劳"如何导致我们的决策质量下降。"大量的决策科学研究表明，信息越多决策越差，越容易后悔"（p. 30）。我们相信，在这样的背景下，认知信息加工理论可以帮助解决这一问题，做出一般决策和特定的生涯决策。

本章将解释和分析执行加工领域，介绍能改善决策制定能力和避免"信息疲劳"的新概念和新技能。本章还将对提高执行加工领域有效性的策略进行总结。

5.1　执行加工领域

拥有大量有关自我和职业选择方面的知识，并且知道如何在决策情境中使用信息非常重要，但这还不足以有效地解决生涯问题。缺失的部分就是元认知技能（metacognitive skills），这些技能主宰着我们如何对生涯问题解决和决策制定进行思考。请记住，认知是指人们用以完成一项任务、达到一个目标的记忆和思考过程，这就是思维过程（Peterson，Sampson & Reardon，1991）。"meta"这个前缀仅指"超越的"或"更高的"，如"更高层次的思维技能"。金字塔模型（见图 5—1）描述了与其他两个层级相关的更高层级的思维技能所处的位置。这些元认知技能帮助我们知道何时启动 CASVE 循环，何时要获取更多有关自我知识的信息，以及我们准备何时执行一项选择。在元认知领域有三种特别重要的技能：（a）自我对话；（b）自我觉察；（c）控制和监督。

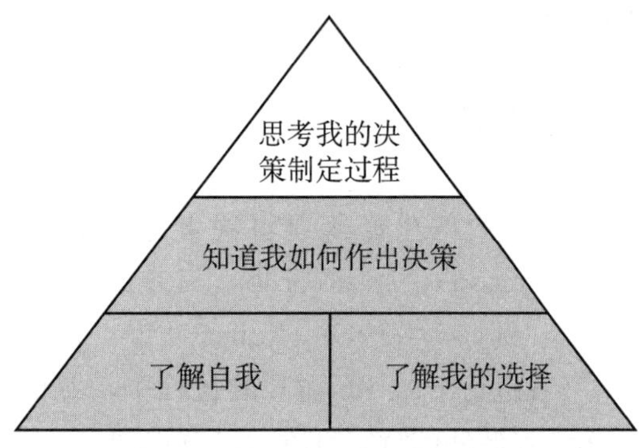

图 5—1　执行过程中的元认知

资料来源：Reprinted from *The Career Development Quarterly*，41，1992，p. 70，copyrighted NCDA. Reprinted with permission of the National Career Development Association. Used with permission.

5.1.1 自我对话

要想成为一个有效的生涯问题解决者，你必须能够认为自己在这一领域是胜任的、有能力的。例如，你能够对自己做出积极的评价，诸如“我是个优秀的决策者”或者“我能为自己做出良好决策”。这样的积极自我对话对于你的决策有两点好处。第一，它能产生积极的期待；第二，它能强化积极的行为，比如在一个决策行为之后说“干得不错”。

遗憾的是，消极的自我对话会在生涯决策过程中产生问题，因为它影响了信息加工的效率和有效性。例如，“我永远也无法做出生涯选择”或者“什么对我来说最好，我更相信别人的判断，而不是自己的判断”，像这样的消极自我对话会破坏有效的问题解决。有时，我们会为自己规定很多“应该”：“我应该是一个优秀的决策者”“这对我应该很容易”。这些消极的对话会阻断决策过程，或者在系统中制造“噪音”或使其“静止”，从而使任何有效信息的使用都变得几乎不可能。

再回到足球的例子，那些对自己的球队没有把握、没有信心的教练，无法激励和率领他们的球员。那些在生涯问题上有更多困难的人，即使他们掌握了充足的决策信息，也会低估自己作为决策者的元认知技能。他们也可能会发现无法依靠自己来解决问题。

举一个特别令人伤感的例子。几年前，在生涯规划课上，一名学生描述了自己决策的能力不足，他得出结论说自己是一个失败的决策者，永远无法成功地制定一个生涯决策。老师为了改变这种消极的元认知，努力在这名学生身上寻找生涯决策技能方面的积极证据，他提到这名学生着装得体、看起来很精神，他显然在着装上能做出很恰当的选择。然而学生的回答却让老师非常沮丧，学生说自己直接选择并购买了商店里模特身上的衣服，因为他不能相信自己在服装选择、购置方面的判断。在这个例子中，消极对话的元认知渗透在这个学生的整个思维方式中，影响了他生涯决策的能力。之后我们会探讨克服消极自我对话以及其他元认知失调的方法。

5.1.2 自我觉察

成为一个有效的生涯问题解决者意味着“意识到自己就是任务执行者”（Peterson，Sampson，& Reardon，1991；Sampson，Reardon，Peterson，& Lenz，2004）。例如，罗伯特（Robert）说：“我为自己能否按时做出决策的能力感到焦虑。”在进行 CASVE 循环的过程中，罗伯特意识到了自己的感受。他不仅关注 CASVE 循环的特定阶段，也意识到自己在整个决策过程中的感受。

还有一个简单的例子能进一步阐述这一点。还记得你第一次骑自行车吗？你必须非常努力地把注意力放在马路、车蹬、车座、平衡以及其他骑车的细节上。我们可以将这些看作“低层级”的骑车技能。随着车技和自信心的增长，你就能够把更多的精力投入到骑车的其他方面：你是否累了、热了，你骑车的路是否安全，你的车胎气是否足，或者骑车让你消耗了多少卡路里等。只有你掌握了低层级的骑车技能，拥有这些高层次的思维才会成为可能。

这些原则同样适用于有效的生涯决策过程。优秀的生涯问题解决者在从事信息加工任务时，能意识到自己的感受。他们还能意识到他人的需要，做出于己、于社会大局都有利的选择。他们能够平衡自己与他人的利益。几年前，曾有一个生涯决策者在 CASVE 循环中陷入困境，后来她将焦点放在“究竟是什么使她愤怒”上，从而摆脱困境。通过关注那些感受，她最终决定从事环境保护工作，因为正是湿地和沿海森林的消失令她感到愤怒。

5.1.3　控制和监督

良好的问题解决和决策制定需要了解何时继续前进、何时停下来继续收集更多信息，还需要对决策中的强迫性和冲动性给予认真的权衡。强迫性导致穷思竭虑和永无止境的信息加工，而不采取任何行动；冲动性促使“杰克兔”[①] 式决策产生，在问题解决中不断尝试、犯错（Peterson，Sampson，& Reardon，1991）。两种方法总体而言都会导致糟糕的结果。

几年前，一个典型强迫型的学生企图阅读《职业名称词典》中所有的 12 700 种职业，因为她想要确保在进行决策前了解所有可能的备选职业。这花费了她将近一年的时间，但对最终的选择却没有明显的积极效果。而在另一个极端，最近有一名冲动型的学生想要知道所谓“大学生薪资最高的工作”的名称，因为他已经决定要进入这一行业。他完全不考虑自己的数学技能很差，对计算机毫无兴趣可言。优秀的决策者能够觉察出何时需要获取更多信息，以便更好地了解存在的差距或是各种选择，他们也能直觉地知晓何时已经准备好进行选择和承诺。以上这些都是元认知技能的案例。（在本章的后段，我们会探讨生涯决策中关于控制和监督的最大化和满意解决法。）

5.2　发展元认知技能

改善我们的元认知技能，即改善我们思考自己思维的能力，这听起来是个困难的任务，然而，它并没有看上去那么困难。我们能通过特定的方法，对作为决策者的自身有更好的觉察，并提高这一领域的思考技能。

5.2.1　什么是元认知技能

元认知技能的一个例子是知道何时寻求额外帮助。优秀的生涯问题解决者知

---

① 美国卡通人物，以冒失莽撞著称，在这里指冲动性。——译者注

道何时寻求外部资源的帮助。例如，他们知道在了解兴趣、价值观如何与大学专业、职业和工作匹配方面需要帮助，他们就会从合格的助人者那里寻求帮助。有时，在你已经穷尽所有理性的过程之后，你可能决定依赖直觉或是你所敬重的人的建议来进行选择。

第二个元认知技能是对有效的决策制定策略的意识和觉察。重点在于觉察到策略如何影响决策制定过程。策略的执行需要将注意力放在需要采取的每一个独立步骤上，以免整个策略显得无法应对。

第三个技能是指明确所要解决的具体问题。有时，人际关系问题和生涯问题会盘根错节，难以区分。决策制定者需要将这些事情分开，以便能使用最有效的技能和知识来解决面临的问题。例如，人们有时试图通过生涯决策来解决人际关系问题，比如“我要从商以使父亲高兴，虽然我对此毫无兴趣”。更好的方法是将进入何种职业领域的决策与如何改善与父亲的关系的决策区分开，然后再看每种决策下的选择会如何相互影响。

在你进行决策制定时，第四种重要的技能就是监督整个过程的执行。例如，第 4 章所描述的 CASVE 循环中，在每一阶段结束时稍作停顿，问一问自己，“我是否已经完成了这一步，准备好进行下一步了?”这一点非常重要。在循环结束时向前展望，你也需要确定如何知晓问题已被解决。你通常可能无法肯定已经找到了理性的解决方案，但你会知道已经花费了大量的时间、精力和资源来进行决策，需要采取行动了。用 CASVE 的术语，我们可能会说：“我是否已经弥合了现实和理想之间的差距?”“我能在不确定中对我的选择做出承诺并采取行动吗?”

最后，优秀的问题解决者绝不是他们自己最坏的敌人，他们会与自我进行积极的对话，赞赏自己付出的努力，积极地思考想要的结果。这样的积极态度是应对许多生活问题的重要元认知技能。

5.2.2 改善元认知技能

我们的许多元认知技能都形成于早年，大约在 4～8 岁之间。作为成人，如果我们恰好缺乏积极的高质量的元认知技能，则很难学习新的元认知技能。我们可以从他人那里寻求帮助来改善我们的元认知技能，例如咨询师、牧师或老师。然而，一旦人们学会了如何找出自己元认知技能的薄弱之处或问题所在，通过自我指导式的学习活动来改善元认知技能也是可能的。以下五种技能可以帮助你改善元认知技能。

1. 辨别消极观念

我们有些人对自己和工作世界抱有消极的、自我挫败式的想法，这使我们很难解决生涯问题和进行生涯决策。有些想法和信念很普遍，或者是由我们生活中的重要他人教给我们的。总之，这些想法会让生涯决策过程出现问题。

例如，“我怕自己做出选择之后，又会改变主意”，这一想法可能会“冻结”我们的生涯决策。感到害怕本身是与信心、乐观、自我信赖相反的一种情绪，是一种对良好决策产生消极影响的情绪。同样，对自己是否会改变想法感到失控，会让选择异常困难。

我们认为，这种能使决策制定过程冻结或是短路的消极想法可能数以百计，要矫正这些想法，首先必须要把它们找出来。当然，并非所有的消极想法都会使决策过程中断，但它们会在无法预期的情况下成为症结所在。从某种角度说，这些消极的观念就像潜伏在我们身上的肮脏细菌，定期爆发致使我们生病。后面我们要举例说明发生在信息加工金字塔模型和 CASVE 循环不同阶段的消极想法。

生涯观念量表（Career Thoughts Inventory，CTI）（Sampson，Peterson，Lenz，Reardon，& Saunders，1996a）帮助人们对自己思考生涯选择的方式有更多了解。这一工具包含 48 个项目或陈述，描述人们在思考教育和生涯选择时的一些想法。完成生涯观念量表也许能帮助你找出与生涯问题解决和决策制定有关的问题的想法。

通过了解和探索我们自身及各种选择的积极和消极方面，我们能对生涯决策制定的惯有思维方式进行挑战。我们很可能会学到，事物并非全好或全坏，而是好与坏的结合。生涯决策过程有很多灰色地带，这要求我们要以更为全面的方式思考生涯问题。此外，与一位值得信赖的朋友或咨询师谈论我们的生涯问题，有时能帮助我们找出自己的消极观念，进行检讨、挑战，从而有可能改变这些想法。

桑普森、彼得森、伦兹、里尔登和桑德斯（Sampson，Peterson，Lenz，Reardon，& Saunders，1996b）提出了改变我们消极观念的四步骤方法。这四个步骤是：（a）找出消极观念或陈述；（b）挑战这些想法、陈述的合理性、有用性和真实性；（c）改变消极观念，将之转变为更为积极的想法——陈述；（d）按照新的方式行动，这些新的方式与改变后的新想法或新陈述相一致和对应。这四个步骤也许能帮助你记住如何改善元认知技能。

2. 积极的自我对话训练

“我不是一个优秀的问题解决者”是典型的消极自我对话，朋友或是咨询师可以对之进行挑战，以帮助人们消除这种想法。你可以请朋友帮助你找出然后改变这些消极的陈述，很快你就能够学会对这些陈述进行自我监控。你可以训练自己进行更积极的自我对话：首先要努力消除消极的陈述，然后你能够学习开始使用更积极的自我对话。一些人已经发现阅读那些力图提高自尊和增加自信的自助书籍能够帮助他们学会更积极的自我对话。此外，专业的咨询师、积极的宗教体验和积极的成长团体都能为个体提供学会更积极的自我对话的机会。正如一名优秀的教练能够帮助你提高运动技能，积极的人也能帮助你对自己的态度更积极。事实上，一名好的教练所做的事情之一就是培养你对自我以及你的运动的积极自我对话。

3. 减少要么/或者式的思维

另一种有助于我们成为更好的问题解决者和决策制定者的元认知技能是进行相对思维而不是二元思维。二元思维也称全或无式思维，倾向于使我们停滞不前。例如，“所有的好工作都要求数学学得好”，这种想法会使自己的思维封闭，尤其当我们对数学不感兴趣或缺乏该领域的技能时。其实，这样的陈述可以换一种方式，“在一些机构中，高薪的工作要求人们对数学感兴趣且具备数学技能，同时也需要其他领域的兴趣和技能”。以这种新的方式思考工作和数学之间的关系，其结果是，我们能够以不同的程度来衡量事物，而不是“全或无”这样绝对的方式。在现实的生涯问题解决和决策制定中，几乎没有能够主宰这一过程的绝对真理。事情总是依程度、情境、人物、时间、环境等发生变化，当我们的思维能反映这些现实时，就能运行得更好。

4. 发展自我控制

我们能通过学习自我控制技术帮助我们对影响我们行为的各种因素进行管理。例如，当父母质问我们为何不选择生物学专业时，我们学习用从 1 数到 10 的方法来避免情绪的爆发；或是在工作面试前，我们练习做深呼吸来放松自己；或是当我们感到自己在为生涯的不确定而担忧时，我们在头脑中想象一个能让自己平静的场景（躺在沙滩上）。这些自我控制技术能帮助我们提高元认知技能，并最终改善我们的决策制定过程。

5. 提高一般问题解决能力

CASVE 循环提供了一种能用于许多生活情境的解决问题的通用方法。当我们能快速、有效地使用 CASVE 循环这样的策略来处理生涯或其他生活问题时，将会改善我们的生涯决策制定。使用 CASVE 循环而无须刻意思考，就好比学会骑自行车或驾驶汽车——它几乎成为一种自动化的过程。在这种情况下，我们就能更容易地完成决策过程。良好决策制定指南（附录 F）对你会很有帮助。

总之，改善元认知技能要求我们将注意力集中在生涯决策的过程上，而不是做决策这一事件上。用另一种运动来比喻，我们的注意力不是在赢得比赛（事件）上，而是放在加强我们的力量、注意营养和健康、注意风险、避免错过练习机会（过程）等方面。因为对于比赛过程的这些方面，我们有更多的控制力。当我们有了良好的生涯问题解决和决策制定技能之后，我们就不仅能很好地进行比赛，甚至可以赢得比赛。

5.3 改变消极的生涯观念

消极的自我挫败式的思维在信息加工金字塔模型（见图 1—2）和 CASVE

循环（见图1—3）的任何位置都可能出现。如果把这两个图看作由八个区域组成，那么这些区域就包含了生涯决策制定的所有重要方面，继而我们就能对每个领域中典型的消极思维进行考察：

1. 自我知识。
2. 各种选择的知识。
3. 决策制定：沟通。
4. 决策制定：分析。
5. 决策制定：综合。
6. 决策制定：评估。
7. 决策制定：执行。
8. 执行加工。

优秀的问题解决者能用积极的元认知来有效地解决生涯问题。我们要对这八个领域的消极思维进行重构或重述，使之成为对生涯决策有益的积极元认知。

5.3.1　自我知识

与自我知识有关的积极元认知与我们对自己的人格特点的看法有关，例如，我们的兴趣、价值观和技能。这种元认知有一些特点，它们是一些清晰、准确、强烈并且稳定的想法和陈述，与我们所感兴趣的、漠视的或不感兴趣的事物有关。技能和价值观也是如此。总的来说，这些陈述清晰地描述了什么是我们的兴趣所在，什么对我们重要，以及什么是我们所擅长之事。

然而，这些陈述的清晰性不应与僵化混为一谈——例如，"我永远不会对销售有兴趣"——因为最有用的元认知承认时间的重要性，并且包含这样的观念，即我们对自己兴趣的看法可能会发生改变。积极元认知的另一个特征是，它产生于我们个人的反应和经验中，而不是仅仅基于别人对我们的看法。最后，有关自我知识的积极元认知包含的信息来源于诸多经验，而不仅仅是某个特定的好或坏的经历。例如，不能把某次晕船的经历作为排除所有与水有关的职业的理由。单一事件可能会夸大我们对自身兴趣、价值观和技能的认识，积极的元认知有助于我们避免对任何单一事件的过度反应。

举一个有关自我知识的消极元认知的例子："没有一个学习或工作领域是我感兴趣的。"[①] 这种消极元认知需要转化为更积极的想法。正如你所见，这种叙述方式不是一种积极的元认知，其结果往往是使个体发现和运用自我知识信息来解决生涯问题的过程中断。

重构

只需要稍做工作，我们就能将这种消极的元认知再造为一种更积极的观念：

---

① Reproduced by special permission of the Publisher, Psychological Assessment Resources, Inc., 16204 N. Fl. Ave., Lutz, FL 33549, from the Career Thoughts Inventory by Sampson, Peterson, Lenz, Reardon, and Saunders, Copyright 1994, 1996 by PAR, Inc. Further reproduction is prohibited without permission from PAR, Inc.

“我可能还不能完全确定我所喜欢和不喜欢的。也许我需要更多的生活经验来让我真正了解自己的兴趣所在。我可以通过各种全职或兼职的工作、志愿工作或业余活动来获取更多的生活经验。”这是一种更积极的思考，因为它保证了将来发现新兴趣的可能性，指出获取新经验的途径，消除了像“没有”这样的全或无式的字眼。

你可能已经注意到，越积极的元认知，其陈述越长，这并非偶然。我们的经验表明，这些更积极的元认知的确是更复杂的想法和观念，至少就它们最初的形式而言是这样的。

重构消极的生涯观念需要思维上的专注和实践。表 5—1 提供了一些将消极生涯观念转变为积极观念的规则和指导。

表 5—1　　培养更多积极观念的指南

根据以下条目评估“新”观念的质量。新观念是否：
● 反映了对新事物的开放性？
● 认为人是可变的？
● 承担责任？
● 识别问题（差距）所在？
● 找出解决生涯问题的多种选择？
● 为解决生涯问题而制定了变通、详细的计划？
● 估计解决生涯问题现实所需的时间？
● 提供生涯问题已解决的觉察？
● 积极看待未来？
● 认可需要坚持和付出？
● 认可并处理情绪？
● 认同决策制定是持续的过程？
新观念是否：
● 避免使用诸如“不可能”“永不”“完美”之类的词汇？
● 避免使用诸如“应该”“必须”“不得不”之类的词汇？

资料来源：Adapted from “Thinking More Helpful Thoughts Activity,” by Darrin Carr, Janet Lenz, Gary Peterson, Robert Reardon, & James P. Sampson, Jr., Center for the Study of Technology in Counseling and Career Development, Florida State University.

5.3.2 各种选择的知识

与各种选择的知识有关的积极元认知与我们对工作、教育和休闲方面的各种选择的想法相关，也与我们如何将这些选择按照彼此之间的联系进行归类、分组相关。这种元认知有几个特点。例如，它们是与阅读、观看、倾听、访问、访谈和观察等活动有关的积极观念，这些活动是获取各种选择的途径。

另一种积极的元认知涉及使用某些像霍兰德的 RIASEC 六边形模型那样的理论来对有共性的职业进行分类，并找出其中的差异所在。RIASEC 系统能帮助我们同时考虑各种选择之间的相似性和差异性。最后，积极的元认知让我们认识到所要记住的有关选择方面的信息，并且意识到我们不可能面面俱到地了解所有的职业选择。

举一个与职业知识有关的消极元认知的例子："几乎所有的职业信息都倾向于让工作'看起来很不错'。"这种想法需要被改造成更积极的思维。这样的陈述往往会使发现和运用职业知识来解决生涯问题的过程中断。

重构

只需稍做工作，我们就能将这种消极元认知改造成一种更积极的想法："一些职业信息的确会人为地使这一职业'看上去不错'，然而如果说大部分信息都是如此未免有夸大之嫌。职业信息也许在好和坏两个方向上都有偏差。助人的专业人员，比如咨询师或是图书管理员，都能帮我确定各种信息来源的质量好坏。重要的是，要评估每条信息的来源和目的，确定它对我的生涯决策是否有用。"这一陈述就是对职业信息的来源、目的和质量的一种更积极的看法，它可以防止个体对那些解决生涯问题和进行生涯决策所需的信息做出消极假设。

5.3.3　决策制定：沟通阶段

与 CASVE 循环的沟通阶段相关的积极元认知，与对成功地解决生涯问题的期待有关，还与那种只是把生涯问题看作我们社会生活的一部分的认识有关。例如，在沟通阶段的积极思维能让我们充分体验到与生涯问题相关的所有情感，如希望、期待、焦虑、愤怒、受挫、不确定和怨恨。我们不是被这些情绪所淹没，而是接受它们，认清其来源，并解决、超越它们。

举一个与沟通有关的消极元认知的例子："我对选择学习领域和职业领域感到如此灰心，以至于我无法开始这个过程。"它需要被改造成更积极的思维。与其他的消极元认知一样，这样的想法往往会阻断问题解决和决策制定的过程。

重构

通过一些努力，我们能将这样的消极元认知转变为更积极的想法："承认我为决策制定而感到灰心，这点对我很重要。但是，从长远来看，对此什么都不做也不是个好主意。我也许需要为这种沮丧的情绪寻求帮助，或是采取具体的小步骤来获取所需的信息，以启动决策过程。这些步骤可能包括与各行各业的人交谈、阅读职业信息，或是寻求生涯辅导来帮助自己制定下一步的计划。"这是一种更积极的思考，因为它承认与生涯问题有关的消极情绪的存在，然后能走出这些情绪，以具体的行动步骤推动决策过程的进行。这种想法能帮助人们避免陷入停滞，或被那些限制了用于问题解决的信息加工过程的情绪所吞没。

5.3.4　决策制定：分析阶段

与 CASVE 循环中分析阶段有关的积极元认知，是与投入到问题解决任务中的个人动机和能量相联系的，也与发现个人与环境间的恰当匹配相关。例如，积极的思考通过这样的陈述体现出来，这些陈述表达了个体为找到适合自身选择而渴望探索有关自我和职业的信息。换言之，这个人可以自信地说："我可以清楚地说出我是谁以及什么适合我二者之间的关系。"与之相反的想法是"分析瘫痪"，或者是类似于"我永远也无法弄清，永远也无法解决这些生涯问题"这样的信念。成功地搞清楚生涯问题的所有方面意味着个体已经准备好向综合阶段迈进，并列出可以解决问题的选项清单。

举一个分析阶段消极元认知的例子："我永远不能充分地了解自己以便做出良好的生涯决策。"它需要被改造成更积极的思维。这个人在这里已经得出结论，认为缺乏自我知识就会导致无法找到合适的机会并做出选择，这种想法会阻断个体尝试寻找机会的全过程。

重构

如前所述，我们能够将这种消极的元认知转变或重构为一种更积极的思考："我在进行生涯决策时，了解我的价值观、兴趣和技能对我而言非常重要。在做出好的生涯选择之前我必须完全了解自己，这种想法可能会令我感到泄气，甚至令我更不可能认真思考各种选择。然而，经历这一生涯选择的过程将真正帮助我更好地了解自己。有很多资源，包括印刷资料、专业人员，都能帮我获得关于自我的足够信息，至少知道生涯决策过程中下一步该怎么走。"这种新的更积极的元认知能使人们在 CASVE 循环中往前发展，继续努力实现生涯问题的解决。

5.3.5 决策制定：综合阶段

与 CASVE 循环的综合阶段有关的积极元认知，用解放思想以产生各种可能的选择来解决生涯问题，这一步利用了前四个阶段工作的结果。从自我和职业知识领域获取信息，意识到有生涯问题的存在（沟通），从个人和环境信息的角度进行考察（分析），最终将我们引向综合阶段。

你应该还记得综合阶段有两个步骤：细化和结晶化，因此这里有两种能帮助我们的元认知。第一，积极思考能帮助我们确保没有被遗漏的好选项，所有可能的生涯解决方案都已在案待议。对于罗列出的所有可能解决方案，没有任何局限和限制。第二，积极思考能帮助我们剔除那些可能性最小的方案，以找出最有可能解决问题的方案为原则，区分并批判性地分析每种选择。

举一个有关综合阶段消极元认知的例子："我想不出有什么学习领域或职业领域适合我。"这种思维需要被改造成更积极的想法，它严重阻碍了综合的细化过程，因为它中断了所有解决生涯问题方案的自由产生过程。

重构

我们能将这种消极元认知转变或重构为一种更积极的思考："此刻，我感到很沮丧，这可能会让我放弃探索和发现一切适合的选择。相反，假如我认为可能找到适合的选择，那我也许就会放开自己去探索和发现合适的学习或职业领域。”你会注意到，这种积极重构的叙述可以吸收化解隐藏在消极陈述中的消极情绪，然后使个体更加积极地思考如何继续解决生涯问题。

5.3.6　决策制定：评估阶段

与 CASVE 循环中的评估阶段相关的积极元认知，与对选项清单进行排序和等级划分的能力相关，排序和等级划分则是以什么对于你、你的家庭、重要他人以及社会最好为基础的。换种说法，评估元认知与进行第一选择有关。

有些方面可能会干扰你获得这些积极的元认知，包括无法从不同的角度：自我、他人、社会来考虑这个第一选择。此外，遇到如何在对自己最好的选择和对他人最好的选择之间做出妥协这样的问题时，也会干扰元认知过程。若个体不愿为选择承担责任、凡事需要十足的把握，以及渴望保持不确定，这些想法都会干扰积极的评估元认知。

举一个有关评估的消极元认知的例子：“我生活中重要他人的观点会影响我对学习领域或职业生涯的选择。”这种思维需要被改造成更积极的想法，它会使人难以做出选择，因为他人的观点已经淹没了个人对于什么对自己、对社会是最佳选择的知觉。

重构

举个例子来说明如何将消极元认知转变为一种更积极的思考：“我生活中重要他人的不同观点很容易使我对学习领域和职业的选择复杂化。我从重要他人那里获得的信息有些可能有用，但他们的其他看法则使我更困惑和不确定。然而，无论我从别人那里获得什么样的建议，最终我才是那个要为自己的生涯选择负责且有能力做出选择的人。”

在对消极的评估元认知进行重构的过程中，我们不应忽视他人与我们分享的有关应如何做的观点，但我们强调决策者对选项进行排序并做出选择的权力和责任。这样的积极元认知将使决策者成功地继续 CASVE 循环，解决生涯问题，制定生涯决策。现在我们转入 CASVE 循环的最后一个部分。

5.3.7　决策制定：执行阶段

与 CASVE 循环的执行阶段相关的积极元认知，与运用一系列合理的步骤来制定和执行选择的思维能力有关。

这种执行元认知让我们能够依据手段—目的的关系进行思考。例如，“如果我的分数提高，就能进入会计专业”。这些积极的思考也能帮助我们尽量减少用“运气”这种观念来解释生涯中发生的得意时刻，从而增强我们将其看作长期以来耐心和坚持所得到的报偿的态度（“为成为首发阵容中的一员，我愿意坐两年的冷板凳”），意识到用现实检验一个尝试性选择的重要性（“我想去实习，以检验我对公共关系的兴趣”）。这样的信念和态度将促进 CASVE 循环中执行阶段的积极元认知的发展。

举一个有关执行的消极元认知的例子：“我知道自己想做的事情，但我无法制定计划来实现。”这种思维需要被改造成更积极的想法，因为它阻碍了 CASVE 循环的行动阶段，这种思维使人们不能执行已经做出的选择。我们的经验是，执行阶段的消极元认知是有效生涯决策的主要障碍。对许多人来说，通常选择本身不是最大的问题，最大的问题是执行这个选择。

重构

这里有把消极元认知转化为更积极的思维的一个例子：“在我知道自己想做什么之后我已经在完成生涯规划的道路上取得了很大的进步。我对下一步还不很确定，这表明我需要寻找生涯规划方面的信息，或者我需要寻找一个能胜任的人帮我制定一个计划，那样我就能达到目标。”在使消极元认知转变为更积极的想法这方面，我们已经演示过，额外的信息在规划过程中如何发挥作用，以及为何需要来自外界专家的帮助，这些专家包括咨询师、顾问、老师或是其他知识丰富的人。执行阶段的积极元认知有助于我们确保能获得支持以及所需的信息，以推动我们沿着 CASVE 循环继续发展。用这样的方法，我们可以成功地解决生涯问题，进行决策制定。

5.3.8 执行加工

信息加工金字塔模型和 CASVE 循环的最后一个方面是执行加工。与执行加工领域有关的积极元认知同控制、调节、监督和评估前面所有信息加工过程的领域的能力相关。这是对抗在本章一开始贝格利（Begley，2011）所提的“信息疲劳”的关键阶段。

这些元认知很可能在有效的生涯决策中是最强有力、最重要的。它们与“对思维的思维”有关，或者说与人们对自己解决生涯问题和进行决策制定的能力的知觉有关。正如你所料，积极的执行过程元认知与其他七个领域的元认知有共同的特征。

5.3.9 最大化和满意的解决方法

根据心理学家保罗·施瓦茨（Paul Schwartz，2004）的观点，选择及选择机会的增加都会影响我们做出决策的能力。他认为“你必须做出的第一个决定是，你的目标是选择绝对最好的还是足够好的”（p. 77）。有些人选择的首要目标是最大化，因为他们需要确定每一次决定都是可选项中最好的。在这个网络信息膨胀的年代，有无法估值的选择，不可能确保每次决定都是最好的。另一个目标就是满意解决法，满足于足够好的且不为可能的更好选择而担忧。概括来说，运用满意解决法的人满足于做出好的选择，而不是绝对最好的选择。

一项对生涯课程中大学生的研究显示，即使最大化者的标准在现实中无法获得，他们还是寻求绝对最优选项（Paivandy，Bullock，Reardon，& Kelly，2008）。接着，由于他们无法实现自己建立的选择绝对最优选项的目标，最大化者产生关于他们决策能力和生涯投入的消极生涯观念的可能性更大。结果，当目标无法达到时，最大化者体验到了更多的投入焦虑。

因此，在执行加工过程中一个人如何处理最大化和消极生涯观念的影响？举一个有关执行过程的消极元认知的例子："当我必须决策时，我会变得很焦虑，以至于我几乎无法思考问题。"这种思维需要被改造成更积极的想法，它中断了一个人的认知信息加工过程。一个人若无法思考如何解决一个生涯问题，也许其他的生活问题也解决不好。

重构

这里有把消极元认知转化为更积极的思维的一个例子："许多人在制定重大决策时都很焦虑。焦虑的确使清晰的思考变得更难。然而，放弃决策或依赖他人作决策对我来说都不是好主意。有能胜任的人来帮助我，我就能获取所需要的信息并且学会如何进行生涯决策。"正如前面所指出的，这种重构的陈述关注消极情绪，但又指出如果不打破糟糕的决策循环，事情会变得更糟。此外，它提醒人们，外界的帮助也许能改善状况，还强化了这种观念：从长远看，人们都有解决问题的能力。

在这个领域中，良好的思维应避免完美主义（"我必须找到完美的工作"）、强烈的支配欲（"我应该或必须比别人做得更出色"）、外部的动机（"我必须进入计算机行业，因为在这行能够找到最好的工作"）。这些元认知会导致沮丧、焦虑、缺乏自信、缺少坚持、缺乏计划以及缺少自我控制，这些都会干扰有效的信息加工。

改变消极的元认知也许需要坚持、动机和外界的帮助。《CTI 工作手册》（*CTI Workbook*）列举了更多重构的例子（Sampson，Peterson，Lenz，Reardon，& Saunders，1996b），专门用来帮助人们改变消极思维，制定解决生涯问题和进行生涯决策的积极规划。元认知是根深蒂固、无处不在、长期持续的，它的改变可能更需要来自外界的帮助。对生涯决策的不良态度也会渗透到生活和人格的其他领域。咨询师和其他助人者都经过专门的训练来帮助人们克服消极的元认知，因此，最快、最简便的方法也许是去咨询这样一位专业人员。

小　结

本章探讨了信息加工金字塔模型中的执行加工领域，描述了自我对话、自我觉察以及控制和监督这三种元认知技能，提出了培养和改善元认知技能的途径。我们探讨了信息加工金字塔模型和 CASVE 循环八个领域中各自的积极和消极的元认知。

有效的生涯问题解决和决策制定需要有效地运用四个领域的信息：自我知识、职业知识、决策制定（由 CASVE 循环构成）以及执行加工过程。其中任何领域的消极元认知都会使问题解决过程中断。我们讨论了如何增加生涯决策中有益的积极元认知，避免最大化，追求满意化。目的在于帮助你改善个人生涯理论中的执行决策领域的元认知质量。

参考文献

Begley, S. (2011, March 7). I can't think: The Twitterization of our culture has revolutionized our lives, but with an unintended consequence—our overloaded brains freeze when we have to make decisions. *Newsweek*, 28-33.

Brown, A. L. (1978). Knowing when, where, and how to remember: A problem of metacognition. In R. Glaser (Ed.), *Advances in instructional psychology: Vol. 1* (pp. 77-165). Hillsdale, NJ: Lawrence Erlbaum.

Peterson, G. W., Sampson, J. P., Jr., & Reardon, R. C. (1991). *Career development and services: A cognitive approach*. Pacific Grove, CA: Brooks/Cole.

Paivandy, S., Bullock, E. E., Reardon, R. C., & Kelly, F. D. (2008). The effects of decision-making style and cognitive thought patterns on negative career thoughts. *Journal of Career Assessment, 16,* 474-488.

Sampson, J. P., Jr., Peterson, G. W., Lenz, J. G., Reardon, R. C., & Saunders, D. E. (1996a). The Career Thoughts Inventory (CTI). Odessa, FL: Psychological Assessment Resources, Inc.

Sampson, J. P., Jr., Peterson, G. W., Lenz, J. G., Reardon, R. C., & Saunders, D. E. (1996b). *Improving your career thoughts: A workbook for the Career Thoughts Inventory.* Odessa, FL: Psychological Assessment Resources.

Sampson, J. P., Jr., Reardon, R. C., Peterson, G. W., & Lenz, J. G. (2004). *Career counseling and services: A cognitive information processing approach*. Pacific Grove, CA: Wadsworth-Brooks/Cole.

Schwartz, B. (2004). *The paradox of choice—Why more is less*. New York, NY: Harper Perennial.

第Ⅱ篇 影响生涯发展的社会因素

Social Conditions Affecting Career Development

第6章 变化世界中的生涯进程

在第1～5章中，我们把焦点放在生涯的概念以及信息加工金字塔模型和CASVE循环如何帮助我们理解和改善对生涯问题解决、决策制定以及个人生涯理论（PCT）的思考。其目标是学习如何成为更好的问题解决者和决策制定者，改善我们思考和运用生涯信息的方式。总之，我们对人以及人如何思考生涯进行了探讨。

在第Ⅱ篇，我们将探讨一些影响生涯发展的外部力量：（a）技术与全球化经济市场；（b）组织文化；（c）多样的工作途径；（d）在家庭和工作中男性与女性的关系。

哥伦比亚大学著名经济学家杰弗里·萨克斯（Jeffrey Sachs，2011）提出，美国和全世界都“受到三种全球变化的冲击：数字电子时代引进的计算机技术革命、互联网和移动电话；全球经济中亚洲历史性的崛起；新出现的全球生态危机。这三个变化导致包括美国在内的全球范围的收入、职业和投资的大规模不断转移”（p.85）。

第6～10章将会帮助我们加深对金字塔模型中有关了解我们的各种选择部分的思考，即职业知识领域。我们将考察强大的外界因素可能会如何限制或增加我们的选择机会。换言之，这些宏观力量，即高水平的强大力量，影响着我们的个人生涯理论、信息加工金字塔模型以及CASVE循环的所有领域。

我们个人对于这些宏观力量的感知和解释与我们的元认知相关，这些元认知会影响我们对生涯问题的解决和生涯决策的制定，我们已经对此有所了解。

6.1 通识教育课程的角色

大学中的文理课程可能会影响你对生涯的思考。怀特（White，2005）在《华尔街日报》（*Wall Street Journal*）中写道，未来的经理人可能需要更广博的文理教育和国际经验。一位公司的前招聘专员对此做出解释性评论说，怀特认为对于未来的首席执行官（CEO），重要的是成熟和领导能力，而不是他们修了多少课程。而且，国际经验是“重中之重”。

作为大学生，你可能已经（或者将要）选修通识教育或文理课程。这些课程在生涯规划中扮演什么样的角色？它们是否只是在你进入专业课程之后就要“让路”的课程呢？通识教育不同于专业课，其目的只是要拓宽你的视野，让你了解当今世界上正在发生的事情，这些事情影响着我们工作和生活的方式。

这些知识会直接影响我们学习思考生涯发展的方式。例如，社会科学的课程为我们提供了解种族群体、社区、机构和人类行为的机会。人类学课程帮助我们学习文化、语言以及思想和价值观的交流，自然科学则帮助我们学习科学技术和问题解决。“很清楚，我们应强调学习历史、文化、数学和科学的固有价值——*广泛了解那些让人类之所以成为现在样子的事物，了解人类世界*”（斜体字为后加的）（Johnston，Reardson，Kramer，Lenz，Maduros，& Sampson，1991，p. 192）。

密歇根州立大学的高校就业研究所（CERI）每年调查数千名雇主，发现虽然在职位描述中没有显示，但是组织寻找的是展现全球性理解力的学生。全球性知识对机构在全球经济下做生意、提供服务都是必要的。而且，雇主认为应聘者建立和维持工作关系的能力是新雇佣模式下最基本且最重要的能力（CERI，2010）。我们认为该领域的技能是在文理课程的通识知识中获得的。

从信息加工金字塔模型的角度看，通识教育课程提供了关于职业的知识，例如劳动力市场趋势、社会变化和工作方式。从CASVE循环的角度看，这些课程能帮助你学习和澄清你的生涯要为之努力的现实“差距”，以及作为你生涯决策基础的价值观排序。这样的课程有助于你了解促使你确定某个特定生涯目标的原因，例如，全球气候变暖、无家可归的孩子以及家庭乐趣。

通识教育/文理课程能够使学生培养出许多更全面、准确的方法来思考生涯，包括以下方面：

- 世界历史课程能增加我们对许多问题的理解，包括国家民族主义意识的淡化，部落帮派主义的抬头，全球经济力量与地理、文化、技术及人口之间关系的日益紧密；这些历史性的阐述能帮助我们在脑海中形成战略性的生涯规划图式。
- 社会学或经济学能够增加我们对于组织发展、组织功能的理解，特别是与工作有关的组织；这样的知识有助于形成有关工作态度和组织文化的图式，因为大多数的工作都在组织背景中完成。
- 科学或人文理学课程能帮助我们理解技术对工作组织、工作的影响方式，这种影响导致很多新的工作方式的产生；这些知识有助于我们形成在工作、闲暇、失业、职业转换、兼职和求职等方面的图式。

● 沟通、社会学或心理学课程能提高我们对于与工作和家庭生活有关的性别问题和人际关系的理解；这样的知识有助于我们发展、协调在现代社会中日趋复杂的家庭和工作二者的关系。

6.2 必备：新的生涯元认知

杰拉尔德·哈格（Jerald Hage，1995）是一位行业和组织心理学家，多年来一直研究与现代工作有关的课题，他认为，在现代社会中，我们必须以更复杂的方式思考我们的生活：

> 人们必须学会在复杂的角色中生活，每个人都有大量的角色关系，协调各种角色期望或行为成为成功地扮演角色所需要的主要能力之一。此外，为了适应社会带给家庭和工作场所的不断变化，后工业时代的人们必须拥有全面、创造性的思维，需要适应性和灵活性，且知晓如何理解符号化的沟通。(p. 487)

如果哈格是对的，那么我们就别无选择，只能学会以更加复杂的方式来思考生涯。我们认为认知信息加工的方法提供了一种帮助我们达成这一点的途径。

> 在阅读第Ⅱ篇时，你可能会不断地思考有关你个人生涯理论的元认知（你的思维、信念和态度），你如何看待自己和自己的生涯，这 5 章的内容是否要求你重构和调整你的想法。记住，元认知指的是对思维的思维过程，你需要问自己下列这些令人深思的问题：
>
> ● 我如何充分利用有关工作社会学、经济变化、工作场所的多样性以及不同工作方式来加强我个人生涯理论的元认知，从而成为更有效的生涯决策者？
>
> ● 这些信息与我的性别、文化或种族、宗教信仰、灵性以及我的社会认同有何关系？
>
> ● 当我结束学业、寻找好工作、为重要的个人关系或家庭制定计划、工作变化（主动或被动）之时，这些信息如何影响我的“职业生涯进程”？
>
> ● 在强大、迅速的社会经济力量变化影响个人的今天，我如何为自己的生涯制定策略性计划？

在我们开始第 6 章时，有两个比喻非常有用。第一，把你的职业生涯想象成一条在海上航行的船。这些宏观层面的力量就像潮汐、风、洋流和气候——当你驾驶“生涯之船”穿越地平线之时，它们要求你调整方向的力量。在你驾驶“生涯之船”的过程中，它们会直接影响你，让你做出改变。

第二，在第 1 章中我们考察了罗伊的公式（见表 1—1）所解释的“职业选择”。罗伊观察到，总体经济状况（E）；家庭背景，种族（B）；机遇（C），例如科技发明、新的法律；朋友，同伴群体（F）；婚姻状况（M）等所有这些因素综合起来塑造了个人的生涯选择。这些影响生涯行为的因素就是我们要在第Ⅱ篇中进行探讨的内容。

6.3 愿景：拥有一个成功的生涯

几乎每一个大学生解决生涯问题或制定生涯决策都是为了追求“拥有一个成功的生涯”的愿景。《韦氏大词典》对愿景的定义是“通过想象形成的一种想法、概念或目标”（Mish，1997）。事实上，我们每个人都想象我们自己的生涯；我们有能力去设计一个关于我们想要什么、我们会在哪里终结的想法或梦想。

正如我们在第1章中所学的，生涯不是一个人所拥有或占有的事物。正如本书封面那样，最好是将生涯视为一个过程、一段旅程或是一条道路，而不是一个目的地。如果我们用人生（life）一词来替代“生涯”，可能会更接近生涯的意义。因此，生涯是我们所追求或寻求之事，而不是我们所占有或拥有之物。这是对生涯元认知的重要重构，它改变了对于“成功的职业生涯”的通常理解。请确保你已经完全掌握这一思想。

成功一词是含混不清的，因为在某方面做成功者的确是非常个人化的事情。玛丽·德克尔·斯兰妮（Mary Decker Slaney）在各种距离的长跑中创下了36项全美纪录、17项正式或非正式的世界纪录，但经过四次努力，她还是未能获得一枚奥运会奖牌。然而，我们还是认为她的长跑生涯非常成功。如果我们无法弄清“成功”对于自己的特定含义，我们想要有成功生涯的愿景注定要受挫。

伊丽莎白·麦肯纳（Elizabeth McKenna，1997）在《当工作不再“有效”》（*When Work Doesn't Work Anymore*）一书中，建议男性和女性（尤其是女性）“必须了解自己是谁以及自己对成功的定义（有别于商业成就），这样才能就他们与生涯签订的情感契约进行协商。不管最后的决定是什么，都需要付出代价”（p. 38）。麦肯纳相信未来的一代人将“有一个不同于我们的对于成功的定义”（p. 251），并以非常不同的方式工作。

6.4 重构生涯元认知

图6—1说明了我们想表达的观点，该想法受惠于心理学家库尔特·勒温（Kurt Lewin，1951）。他提出了区分“外在世界”和我们真实所见的（或所感知的）世界的重要性。较大的圈代表广阔的环境（“真实世界”），它是我们生涯施展的地方。真实的世界或者说各种力场包括科技和全球化经济（第7章）、组织文化（第8章）、不同的工作方式（第9章）以及家庭—生涯调整（第10章）。

你可以将其看作有各种布景和支柱的舞台，演员们在其中出演自己的角色。

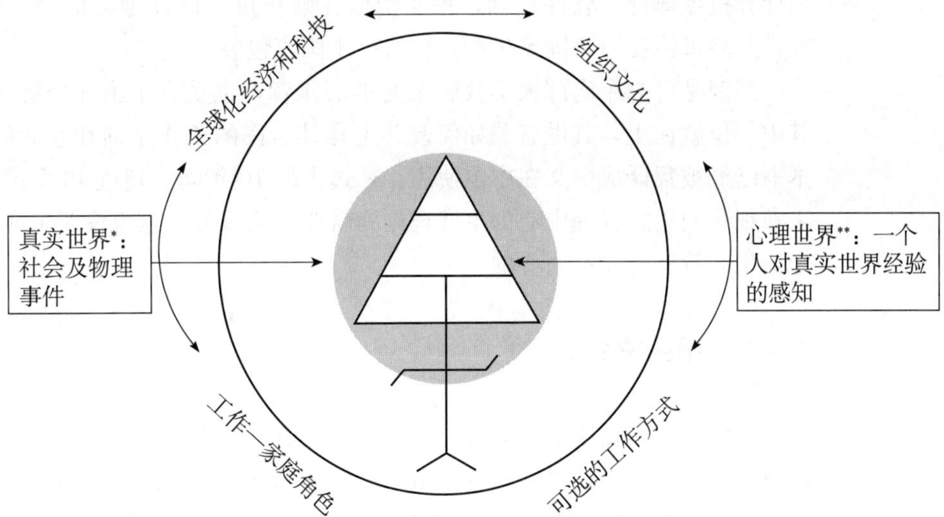

* 真实世界的社会及物理事件：个人所经历的不断改变的社会、物理事件；影响个人生涯的非心理经验，例如技术和全球化经济、组织文化、不同的工作方式、正在改变的生涯和家庭角色。

** 心理世界：个人的心理世界，或"生活空间"；个人将真实世界中的社会、物理事件知觉为对个人目标是否达成产生影响的积极（支持性的）或消极（限制性的）的力量。

图 6—1　力场中的生涯元认知

较小的阴影圆圈部分则是指我们每个人运用自己的元认知以各自独特的方式来看待这外界广阔的环境。基于我们的目标、愿望、兴趣、价值观和技能，我们学会以不同的新的方式来看真实世界，即各种力场。你是自己生涯中的主要演员。第Ⅱ篇的各章旨在帮助我们更好地了解真实世界，提高我们与生涯问题解决和决策制定相关的心理世界的质量。

6.4.1　科技和全球化经济

世界正在发生很多改变，它们会在未来持续影响我们的"生涯"道路。这里列举一些最近发生的事件，它们对我们的工作方式产生影响，其中包括生涯咨询师。

科技改变了许多机构经营生意的方式。例如，在银行业，预先设定一定条件后，计算机能自动地从账户中提款或存款。这样的事情一天 24 小时都在发生。当你睡觉时，你的钱也许在世界上不同的货币中流动，寻求最高的付息账户。互联网使个人和机构以极小的花费实现即刻的彼此联络成为可能。几年前令金融专家感到震惊的是，一名独自在电脑前工作的银行雇员，竟然是导致英国最大的一家银行金融交易崩溃的罪魁祸首。

国家间的贸易协定能戏剧性地改变产品和服务的销售方式。例如，加拿大、墨西哥和美国签订的《北美自由贸易协定》（NAFTA）消除了许多经济贸易壁垒。事实上，这意味着这些国家之间在经济上没有边界，虽然政治上的边界依然存在。《北美自由贸易协定》的结果是，一些美国公司将自己的产品和服务，例如计算机零部件、软件培训，售卖给以前禁止进入的新地方的公司和机构。现在，产品可能在一个国家生产，在另一个国家包装。

即使是身为东南部大学教职工的本书作者，也受到了国际经济发展的影响。其中一位就在土耳其做有关如何改善土耳其居民的工作培训和就业的咨询工作。本书已经被翻译成中文在中国使用。在过去的 10 年间，超过 40 个国家的访问者来参观我们生涯咨询中心的生涯规划和就业安置服务。这也说明生涯咨询领域在全球化经济下是没有边界的。

6.4.2 组织文化

工作组织正在改变其运行方式，包括商业、政府机构、学校和社区中心。它们越来越多地以不同以往的方式组织，以新的方式进行内部和外部沟通，以不同的方法对待员工，甚至以新的方式思考客户和产品。这些机构的变化对我们的“生涯”过程产生了巨大的影响，我们将在第 8 章中对此进行更详细的考察。

公司大规模裁员后从其他机构买入相同的服务就是一个例子，这通常被称为外包。例如，A 公司是一家药物供应机构，决定撤销人事部，转而与提供人事服务的 B 公司签订合同，由 B 公司为其提供该项服务（例如，保存员工的离职记录、登招聘广告、筛选简历、保存薪酬记录）。A 公司裁减了雇员，为公司节约了开支，但工作由 B 公司来完成。

6.4.3 不同的工作方式

很多人都是抱着专业工作是每周 40 小时工作制这种观念长大的——这看起来是顺理成章的事情。当然，某些工作（如医师、护士、水管工人和警察）不按常规时间表工作，但我们中的大多数人都在做常规工作。在职业领域，也许没有什么比工作“方式”的变化更大。工作方式包括弹性的时间制、兼职、工作共享、临时工、在家工作或远程工作等。我们将在第 9 章详细探讨这些议题，重点讨论它们对于生涯规划的影响。

工作共享是不同工作方式中的一种。它是指一份由两个人分摊的工作。通常每个人分别在每周不同的时段工作 20 个小时，但他们每周也可能需要共处两三个小时与主管和其他员工一起开会。这种安排对于那些需要照顾老人或孩子的人非常理想，因为 40 小时的工作对于他们很难或不可能实现。另外，一个正在修教育学位的人会发现不可能既做全职工作又参加所有的课程。而一个有闲暇或创业兴趣的人，也难以在全职工作的同时依然能实现这些业余爱好。从事工作共享通常享有该职位所提供的保险和其他福利的一半。这种安排能提供兼职工作所不能提供的一些额外的支持和福利。

当你考虑自己的生涯之旅时，要留意不同的工作安排可能会给你一些选择，让你在考虑何时以及如何工作时，也能顾及如何安排生活里其他重要的活动。

6.4.4　生涯和家庭角色

社会学家已经指出，今日美国男性和女性所拥有的普遍工作模式只有约 100 年的历史。在工业革命之前，男性和女性都在农场或是商店工作，分担着照看孩子和操持家务的责任。随着 19 世纪末制造业和工业的兴起，越来越多的男性离开农场到城市工厂里寻找更高薪的工作。女性则留在家里照看孩子、料理家务。自 20 世纪 40 年代第二次世界大战结束以来的 50 年中，越来越多的女性离开家外出工作。双职工家庭，或者称双薪家庭，男性和女性都外出工作，这已经对我们大多数人今日和未来的工作方式产生巨大影响。我们将在第 10 章更详细地讨论这个议题。

搬迁是一个重要的问题，它增加了双职工夫妇生涯规划的复杂性。当两个人都有工作时，搬迁的机会会对一方产生影响，跟随的一方可能面临巨大的困难，因为新的地点可能无法提供相同类型的工作机会。双职工家庭的成功搬迁需要一定的协商和妥协技能。用认知的术语来说，这意味着无论选择何种工作，双方都能够将之视为“赢”。

6.5　四种宏观因素

在第Ⅱ篇，我们将考察“市场经济”及其变化情况。当一个人产生对某种产品或服务的需求而另一个人能够满足其需求时，市场就产生了。市场指人们之间产品的交换和服务的交换，通常涉及金钱。在市场经济中，工作的产生是因为有人愿意花钱购买产品或服务。工作随着人们所需、所想并愿意为之付钱而产生。

当前，市场经济正在世界各地涌现。而且，任何事物都有其市场：棒球票、货币、汉堡包、钢铁和知识。有人曾经开玩笑说我们会成为一个汉堡销售商的国度，因为那是我们所喜爱的消费品。如今，市场成为全世界职业机会的最大来源。

在分析中，我们强调了影响当今工作的四种宏观层面变化的显著特性：（1）全球化经济市场；（2）组织文化；（3）不同的工作方式；（4）男女在工作和家庭中的关系。实际上，这四个方面的影响是无法分割的，它们都受到科技的影响。四种因素结合起来形成一个复杂的系统，彼此相互影响。“任何事物都彼此影响。”第Ⅱ篇我们将关注这四个因素各自独立的特点，从而使对它们的分析和理解变得更容易。

你也许会注意到这四个因素的进程是从最宽泛、最远到最具体、最近。我们从观察全球经济事件及趋势开始，然后考察这些因素如何影响现在以及未来的工作组织和个体的工作方式。最终总结这些变化将对当今美国男性和女性的生活所产生的影响。

最后，我们将在第Ⅱ篇采用一种变化的视角，即在当今世界中，生涯和工作将如何变化。这反映出某种年龄偏见（本书作者的年纪都比较大，经历了工作生涯中的许多变化），但许多出生于1994年以后的大学生也许并不会将这些宏观层面的因素视为变化，因为他们并没有其他方面的经历。当今世界的科技发展、全球经济、即时信息沟通和变化的社会角色就是他们所知道的全部。

6.6 战略性的生涯思考

战略思考也许并不通俗易懂，因此我们首先应该给它下个定义。多年前，商业组织就已经开始使用战略思考以及战略规划的概念来确保它们的组织往正确的方向发展（Cope，1987；Omahe，1982）。在战略性的思考中，公司会问自己以下问题：

- 我们的公司将走向何方？
- 相对于其他我们所能做的生意，我们是否正在做适合我们的生意？

柯普（Cope，1987）把一个机构的战略思考定义为“确定一个关于机构要走向何方的愿景的过程，进而制定出如何到达的管理策略（计划）”（Hoadly & Zimmer，1982，p.16）。请注意，战略思考始于确定愿景的过程。换句话说，战略思考是在做“正确”的事情（有效），而执行计划是要把事情做“正确”（有效率）。

有时候，机构热衷于有效率，把事情做“正确”，却失去了对做“正确”的事情（即有效）的远见。换言之，有效是指做“正确”的事情，进行战略思考，而有效率是指把事情做“正确”，制定执行计划。机构可能因为无效或者无效率而倒闭。

运用于机构的战略思考过程，也可以用于个人。通过对生涯进行战略性思考，你能够：（1）形成有关“成功”对你而言意味着什么的愿景；（2）让自己做好准备去做“正确的事情”；（3）执行计划将事情做“正确”。战略性的生涯思考指在诸多社会重要事件的背景之下，诸如经济全球化、变化的公司文化、不同的工作方式以及变化中的男性、女性角色，设定、规划你的生涯之路。

以战略性的方式思考和规划你的职业生涯是指根据你的内部因素（如你的兴趣、价值观和技能）与社会中的外在力量的关系，来设定你的生涯方向。

> 你的任务是发展生涯愿景，这部分依赖于你对我们所考察的四种社会力量将把我们个人及整个社会带往何方的直觉以及主观判断。
>
> 在你阅读以下4章时，试着以你的亲身经历以及你了解或学到的有关未来的知识来解释所呈现的事实。用你战略性的生涯规划来批判性地分析这些信息。它如何改变你对未来的生活/生涯的想法？根据这些章节所展示的有关工作组织、工作角色的事实，进行前瞻性的思考，尤其是有关你个人生涯理论的方面。

6.6.1　应用举例：从大学生到成为管理培训生

许多大学生发现自己处于领导一个组织、管理项目或人的位置上。的确，你也许会发现自己未来会走这条生涯道路。基于这种状况，让我们来看看，我们在本章所简要论述的社会因素是如何影响一个大学生的生涯观念的。

关于全球经济，一名大学生应做如下事情：

- 考虑在多元文化背景中获得教育和工作经验。
- 修世界历史、社会学、经济学和语言等课程以便对世界范围内的变化和事件有更多了解。
- 到不同的国家旅行并了解文化传统。
- 与不同国家的人交朋友。
- 了解管理工作在其他国家如何进行。
- 寻找在跨国公司的工作机会。
- 学习使用互联网直接与世界各地的人沟通。

作为你所感兴趣领域的管理者，这些活动能帮助你更好地构建有关现存宏观层面的问题和机会的愿景。

有关组织文化，一名大学生应做如下事情：

- 与其他管理者面谈，了解他们在各种不同机构中的实际工作历史和工作经历。
- 根据组织文化反思在不同机构中的个人工作经验。
- 研究在不同类型机构中做管理者的优劣势。
- 研究那些聘请管理者的机构和职业，了解影响这些领域的法律、发明和政策。
- 了解提供家庭支持的机构特点以及其他以雇员为中心的做法。

这会有助于更好地理解组织文化如何影响人们合作的方式及工作环境的整体氛围。

关于不同的工作方式，一个大学生应做如下事情：

- 构建一个有关父母、配偶/伴侣、工作者、学生、孩子、休闲者、公民等角色如何在未来的 10 年或更长的时间内整合进个人生活的愿景。
- 考察生活中的重要他人如何参与塑造一个人的生涯。
- 理解闲暇活动对于人们生活的重要性，以及如何选择与工作活动、机构政策相协调的闲暇活动。
- 了解不同工作方式的模式和雇主的福利选择，按照何时以及如何整合进个人的生涯规划对此进行排序。

这些将有助于构建一个平衡工作和其他生活角色的具有一定时间跨度的生涯规划之愿景。

关于变化的男性和女性角色及战略性思考，大学生应做如下事情：

- 与配偶或重要他人构建出共享的生涯愿景。
- 了解在不同的职业和具有不同特点的机构中，平衡工作和家庭生活的成功模式。

- 了解有效的儿童托管选择。
- 了解各种行业中的不同工作方式。
- 研究影响双职工家庭关系的各种压力源，例如，照顾老人、搬迁、照顾孩子。
- 研究单亲父母在工作和家庭生活中的趋势和问题。

这些研究和学习会帮助你构建在生涯中如何平衡工作和家庭生活的愿景。

小 结

在这一章中，我们已经介绍了影响个人现在及未来生涯发展的四种外部社会因素。我们首先考察了与战略性的生涯规划有关的通识教育/文理课程，并提出在信息时代，我们需要新的生涯元认知。

"拥有一个成功的职业生涯"是许多人带到生涯规划过程中的愿景。成功的职业生涯愿景构建于四个社会条件之上：（1）科技及变化中的全球经济；（2）变化中的组织文化；（3）不同的工作方式；（4）变化中的男性、女性角色。

战略性生涯思考的观点是将个人的生涯愿景投射到未来的一种方法，需要将影响未来生涯行为变化的社会因素考虑进去。通过考察一个大学生成为管理者的思考过程，我们介绍了生涯愿景和生涯战略性思考的过程。后续的 4 章将帮助你改善个人生涯理论中与职业知识有关的部分，进而使你发展出解决生涯问题和决策制定的新的元认知。

参考文献

Collegiate Employment Research Institute (2010, February). Under the economic turmoil a skills gap simmers. *CERI Research Brief 1-2010*, 1–18.

Cope, R. G. (1987). *Opportunity for strength: Strategic planning clarified with case examples* (ASHE-ERIC Higher Education Report No. 8). Washington, DC: George Washington University, Clearinghouse on Higher Education.

Hage, J. (1995). Post-industrial lives: New demands, new prescriptions. In A. Howard (Ed.), *The changing nature of work* (pp. 485–512). San Francisco, CA: Jossey-Bass.

Hoadly, J. A., & Zimmer, B. E. (1982). A corporate planning approach to institutional management: A preliminary report on the RMIT experience. *Journal of Tertiary Education Administration, 4*, 15–26.

Johnston, J., Reardon, R., Kramer, G., Lenz, J., Maduros, A., & Sampson, J. (1991). The demand side of general education: Attending to student attitudes and understandings. *Journal of General Education, 40*, 180–200.

Lewin, K. (1951) *Field theory in social science*. New York, NY: Harper & Row.

McKenna, E. P. (1997). *When work doesn't work anymore: Women, work, and identity*. New York, NY: Delacorte Press.

Mish, F. C. (Ed.). (1997). *Merriam-Webster's collegiate dictionary* (10th ed.). Springfield, MA: Merriam-Webster.

Omahe, K. (1982). *The mind of the strategist: The art of Japanese business*. New York, NY: McGraw-Hill.

Sachs, J. D. (2011). *The price of civilization: Reawakening American virtue and prosperity*. New York, NY: Random House.

White, E. (2005, April 12). Future CEOs may need to have broad liberal-arts foundation. *The Wall Street Journal*, B4.

第7章 在新的全球化经济下工作

世界变得越来越小。洲际沟通越来越简单，全球旅行以前所未有的速度增长，商业机构已经变成跨国公司。我们生活和工作在“地球村”。甚至有人说，世界是“平的”（Friedman，2005）。我们的职业生涯就是在这样一个舞台上展开。

本章将会考察在未来10年中，全球经济的各种因素和趋势将如何影响我们的工作、闲暇和学习的方式。全球都在经历着工作活动和生产的变化，我们将会看到它们对经济产生的影响。我们将会探索工作世界，特别是在服务行业，国际变化如何影响美国劳动力的范围和状态。最后，我们将根据认知信息加工理论、信息加工金字塔模型和CASVE循环来分析这些宏观的变化，并探索我们可以怎样改进我们关于生涯问题解决和决策制定的元认知。

当你阅读这些在全球和美国经济中发生的变化时，请思考你自己的个人生涯理论及如何改善你的战略性生涯思维。

7.1 工作和生产的国际变化

彼得·德鲁克（Peter Drucker）、罗伯特·赖克（Robert Reich）、托马斯·弗里德曼（Thomas Friedman）和杰里米·里夫金（Jeremy Rifkin）都就世界经济出版过专著。他们的著作可以帮助我们了解个体的生活和生涯发展在全球化经济中的位置。

7.1.1 德鲁克的后资本主义社会

彼得·德鲁克是一位管理顾问，他曾撰写过 35 本关于工作世界发展趋势的书。他的观点广泛传播，也引起不少争议，《后资本主义社会》（*Post-Capitalist Society*）一书也不例外。德鲁克（Drucker，1993）认为世界再次处于一个巨大变革的时期。早期的变革包括宗教改革、文艺复兴和美国独立战争。

> 然而，这一次不再局限于西方社会和西方历史。实际上，一个根本的改变就是，已经没有了“西方”历史或者“西方”文明，而只有世界历史和世界文明——但两者也都“西方化”了。至于这个改变是始于日本作为第一个非西方国家的巨大经济力量的崛起，还是始于计算机，即信息成为中心，还有争议。（p. 3）

德鲁克预测，到 2010 年或 2020 年，世界将会变成非社会主义和后资本主义的世界。它的主要资源将会是知识（也就是“有用的信息”）；国家政府将会被大洲政府（megastate）所取代；世界将会是一个组织机构的世界，每个组织机构致力于某个特定的任务。在这个新的世界中，领导团队将会是“知识型工作者”，他们知道如何去定位知识和信息以便使其产生作用。

> 知识社会（雇用的是知识型工作者）的核心概念是受过教育的人。这将成为一个普遍的概念，准确地说是因为知识社会是一个知识的社会，并且因为它是全球化的——包括资金、经济、职业生涯、技术和中心议题的全球化，而最重要的是信息的全球化。（p. 212）
>
> 明天的受教育者必须在全球化的世界中为人生做准备。他们必须要成为“世界的公民”——在愿景、眼界、信息方面。但他们还必须从其本土根基中汲取养分，并反过来丰富和滋养他们自己的地方文化。
>
> 后资本主义社会既是一个知识社会也是一个组织社会，每个组织相互依存但又在概念、观点和价值观上有差异。如果不是全部的话也有大多数受教育者将作为一个机构的成员来应用他们的知识。因此，受教育者必须准备同时生活和工作在两种文化下——一个是“知识分子”的文化，关注工作和想法；另一个是“管理者”的文化，关注人和工作。（pp. 214-215）

德鲁克的后一个观点提醒我们在本书第 3 章中霍兰德的研究型和企业型分类，它们处于 RIASEC 六边形的两个对角。那些发展了研究和企业技能的人将更可能成功。

总之，德鲁克认为未来的工作将会在一个全球背景下展开，届时，具有管理和信息处理能力的人将在信息社会中工作。更进一步说，这些知识工作者将以机构或团队成员的形式开展工作，每个人都有着限定的目标。这种愿景很复杂，为了更全面地理解这种愿景还需要一些深入思考。我们将看到德鲁克的观点在本章中被其他作者加强了。

7.1.2　赖克的全球化企业网络

罗伯特·赖克是前美国劳工部部长，政治经济学家，也是加利福尼亚大学伯克利分校的教师。他写过几本关于当代美国的经济生活以及政府和商业方面的书，他的观点对大学生及其生涯规划也有指导作用。

赖克在1992年写了一本重要的书，《国家的作用——为21世纪的资本主义做好准备》(*The Work of Nations*：*Preparing Ourselves for 21st-Century Capitalism*)。他的基本观点如下：

> 几乎每一个生产因素——资金、技术、工厂和设备都很容易跨越国界。所谓美国经济的观点正在变得没有意义，美国公司、美国资本、美国产品和美国技术这些概念也是如此。相似的转变正在影响其他每一个国家，其中有些国家的变化会更快、更深刻。(p.8)

然而，赖克也指出，美国经济仍有一个方面是美国的，那就是它的劳动力(这包括了我们所有人)。我们是相对静止的，我们这么多人很难穿过国界。尽管资金、技术、工厂和设备可以很快转移到其他国家，而人则是另一回事。因此，如果美国经济将来想要成功，美国人就必须发展他们的工作知识、技能和对其他国家公民的态度。这一点是很重要的。在这个问题上，不管人们多么关注全球化经济，作为美国劳动者的我们都是重要的终极股票持有人。

赖克将新企业组织描述为“全球企业网络”。为了理解这一点，我们需要回顾历史。在20世纪早期，企业看起来很像一个大的金字塔——底部是大量拿薪水的工作者，管理者在中间，而最高执行者则在顶端的小区域。组织的权力和控制只属于顶部的少数人，而大量的原材料、建筑、人和其他资源都在底部。企业组织得像军队一样——大量的步兵、枪炮、坦克处于底层，少量的将军在顶部指挥战斗。

这些组织的鼎盛时期出现在20世纪50年代。赖克指出，大约500家美国最大的公司生产的产品占全美工业产出的一半，创造了全美企业利润的约40%，并且雇用了超过1/8的非农业工作者。最大型公司的生产规模是非常大的。比如通用汽车公司提供的产品和服务相当于意大利全国的产值。那个时候，这些大公司是美国经济的基础。这些类型的企业组织在那个时期有很大的影响力，提供了大量的材料、产品和服务，但现在它们已经过时了。

在当今世界，这些大型的、笨拙的、僵化的组织已逐渐被一些信息工作者的小型组织取代，这些小型组织通过快速识别问题和解决问题为企业创造了大量价值。这些工作者由总部的战略经纪人组织起来，战略经纪人帮助他们确定工作项目，并促使他们进行有效沟通。为了确保这些工作者工作的有效性，他们彼此之间必须直接并快速地沟通，这些沟通常常是水平的而不是垂直的。拥有大量中层管理者的官僚机构，其办事效率往往很低。这些信息工作者主要参与这样的项目：软件开发、制定新的市场策略、设计新的员工培训项目、寻找生物学发现、制定或者开发一个新的金融方案。

赖克将这些企业网络描述为高价值企业，它们是非常复杂且富有弹性的工作组织，也是非常短寿的组织。用蜘蛛网的比喻可以很好地理解这些新的企业网络，在网络中，每个节点都是工作者交流信息的地方。与早期的金字塔组织相比，这是一个很不一样的企业模型。

在新企业网络中，速度或时间是很重要的——换句话说，谁是正确识别和解决问题的第一人？做这种工作所需要的知识可以在世界上任何地方通过计算机网络或者国际旅行获得。这些企业网络在本质上一般是全球化的。

赖克将企业网络描述为不同的形态，它们是持续改变和发展的。以下是一些最通常的形态。

在阅读这些组织介绍的时候，思考这些信息对你职业规划的影响，以及在面试中你可能问的问题。

1. 独立的利润中心。这个网络排除了中层管理者，将产品开发和销售的权力下放给了工程师和营销人员（问题识别者和解决者）。比如，赖克指出20世纪90年代强生公司（Johnson & Johnson）由166家独立、自治的公司组成。另外，你可能会注意到你的教材正在越来越多地由一个大出版商名下的小的、半自治的出版公司出版。每个小公司都有责任寻找和出版自己的书。

2. 派生型合伙关系。在这个网络中，总部的战略经纪人从问题解决者和识别者群体那里寻求好的想法，该群体之后会脱离总部，成为新的企业组织。赖克指出，事实上以“日立”命名的公司有60多家，其中只有27家对外公开交易。这意味着几乎一半的公司规模很小，且只是暂时归属于总部。

3. 纳入型合伙关系。在这个网络中，好的想法来自组织机构之外的独立问题解决者和识别者。赖克指出，这种网络在软件工业方面很常见，在软件工业领域几百家小公司常常被一个类似微软或IBM的大公司所培养。小公司的所有者稳定地为大公司提供新产品和新主意，自己赚了相当多的钱。

4. 特许经营式。在这个网络中，总部的代理人与独立的公司签订合同，使用一个品牌来销售特定的服务或产品。这方面一个好的例子就是特许协定，所有权和控制权都在持证人手中。现在很多美国的经济活动都是以这种网络为基础的，比如星巴克。

5. 纯粹经纪式。这是一种最分散的网络，战略经纪人为了解决问题，也为了生产，与独立的企业经营者签订合同。一家计算机公司与某家公司签订合同来生产计算机，而与另一家公司签合同来销售计算机，还与另外一家公司签合同在网络上做广告。这个新公司在刚启动的几周内就可以卖出价值几百万美元的计算机，而该公司包括工程师、技术人员和会计总计只有不到40位员工。这种外包方式变得越来越普遍。赖克指出，在20世纪90年代初期，通用汽车公司有一半的工程和设计业务是从800家不同的公司采购的。

赖克提醒我们，这些新的网络式企业组织和关系正在塑造着新的全球经济。它们可能有很复杂的结构，有多个利润中心、被许可人、供应商、经销商以及子公司。赖克指出，即使是IBM这家早期很排外的美国公司，也跟几十家其他的公司和超过80家外国公司合作共同进行问题解决、问题识别和战略代理，它为170多个国家提供服务，共有319 000名员工。想想看，IBM依然是美国公司吗？很多公司已经与其他组织建立了上百个联盟来创造可以产生市场价值的企业网络。

由全球网络创造的产品可以说是典型的很多不同国家共同合作的结晶。弗里德曼（Friedman，2005）举了一个Rolls-Royce公司的例子。大部分人对它的印象是：英国公司，豪华的、手工制造的汽车，以及身着制服的司机。但实际上，Rolls-Royce从1972年就已不再生产汽车，Rolls-Royce品牌的汽车在1998年就被宝马品牌特许经营了。如今Rolls-Royce公司是一个为飞机、轮船和其他产品提供动力系统的技术公司。Rolls-Royce的客户遍及120个国家，有35 000名员工，其中40%都不在英国本土，他们代表了50个国家50种语言。Rolls-Royce公司72%的工作都外包给全球供应商或者在境外生产。弗里德曼指出，在这个公司里，一个新的管理者打理的团队成员将有1/3在印度、1/3在中国、1/6在帕洛阿尔托（美国加利福尼亚州）、1/6在波士顿。这样的工作将需要一些特别的能力。

总之，全球化网络，不管总部是在美国、西欧还是在日本，都有许多共同之处。比如说，全球化企业网络没有与任何特定的国家有清晰的连接。事实上，很多全球化的企业网络比世界上大多数国家还要大。此外，这样的网络包括了“一种由技术人员组成的国际伙伴关系，这些技术人员的聪明才智相互结合，这些技术人员还与全球的非技术人员签订合同以保证标准化和批量生产”（Reich，1992，p.132）。这样，跨国公司变得越来越全球化，它的利益逐渐被全球的问题解决者、问题识别者和经纪人共享。

7.1.3　弗里德曼的“世界是平的”观点

托马斯·弗里德曼（Thomas Friedman，2005）写过几本关于在技术革新和全球化经济的影响下工作将会如何变化的书。他将全球化划分为三个历史阶段。第一个阶段从1492年哥伦布发现新大陆开始，一直到1800年商船环游各大洲寻求商贸结束。第二个阶段是1800—2000年，其标志是跨国公司对轮船、火车等各种新的运输方式和人造卫星、计算机、电话等新的通信方式的使用。但是弗里德曼认为第三个阶段与前两个阶段有着显著的不同，因为它的标志是个体可以运用新的软件在全球范围内进行合作和竞争。与前两个阶段不同，这个阶段不是由欧洲或美国的个人或公司引发的，而是由包括中国、印度、韩国、土耳其、日本、一些南美国家等全球各地的人引发的。弗里德曼相信，这波最近的全球化浪潮使世界变小而且变平——现在，拥有技术和知识的个体可以直接参与到全球化经济中。

全球化、网络化，使得教育和工作上的各种合作成为可能，并且可以超越距离的限制而即时实现。因此，这也带来了商业领导和组织行为的新形式——工作的新方式。弗里德曼指出，现在西欧和北美以外的 30 亿人已经有能力在新的全球化经济中合作和竞争。他认为这些变化带来的发现和革新是史无前例的。例如，他提到在中国使用手机的人口已经超过了美国的总人口；韩国人的网络运用远超过美国人。

这些对美国大学生和他们的生涯规划的意义在哪里？有很多值得借鉴，如国际经验、对种族文化的理解、信息技术技能、持续的培训，但底线是要学习那些不能外包的工作所需要的技能。安娜·卡梅涅茨（Anna Kamenetz，2012）在 *Fast Company* 杂志上，以一位最近刚刚完成历史和国际关系双学位的大学生作为例子，介绍了“四年生涯”。在六年里，他习得了一系列技能，包括企业关系、写作、项目管理，以及在北美的一家互动多媒体艺术的实验室里做学徒。我们将在本章进一步讨论这个话题。

7.1.4　里夫金的工作终结观点

这个领域中另一个重要的作者是杰里米·里夫金，他是美国经济学家，已经写了十几本书来讨论影响世界经济的宏观力量。他最重要的著作是写于 1995 年的《工作的终结：全球劳动力的衰退和后市场时代的黎明》（*The End of Work*：*The Decline of the Global Force and the Dawn of the Post-Market Era*）。里夫金的基本观点是：全球化经济正在经历着根本的改变，这些改变将导致每周 40 小时的传统工作方式逐渐衰落。这可能是因为计算机、机器人、电信和其他技术将在每个工作领域中取代人类。里夫金认为，虚拟公司和工厂将取代工作者，而这意味着每个国家都需要重新思考对工作的看法。这些都是很有影响力的看法，显然会对个体职业生涯规划产生巨大影响。

按照里夫金的看法，“第三次工业革命”已经通过全球技术的快速升级而到来。人们越来越多地使用微芯片是这次变革的开始。（顺便说一句，第一次工业革命是因为蒸汽机的发明，第二次涉及石油的使用。）里夫金引用了很多报道来说明，在经济的每一个领域（农业、制造业、服务业）以及在每一个国家，机器正在越来越多地代替雇员在工作。新闻报道每天都有这方面的信息：公司裁员、业务重组和工作场所的重新规划。

里夫金为自己发现的问题提供了一些解决方法。第一，里夫金指出，在这个后市场时代，我们必须减少工作时间，也许一周工作 30 小时。这一目标美国在 20 世纪 30 年代末期已经完成了，而在一些欧洲国家现在也已经完成了。这一改变即刻的好处就是为更多工作者创造了工作机会。第二，里夫金预见到一个更强大的第三部门的发展，这个第三部门将致力于他所说的“社会经济”。第三部门也被认为是独立部门、非营利部门或者志愿部门，它将在公共部门（政府）和市场部门（商业）之间起平衡作用。

第三部门或者说社会经济，包括所有救助穷人、保护环境、教人阅读、经营青少年篮球计划、照顾老人、管理博物馆、倡导女性公民权利和建造教堂的志愿者组织和社区组织。劳工统计局报告大约 6 430 万人在 2011 年志愿参与宗教组织，教育和青少年服务机构，或社会和社区服务机构（http：// www. bls. gov/news. release/pdf/volun. pdf）。为了管理这些志愿者，里夫金指出“越来越多的人服务于第三部门，而不是组织机构、电子行业、交通运输业或者纺织和服装行业”（p. 241），它以两倍于政府和私人部门的速度增长。

阿尔佩罗维茨（Alperovitz，2011）提出了一点变化，他认为“新经济运动”是环保和承担社会责任的组织。这些“社会企业”以环境、社会或社区服务为目标；这样的组织不包括估值 160 万美元且有时进行商业活动的非营利机构，如 Goodwill（美国二手商店）。“美国可持续商业委员会是一个发展的联盟，联合了 15 万种商业职位和 30 个商业组织，逐渐成为主导这类活动的集合点。大部分成员是‘三重底线’[①] 企业，以及致力于改善环境和创造社会价值的社会企业”（Alperovitz，2011，p. 21）。

最后，第三部门中的一种新组织类型适合社会企业。这个新兴且发展迅速的领域的各方面都变化，且缺乏对其应当如何发展的一致性的准确理解。但是，梅尔和马蒂（Mair & Marti，2005）在《世界商业杂志》（*Journal of World Business*）上发表文章，将其描述为“包括创新运用和整合资源以追寻能够促进社会改变或确认社会需求的机会的过程”（p. 37）。换句话说，发现一个社会问题（如贫困社区的饮用水水质差）后，一个人或一组人根据企业规则来创造和管理解决该问题的流程。一个传统企业可能根据利润来评估绩效，但是一个社会企业也关注所创造的对社会和环境的贡献。

孟加拉国的格莱珉银行（Grameen Bank）是一个社会企业的例子。它是社区发展银行，为贫穷百姓提供无抵押小额贷款（微贷）。该系统的建立是认为穷人拥有未开发的技能，且这些技能能够转换为盈利事业，如手工、蔬菜种植。大部分贷款是提供给女性的。贷款者在严格的监管下开展她们的工作，为最终还款和建立良好的信誉。格莱珉银行成立于 1976 年，当时，范德堡大学（Vanderbilt University）富布莱特学者、吉大港大学（University of Chittagong）教授穆罕默德·尤努斯（Muhanmad Ynnus）正在研究设计一个信贷系统给农村穷人提供银行服务的可能性。这个组织和它的创始人联合获得了 2006 年的诺贝尔和平奖。该领域的许多工作都是在全球背景下展开的，而且看看这些类型的组织未来会给全球经济带来什么是非常有意思的。

7.1.5　境外生产和外包

在讨论工作和生产的全球化变化究竟如何影响到美国的工作时，如果不提境

---

① 三重底线指社会责任、经济责任和环境责任。——译者注

外生产和外包，这个讨论就不完整。弗里德曼指出了这两个词的区别，他认为，境外生产就是将整个工厂搬到另外一个地方，生产出来的产品是完全一样的，但是成本减少了。外包是指将某些特定的组织功能，如研发、客户服务、会计、人力资源等交给其他的机构做，让它们回馈结果。

大型跨国企业全球化的运行方式推动了全球经济的发展。美国最大的企业，如通用电气（General Electric，GE）、埃克森美孚（Exxon Mobil）、雪佛龙（Chevron）、福特（Ford）、康菲石油（ConocoPhillips）、宝洁（Procter & Gamble）、沃尔玛（Wal-Mart）、IBM 和辉瑞（Pfizer）（Sachs，2011），通常有超过一半的全球员工在美国之外。例如，赛奇（Sachs，2011）提到，通用电气公司 2010 年时在美国有 133 000 名员工，在超过 60 个其他国家有 154 000 名员工。

7.2 美国劳动力的变化

当全球经济变化的时候，美国的工作领域会受到什么影响？在这一部分，我们将了解哪些职业会发展，哪些职业会衰落。我们将考察一般劳动力市场的发展趋势对个体生涯规划的意义，也会聚焦于收入差距。这部分的目标是帮助你发展关于劳动力市场怎样运作的“心理地图”（Wegmann，Chapman，& Johnston，1989）。这将帮助你改善你的战略性生涯思考。

7.2.1 到 2020 年美国劳动力市场的发展趋势

鉴于上述经济全球化趋势和工作特点的变化，美国的工作状况将会发生怎样的变化？职业增长和衰落的趋势是什么？工作在哪里？哪些行业将会发展？什么是大学毕业生的劳动力市场？

为了回答这些问题，我们注意到大规模劳动力市场趋势受到了人口统计学或人口特征的重要影响。“婴儿潮”这一代人的老龄化，是工作中人口特征产生影响的一个重要例子。

新职位如何发展

美国劳工统计局为了判断一个新职位是否应该被加入 749 个精细化职位的列表，进行了大量调查。一个新职位包括之前责任未被确认的（如生物医学影像学），被小部分人认可且不断增长的（如现在有自己的专业协会或贸易集团），或从旧有任务演化和发生重大改变而产生的（如数据库管理员到现在的数据库安全工程师）。这些新的职业由于技术的进步、新的法律或规定或者人口学的改变而产生。琼斯（Jones，2008）注意到新兴的职业越来越多地表现为多学科、专业化和国际化，这是本章的基本主题。

谁工作?

我们回顾了《劳动评论月刊》(*Monthly Labor Review*) 上发表的文章 (Toossi，2012)，《图表与预测：2010—2012》(*Charting the Projections*：*2010－2012*)，提供了美国劳动力信息。图希 (Toossi，2012) 指出，在 2020 年有 1.644 亿人在工作或寻找工作。(一些观点认为，预计 2020 年美国 20～64 岁的人口将达 1.959 亿。)

2000 年，劳动力 (指那些年龄在 16 岁以上，不在部队或监狱，正在工作或寻找工作的人) 占美国总人口的 67%，到 2020 年，这个比例将减至 62.5%。劳动力总体年龄将会持续增大，55 岁以上群体将从 2010 年的 19.5%增至 2020 年的 25.2%。(你的父母和祖父母可能还在工作。) 图希 (Toossi，2012) 认为，到 2020 年，将有 57%的女性和 68%的男性参加工作。

职业增长的两种视角

图 7—1 阐述了以两种视角看待工作的发展：数量的变化和百分比变化。数量变化是指 10 年来增加或减少的工作的实际数量。百分比的变化是 10 年来工作增加或减少的百分比。

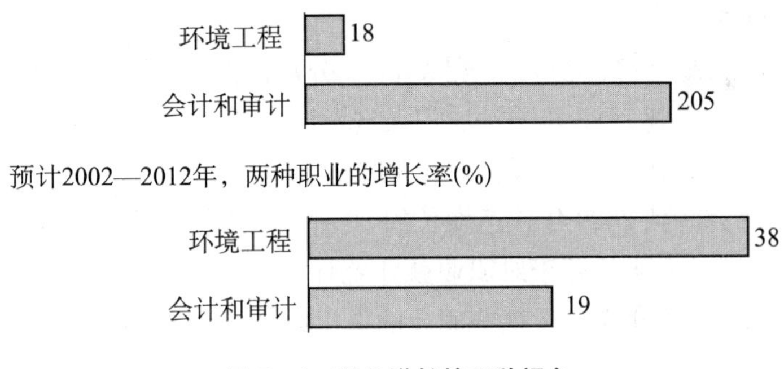

图 7—1　职业增长的两种视角

资料来源：U. S. Dept. of Labor.

图 7—1 显示了会计和审计职业与环境工程职业的预期增长情况比较。从数量变化上看，2002—2012 年，会计和审计行业提供的工作职位将是环境工程行业提供的 11 倍多。增长率的变化就不同了，如图 7—1 所示，环境工程师的需求增长率将是会计师和审计师需求增长率的两倍。

一般来说，快速增长的职业不会产生大量的工作机会。这对那些想在生涯规划中使用劳动力市场预测信息的人很有启示。他们应该多关注那些增长快的职业还是应该多关注有很多工作机会的职业？你会怎样考虑这些问题？

就业趋势

在继续下面的讨论之前，我们应该反思一下劳工统计局对劳动力市场预测的准确性。一般来说，研究劳动力市场和规划的经济学家在预测上是很准确的，但也会稍微低估发展趋势。总体上，劳工统计局的职业预测是很准确的。但是，图希（Toossi，2012）认为，如果更多的年轻人进入劳动力市场，老员工决定继续工作，女性更多地外出工作，移民率改变，这些到 2020 年的预测都可能发生改变。

更进一步说，这些预测本身就能影响预测的结果。比如，如果预测到工程师缺乏，就会导致工程项目注册人数的增加，然后，未来工程师缺乏的现象就会有所缓解。另外，经济萧条通过不同的方式影响着职业——比如，职业咨询员有更多的工作要做，而另一些工作者要做的工作则会更少。下列因素也会影响经济预测：

- 自然灾害（如地震、飓风）。
- 世界政治事件（如战争、贸易协定、恐怖主义）。
- 政府支出的改变（如国家安全）。
- 新的福利或学生助学项目。
- 技术发明和突破（如云计算）。
- 新的法律（如平衡联邦预算）。

一般来说，当你看到本章有关劳动力市场预测的介绍时，最好记住上面所提到的。

表 7—1、表 7—2 和表 7—3 分别提供了下列劳动力市场预测：

1. 到 2020 年预计雇用人员增加最多的 20 种职业。
2. 到 2020 年预计增长最快的 20 种职业。
3. 到 2020 年快速增长的 20 种需要本科学位的职业。

这些数据基于对职业就业统计（参见第 3 章对职业就业统计的介绍）的分析。我们也考察了这些职业的霍兰德码（见第 2 章）。

雇用人员最多的职业

表 7—1 显示了到 2020 年 20 个预期工作空缺最多的职业（Lockard & Wolf，2012）。我们可以称之为“大增长”（big growth）职业。到 2020 年，注册护士、零售销售人员、家庭健康助理和个人保健助理这四个职业会各自带来超过 100 万个职业岗位。作为一个大学生，第一个可能吸引你注意的事实是在列出的 20 个职业中，只有 2 个需要大学学位：大专教师和小学教师。注册护士一般需要大专学历，其他的 17 种职业需要大专学历或中短期的在职培训。超过一半的职业只需要高中及以下的学历。然而，你应该记住的是所有这些工作者的管理和督导都需要高级培训，需要大学学历的职业增长更快。

表 7—1　　2010—2020 年预计雇用人员增加最多的 20 种职业

标准职业码（SOC）和职业名称	2020 年雇用人员（千人）	增长率（%）	霍兰德码
29－1111 注册护士	3 450	26	SIE
41－2031 零售销售人员	4 968	17	ESR
43－4051 客户服务代表	2 526	16	ESC
35－3021 食品（包括快餐）准备和提供人员	3 080	15	REC
43－9061 办公室一般文员	3 440	17	CRS
39－9021 个人和家庭保健助理	1 468	71	SRE
31－1011 家庭健康助理	1 724	69	SRC
25－1000 大学教师	2 062	17	IRS
37－2011 清洁工（女佣和家务清洁除外）	2 557	11	RES
31－1012 护工、护理人员	1 807	20	SER
43－3031 簿记、会计文员、审计员	2 157	14	CSR
53－7062 工人、材料运输	2 087	15	REC
39－9011 儿童看护工作者	1 544	20	ESA
41－2011 收银员	3 613	7	CES
41－4012 销售代表	1 653	16	ESR
47－2061 建筑工人	1 211	21	RES
37－3011 环境清洁工	1 392	21	RIS
25－2021 除特殊教育外的小学教师	1 725	17	SAE
43－4171 接待员和问讯处职员	1 297	24	CSE
53－3032 货车司机、拖车司机	1 935	21	RCS

注：(1) 这 20 种职业占 2010—2020 年的新职业的 36%。

(2) 霍兰德码顺序：S=34，R=30，E=28，C=18，I=7，A=3，或 SRECIA；2016 年的霍兰德码顺序为 SERCIA。

资料来源：*Monthly Labor Review*，January 2012，p. 101.

洛卡德和沃尔夫（Lockard & Wolf，2012）指出，到 2020 年，这些职业里只有 4 种挣钱最多的新职业（注册护士、大学教师、销售代表和小学教师）的报酬在 46 000 美元以上；另外 11 种职业的报酬等于或低于 30 000 美元。这种状况同这里面的很多职业只需中学学历就可以胜任是一致的。他们也指出，这 4 种职业涉及健康服务的需求。

最后，空缺最多的职业（即“大增长”的职业）不是新的、特殊的职业，而是人们熟悉的和普通的职业。表 7—1 中所列 2020 年的职业中，只有 4 种新职业是来自 4 年前对 2016 年的预测。对于那些需要进行生涯规划的人来说，这一事实可以让他们很安心。事情改变得越多，它们就越保持不变。

表 7—1 也显示了霍兰德对这 20 种职业的总结码是 SRECIA。考虑到对建筑行业预期的回升，现实型在最近的预测中变得更加突出并不让人感到惊讶。但是，该列表中只有 4 种新职业是由 2016 年所预测的，这说明“大增长”职业的改变是有限的。我们参考《霍兰德职业编码字典》（Gottfredson & Holland，1996）和《职业探索（修订版）》（*Occupations Finder—Revised Edition*）（Holland & PAR staff，2010）来为每种列出的职业寻找三个字母的霍兰德码（你可能要回

顾一下第 2 章有关霍兰德理论的信息）。然后我们为这些编码计算分数，每个处于第一位的 RIASEC 字母得 3 分，处于第二位的字母得 2 分，处于第三位的得 1 分。

增长最快的职业

表 7—2 呈现了 20 种在美国增长最快的职业（Lockard & Wolf，2012；Sommers，2011 - 2012）。这个列表是以职业增长的百分比为基础的。我们刚刚看了属于"大增长"的职业数据，但这里的焦点是"快速增长"。20 种快速增长的职业里有 6 种与建筑有关，但是由于 2007—2009 年的衰退，其水平仍低于 2006 年。2 种最快速增长的职业是个人保健助理和家庭健康助理，均受到人口学变化和老年照护需求增长的影响（我们会在第 10 章进一步探讨）。

表 7—2　　2010—2020 年预计增长最快的 20 种职业

标准职业码（SOC）和职业名称	2020 年雇用人员（千人）	增长率（%）	霍兰德码
17 - 2031 生物医学工程师	25	62	IRE
39 - 9021 个人保健助理	1 468	71	SCE
31 - 1011 家庭健康助理	1 724	69	SER
47 - 3011 帮工——泥水匠，瓷砖铺设工等	47	60	REI
29 - 2056 兽医技术员/技师	122	52	SIE
47 - 3012 帮工——木匠	72	56	RCE
47 - 2121 加固铁和钢筋的工人	28	49	RES
47 - 3105 帮工——铺管工、管道工等	84	45	RES
13 - 1121 会议、活动策划	103	44	ESC
29 - 2032 诊断医学超声波检测师	77	44	ISA
31 - 2011 职业咨询助理	41	43	SCE
31 - 2022 理疗师助理	67	43	ESC
47 - 2121 装玻璃工人	60	42	RSE
27 - 3091 翻译	83	42	ESA
31 - 2021 助理理疗师	98	46	SCR
43 - 6013 医疗秘书	714	41	CES
13 - 1161 市场调查分析师和专员	399	41	ISC
21 - 1013 婚姻与家庭治疗师	51	41	SAI
47 - 2021 砌砖工人和石匠	125	41	RSE
29 - 1123 理疗师	276	39	SIE

注：(1) 6 种增长迅速的职业与建筑有关，但是增速比 2006 年低。

(2) 霍兰德码顺序：S=38，E=27，R=22，I=15，C=14，A=4，或 SERICA；E 从 2002 年的预测码的第五位上升到第二位。

资料来源：*Monthly Labor Review*，January 2012，p. 100.

作为对比，洛卡德和沃尔夫（Lockard & Wolf，2012）调查了对 2020 年"大增长"和快速增长职业的年收入的预测。不同于先前描述的 20 种"大增长"职业中有 11 种年收入在 30 000 美元以下，20 种快速增长职业中，7 种职业的年收入低于 30 000 美元。

在分析这些劳工统计局的报告时，我们注意到，只有家庭健康助理、个人保健助理两种职业同时出现在就业人员最多的“大增长”职业名单和快速增长的职业名单上。对劳动力市场人口学预测重要性的早期观察是有价值且需要强调的，具体来说，“婴儿潮”的这一代人衰老而带来健康护理需求的增长。

表7—2也列出了20种快速增长职业的霍兰德码，总结码是SERICA。从S和E主导霍兰德码说明，未来发展最快速的职业会雇用具备社会型和企业型技能和兴趣的人——那些与“人”工作的人。

迪克西·萨默斯（Dixie Sommers，2011－2012）是劳工统计局职业统计与就业预测部门助理处长，她找出了20种需要本科学历的职业被预测有更多的职位空缺。她的结论呈现在表7—3中。这些职业中许多都需要该领域的工作经验或在职培训（如5年以上的财务经理人）。这些预测的职业空缺中许多是大规模教育职业，以满足即将退休的教师和增长的学生入学的需求。

表7—3　2010—2020年快速增长的20种需要本科学位的职业

职业	职位（千个）	平均年收入（2010年5月）（美元）
小学教师	249	51 660
会计师和审计师	191	61 690
管理分析师	157	78 160
软件开发人员，应用	144	87 790
软件开发人员，系统软件	127	94 180
计算机系统分析师	120	77 740
市场调查分析师和专员	117	60 570
高中教师	108	51 960
网路和计算机系统管理员	97	69 160
初中教师	72	53 230
医疗和健康服务管理员	68	84 270
造价估算师	68	57 860
个人财务顾问	66	64 750
情报安全分析员	66	64 750
销售代表	66	73 710
娱乐业从业者	64	22 260
训练和培训专员	62	54 160
公共关系专员	58	52 090
儿童、家庭、学校社工	58	40 210
计算机和信息系统经理	56	115 780

资料来源：*Occupational Outlook Quarterly*，Winter 2011－2012，p. 17.

地理和职业

由于人口密度、自然资源分布或到某一地区的工作距离，一些职业更可能集中在特定区域（Waston，2010）。例如，2009年89%的政治学者只在几个地区工作，2/3在华盛顿特区。职业总是广泛分布在服务区域（如办公室文员、零售销售人员、教师）。就业最高的地区也是职业数量最多的，如超过100万人口的大都会地区，占就业人口的 42%。*Kiplinger*（www.kiplinger.com）这类期刊定期公布的最佳居住地的文章都关注就业。最近的一篇文章强调“对年轻人来说的好城市”，对这些城市评判的标准包括本科生高起薪的就业机会。

行业的增长

到目前为止，我们已经考察了 2020 年的职业增长情况，但行业又是怎样的情况呢？在个人生涯规划方面，规划你的未来就业，聚焦于行业发展比聚焦于职业更加有用。许多不同职业的员工都是在同一行业。例如，医院行业包括电工、公共关系专员、门卫及医生、护士。行业在大小和范围上都有很大的不同。在本章的后面，我们将更深入地考察服务行业，在第 9 章我们将讨论服务行业的就业机会。

美国经济有两个基础的行业分类，产品生产业（包括建筑业、生产业和矿业）和服务生产业。萨默斯（Sommers，2011－2012）发现在 2010—2020 年之间被预测能够产生最大就业增长的这 20 个行业中，建筑业是唯一一个产品生产业，其他 19 个都是服务生产业。她提出 2020 年的行业就业增长会集中在服务领域，包括专业和商业服务（见表 7—4）。就就业而言，这些服务行业中有 5 个与健康护理相关，包括健康从业机构、医院、家庭健康护理服务、疗养院和门诊服务（如门诊病人和化验）。

表 7—4　　2010—2020 年就业增长最大的 20 个行业

行业	预期增长职业数（千种）
建筑业	1 893
零售贸易	1 767
健康从业机构	1 391
医院	878
家庭健康护理服务	872
食品服务和饮料店	859
个人和家庭服务	851
疗养院	822
批发贸易	743
本地教育服务	740
计算机系统设计和相关服务	671
就业服务	631
管理、科学和技术咨询服务	575
高中、大学和专科学校	477
门诊、化验和其他流动护理服务	394
建筑、工程和相关领域	358
楼房和居住服务	302
卡车运输	300
州教育机构	284
儿童看护服务	249

资料来源：*Occupational Outlook Quarterly*，Winter 2011－2012，p. 38.

亨德森（Henderson，2012）认为，到 2020 年，71%的美国经济将会是服务生产业，23%的是产品生产业（其他 6%是农业、个体和其他行业）。他进一步提出，建筑行业在 2020 年会比其他产品生产业有更大的回升，但是并不会回到衰退之前的水平。但是，专业和商业服务在 2010—2020 年会提供第二大数量的工作机会。该行业的公司会帮助组织应对全球化、技术改变和其他挑战。管理、科学和技术咨询的服务机构会引导这项工作。

霍兰德码与工作

在第 3 章中，我们提到了霍兰德的 RIASEC 理论，它提供了一个划分职业的方法。图 7—2 呈现了 1960—2000 年这 40 年间的经济状况（Reardon，Bullock，& Meyer，2007）。仔细分析这个图可以发现，现实型工作一直都提供了最多的职位，但是它所占的比例在逐年下降。这可以从美国制造业的衰退中找到原因。值得注意的是，一直以来，很少人在艺术领域工作，且这种情况很稳定，研究领域也是同样。企业型领域稍有上升。

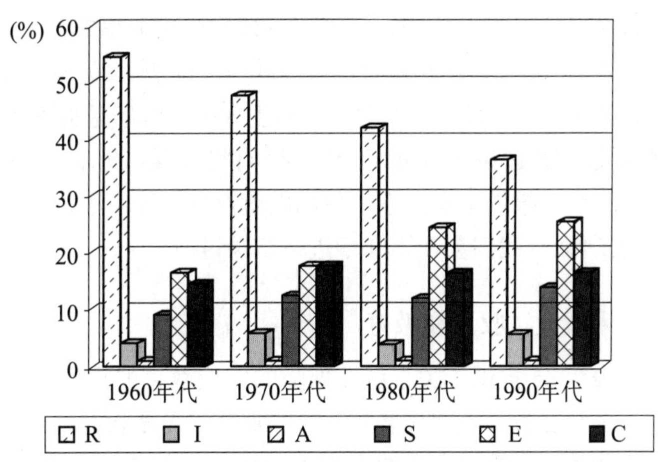

图 7—2　六种类型的工作的就业（1960—1990 年）

紧接这个主题，图 7—3 呈现了 1990 年的 RIASEC 六种职业类型的年收入差异（我们相信这六种职业类型的收入分配在现在看来仍有代表性）。记住，研究型的工作比另外五种类型的工作需要更多的教育和培训，所以这个图的数据也可以支持“教育值钱”论。

大学劳动力市场

大学生就业受到一般经济状况的影响，因此就业率从 1994 年的 86%降至 2009 年的 80.2%的水平并不让人感到惊讶（Koc，2010）。但是其他因素也导致了这种下降。女大学生的劳动力参与率从 1998 年开始降低，但男性是稳定的。与此同时，女大学生的数量却增长了 51%。

密歇根州立大学大学生就业调查所对 2011 年大学生的劳动力市场做出了谨慎且积极的报告。他们认为 2010—2011 年员工未就业的减少反映了 2007—2008

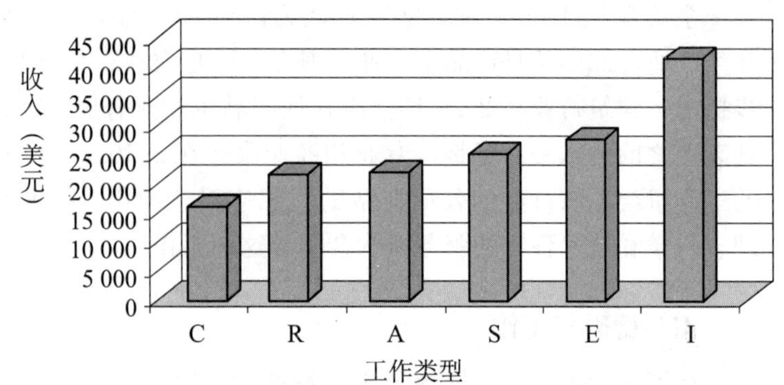

图7—3 年收入与六种类型的工作（1990年）

年经济衰退前的雇佣水平。大学生劳动力市场在2011年会持续扩大本科生就业机会，但是比2010年会有减弱（Recruiting Trends 2010－2011）。

新毕业的大学生也会受到有本科学历且工作时间较长的老员工的压榨，因为老员工想留任自己的岗位。令人惊讶的是，2009年11月，65岁和更老的本科学历持有者的失业率是5%，而20～24岁的失业率却是7.5%。

考克（Koc，2010）报告，2009年11月，女大学生的未就业率为6.2%，男性是9.3%。似乎女大学生开始主导一些曾经是男性主导的工作（这引发了一系列关于家庭和工作的问题，我们将在第10章进一步探讨）。考克（Koc，2011）后续报告了女大学生更高的就业率可能由于她们比男性更愿意接受兼职和临时工作。（我们会在第9章进一步探讨。）

未就业、收入和教育

表7—5提供了关于就业保障的完成教育的程度和收入之间关系的数据。未就业率与受教育程度显著相关——那些受更多教育的人较少失业。每周收入也与教育相关——受教育高的人收入也更高。但值得注意的是，每周平均工资显示50%的大学生高于1 025美元，另外50%的大学生每周薪酬低于这个值。

表7—5　失业率和与受教育程度相关的收入

2009年失业率（%）	受教育程度	2009年周平均工资（美元）
2.5	博士学历	1 532
2.3	专业学历	1 529
3.9	硕士学历	1 257
5.2	本科学历	1 025
6.8	大学两年肄业	761
8.6	大专	699
9.7	高中毕业	626
14.6	高中以下学历	454
平均比率，所有工人7.9%		平均收入，所有工人774

资料来源：*Occupational Outlook Quarterly*，Summer 2010.

最后，我们应该注意到由于大学生大量增加，许多职业中出现了教育升级的现象。换句话说，许多职业对教育水平有了更高的要求。这个变化在卫生和保健预防服务领域以及那些受青睐的、待遇好的职业，如飞行员和飞行服务人员等表现得尤为明显。用人单位越来越喜欢大学毕业生，因为工作在全球化经济中变得更加复杂，大学生工作更有动力，并且解决问题的技能更好，学习任务完成得更快，且具备良好的沟通能力（Dohm & Wyatt，2002）。

7.3 服务行业

服务的确切含义是什么？只是卫生保健或社会工作吗？全面理解服务行业非常重要，因为这是美国经济发展和我们就业的领域。有预测表明，到 2016 年，服务行业在全部工作中的比例将从 76%上升到 79%（Figueroa & Woods，2007）。

亨考夫（Henkoff，1994）指出，服务行业有一个形象问题。有时候，它被看成是不太重要且不如制造业有价值。你可以触摸制造业的产品，但服务的结果（比如坐飞机或打电话）只能去体验。服务使人首先想到乔治·里特泽（George Ritzer，1995）所谓的“单调乏味的工作”（McJobs），包括低收入的做汉堡包的人和地板清洁工，他们在高控制和严格的程序下工作。然而，服务行业也包括高收入的脑外科医生、辩护律师、演员和会计。

安东尼·卡奈韦尔和斯蒂芬·罗斯（Anthony Carnevale & Stephen Rose，1998）提供了另外一种方法来思考服务行业，他们称之为“办公室经济”。那些害怕“整天陷入办公室工作”的大学生可能会对这个观点有所警觉。他们发现，办公室工作雇用了 41%的工作者，支付最高的工资，发展最快，容纳了一半以上的大学毕业生，拿走了 50%的收入。办公室工作包括会计、管理者、销售代表和经纪人，他们占据了 44%的办公室工作。

卡奈韦尔和罗斯认为，办公室已经变成美国经济的新模式。办公室工作容纳了将近 50%的大学毕业生，拿到了所有收入的 50%，并且大多数是最近 20 年发展起来的。它为女性和美国黑人带来的好处更多。

我们以下概要介绍三个在服务业经营成功的公司。

7.3.1 汤姆鞋业公司

汤姆鞋业公司（TOMS Shoes）是一家社会企业，每卖出一双鞋就赠送一双鞋（Schectman，2012）。企业创始人布雷克·麦考斯基（Blake Mycoskie）注意到阿根廷乡村的孩子没有合适的鞋子。志愿者最初是捐赠鞋子，但孩子们并不是总能得到合适的鞋子。于是，麦考斯基建立了一个稳定的收入来源以确保捐赠的每一双鞋都有一次购买为保障。“因为我们包括捐赠，客户帮助我们宣传，这引起了媒体的关注，零售人员也在帮我们做市场”（p. 50）。更多关于汤姆鞋业公司的一对一承诺可以关注：www. toms. com/one-for-one。

7.3.2 江森自控公司

江森自控公司（Johnson Controls）认为自己是建筑和自动化行业中一个全球多元化的企业。你家里或者公寓里可能已经安装了自动调温器或能源系统。然而，这个公司已经将目光转移到其他的建筑管理方面。工程师在设计完建筑供热/冷却系统后，离开办公桌，进入建筑物，以确保建筑物的居住者——他们的顾客——一直都感到舒适。然而该公司不仅提供供热和冷却系统，其产品还包括办公建筑中的照明、安全和清洁设备，以及提供舒适的“自动化体验”。亨考夫描述了工程师蒂娜（Tina）的工作，她是一个4人团队的领导者，这个团队有一半的时间花在帮助学校有效利用能源上。公司意识到，这一市场仅在美国就有几十亿美元的产值（回顾表7—1，看看清洁工工作的增长）。服务意味着做一些顾客不能做或者不想自己做的事。这解释了这类企业成功的基础。

7.3.3 帕纳拉面包店

我们对帕纳拉面包店（Panera Bread）很熟悉，大部分都在那里用过餐。我们可能不知道的是帕纳拉是一个市值26亿美元的连锁店（Rockwood，2009），每五天开一家新的面包房，到2012年在40个州有超过1 500家店面（http：//www. panerabread. com/）。除了出售最优选材的新鲜面包，公司还提供一种朴实的氛围，向客户提供无时间限制的参观——的确，鼓励客户在那里消遣娱乐。结果，面包店变成了一个社区聚集点。公司执行总裁提到“……我们把空间租给顾客，准入的费用就是食物”（Rockwood，2009，p. 70）。

服务行业工作的例子很多；我们希望上述三个例子可以阐明这个领域所包括的工作范围。有关服务行业包括销售理念在内的新的思考方式可以为个体生涯规划引入新的图式。

7.4 州的劳动力市场信息

在战略性生涯规划中，地理位置在分析劳动力市场信息时有时可能产生很重要的差异。不同州的经济状况在本章所讨论的很多方面差异很大（如“大增长”的职业、快速增长的职业和“大增长”的行业）。

我们这里的目的不是推测州及国家在劳动力市场的预测、霍兰德职业类型以及与高就业工作相关的教育培训等经济方面的异同。但是，这些数据确实指出了批判性思考美国不同的地理位置所能获得的工作种类的价值，以及你能怎样使用如RIASEC类型的理论来指导你的战略性生涯思考。

我们应该注意到，劳动力市场报告经常是为了地区、国家和城市而制作的。这些资料可以通过当地就业服务办公室或州劳动部门获得。比如，在佛罗里达州，人事调动机构（Agency for Workforce Innovation）就提供这方面的信息（http：//www. floridajobs. org/）。其他很多州也有类似的服务，你可以在美国职业信息网（http：//www. careeronestop. org/）上搜索目录信息。

7.5　一种认知信息加工的观点

在本章，我们已经考察了正在出现的全球化经济以及美国劳动力市场发展趋势的信息。沿着这一思路，我们提出了可能让那些为自己进行战略性生涯规划的人思考的事实。现在我们根据信息加工金字塔模型和CASVE循环回顾一下我们所学过的东西。我们的目标是为了提高你的个人生涯理论的质量，以解决生涯问题和制定生涯决策。

7.5.1　自我知识

在这个正在兴起的全球化经济中，什么样的兴趣、技能和价值观是最有意义的？通过对本章信息的回顾，我们可以得到一些建议，但是读者也可以根据自己独特的生涯发展历史和目标（他们的个人生涯理论）来考虑其他的东西。一般来说，霍兰德的社会型、企业型、研究型和艺术型似乎对正在经历变化的劳动力市场来说是处于一个好位置。特别明显的是社会型、企业型的人际技能对团队和领导能力至关重要，将会受到高度重视。

全球化经济可能寻找具备语言技能、历史以及民族差异和多元文化体验的人。与技术相关的能力，如计算机、远程通信、系统分析、生物、商业和经济也将会成为全球化经济最根本的东西。

里夫金在有关社会经济发展的讨论中提出，个人价值，包括社区福利和社会服务将是非常重要的。事实上，第三部门中将有适合大学毕业生的工作。

一般来说，不断探索新的兴趣、发展新技能或寻找各种工作选择有很重要的意义。适应性、灵活性、妥协性和个人成长都将是最可能在新全球化经济中获得回报的个人特质。

7.5.2　各种选择的知识

在全球化经济中，了解新的工作组织类型的特点是很关键的。我们将在后面的两章中进一步考察这个专题。

另外，德鲁克提出了知识型工作者，赖克提出了全球化企业网络，弗里德曼提出了拥有知识技能的个体可能直接参与到全球经济中，里夫金提出了第三部门。这些观点提醒我们要不断地了解这个变化如此迅速的全球化经济。

尽管全球经济统计数据可能显示了工作发展的稳定性，然而当地经济可能会出现变化的态势。比如，更大的、充满活力的城市，如亚特兰大、波士顿、丹佛、奥兰多、休斯敦和旧金山湾等地区都将会为个体生涯发展提供丰富的选择机会。*Fast Company* 杂志每年简述什么是我们所谓的“快速城市”，那些被认为是推动当地经济，带来新的、振奋人心的就业机会的“大胆的想法”（http：//www. fast-company. com/magazine/155/fast-cities-2011. html）。

7.5.3 决策制定

我们的个体生涯规划技能在全球化经济中将会逐渐变得重要。原因之一是工作项目完成、生涯发展和变化的速率都在增加。事实上，人们在生命中的任何一点都将会积极地参与到 CASVE 循环的一个阶段或者另一个阶段。生涯决策制定事实上将是连续的，因为新的培训、工作和生活方式的选择机会都会快速出现。在本章，我们已经知道，对于大多数人来说，有一段时间失业将会越来越正常。例如，我们可以看看 CASVE 循环的执行阶段，并会意识到我们需要一直更新自己的简历，并且随时准备好进入一个求职过程。

7.5.4 执行加工

本章中呈现的很多观点都指出，职业生涯在未来会是更复杂的结构。这意味着我们每个人的个人生涯理论也需要变得更复杂。

职业生涯将不再是与一个单独的公司或机构紧密相连，个体将要对独立管理自己的生涯发展承担更多的责任。这需要我们战略性地思考我们的职业生涯，更有弹性，对时机有更好的感觉，并且持续审视环境以获得新信息。正如我们将要在第 10 章中学到的，生涯也需要考虑平衡家庭关系、组织角色、休闲追求和个人目标。

总之，未来的生涯发展将需要我们放眼世界，立足当地。我们需要留心全球化经济以及在全球化经济中发生的变化，这些变化将会影响我们未来的工作方式和我们生涯的战略性方向。同时，我们必须在本地工作，在我们的工作岗位上用心地为顾客和来访者提供服务，不断提高工作技能并在 CASVE 循环的某个阶段积极投入以解决生涯问题和制定生涯决策。

小 结

在本章中，我们已经介绍了一些在全球化经济发展中出现的重要的生涯议题，并考察了一些与理解劳动力市场以及美国，包括各州和当地社区的经济发展趋势有关的事实。最后，我们根据贯穿全书的认知信息加工模型对选择的信息进行了回顾。这些信息能够帮助你改善个人生涯理论中与职业知识有关的部分，从而帮助你发展新的元认知以解决生涯问题和制定生涯决策。

参考文献

Alperovitz, G. (2011, June 13). The new-economy movement. *Nation*, 20–23.

Carnevale, A. P., & Rose, S. J. (1998). *Education for what? The new office economy*. Princeton, NJ: ETS.

Collegiate Employment Research Institute (2010–2011). *Recruiting trends 2010–2011*. East Lansing, MI: Michigan State University (also available at http://www.ceri.msu.edu/ceri-publications/).

Dewey, C. (2011 September). *Great cities for young adults*. Retrieved from http://www.kiplinger.com/slideshow/more-great-cities-for-young-adults/1.html

Dohm, A., & Wyatt, I. (2002). College at work: Outlook and earnings for college graduates, 2000–10. *Occupational Outlook Quarterly, 46*(3), 3–15.

Doyle, L., Kurth, B., & Kerr, E. (2000). *Knowledge work: The rise of the office economy (full report)*. Brisbane: Australian National Training Authority.

Drucker, P. F. (1993). *Post-capitalist society*. New York, NY: HarperCollins Publishers.

Figueroa, E. B., & Woods, R. A. (2007, November). Industry output and employment projections to 2016. *Monthly Labor Review*, 53–85.

Fisher, A. (2005, March 21). Hot careers for the next 10 years. *Fortune*, 131.

Friedman, T. L. (2005). *The world is flat*. New York, NY: Farrar, Straus, & Giroux.

Gottfredson, G., & Holland, J. (1996). *Dictionary of Holland occupation codes* (3rd ed.). Odessa, FL: Psychological Assessment Resources.

Henderson, R. (2012, January). Industry employment and output projections to 2020. *Monthly Labor Review, 135*(1), 65–83.

Henkoff, R. (1994, June 27). Service is everybody's business. *Fortune*, 48–60.

Holland, J. L., & PAR Staff (2010). *The occupations finder—revised edition*. Odessa, FL: Psychological Assessment Resources.

Jones, S. (2008, May). Making magic: New and emerging occupations. *NACE Journal*, 37–44.

Kamenetz, A. (2012, February). The four-year career. *Fast Company*, 72–77, 97–98.

Koc, E. W. (2010, April). The evolution of the college labor market. *NACE Journal*, 16–20.

Koc, E. W. (2011, April). Gender and college recruiting. *NACE Journal*, 18–24.

Lockard, C. B., & Wolf, M. (2012, January). Occupational employment projections to 2020. *Monthly Labor Review*, 88–108.

Mair, J., & Martí, I. (2005). Social entrepreneurship research: A source of explanation, prediction, and delight. *Journal of World Business, 41*, 36–44.

Reardon, R. C., Bullock, E. E., & Meyer, K. E. (2007). A Holland perspective on the U.S. workforce from 1960-2000. *Career Development Quarterly, 55*, 262–274.

Reich, R. (1992). *The work of nations*. New York, NY: Vintage Books.

Rifkin, J. (1995). *The end of work*. New York, NY: Putnam's Sons.

Ritzer, G. (1995). McJobs. In R. Feller & G. Walz (Eds.), *Career transitions in turbulent times* (pp. 211-217). Greensboro, NC: ERIC/CASS Publications.

Rockwood, K. (2009, October). Rising dough: How Panera is thriving by selling real food—and a gathering space—in suburbia. *Fast Company*, 69–71.

Sachs, J. D. (2011). *The price of civilization: Reawakening American virtue and prosperity*. New York, NY: Random House.

Schectman, J. (2010, October 1). Good business. *Newsweek*, 50.

Sommers, D. (2011–2012, Winter). Charting the projections 2010–2020: Getting started. *Occupational Outlook Quarterly*, 2–48.

Sommers, D., & Franklin, J. C. (2012, January). Oveview of projections to 2020. *Monthly Labor Review*, 3-20.

Toossi, M. (2012, January). Labor force projections to 2020: A more slowly growing workforce. *Monthly Labor Review*, 43–64.

Watson, A. (2010, Fall). Mapping out a career: An analysis of geographic concentration of occupations. *Occupational Outlook Quarterly*, 12–22.

Wegmann, R., Chapman, R., & Johnson, M. (1989). *Work in the new economy.* Alexandria, VA: American Counseling Association.

第 8 章 组织文化与有效工作

在第 7 章，我们了解到社会经济趋势，包括全球化经济的出现和科技的发展，正在对组织机构产生影响。本章，我们将聚焦于组织机构，因为组织机构是我们大多数人花费大量时间工作的场所。组织机构的环境在生涯规划中有时会被忽视，但我们相信，更好地了解组织机构是生涯发展所必需的。像第 7 章一样，我们将同时关注多个作者对这一主题的观点。沿着这一思路，我们将对以下几个相关主题进行考察：

- 已改变的社会契约。
- 组织机构的特点。
- 组织文化。
- 组织的类型。
- 过去与现在的组织结构。
- 组织发展中的领导力。
- 生涯发展与组织发展之间的关系。

随后我们将以认知信息加工的观点对变化中的机构性质以及对你自己生涯规划的启示进行总结。

在你阅读组织文化与有效工作的相关内容时，尝试着考虑如何通过学习这些信息改进你的个人生涯理论（PCT）和战略性的生涯思考。这些信息会如何影响你感兴趣的职业以及你思考工作的方式？如何影响你面试时所提问题的类型？这些信息会促使你发展出哪些新的更复杂的生涯元认知？你工作的组织背景将是什么样的？

8.1　已改变的社会契约

组织文化的改变同个体与工作机构之间“社会契约”改变的历史有关。在旧的社会契约中，人们都知道，如果工作者对组织很忠诚并且为组织生产产品和提供服务作奉献，那么组织将会一直雇用他们，并在退休时支付退休金。忠诚的回报是经济保障。这是关于生活的契约。

但是，现在社会契约的特性已经改变了，很多组织把它们的工作者看作生产过程的一部分，就像机器、建筑物和资本。高效工作变成了企业在市场购买的一种商品，就像购买生产所需要的电、水和原材料一样。忠诚和长期的承诺不再是工作者和组织之间社会契约的一部分。威廉·莫林（William Morin）——全美最大的人力资源咨询公司的经理，几年前曾经说：“我们已经完全打破了‘爸爸妈妈综合征’。没有任何人为你的幸福负责。你必须把自己视为要运营的生意。这就是你的工作”（Henkoff，1993，p. 46）。对很多人而言这是一种对生涯和工作戏剧性的新的思考方法，本书自始至终都强调这一点。

实际上，有人提出，工作者唯一对组织的合理期待应该是不断地培训以使他们更有生产效率，并在市场中更有竞争力（Gutteridge，Leibowitz，& Shore，1993）。这种新的社会契约是建立在雇员有培训和发展机会的基础上，而雇员可能更多的是对自己的职业忠诚，而不是对组织。那么，我们怎么理解工作安全感呢？这个观念的含义已经从对工作或就业的安全感转移到对就业能力的安全感上，也就是说，工作者会努力发展那些在市场上有人愿意购买的技能和能力。正如费勒和惠查德（Feller & Whichard，2005）所指出的：“对完成组织核心使命有价值的技能和能力，越来越成为人们对工作者质量的期待的决定因素”（p. 41）。尽管这个观念还在发展变化，但在新的社会契约下，工作者们更看重的是他们的工作技能和合作者（团队同伴）。这似乎就是新的社会契约的特性。我们将在第 9、10、11、15 章讨论求职过程时回顾这些观点。

8.2　组织的特点

彼得·德鲁克、埃德加·肖恩（Edgar Schein）、苏珊·莫瑞曼（Susan Mohrman）和苏珊·科恩（Susan Cohen）描写了与生涯规划有关的组织问题。下面是他们的一些观点。

8.2.1　德鲁克的观点

彼得·德鲁克（Peter Drucker，1993）多年来一直为很多组织作咨询，以帮助它们提高效率，他发现"组织"这个概念直到近期才被社会学家所研究。他指出，一个组织不是一个"社区""社会""阶层""家庭""部落"或"党派"，也不是地理位置、财富或地位、婚姻或忠诚的产物。军队、教会、医院、大学和工会才是组织，因为"组织是有特定目标的机构，组织之所以有效率是因为它们集中于某个任务"(p. 53)。

德鲁克进一步指出，当组织有一个清晰的目标，且组织中工作的专业人员都确切地知道自己在实现这个大目标中的地位时，组织能够最好地行使其功能。"只有一个清晰、集中和共同的使命才能够把组织凝聚起来，并使其产生结果。"他认为，关于现代组织的一个优秀的例子就是交响乐队，其中 250 个专家都是各专业的领先者，他们一起演奏乐曲的某一乐章。因为我们中的大多数人在组织中工作，所以了解组织的首要任务和使命就非常重要。

桑德罗夫（Sandroff，1993）在《职业女性》（*Working Woman*）杂志中写过关于美国运通公司（American Express）的例子。就像其他拥有非常多的好的商业观念和目标的现代组织一样，美国运通公司决定设定更少的目标以鼓励工作者对目标有一种清晰感。实际上，组织内部往往有不同文化在同时运作甚至竞争。为了应对这种焦点的缺失，公司要求雇员把他们桌上那些与"提高消费者满意度"的目标没有直接关系的所有工作清除掉。现在，工作者会用是否能够提高消费者满意度来评估每个任务，而一些以前的日常工作就会被取消。这是一个关于组织和它的工作者对目标清晰理解的例子。

寻找工作时你的一个任务就是对你希望进入的组织的目标有一个准确、清晰的了解。埃琳·怀特（Erin White，2005）在《华尔街日报》上发文指出，文化冲突是新人工作不顺畅的一个主要原因。

个体与组织的关系是什么？一方面，任何个人的贡献都会被吞没，因为组织的存在是为了对外提供产品和服务。然而另一方面，每一个人的贡献都是重要和有价值的。因为组织是社会系统，其中的每个部分（个体）都在同一时间内既是独立的又是相互依赖的。人们进入组织是个体和组织双方的决策。组织在不断寻求有能力、有奉献精神的成员，在这种意义上，组织间在竞争新成员。

组织也总是管理得当，以确保决策的执行。就像交响乐团，有一个控制大局的指挥，有一个谱写乐章的作曲家，还有一个经纪人负责确保成员都得到报酬并畅通无阻。然而，德鲁克（Drucker，1993）指出，现代组织还有一个新的因素需要考虑。它们必须能够在快速变化的情况下运作，能够不断地创造新的方法以完成它们的任务，能够不断进步。正如我们将要学习到的，这些现代组织生存的事实也同样适用于在组织中的工作人员的生涯。

8.3　组织文化

埃德加·肖恩（Edgar Schein，1985）是麻省理工学院（Massachusetts Institute of Technology）的管理学教授，他是美国关于组织研究的最前沿专家之一。他对组织文化的研究已经超过了 40 年。

肖恩对“组织文化”的定义多少有点复杂。让我们把它分成几个易于驾驭的方面。

1. 肖恩把文化看作稳定的社会团体的特征，这个团体有历史，其中的成员拥有共同的解决团体问题的重要经验。

2. 这些共同的经验引导团体成员分享共同的世界观以及他们的定位。

3. 这些共同的观点已经在足够长的时间里成功地发挥作用，以至于被团体理所当然地接受，并且现在已经内化到团体成员的潜意识中了。

4. “文化”可以被视为一种组织经验的习得产物，在那些有重要历史的团体或组织中都会发现文化的存在。

作为一个组织的新成员或者雇员，学习组织文化对你而言非常重要。事实上，组织中的成员会密切注意你，看你能否理解并适应他们的组织文化。为什么呢？因为大多数成员已经有了解决组织问题的经验，他们很看重你能否从这些先前经验中学习，并采用与他们一样的观点。把这一因素加到你的个人生涯理论中是很重要的。

在很多组织中，有不止一种文化存在，每个部门或工作团队都可能有自己的文化。如果你希望被组织接纳并成为成功的一员，很关键的一点就是在新的组织中学习各种文化传统，尤其是那些高层管理者和你的主管所持有的文化传统。

组织文化可以通过很多方法观察到。肖恩提供了六个例子，在你拜访一个组织或者被一个组织雇用的时候可以使用（见表 8—1）。

表 8—1　组织文化的指标

指标	可观察到的行为
1. 常规行为	● 成员间互相问候的常见方法、对组织高级成员的礼貌、人们开会或午餐时坐的位置 ● 成员们的衣着 ● 组织借以表现或代表自己的象征物（如家具、色彩、艺术、出版物和主页的类型等）
2. 规范	● 个人如何努力、个人是否愿意在晚上或周末工作、每周工作 40 个小时以上是否合理 ● 对使用时间的看法和对勤奋工作的看法是组织文化的关键指标
3. 主导价值观	● 我们的产品是最高品质的，顾客至上，员工的家庭生活很重要，或者成员们应该有业余爱好 ● 组织文化一般反映了组织发起者的价值观，对事情“应该”如何的看法 ● 组织文化与领导直接相关
4. 哲学观	● 针对员工、本地社区、服务他人、赚钱、努力工作的整体指导性观点 ● 关于个体和团队的关系性质的观点

续前表

指标	可观察到的行为
5. 规则	● 作为新员工学习各种诀窍、理解并接受督导的反馈、管理时间、与同事相处 ● 新员工如何适应
6. 情感或氛围	● 设备摆放的位置、员工对待顾客和合作者的态度，或者是信任的程度 ● 氛围是否以压力、愉悦、竞争性或这些东西的集合体为标志

在你回顾这六种组织文化的指标时，思考一下你工作或志愿服务的组织。你将如何使用这六个指标去评估一个组织的文化？我们在第 15 章分析新工作的第一天时将更具体地探讨如何评估组织文化。

8.3.1　组织中正在增加的多样性

工作场所的组织文化也受到美国正在发生的一些人口学变化的影响。这些改变有的与历史有关，有的与公众政策有关，有的与社会学有关。工作场所越来越多地由更多样的团队组成。这些改变影响着组织文化（Howard，1995）。

1. 更多的年长工作者。55 岁以上的劳动力群体数量增长最快。随着“婴儿潮”群体（出生于 1946—1964 年之间）开始变老，并且变得更加长寿，他们需要有收入来支付他们的保健支出和其他支出。正如第 7 章所说，随着 55 岁以上人群的比例从 2010 年的 19.5%增长到 2020 年的 25.2%，劳动力的年龄也会持续增长。

2. 更多移民和多元的种族/人种。外来工作者在美国劳动力中将扮演更重要的角色。到美国来的最大的移民人群来自拉丁美洲和亚洲。与那些 20 世纪初从欧洲进入这个国家的人相比，这是一个非常不同的团队。很多新移民将在自然和应用科学领域就职，而其他人将在服务行业从事低水平工作。移民的技能和所受训练会根据他们原来所在国家的不同和他们的移民是否合法而有很大不同。

3. 更多的残疾人。1990 年，《美国残疾人法案》（Americans with Disabilities Act，ADA）的通过是促进残疾人进入工作场所的一个巨大努力。该法案禁止在就业的各个环节歧视残疾人，包括职位申请过程、聘用、解聘、升迁、赔偿、培训和其他的就业条款、条件、特权等。它运用于招聘、广告、工作终身任期、解雇、休假、额外福利和其他所有与就业有关的活动。在某个工作环境中可能影响一个人发挥功能的情况包括：精神迟滞、癌症、多重硬化症、脑瘫、失明、整形外科损伤、关节炎和肺气肿等。《美国残疾人法案》要求组织提供“合理的场所”以排除环境中影响正常工作的障碍，或者改进环境以适应他们能在公平竞争的环境下工作。尽管有这个法案的规定，但凯斯勒基金会（Kessler Foundation）报道的一则 2011 年的调查显示，相比于非残疾人 60%的雇佣率，残疾人的雇佣率只有 20%（http：//nod.org/assets/downloads/01-2011 Exec Summary.pdf）。

4. 更多的女性。在过去的54年里，女性劳动者在劳动力中的数量几乎翻了一番。半个世纪以来，女性劳动力就业比率的增长对女性的社会和经济状况、其家庭和全美的经济都有极大的影响（Employment Policy Foundation，2005）。在第7章中我们了解到这个趋势正在放缓，但是还有很多令人关注的因素包括生涯规划与女性离开家进入劳动力市场有关，我们将在第10章对它们进行更全面的回顾。

8.3.2 民族文化和组织文化

在第7章中，我们关注了正在增长的全球化经济和跨国公司的发展。另一方面，有个现象值得注意，即世界上最大的经济体中有半数或者是单一民族企业或者是跨国企业（Centron & Davies，2008）。当商业组织已经被卷入全球企业网的时候（Reich，1992），它们已经在探索如何调整自身以适应由新雇员带来的那些民族和国家文化的差异。管理者和工人逐渐发现他们必须应对这种多样性。

吉尔特·霍夫斯泰德（Geert Hofstede，1984）是荷兰马斯特里赫特大学（University of Maastricht）的教授，他分析了美国一个大的跨国公司在超过39个国家的销售人员情况。他调查了这些雇员与工作相关的价值观，发现工作态度和价值观可以归因于这些国家之间的文化差异。他发现了四个区分文化的主要范畴：（1）权力距离；（2）不确定性规避；（3）个人主义；（4）男性化。

1. 权力距离。这一范畴涉及老板和下级之间的关系，以及这两者之间的社会权力差异。霍夫斯泰德发现，在一些国家（例如菲律宾、墨西哥、委内瑞拉和印度）老板和雇员之间存在很强的、清晰的地位差异，而在其他国家（例如新西兰、丹麦、以色列和澳大利亚）则并非如此。在美国，社会权力距离最小。

2. 不确定性规避。这一范畴涉及不同文化处理压力和焦虑的方式。霍夫斯泰德发现，不同国家的工人在这方面的差异很显著。那些不确定性规避较弱的人有更低的工作压力，对改变的抵触小，对每天的生活更有准备性，并且更有上进心。那些规避不确定性较强的人更害怕失败、不愿冒险，有更高的工作压力和焦虑，并且对未来更担忧。当一个人与来自不同国家的人一起工作时，他可能会发现在不确定性规避领域的工作活动上他们之间存在差异。

3. 个人主义。这一范畴涉及不同国家的文化是强调个人还是强调团体（集体主义）。在个人主义测量上得分高的国家有美国、英国、澳大利亚和加拿大，而在集体主义测量上得分高的国家是秘鲁、哥伦比亚和委内瑞拉。强调个人主义的国家看重雇员的个人生活方式、情感独立于公司、工作中的自由和挑战性，倾向于为小公司工作。强调集体主义的国家，人们在情感上依赖于公司，不鼓励个人的主动性，认为团队决策比个人的更好，管理者寻求遵从和秩序。

4. 男性化。这一范畴涉及是否保持工作场所中男女两性间差异的文化。那些在男性化范畴得分较高的国家，倾向于信任独立决策，追求被赏识，有较强的成就动机；而得分低的国家更信任团体决策，看重安全感，有较低的工作压力，且喜欢较短的工作时间。

所有这些会怎样影响你的个人生涯规划呢？这些国家文化之间的差异可能影响雇员态度、人际关系以及与主管的互动。当一个在美国成立的公司扩展到南美洲、中东或东南亚时可能会经历“文化冲击”。然而，我们提醒你把这些关于国家文化的观点看作通用的指导方针，因为组织和个人的差异存在于所有文化中。

8.3.3 涉及文化的典型组织问题

如果我们关注组织文化，那么我们对于一些共同的组织问题（Schein，1985）的理解会得到改善。当你在一个组织工作时，关注组织行为的以下四个方面会让你对文化产生更好的理解，从而成为一个更高效的员工。

1. 新科技。在第 7 章中，我们探讨了科技在全球化经济中日益增长的重要性。然而，一个组织的文化可能会延缓技术的引进和有效使用。例如，计算机会把关于产品、生产和职工的新信息带给组织的所有成员，而这些信息以前只有高层管理者和老板才可以看到。组织中的权力阶层可能抵抗这些技术变化，因为他们会因此失去控制权和地位。几乎所有正在把新技术引进生产场所的组织者都必须处理组织文化的这些问题。这包括学校、医院、运动队、政府和商业组织。新科技的成功引入与组织文化紧密相关。

2. 团队内部冲突。当加入一个组织后，一个人很快会意识到组织中的每个小团体都有自己的文化，这些团队可能基于地理位置、共同的职业或工作、相似的种族背景或者等级。“一个团队有了自己的历史，它就有了文化”（Schein，1995，p. 39）。当销售与设计或者调研与市场发生不和时，这些问题就可以看作内部文化的冲突。在跨国组织里，这些问题可能演变得更复杂。一个很好的例子就是顾客与供货商之间的回报问题。在一些民族文化中，这被看作正当的，而在另一些文化中它被视为拿回扣和贿赂。作为一个组织的新雇员，对你而言区分不同文化团队并平衡不同团队的文化价值观是很重要的。

3. 沟通障碍。组织里的无效沟通可能发生在会议上的小组讨论中、电子邮件往来中，以及一对一的直接面谈中。有人可能认为沟通问题是语义学的问题或者防御机制的问题，但社会心理学家把这些问题视为文化差异，是在人们如何看待他们的历史和他们的团队上的真实差异。毫无疑问，来自不同文化传统的人在沟通上会遇到困难，很难充分理解对方在其言语中真正想表达的意思。当我们在组织中与来自其他文化，包括其他职业的人共同工作时，就可能遇到与文化有关的沟通问题。

4. 培训问题。每个组织都花费了相当多的精力以确保成员能“适合”自己的工作。这就需要通过培训项目、非正式的社会化或定向指导来实现。如果这些努力都不能成功地帮助新成员学习到本组织的文化，雇员会感觉失落和不舒服，组织的生产率也会受到影响。对新成员而言，学习组织文化是一个持续的过程。组织文化帮助决定谁“适应”，谁“淘汰”。它帮助一个组织决定谁能成为其中的一员。

总之，肖恩等人为我们提供了对组织文化的充分理解，并且提供了我们职业形象的背景。许多与工作相关的问题，如职员关系、培训和职位提供，都根源于组织文化。

8.4 组织的类型

人们可能发现他们在很多不同类型的组织中工作。我们将探讨最常见的几种类型。

8.4.1 营利性组织

里夫金（Rifkin，1995）指出，80%的经济活动发生在经济的市场部门。这些组织包括《财富》500强公司，也包括一些小的家族所有的企业和自雇企业（作为一个承包商）。这是经济的最大领域，有最多的工作。这些组织最常见的形式是“私有企业”或“商业”，但很重要的一点要注意到，它也可能包括学校，甚至一些慈善团体、宗教组织和社会服务组织。例如，安柏瑞德航空航天大学（Embry-Riddle Aeronautical University ）是一所为其所有者营利的私立学校。要得到营利性组织的清单，城镇或州的商业办公室是一个好地方。

8.4.2 非营利组织

大多数教堂、慈善团体和社会服务组织属于里夫金（Rifkin，1995）所称的经济“服务部门”。这样的组织包括红十字会（Red Cross）、人道促进会（Humane Society）、塞拉俱乐部（Sierra Club）、环保基金会（Environmental Defense Fund），甚至包括开展SAT（学术评估能力测试）和GRE（美国研究生入学考试）的教育测验服务中心（Educational Testing Service）。然而，这还只是这一类型组织的一部分而已。非营利团体还包括国家橄榄球联盟（National Football League）、电影艺术与科学学院（Motion Picture Academy of Arts and Sciences）（它颁发奥斯卡奖）以及全美篮球协会（National Basketball Association）。

非营利组织雇用了1 000万人，他们差不多涵盖了所有类型的职业，如志愿者管理人员、募款人、活动策划人、基金申请书撰写人、基金会办公人员、通信主管、信贷顾问、社工、社区组织者和执行经理。大的非营利组织在设施和资源上可以跟大公司相媲美，但小的非营利组织可能出于预算限制和其他局限而需要发挥一些创造性。关于非营利组织，有这样一个例子，Brother's Brother 基金会在2006年将价值2.62亿美元的医疗图书、补给和鞋运到全球，仅雇用了10名工人，所花费用不到100万美元（Barrett，2007）。一些无形的收获，如开始了一个新项目、看到别人得到帮助或者问题得到解决、看到志愿者丰富了经历等都让人觉得非常有价值。当志愿者可能是了解这个工作的最好方式。

8.4.3　非营利企业

前两种组织形式相结合，产生了一种新的组织形式，这并不令人感到奇怪。舒曼和福勒（Shuman & Fuller，2005）将这种形式描述为一种非营利的形式，这种形式实际上是用利润来实现自己的想法。例如，基督教青年会（YMCA）经营健康俱乐部来支持它的青年外展计划。美国红十字会采集血液并把血液卖给医院和保健中心。通过募捐、旧物翻新、卖二手衣物和家居用品，慈善产业每年可募集 10 多亿美元，并且它每年还可以通过承包和服务收取约 5 亿美元的费用。还有女童子军，我们中的不少人都从她们那儿买过饼干，她们也可以挣几百万美元。其他的非营利组织也经营各种企业获取收入来实现它们的组织目标。

8.4.4　政府组织

里夫金提及政府时把它称为经济的“公共部门”，并指出大约 14%的经济活动发生在这一领域。有时当我们想到政府工作时，我们首先想到的是联邦政府就业，但事实上还有 9 万个州和地方政府。实际上，县、市和自治市已经有了显著的增长。州和地方政府最大的服务类别是教育，其次是治安和防火。在联邦和州政府的执行、立法和法院的分支机构中有数以百计的代理机构、办公室、办事处、部门，每一个都有它自己的组织文化。

8.4.5　准政府组织

“准”的意思是“不完全的”或“有几分的”，这是对那些持有政府基金但不是严格的实体政府的组织的恰当描述。它们有由组织成员推选出来的董事会，董事会对成员负责。然而，它们的大部分基金来自政府组织（税收）。佛罗里达州的水管理部门或得克萨斯州的乡村电器合作社是准政府组织的例子。

从这个角度说，公立学校属于一个特别的类型。公立学校的大部分基金来自当地和州的税务基金，但很多关于聘用和项目计划的决策是由当地学校董事会或当地主管制定的。公立大学也是这样运作的。

8.4.6　协会

在州首府和其他政府代理机构高度集中的地区，你通常会发现成百的贸易和专业协会在此设立总部。这种团体是非营利组织和准政府组织的综合体。这些团体在法律和其他政府委员会前代表了它们的成员，它们试图影响法律和公众政策以使其成员获益。

例如，佛罗里达州的 1 000 个协会，不包括慈善非营利组织，提供了 10 800 个工作岗位。大概有 500 个协会在佛罗里达州首府塔拉哈西提供了 5 400 个职位（Hodges，2009）。运行会议以及为行业或产业设立标准，是协会工作的一大部分，而游说活动是他们工作的一小部分。

电话黄页中包含了协会的清单，看到出现在其中的组织的名称你可能会很吃惊。你也可以从地址目录中找到关于协会的信息，例如《NTPA2012 年地址录》（*NTPA Directory*，*2012*）（National Trade and Professional Associations of the United States，Colombia Books，2012）。该书提供了超过 7 800 个美国的商贸协会、专业学会、技术组织、劳工协会和 20 000 多个执行机构的详细背景信息和联系方式。事实上，每种在经济领域可获得的产品或服务都会得到某个协会的支持。更多关于协会的信息可以查询协会领导中心（http：//www.asaecenter.org/）。

总之，很重要的一点就是要注意，组织的这些分类不是固定不变的，对任何单一组织而言，适合进入一个以上的分类并不是什么稀奇事。然而，这种分类能帮助你了解一些工作组织的基本类型，并迅速了解一些组织文化的重要特征。

8.5 过去的和现在的组织结构

组织从形式和结构上都已经发生了改变。我们将在这一章探讨这些改变，比如组织形态从三角形到菱形的转换，组织结构也已经不再是方形的了。

8.5.1 新的菱形

我们已经多次提及组织形态的三角形模式以及它在如何变化。图 8—1 展示了组织的旧结构。其中顶端最小的三角形中体现了组织最高层的 15%的工作者、行政官、办公人员和部门主管。大部分工作者的生涯展现于三角形中更低的部分，因为不存在足够的空间让所有人都进入组织管理的较高层次。

费勒和惠查德（Feller & Whichard，2005）指出，这个新的菱形模式的组织结构是从旧的三角形模式中戏剧般地演变出来的。菱形顶端仍然保留了高层行政官和管理者，但只包括了组织中 5%～10%的工作者，比以前要少。菱形的底部表示 15%～40%的工作者，他们是合同工或临时雇员。在第 9 章中我们对这一话题将有更充分的讨论。菱形的最重要部分就是核心员工，他们构成了组织 50%～80%的劳动力。这些核心员工将参与领导团队、督导同事和质量监控，其中优秀的人将进入菱形最左端或最右端的位置。

正如我们在本章中所强调的，个人生涯规划将会受到组织向菱形模式转变的

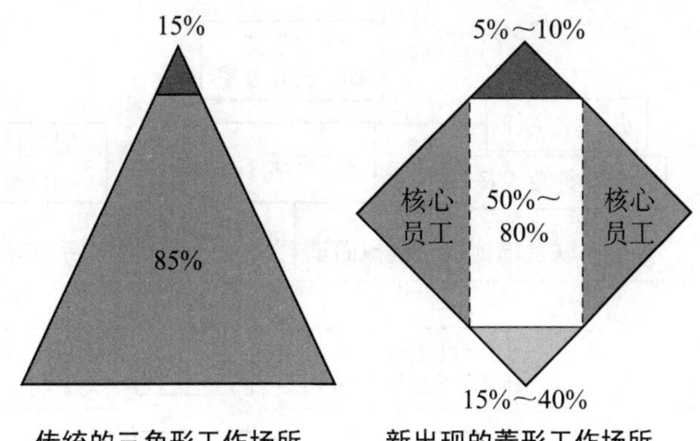

图 8—1　传统的三角形组织模式与新出现的菱形组织模式

资料来源：From *Career Shifting* by William A. Charland，Jr. Copyright © 1993 by William A. Charland，Jr. Reprinted by permission.

影响。除了霍兰德（Holland，1997）的社会型与企业型领域，与语言和文字交流、团队工作、终身学习、领导能力和自我指导的生涯决策等有关的技能的发展在这一新的组织模型中将得到回报。

8.5.2　组织结构图：从方到圆

科技、全球化经济和知识增长的综合影响正在改变着现代组织的结构。温格和斯奈德（Wenger & Snyder，2000）讨论了他们称之为“实习社区”的现象，它是指一群人由于共同的专长和热情聚集到一起的一个联合企业，通过电子邮件网络或定期午餐会来联络，自由顺畅地共享经验和知识，从而创造出解决问题的新办法。苏姗·莫瑞曼和苏姗·科恩（Susan Mohrman & Susan Cohen，1995）告诉我们，新组织将会更平面化，更多利用团队和其他横向方式与工作者建立联系。他们把这些新型组织描述为“高卷入”组织，工作者在其中被赋予影响组织绩效的权力。若使用我们的图式描述，这类组织适合霍兰德的社会型与企业型人员。

过去，人们常常用组织结构图来描述组织，即用各种方框和线条来表示人和人际关系的性质（Mohrman & Cohen，1995）。图 8—2 展示了佛罗里达州立大学的组织结构图（这是作者受雇的组织，并且是一个典型机构或中型商业机构的结构）。这个图展示了组织的固定职位，以方框代表，用连线表示各成员间的相互关系。这一组织结构的优点是稳定、简洁，员工能了解自己在组织中的位置，老板（在这个案例中就是校长）是被清楚确定的。

图 8—2 所示的框线模型表示了一个组织的 25 个固定职位，但这个图遗漏了一些东西。比如说，有 30 个兼职岗位没有显示出来，其他受委员会指导的、能在垂直和水平维度上连接组织各成员的岗位也没有显示出来。这些连接方框的线条并不是组织成员相互联系的唯一路径。

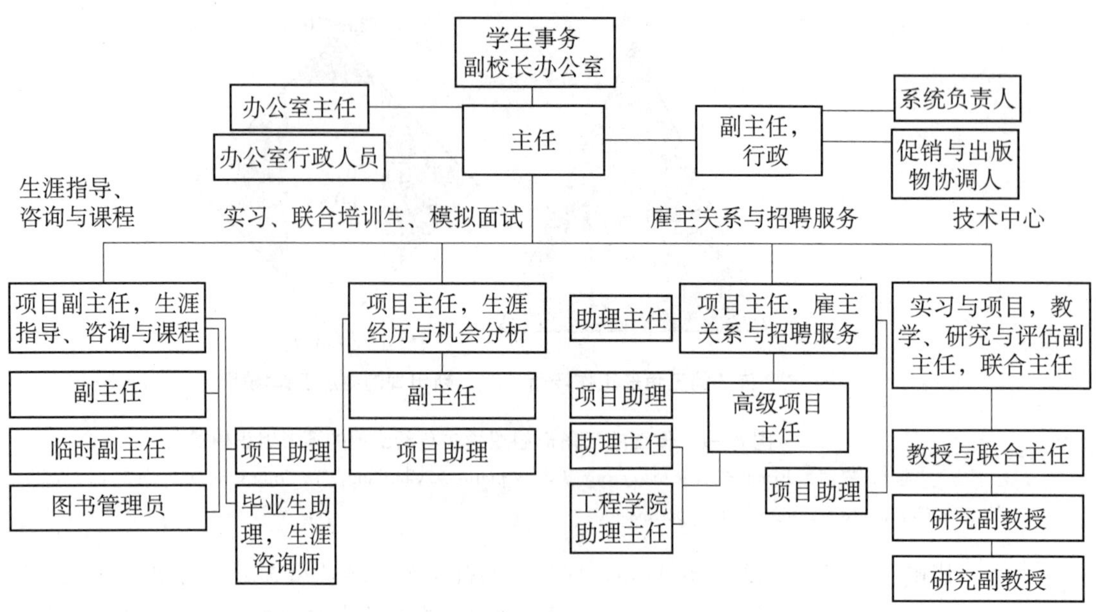

图8—2　组织结构图

资料来源：Career Center，Florida State University.

这个模型所代表的组织结构正在改变，新的组织结构更强调成员之间的联系和团队工作。多年来，现代组织依赖于更复杂的方式，如全面质量管理（TQM）(Deming，1986)。关注如何服务于最终使用者（顾客）以及工作团队（而不是个人）的绩效。例如，在塔吉特（Target）商店，顾客被称为“客人”，而团队的名字是“客户服务”“商品”和“商品流”之类。

图8—3展示了一个以团队为基础的组织模型。与旧的方框—线条结构不一样，这一新组织的成员属于一个或多个团队，这是他们认同组织的方法。在这种组织中一个人的价值基于已有的能力和技能以及能对组织做贡献的各种方法。有时这被称为多重技能，也就是说工作者已经累积了多种能在组织的不同工作中使用的技能。一个人的价值常常反映在薪酬和生涯发展上。在组织中雇员们与另一个同他们一起工作的人直接联系，而不必通过第三者（主管）。雇员们也必须面对更多元化的合作伙伴。这包括与组织中更多子文化群体共同完成任务。雇员之间的大多数联系是通过电子方式而不是面对面的会议。显然，工作者对多元文化了解得越多，他们在对团队和组织作出贡献时就越有效。

在提供更广泛的解决问题的视角和更多元化的关于组织功能的经验方面，做文献研究和服务学习能发挥积极作用。在你作出决定去哪个组织工作时，这些能给你强大的新的元认知因素，或者说是思考自身的思维方法。这就是威廉·莫林在说“你必须把自己看作一场生意，这就是你的工作”时的本意。

在这些新的平面化组织里的工作者需要人际技能（用霍兰德的术语是企业型和社会型）以帮助他们处理冲突，有效地参与团队合作。具有讽刺意味的是，虽然旧的社会契约已经不存在了，但这些工作者，即使是临时成员，也需要对组织

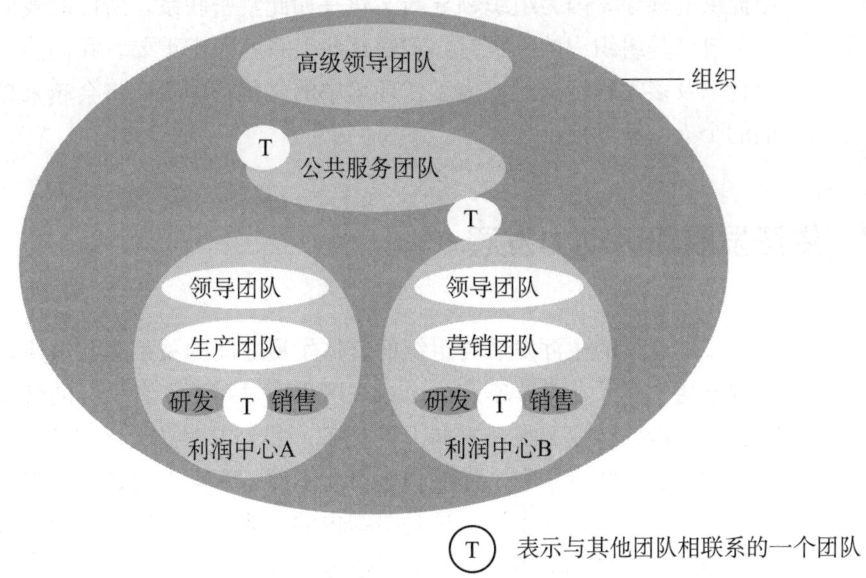

图 8—3　一个以团队为基础的组织

资料来源：Career Center，Florida State University.

的工作（包括花费额外的时间去完成任务）和其他合作者作出强烈的承诺。这是很难做到的，需要以新的思考方式考虑雇员与组织的关系。它代表了一个关于生涯未来状况的未完成模型。

8.6　组织发展中的领导

一个成功组织的发起者是其文化的第一个资源。当发起者认识到一个团队一起工作比个人单独工作能取得更多成就时就创建了组织。组织的信念，关于它的核心使命、它的历史、它存在的理由、它偏好的处事方法，以及它关于员工如何相处的理念，都是由发起者所确定的。组织的历史，会通过个人故事、闲谈、文件和旧的新闻报道流传开来，它们是领导者继续塑造和构筑组织文化的方法。倾听这些故事和阅读这些报告是学习组织文化的方法。关于这一点在第 15 章我们还将探讨更多。

肖恩（Schein，1985）分析了组织文化与领导阶层之间的紧密关系。事实上，他把组织的领导描述为“文化管理”。领导者对组织应该是什么样的、应该做什么的看法对其他成员有激励和指导作用。运动队提供了关于组织文化和领导之间关系的好例子。运动队有一个清晰、简单的目标——赢得比赛。获胜的传统、努力工作、专业化、冒险性和自我牺牲是一个成功团队的文化元素。然而，领导也很重要。这包括业主、总经理、总教练、助理教练、团队中的老队员和能把团队文化传达给新成员的队长的工作。

现代组织越来越依赖于个体成员在工作团队、任务小组、委员会和其他团体中提供的领导。因为组织领导与文化是如此紧密联系，所以对我们而言，当我们认为自己是组织中的一员时，理解这些关系就非常重要。我们能否成为有效的领导者以及多大程度上能成为工作环境中的文化管理者，将会越来越大地影响到我们的个人生涯发展。

8.7 生涯发展和劳动力发展

个体雇员的生涯发展与组织的整体发展之间的关系非常重要。事实上，这两个因素通常联系非常紧密。一个组织可以通过对工作者生涯的管理和指导实现其自身的更新、转变和在新方向上的成长。我们有时称之为“劳动力规划”，它与本书的主要关注点——个体的规划有所不同。劳动力规划是组织为了确保自身适度成长而进行的，而生涯管理是组织内的个体根据他们的兴趣、价值观、技能和目标而做的（Herr，Cramer，& Niles，2003）。

过去，生涯发展是组织与雇员之间旧的社会契约的一部分，但我们知道这种契约在许多方面已经被打破。今天，个体可能使用组织程序的生涯发展形式，例如人力资源、培训与发展、监管，以及使用组织的生涯资源中心。他们也可以自愿在组织里横向流动来发展更多的技能。当然，生涯发展与组织发展之间的关系强度依赖于组织文化。主张“人的发展”文化的组织更可能开展生涯发展项目。

组织如何进行生涯发展呢？在组织中实施生涯发展项目可以采取多种形式，没有哪种方式可以说是最好的。以下是在组织中发现的一些最常见的活动（Greenhaus，Cllanan，& Godshalk，2009；Inkson & Arthur，2002）：

- 个体生涯咨询。由专业人员、人事工作者、外聘顾问、主管或同事提供。
- 团体生涯咨询。这可能是生涯工作室或特定主题的研讨会，如关于自我评估、简历撰写与面试、退休前的准备或新雇员的适应。
- 评估。包括工作绩效评估和回顾，自我评估活动、心理测验和评价中心的工作等。
- 生涯信息。这可能包括一个生涯资源中心；研究组织中的生涯路径和生涯阶梯；工作张贴或公告栏、电话信息系统或网页；关于奖学金项目和培训/发展活动的信息。
- 培训和发展。包括工作丰富化、工作轮换、带薪假期、学费返还、室内培训或外部学位课程。
- 组织生涯规划。包括组织劳动力项目的发展和雇员技能库的发展，例如有多少雇员有数据信息管理、平面设计或编程的技能。
- 特殊项目。包括对特定雇员团体有目标的推荐，如少数族裔、妇女、残疾人、将要退休人员、处于平稳期的工作者、向外转职（解聘）的员工、年轻管理者、高绩效员工、管理培训生、双职夫妻、科学/技术工作者和支持性职员。

在回顾这些生涯发展项目活动时，你可能惊奇地发现，大学生涯服务项目中也提供了这些活动。这些就是当你还在学校时就能学习如何做和如何参与的事情。综合、有效的生涯发展项目应该是考虑是否接受某个组织的工作录用的因素之一。在研究潜在雇主时，找出这些组织针对工作者的生涯发展都做了些什么。如果没有，它能帮助你发现你的个人生涯发展是如何与一个可能起用你的组织的未来发展相联系的。

8.8 一种认知信息加工的观点

让我们根据信息加工金字塔模型和 CASVE 循环对我们已经学习的关于工作组织的内容做个回顾。你可以利用这些知识去提高你的个人生涯理论（PCT）的质量以利于解决生涯问题和作出生涯决策。

8.8.1 自我知识

组织信息是如何与构成自我知识的兴趣、价值观和技能相联系的呢？有一点似乎很清楚——那些在新型组织中工作的人将不得不持续不断地培养自己的兴趣、能力和技能以加强个人—环境（P-E）之间的匹配。这些个人—环境的匹配，例如霍兰德的 RIASEC 类型论，不再是静止的，因为个体和组织都在变化。这就意味着人们将不得不作出适应，并且根据组织需要调整和妥协自己的兴趣、技能、价值观。此外，那些看重“安全感”的人已经受到雇主与工作者之间旧的社会契约的丧失的消极影响。个体的工作安全感已不再是契约的一部分。

我们也认识到霍兰德的社会型与企业型将会越来越受到组织的重视，尤其是与这些类型相联系的人际互动、团队建设、领导能力和冲突解决能力。个体愿意大力加强他们在这些领域的兴趣和技能以确保生涯成长的机会。在分析一个组织的文化时，个体将首先对自己进行评估，评估自己偏好的管理和领导风格、组织和个人在哲学观和价值观上的一致性，等等。正是从这个改善的自我知识出发，个体随后才能在生涯决策时更准确地分析组织文化。

8.8.2 各种选择的知识

组织文化是我们很多人的生涯即将展开的背景，且我们的生涯成长与我们理解和有效地运用这些知识的能力有关。我们知道，组织在员工特征上日趋多元化，我们可能会发现，自己正与那些和自己很不一样的人一起工作。组织将努力寻求那些在种族和文化多元化方面有多种经验和技能的个体。

增加有关组织的知识能帮助我们理解企业、政府、非营利组织以及其他类型的组织之间的差异。当我们考虑生涯选择时，我们不再仅仅考虑职业和职位，所有这些信息都会帮助我们形成更复杂的图式。这种类型的思考可帮助我们改进个人生涯理论。

最后，我们相信很有必要提醒我们自己，使用六种 RIASEC 分类的霍兰德环境类型论能帮助我们理解组织文化。实际上，霍兰德是最早使用 RIASEC 类型研究大学文化的，并且发现个人和环境之间如果缺乏一种紧密匹配，就会影响学生继续留在学校。RIASEC 理论提供了一种描述组织文化或环境以及个体兴趣的方法。

8.8.3 决策制定

组织文化的知识对我们将要制定的教育和生涯决策的类型有很重要的影响。就业决策肯定受到我们对组织文化知觉的影响。在第二次和第三次到组织面试时注意我们的感受和直觉，而且我们必须使自己觉察组织文化信号的能力更敏锐。

关于我们生涯成长的决策将日益与我们想要工作的组织相联系——我们希望如何再训练自己，我们希望发展什么新技能，我们希望在组织中扮演什么新角色，以及以家庭为基础的工作选择。而且这些决策也与我们是想一直留在企业还是要自己创业有关。

8.8.4 执行加工

鉴于在全球经济和组织中发生的所有这些变化，是不是生涯的观点现在就没用了？波士顿大学（Boston University）的组织行为学教授道格拉斯·霍尔（Douglas Hall，1996）用一生的时间研究生涯和组织，认为“生涯”仍有存在的意义。

> 我们曾经所知的生涯——作为一系列向上的运动，伴随着稳定增加的收入、权力、地位和安全感——已经消失了。虽然如此，人们还将永远需要那些随时间变化而展开、提供挑战、成长和学习的工作生活。因此，如果我们把生涯看作一系列终身与工作相关的经历和个人学习……那么它永远不会消失。（p. 1）

霍尔等人相信，在新的生涯中，“给予关怀、指导、照顾并尊重、联结，以及合作学习（即通过与他人的关系进行学习）的观点，尤其是与那些看起来不一样的人合作学习，会提供成长和成功的线索”（p. 4）。在这种生涯观点中，个人的发展成为一个人最有力的生涯发展工具（p. 265）。用认知信息加工的术语看，这种新的生涯图式是以个人的学习和成长为基础的。这些观念应该被融入你的个人生涯理论。

在本章中，我们提到了亨考夫（Henkoff，1993）的警告，他指出，在新的组织文化中你必须把自己看作一种“生意”。实际上，你必须把自己想成一位企业家，即使你是在一个组织中为其他人工作。这对很多人而言是新的生涯元认知，而且它很可能给你的个人生涯理论增加一些复杂性。

我们介绍了“可就业能力安全感”的观点。这个观点认为，你的生涯有效性是与你使用多种技能和通过多种方式生产价值的能力紧密联系的。只要你坚持增加你的能力和知识，同时有效地运用它们，你就能使自己有资格被聘用并实现生涯成长。

小 结

在本章，我们介绍了一些与组织行为有关的重要观点，包括组织文化和结构。我们相信，组织提供了个体生涯得以在其中成长的情境。然而，组织快速变化的特点使个体生涯规划作出相应调整更加困难。本章强调了运用组织生活正在出现的各种趋势来建构你的个人生涯理论。最后，我们根据作为全书基础的认知信息加工范式对新的信息进行了回顾。

参考文献

Barrett, W. P. (2007, December 10). Your charity dollars at work. *Forbes*, 180–181.

Deming, W. E. (1986). *Out of crisis*. Cambridge, MA: MIT Press.

Drucker, P. (1993). *Post-capitalist society*. New York, NY: HarperCollins.

Employment Policy Foundation. (2005). *Handbook on 21st century working women*. Washington, DC: Author.

Feller, R., & Whichard, J. (2005). *Knowledge nomads and the nervously employed: Workplace change and courageous choices*. Austin, TX: PRO-ED.

Gottfredson, G., & Holland, J. (1996). *Dictionary of Holland occupation codes* (3rd ed.). Odessa, FL: Psychological Assessment Resources.

Greenhaus, J. H., Callanan, G. A., & Godshalk, V. M. (2009). *Career management* (4th ed.). Thousand Oaks, CA: SAGE.

Gutteridge, T., Leibowitz, Z., & Shore, J. (1993). *Organizational career development*. San Francisco, CA: Jossey-Bass.

Hall, D. T., & Associates. (1996). *The career is dead . . . long live the career*. San Francisco, CA: Jossey-Bass.

Henkoff, R. (1993, July). Winning the new career game. *Fortune*, 46.

Herr, E. L., Cramer, S. H., & Niles, S. G. (2003). *Career guidance and counseling through the lifespan: Systematic approaches* (6th ed.). Boston, MA: Allyn & Bacon.

Hodges, D. (2009, July 5). Association leaders mark 50 years. *Tallahassee Democrat*, 8A.

Hofstede, G. (1984). *Culture's consequences: International differences in work-related values*. Beverly Hills, CA: SAGE.

Holland, J. L. (1997). *Making vocational choices: A theory of vocational personalities and work environments*. Odessa, FL: Psychological Assessment Resources.

Howard, A. (Ed.) (1995). *The changing nature of work*. San Francisco, CA: Jossey-Bass.

Inkson, K., & Arthur, M. B. (2002). Career development: Extending the "organizational careers" framework. In S. G. Niles (Ed.), *Adult career development: Concepts, issues, and practices* (3rd ed., pp. 285–304). Tulsa, OK: National Career Development Association.

Mohrman, S. A., & Cohen, S. G. (1995). When people get out of the box: New relationships, new systems (pp. 365–410). In A. Howard (Ed.), *The changing nature of work*. San Francisco, CA: Jossey-Bass.

Reich, R. (1992). *The work of nations*. New York, NY: Vintage Books.

Rifkin, J. (1995). *The end of work*. New York, NY: Putnam's Sons.
Sandroff, R. (July, 1993). The psychology of change. *Working Woman*, 52–56.
Schein, E. (1985). *Organizational culture and leadership*. San Francisco, CA: Jossey-Bass.
Sheridan, V. S., Qureshi, M. W., Slife C., & Epstein, D. (Eds.). (2012). *National trade and professional association directory*. New York, NY: Columbia Books.
Shuman, M. H., & Fuller, M. (2005, Jan. 24). Profits for justice. *Nation*, 13–22.
Toossi, M. (2012, January). Labor force projections to 2020: A more slowly growing workforce. *Monthly Labor Review*, 43–64.
Wenger, E. C., & Snyder, W. M. (2000, January). Communities of practice: The organizational frontier. *Harvard Business Review, 78*, 139–146.
White, E. (2005, March 29). Savviest job hunters research the cultures of potential employers. *Wall Street Journal*, B1.

第9章 新型工作方式

全球化经济的涌现、科学技术的发展、组织文化和结构的转变，正在对美国的工作方式产生深远的影响。如果你把常规的、永久性的工作当做被宠物猫从桌上碰掉摔碎的水晶花瓶，那么新型工作方式就是摔碎了的花瓶的碎片。

个人的就业场所正在越来越多地通过信息网络与世界范围内的其他工作场所相连接。商业人士也在世界各国为他们的产品和服务寻找市场。此外，我们今天所在的工作团队已经在很多方面改变了对工作的描述。本章将重点讨论在第7章和第8章中所提到的那些力量是如何改变我们的工作方式的。对这个问题的全面理解将会帮助你构建与生涯规划及就业相关的新的更复杂的图式，帮助你提升个人生涯理论的质量。

以下是本章中我们将讨论的主题：

- 工作产生的实质。为什么就业方式会发生变化？
- 可供选择的工作方式，日益增加的临时劳动力，以及与此相关的各种就业机会。
- 正在影响常规工作和临时工作的各种社会力量，所有这些力量是如何影响退休的。
- 与这些新型工作方式有关的问题。
- 最后，我们将以一种认知信息加工（CIP）的视角对上述问题作一个总结。

当你阅读这些不同的工作方式时，试着去思考一下，如何利用这些信息改善你的个人生涯理论和战略性的生涯思考。这些信息如何影响你所感兴趣的职业，如何影响你对工作的看法？你想做什么类型的工作？这种新型工作方式如何不同于你过去已经形成的认识？

9.1 工作的产生

工作从何而来？在对我们工作的各种不同方式加以探讨之前，花几分钟想想工作为何产生以及工作是如何产生的也许非常有益。哪些事件或因素导致雇主开始创造工作？（也许你需要回顾一下第 1 章中关于工作和职位的定义。）

《反思工作》（*Second Thoughts on Work*）一书的作者、经济学家萨·莱维坦和克利福德·约翰逊（Sar Levitan & Clifford Johnson，1982）认为，工作产生于公众对产品或服务的渴望。实际上，工作之所以产生，是因为我们的消费者想要，而不是我们需要。当我们对衣服、车子、学位、老年人照料或儿童抚养等产品和服务的需求增加时，这些产品和服务的供给者就会采取必要的步骤增加产品和服务的供给量。供给者通过两个基本步骤实现增产：要么延长现有工作者每周工作的小时数或天数来增加其工作量，要么通过创造新的工作机会雇用更多的工作者。当然，在这些需求减少时，生产商就会缩减生产，工作机会也就会减少。

经济体中工作机会的增长来自新兴的小企业和创业者（Samuelson，2010）。每年有 50 万家新企业成立，尽管它们中的一半都不会活过 5 年。很多这样的企业提供高度专门化的产品和服务（如餐厅、汽车维修店），它们是新型工作的主要源地。

为了努力控制劳动力成本，组织已经开始运用新策略来满足公众增长的需要和增加产品与服务的产量。组织正在使用临时工，这些临时工就像租来的家具和复印机。事实上，他们可被随意支配，雇主除了支付工资外没有任何义务。这在美国是一种新型的工作方式，因为过去我们相信，当利润和需求增加时，人们就会获得好工作。而现在我们正在走向既是“实时”就业又是“实时”生产的时代。

除了永久性、全职性的职位，还有很多其他的工作选择。在你阅读这些不同的工作方式时，思考你的职业和就业目标，以及它们如何受到这些信息的影响。

9.2 可供选择的工作方式

在这里，我们有必要指出美国人工作是很辛苦的。在所有工业国家里，他们享有的法定假期是最少的，除日本以外他们每周的工作时间是最多的，而且在所有西方国家中，他们的工时常年稳居第一，而他们的产出也是世界之首（Begala，2011）。美国人平均每年工作 1 804 个小时，或者说 45.1 周，平均每周 40 个小时。大学生应该在就业前了解这些美国劳动力市场的事实。

9.2.1　永久性的全职工作

最普遍的工作方式是每周 40 小时的常规永久性工作。不过，鉴于现在经济领域发生的变化，再来谈“永久性”工作好像有点尴尬。比如说，法伯（Farber，2006）指出，长期雇佣关系正在减少，而一年以内的临时关系正在增多。与父母相比，新一代工作者不太会与同一个雇主工作一辈子。类似地，凯伦伯格（Kellenberg，2009）认为，工作是社会的核心活动，把人与人、地点与地点联系起来，但与此同时，世界正处在各种“危险工作”增多的过渡期，“危险工作”的意思是那些不确定的、不可预测的、在工作者看来有风险的工作（p. 2）。

从历史的角度看，人们一般认为这些职位是终身制的，除非雇员确实干得很糟或者选择离职。当工作已经不再像以前那样永久，处于永久职位上的核心员工依然构成了大多数组织的中坚力量。在第 8 章中，我们见到了新兴的菱形工作组织结构，看到在这些新出现的组织结构中，核心员工占据了员工总数的 50%～80%。

处于永久性职位上的员工直接为组织效力。永久性雇员通常享有全面的福利待遇：健康保险、儿童看护服务、退休养老计划。这些员工可能有某些失业保障：他们最不可能被解雇、他们的薪水来自组织中较为稳定的基金。在组织结构图中，这些职位是在方框中的，图中的连线可提示这些职位与组织中其他职位之间的关系。

永久性员工通常不被认为是临时劳动力的一部分，关于临时劳动力我们将在本章的后面讨论。近些年来，企业组织已经尝试开展了各种项目，以为常规职位上的人们提供更加灵活的工作安排。

9.2.2　非全职工作

非全职工作被定义为每周工作 1～34 个小时，2006 年有 2 500 万名工作者在从事非全职工作（Torpey，2007）。这是在可供选择的工作方式中最广泛使用的一种，与其他各种兼职工作者相比，采用这种工作方式的员工数量正在不断增加。非全职工作是雇主对劳动力进行调整以适应消费者需求变化的一种简便手段，对于在本职工作之外兼有其他个人责任的员工，这也是一种令人喜欢的工作方式。非全职工作的优点是有定期收入，但它可能不包括像健康保险这样的福利。

当你研究一个可能成为你的雇主的组织时，了解非全职员工的数量，特别是你将要从事的领域的非全职员工的数量是很有帮助的。因为这种方式如此广泛，这可以作为你开始为自己感兴趣的组织工作的一种方式，因为一些组织就是利用非全职工作来筛选全职工作者的。

9.2.3 弹性工作时间、压缩工作周或补偿休假

弹性日程，或称为弹性工作时间，也在组织中广泛使用。最常见的一种做法是允许员工自己确定自己的工作日程。

“弹性”的方式很多，包括：

1. 每周工作4天，每天10小时（有时又称“压缩工作周”）。
2. 工作时间从早晨6：30到下午3：30。
3. 午餐只用半小时。
4. 有些天的工作时间长，而有些天只工作半天。
5. 周六和周日工作。

组织提供这样的弹性工作时间，有助于员工履行家庭责任，安排照料病人等。但组织可能会制定一个政策，比如要求所有员工在工作日从早晨9：00到下午3：00必到，或者每周一必到。地方社区很喜欢弹性工作制，因为它能减少高峰时段的交通堵塞，给社区的基础设施减压。一个组织所实行的弹性工作制也许能揭示出该机构组织文化中有关工作方式选择的某些内容。

弹性工作制的另一种形式是压缩工作周，或者在某些天工作时间久一些，这样就可以在另几天不用去工作。比如，一个人可以在一个10天的工作段内连续9天每天多工作1个小时，这样他每两周都可以有一个周五不用去上班了。与压缩工作周相关的还有“补偿休假”，即在要求之外的工作时间可以累积起来，在以后休假。

9.2.4 加班工作

在讨论加班工作之前，区分组织中的小时工作者和工资工作者也许是有益的。小时工作者通常包括蓝领工作者和办公室职员，小时工作者的工作安排通常在工会的工作规则中有所规定。他们的基本工作方式是由一个工作卡片或闹钟来控制（在一些组织中某些经理和专业人员可能也是小时工）。小时工作者有时被称为不可豁免者或内部人员，是指他们必须遵守联邦工资和工作时间法令，或者说他们被包含在与某一单位签订的集体交易协议当中。这些工作者被保护以免受雇主的虐待，任何每周超过40小时限额的工作必须符合某些规定，包括提高工资。

另一方面，可豁免雇员，包括大多数的高层经理和专业人员，并不局限于每周40小时的工作时间。事实上，在一些组织当中，这样的员工也许已经花费了多达60个小时在他们的工作上，包括在家中和在工作场所的工作。

正如我们先前注意到的，组织为满足人们不断增长的对产品与服务的需求，可以选择让员工工作更多的小时数或天数，即加班工作。赫特里克（Hetrick，2000）指出，很显然，当美国经济增长时，尤其是从衰退中回升时，加班也会相

应增加。许多从事小时工作的人，在雇主想让他们加班的时间通常会遭遇两难，因为这些额外的加班时间会减少诸如与配偶或伴侣相处的时间、家庭活动时间或娱乐时间，但是，减少额外工作时间又会使雇主认为雇员对组织投入不够或对工作缺乏兴趣。

阿尔利·霍克希尔德（Arlie Hochschild，1997）对一家大型的美国公司进行了研究，他发现，虽然大部分员工说他们想要在工作之外有更多的时间，但他们还是常常选择把更多的时间花在工作上，加班工作（这可能就是工作者的写照，他们说他们想要什么，但却选择了他们需要的）。同样的情况也发生在可豁免职员、高层管理者和经理身上。在第 10 章中，我们将阐述这一明显矛盾现象的一些原因。

当你研究一个组织时，若能够了解到加班人员的数量以及经理与专业人员每周的工作小时数，你就可以对这个组织的文化有一个深入的认识。

9.2.5 轮班工作

生产模式向精益生产和实时生产的转变，已经使一些机构步入 24 小时全天候的工作日程中。上夜班曾经只限于蓝领工作者和医护人员，但这一情况已经发生了变化。现在，大学毕业生在他们的职业生涯中也会有一些轮班制的工作。比如，银行和其他商业性的机构可能需要 24 小时全天候营业，因为在东部时间凌晨两点的东京金融市场上发生的行情变化可能需要纽约方面立即采取行动。轮班工作包括夜班、晚班和周末班。

普莱瑟和沃德（Presser & Ward，2011）发现，很高比例的美国人在整个工作时间里都是非标准时间表，比如说，1979 年 14～18 岁的工作者中大概 90%的人在他们到 39 岁的时候，有过至少一次这种经历。几乎 1/5 的美国人都在上夜班或轮班。而且，1/3 的有孩子的双职工家庭中至少有一个人在上轮班。很多问题与非标准时间工作相关联，包括轮班工作者的健康与安全问题，还有他们的家庭问题。

9.2.6 兼职或多重职业

劳工统计局报告，2009 年，美国所有劳动者中有 5.2%（730 万人）的人有多个工作（Hipple，2010）。女性的比例比男性更高，受教育程度越高，就更可能有多份职业（7%为大学毕业）。自 1990 年代中期起，这种形式的临时工作保持相对稳定。兼职工作可以采取几种形式，包括：（1）承担两份兼职工作；（2）在从事一份全职工作的基础上再加一份兼职工作；（3）从事一份以上的全职工作。从事兼职职业是一个人增加收入、学习从事一门新工作，或照顾家庭成员的最好选择。然而，兼职职业也说明人们在承受着经济压力、低质量的就业市场和高昂的工作代价。

9.2.7 工作共享

虽然劳工统计局对工作共享这种兼职工作并不太清楚，但它是除了全职性的常规工作以外另一种相对普遍的可供选择的工作方式。工作共享是指一项工作由两个人来分担。就一个全职性的周工时为 40 小时的常规职业来说，每人每周要分开来各自工作 20 小时，虽然他们很可能会在每周工作中有 2～3 个小时的时间一起与主管及其他员工开碰头会。像其他兼职工作一样，工作共享有一些优点。比如，工作者可以：

● 承担抚养子女和赡养老人的责任，这在每周工作 40 小时的情况下不可能完成；

● 在常规的工作时间参加业余课程班，更快地拿到一个学位；

● 寻求休闲娱乐和发挥创业才能，这在从事全职工作中很难实现；

● 享有常规性全职工作所提供的保障和其他福利；

● 减少工作和家庭冲突带来的紧张和时间压力。

从一个机构的视角看，工作共享可能为机构留住高水平雇员提供了一种途径，因为这种方式照顾到了雇员生活状况的变化，也为实现更弹性的员工安排提供了机会。然而，参与工作共享的人员必须与工作伙伴紧密合作，就工作项目进行有效的沟通以便顺利完成工作，并灵活地对工作计划作出必要的调整。

9.2.8 远程办公

远程办公、弹性工作地点或是远程工作是另一种正在快速发展的工作方式，它既可以是为别人工作，也可以是自己办公。它是指在远离办公室或雇主工作场所的地方工作。居家办公是最普遍的方式（Mariani，2000），虽然不是所有居家办公都是远程办公。只要可以连接到互联网，远程办公就可以进行（比如在飞机上、火车上、计程车上、远程计算中心或旅馆里）。这种工作方式已经受到了科技的影响，如笔记本电脑、智能手机、互联网、电子邮件。劳工统计局的数据显示，2004 年有 1 370 万人每周至少有一次在家为老板工作（Torpey，2007）。但是只有 25%的人把它当做正式的工作方式，很多人每周在家工作不到 15 个小时。不足 1%的工资工作者（约有 57.5 万人）是完全在家工作的。

戈迪内斯（Godinez，2003）报告，雇主想要按照任务领工资的独立工作者，技术的进步使得工作者拥有技能完备的家庭办公室成为可能。另外，一些年轻的专业人员是从 20 世纪 90 年代科技爆炸的时代开始工作的，他们足够自信可以在家远程办公。新的技术发明——办公电视会议、综合业务数字网络（ISDN）连线、改善的全自动传真机，以及联邦快递金考公司（FedEx Kinko's Copy Stores）这样的地方所使用的扩展型电视会议站点——使组织能够在远程办公项目中吸纳更多员工，并使公司提高这项计划的成本收益率。

远程办公的好处是可以提供更有弹性的时间，让人兼顾家庭和工作的责任。对于一个组织来说，招募新成员时，这也是一个很有吸引力的选择。最令远程办公人员满意的工作安排是一半时间在办公室办公，一半时间在家里办公。这为员工提供了在办公室中见面的机会，也有利于员工灵活地控制日常安排，尤其是满足家庭需要方面的日常安排。然而这种新工作方式存在的前提是：自我激励和独立性；在家中避免精力被分散的能力；有效运用甚至依赖技术的能力；脱离非正式的办公室交流圈的意愿。大部分远程办公人员对他们的家庭都设有一套规则，意味着当他们在办公室关着门的时候，不能去打扰他们。否则，将工作和个人生活分开对他们来说将会非常困难（McChristy，2002）。

但是，当员工彼此很少见面时，组织就可能在沟通和团队建设方面出现问题。其他问题还涉及员工在家中工作所遭受伤害的责任保险问题。另外，如果雇主不支付家庭办公所需的电脑、电话、保险、培训和其他费用，那么对员工来说只能自己支付。

报告显示，一些机构可能对远程办公没有正式的规定，这肯定是一个在研究潜在雇主时有待探索的领域。最近，加金德兰和哈里森（Gajendran & Harrison，2007）对涉及 12 883 名员工的 46 项研究进行了分析，提供了一些有关这种新的工作方式的鼓舞人心的数据。他们发现，远程工作对工作结果有着微小但是积极的影响，如更有自主权、减少了工作—家庭冲突、工作满意度更高和压力更小等。另外，只要远程工作每周不超过 2.5 天，它对工作场所的关系也不会有消极影响。有效的人力资源管理政策对于减少任何消极影响来说非常重要。很明显，这是很多大学毕业生即将面临的一种迅速崛起的工作方式。

9.2.9　把工作带回家

大概有 8%的员工会把工作带回家，他们多数是为了完成项目或追赶进度。把工作带回家的人平均比只在工作场所工作的人付出更多劳动。埃尔德里奇和帕比伦尼亚（Eldridge & Pabilonia，2010）报告说，不付报酬在家工作总是与受教育水平、零加班率、成为团队领导有关。其他研究表明，把工作带回家比只在家里工作更为普遍，并且往往会占用晚上的两个小时或者周末的时间。

9.2.10　自我雇佣和独立签约人（包括自由职业者和顾问）

自我雇佣

在美国这是一个重要的工作岗位来源。比如说 2009 年，有 1 530 万人是自我雇佣者，不管他们有没有把自己的业务吸纳进来，都可以包括在内（Hipple，2010）。（有必要指出那些吸纳了自己业务的人是受雇于某些组织，靠技术工作拿薪水的。）这意味着占总劳动力 10.9%的人是自我雇佣者，其中的 2/3 是没有组织的。之前，自我雇佣者通常是白人、年长一些的人，但是近几年来女性和少数族裔变得越来越多。根据全美妇女商业业主协会（National Association of Woman Bussiness Owners）（http：//nawbo.org）的资料，女性拥有的商业是经济领域发展最快速的一部分。

随着传统的全职工作选择变得越来越狭隘，很多个体开始考虑选择自我受雇或创业，包括一些大学毕业生。而且，技术普及为个体提供了开拓网络业务或加入电子商务革命的途径。美国商务部的报告显示，从 2002 年到 2009 年，与整个零售业 2.2%的年增长率相比，电子零售业的年增长率是 18.1%（www.census.gov/econ/estats/2009/2009reportfinal.pdf）。

正如本章我们提到过的，这些企业中的大部分会在几年之内失败，所以任何决定涉足这条道路的人都需要好好参考建议，好好整合那些对于开创事业有益的资源。美国小企业管理局（U.S. Government Small Business Administration）（SBA；www.sba.gov）集中了多样化的资源并公开在网站上，包括一份创业前必读的 20 个问题清单（www.sba.gov/content/20-questions-before-starting-business）。除了美国小企业管理局提供的信息，很多州都设有创业支持中心，佛罗里达小企业发展中心网（Florida Small Business Development Center Network）（http：//floridasbdc.org/main.php）就是一个例子。这些组织会对商业计划提供建议、训练、帮助和相关的服务。*Inc.* 杂志（http：//www.inc.com/）既有电子版也有纸质版，多年来已经成为很多希望自我雇佣的人的一大信息来源。尽管自我雇佣或创立小企业并不适合每一个人，但它将继续为一部分人提供一条实现“美国梦”的道路。

独立签约人

独立签约人是一群依靠自身来获得客户的个人。2005 年，独立签约人在所有工作者中的比例超过了 7%（约为 1 030 万人）（Torpey，2007）。他们往往兼职工作，自我管理，有专业技能，自己销售，或者精密生产。丹·平克（Dan Pink，2001）在他的《自由职业者国度》（*Free Agent Nation*）一书中进一步研究了这个趋势，他认为几千万美国人都选择了这种工作方式。人们在判断一个工作者是一个受雇的员工还是一个独立签约人时经常会感到困惑。美国国税局（Internal Revenue Service）的网站（www.irs.gov）提供了一些区分二者的信息，它们之间的主要区别见表 9—1。

表 9—1　雇员和独立签约人之间的区别

雇员	独立签约人
可能被培训以特定方式工作。	没有任何培训。
由雇主雇用、监管、支付工资。	可以雇用、监管、支付他人工资。
人际关系在特定任务完成之后仍将继续。	人际关系仅限于任务的完成。
雇主决定工作时间。	工作者决定工作时间。

续前表

雇员	独立签约人
雇主详细制定工作时间。	工作者选择工作时间和工作服务对象。
按小时/周/月支付工资。	根据工作或佣金支付工资。
雇主维护更新材料和设备。	提供自己拥有的资料或设备。
个人不盈利或受损。	能够盈利或者遭受损失。
可以被雇主解雇。	只要不违背契约条例就不能被随意解雇。
可以任意时间辞职。	不能随意辞职，除非圆满完成工作或支付赔偿。

资料来源：Internal Revenue Service.

由于大约有7%的劳动力称自己是独立签约人（包括自由职业者和顾问），且许多这样的工作者在服务行业工作，因此大学毕业生可能会发现越来越多的以这种方式进行工作的机会。几年前，一位州社会服务机构的官员在一堂大学课上指出，在提供社会服务方面，独立签约人正在取代州雇员（比如社会工作者和康复咨询师）的地位。人们看待工作及雇主关系时，考虑做一名自雇的签约人这种想法日益普遍。当与雇主谈论工作时，同样重要的是要清楚工作关系的性质——你将是一个雇员还是一个独立签约人呢？

这些新的工作方式代表了思考工作的一套复杂的安排，对于求职者来说，重要的是要发展有用的图式以思考这方面的就业知识。这些知识能帮助提高你的个人生涯理论的质量。关于这些就业选择方面的知识在你的战略性生涯规划中是非常重要的。

9.3　临时劳动力

劳工统计局将临时工作这一领域划分为人力供给服务产业（personnel supply services industry），正如我们在第7章中所了解的，这是经济增长最快速的领域之一。美国人才协会（American Staffing Association）报告，就业安置公司每天为250万人安排就业，其中79%是全职工作（同其他的劳动力一样）。并且，每年就业安置公司会为970万名临时工和合同工找到工作（http：//www. americanstaffing. net/statistics/pdf/staffing_facts. pdf ）。这些劳动力以前主要是做低水平的办公室工作，但是现在，管理和专业技术类职业对临时劳动力的需求主要集中在金融服务、卫生保健、电信和信息技术等行业。今天的劳动力信息从某个角度上讲是无序的，因为新的工作安排和计划不断涌现。

现在我们将讨论这一领域最新的发展和面向你的就业选择。我们还将对这个领域所使用的术语作出定义，比如，外包、员工租赁、派遣服务、过渡性或后备工作者、实习生和联合培训生，并在适当时机进行比较分析。表9—2是一份与临时工作者有关的就业词汇的清单。

表 9—2　与临时工作者有关的就业词汇

过程词汇	工作名称
员工租赁	顾问工作者
派遣服务	派遣雇员
签约雇佣	实习生，联合培训生
自我雇佣	联合就业者
自由职业	小时工
弹性工作制	短期员工，按天付费工作者
外包	分包商或独立签约人
其他专业服务（OPS）	弹性工作员工
	后备员工

入职水平的工作是临时性工作的可能性越来越大。临时一词意味着不确定性、可能性、机遇、不可预见的情况、依赖性、条件性和偶然性。当把这些词用于描述工作时，什么是临时劳动力也就自然分明了。劳工统计局将临时工作者定义为"对于正在进行的工作没有默认或明确合同的劳动力"（U. S. Department of Labor，2001，59）。

以前，组织使用临时工的初衷是填补缺勤员工、被解雇员工或休产假员工的空缺，但现在临时工已经成了许多机构组织文化的一部分。临时工的工作是不确定的、无计划的，随情境和雇主需要的变化而变化。人们并不指望这样的工作能持续一年以上。如今，在美国和全世界，这种性质的工作正在增加。

组织在特定时期需要特定数量的员工，当需求过后，组织就不再需要他们了。"准时生产"观念已经被迁移到"准时就业"当中，这是美国经济中临时性劳动力的本质。

这种情况是如何发展起来的呢？在第7章和第8章中，我们描绘了全球化经济涌现和技术发展对组织的影响。当组织自身经历再造和重组时，其结果将是组织的生产规模缩减或裁员。有很多不同的术语可用来描述这种规模缩减过程（见表9—3）。这也是组织实现"瘦身"的方式（Rifkin，1995）。遗憾的是，许多工作者在未来会明显地发现，在生涯过程中自己会不止一次地被贴上这些术语的标签。

表 9—3　与失业相关的一般词汇

解雇（原始术语）	向外转职
未雇佣状态（"好听"的术语）	被赶走
被取代	减员（强制性）
裁员	强制减少
过剩	调整结构
下岗	终止契约（听起来是永久性的）
减员	过多
离职	解除劳动关系
人员过剩	下岗
打包走人	卷铺盖

9.3.1 外包

组织在解雇永久性正式员工的同时，会与其他公司签订协议，让他们从事被解雇员工以前所做的工作。这些“新”员工被临时起用，称为临时工作者。一个很典型的例子是我们已探讨过的清洁服务。比如，多拉尔·唐证券公司（Dollar Down Securities）解雇了它的清洁工，转而同为您服务公司（ServiceMaster）签约来清理它的建筑。同样的人很可能在同一幢建筑中继续做相同的工作，但他们所效力的雇主却变了。每一种工作都会受到全球范围内临时劳动力增长的影响，按小时付酬的工作、技术工作、顶级专业职位都是如此。组织称之为外包。

以清洁工为例，外包清洁服务能使多拉尔·唐证券公司在健康保险、工资税务和养老退休福利等方面节省开支，这些开支将由为您服务公司来承担。外包的趋势不断扩大，先前被认为属于组织内部核心成分的许多功能，现在也被签约外包。这可能包括所有的人事和职工安置服务、会计和金融服务、研发服务、法律服务以及市场营销。以人事服务为例，一家该领域的专业公司对员工绩效、健康保障和退休养老福利管理、培训和发展、新员工的招募和定位等进行评估，并从雇主那里获得业务酬金。

外包的趋势对员工来说意味着什么呢？好的一面是工作或职位不会消失并将始终存在，只是雇主发生了变化。不好的一面是工作或职位可能变动更快，员工必须灵活应对，并改变他们对就业安排性质的期望——现在他们的职位更不具永久性，因为机构可能选择“走出去”。这也使人们很难准确了解如何在一个组织中寻找职位，因为他们很难弄清究竟是谁在雇用工作者。

9.3.2 员工租赁

在这种外包安排中，一个组织将员工解职，然后雇一个租赁公司来接管人事管理工作，使用的仍是原来的雇员。有时，这也叫雇主—买主伙伴关系、共同就业或经理员工制。管理工作包括员工记录、保险和福利项目、工资表、政府报告、员工聘用/解聘、税收和员工赔偿。租赁公司将员工“租赁”给员工原来所在的机构。这个项目能使机构更容易地剔除效率不高的员工，避免昂贵的诉讼和培训活动。现在，这些工作由租赁公司来完成。

我们还不清楚这种安排能为员工带来什么好处，但有一个事实是清楚的，那就是专家正在管理人事事务。实际上，员工租赁对大多数工作者是无形的（Miracle，1995）。工作申请程序可能也会变得很复杂，因为你想为之效力的公司正在从其他雇主那里租赁员工，这可能会使你很难弄清楚自己在为谁工作。

9.3.3 派遣服务

外包或短期工作最普遍的形式之一是使用临时雇员。不断发展的员工服务行业（第7章中曾有讨论）广泛使用了兼职工作者和临时雇员。临时雇员是指那些并不期望为当前雇主工作的时间超过一年，或其工作有特定期限的短期工作者。

在这里，临时就业和为派遣机构工作之间有一个重要的区别。如果一个人在一家派遣公司连续工作，那么这份工作就是永久性的，而不是暂时的或短期的（Polivka，1996）。这就意味着一个人可以在派遣机构从事永久性的职业。这有点让人疑惑，但是在发展关于新工作方式的新图式时，记住这一点很重要。

在派遣关系中，实际做工作的人被称为雇员或合同工，而员工派遣公司被称为雇主，接受派遣公司服务的机构被称为客户。在我们的例子中，多拉尔·唐证券公司是客户，为您服务公司是清洁员工的雇主。客户在获得这些服务时无须向雇员支付费用，而是向雇主付费。

与此相反，私营就业代理机构是帮助你找工作的代理人，并不把你当做临时雇员雇用。从这方面考虑，他们与派遣服务机构不同。私人就业代理机构可能也向求职者收取一定的费用，但派遣服务机构并不收费。公共的（政府型）就业机构也不会向求职者收取任何费用。

理解与派遣工作相关的图式，知道谁是雇主、谁是客户、谁是雇员很重要。有效使用这些术语对于研究这些组织、申请工作、理解组织的工作文化是很重要的。

派遣工作以前主要是输送工厂装配线工人和办公室工作人员，但是现在，律师、会计、工程师、科学家和其他的专业人员成为派遣劳动力中增长最快的一个部分，并且占去了就业服务公司员工的1/3。派遣工作人员中绝大部分每周工作40小时。他们的小时薪酬较高，但这些可能被其他福利的缺乏给抵消了。

虽然派遣雇员的数量不多，但派遣服务公司——越来越多地被称为雇员安置公司——却往往是大的商业组织。以下是一些数据事实：

● 总部位于威斯康星州密尔沃基市的世界领先的就业服务公司——万宝盛华集团（ManpowerGroup），在82个国家设有超过3 900个办事处，为40多万个客户提供服务。2010年，万宝盛华集团的全球销售额高达190亿美元，其中65%的收入来自欧洲。它每年有大约400万个公司客户，其中有不少是跨国公司。除了大约3万名直接员工，派遣服务公司每年还为它提供至少440万雇员。它在《财富》500强的美国大公司中居于第138位（http://www.manpowergroup.com）。

● 像其他的雇员安置公司一样，万宝盛华始终不断地训练其员工去学习新东西，获取更多与工作有关的经验。这样的组织是今天企业培训的主要资源。

● 除了万宝盛华外，还有140多家全美性的雇员服务公司和15 000个办公室，包括德科（Adecco）、英特瑞姆（Interim）、凯利服务（Kelly Services）、企业内训服务商Office Team和奥斯顿（Olsten）。美国人才协会的网址是http://americanstaffing.net，可以提供有关该行业的信息。

许多大学生已经有了在一家派遣服务机构中工作的经历，可能是在零售业，也可能是做办公室员工。他们想近距离观察这种员工服务行业，因为员工派遣服务公司可能会成为他们将来找到专业性工作的十分可行的办法。

伊夫·布劳迪（Eve Broudy，1989）指出了临时性工作为专业人员带来的益处，包括流动性、灵活性和可见性。流动性是指个体在从一个组织（或地方）转到另一个组织（或地方）的过程中保持生涯发展的一种方法，也是个体在寻找更永久性工作的过程中保持活跃、充实和持续工作的一种方法。布劳迪认为，灵活性可以通过很多方式应用于派遣工作中。例如，它提供了无须长期投入就可获得尝试性工作的经验，也能在实现生涯转变时提供兼职工作的机会。进一步说，它能使一个员工不会被一个烦心的老板和烦心的工作环境束缚而无法脱身——这给了员工对自身的控制权。可见性是指能使自己被潜在的雇主发现，并有机会在自己感兴趣的领域建立关系网络。可见性差肯定会使生涯发展趋于停滞，而员工派遣的方式能有力地阻止生涯发展停滞。

临时工作者越来越多地被组织作为发掘永久性员工的人员储备。这又叫“全部买下”或“临时转为聘用”，意味着从临时性到永久性的就业状态。美国人才协会报告称，72%的临时雇员在为就业安置公司工作时得到了永久性的工作。当一个机构产生一个新的全职工作时，公司通常首先从内部寻找兼职员工或临时雇员来填补职位空缺。这就是有75%的工作不登招聘广告的原因。寻找一个永久性的雇员机构，可能首先会找临时雇员来填补职位空缺，虽然机构雇用临时雇员可能需要向员工派遣公司支付费用。

员工派遣公司就像一条职业生涯生命线，它激发你的兴趣，努力为你寻找工作机会，为你处理所有与工作有关的文书工作。你可以接受过渡性工作而不必一直做下去。员工派遣公司可以确定你的兴趣、技能、生涯目标和合理的工作小时数，以便能与客户公司的需求相匹配。作为一个雇主，最重要的是使雇员和客户觉得工作安置对双方都是有利的。通过这种方式，员工派遣公司的雇主可以期望从客户那里不断获得订单。在第11章，我们将考察布劳迪对员工派遣公司提出的一些建议。

所有这些临时性雇员安置服务行业的信息对你来说意味着什么？

● 首先，你应当意识到，员工派遣公司和员工服务公司可能是你开始职业生涯的好帮手。这些组织将指导你、培训你从事各种各样的工作。它们将帮助你在你感兴趣的领域建立网络，获得所需要的最初工作经验。

● 其次，因为一些组织把使用临时雇员作为筛选常规性永久性职位员工的途径，因此，与员工派遣机构签约可能是实现全职工作的途径。

● 再次，求职者应与多个员工派遣公司签约，因为这些雇主与不同的客户之间都有员工安置合同。

● 最后，大学生应当意识到他们很可能在自己的职业生涯中失业，而员工派遣机构的雇主能帮助你提供重回劳动力市场的途径。

9.3.4 实习生和联合培训生

为了照顾学生，实习生制和合作教育项目为大学生提供了特别种类的临时性工作。在实习生制或联合培训制中，学生向一个机构提供与其学习领域或生涯目标有关的服务。在这种情况下，实习生或联合培训生办公室的功能从某种程度上说就像一个员工派遣机构，而机构就是客户。客户为实习生提供了“职位”，这也为该组织提供了一种把实习生当做潜在的永久雇员的观察机会。像其他的临时性职位一样，这些实习生职位也可能为学生提供职业生涯的流动性、灵活性、经验和可见性。

定义

全美大学与雇主联合会（National Association of Colleges and Employers，2010）澄清了“实习生制”的含义。鉴于《公平劳动标准法案》（Fair Labor Standards Act）（工资和劳动时间法案）要求雇主为雇员至少提供最低工资，全美大学与雇主联合会引用了美国劳工部制定的标准来决定在何种情况下可以不支付学习者或受训者工资：

1. 培训与在一所职业技术学校中所提供的培训相似。
2. 培训是为学生本身带来利益。
3. 学生并不取代一个正式雇员，而是在正式雇员的密切督导下工作。
4. 雇主提供培训，但并未从学生的活动中及时获益。
5. 培训期结束后学生并不一定会得到一份工作。
6. 雇主和学生都了解学生并不会因为培训消耗了时间而被支付工资。

因此，实习制应当最符合学生作为一个学习者的利益。

一个不被支付工资的实习生是否就是一个志愿者？美国劳工部将“志愿者”定义为出于公德、慈善和人道主义理由而为一个公共组织提供服务，且没有承诺或期望从所提供的服务中获得补偿的个人（National Association of Colleges and Employers，2010）。所以，私营商业领域的实习生制不应被看作志愿者工作。

招聘

当组织招聘学生任全职、永久性职位时，它们越来越关注实习生。事实上，考克（Koc，2010）的一份报告指出，所有参加工作的大学生中有过实习经验的人数比例已经从2006年的30%上升到了2009年的35%。在正式提供永久性职位之前，组织喜欢先“测试”一下它们的候选人。全美大学与雇主联合会用了几年时间搜集了一批数据，结果表明2001年实习生到全职员工的转化率是35.6%，到了2009年，已经增长到56.6%。这说明组织为永久性职位招募实习生的方法也发生了改变。有关联合培训的更多信息可以参考学生生涯服务中心和联合教育实习协会（Cooperative Education and Internship Association，CEIA） (http：//www.ceiainc.org/)。

高风险

密歇根州立大学的大学生就业研究所（Collegiate Employment Research Institute，2011）认为实习正在越来越多地成为大学生开启生涯之旅的第一站。因此，对大学生和组织来讲，实习也越来越成为一个高风险事件，因为它会影响到雇佣结果。然而，大学生就业研究所同时指出实习有不同情况，只有那些为将来的生涯选择认真思考过自己的兴趣、技能和价值观的学生，以及认真思考过实习对组织战略意义的管理者，才能达到高风险的标准。那些只需要学生或组织做一点点准备就能完成的实习，以及那些只需要双方付出一点努力就能完成的实习，实际上风险很小。

提醒

尽管实习有这样的诱惑力，吉恩·查兹基（Jean Chatzky，2011）提醒说，学生对实习的高需求已经让组织获得了大量的免费劳动力，因为 2011 年有将近一半的毕业生在工作中是没有报酬的。而且，那些附加学分的实习是需要支付学费的，这是免费劳动之外的又一笔额外的负担。另外，如果这个实习需要实习生就近住宿的话，实习生还得支出房租费和交通费。

> 我们建议学生在学校就业中心或实习办公室的指导下进行实习，确保这个实习对他们的教育和生涯准备都是一笔有益的投资。

9.4　关于退休

我们已经梳理了一些新的工作方式，这些方式对退休规划都有重要的启示。在第 1 章中，我们注意到生活的三个部分——教育、工作和闲暇（退休养老）——之间的界限不再清晰可见，因为它们已经融合在一起，并且不再按照原有的顺序转换。

在很多方面，我们现在理解的“退休”其实是一个崭新的现象。在几代人之前以及现在世界上其他许多地方，人们就这么去世了——他们无法选择退休。现在，数百万美国人由于经济压力工作到 70 岁、80 岁，甚至 90 岁（Fleck，2009）。正如第 7 章说的那样，尽管社会保障记录显示美国人享受社会保障的平均年龄是 63.9 岁，65 岁以上老人所占比重的增长速度却比任何其他年龄群体都要快。

弹性工作、国家卫生保健系统和其他社会政策等会共同塑造今天的大学生在退休后的选择。类似于再就业（Encore Careers）（www.encore.org/）这样的组织报告说到 2018 年，就业岗位将出现过剩。这些岗位将由 55 岁以上的老人来填补。在今天这些“婴儿潮”期出生的一代将在他们中年和老年间的十年里完成一次新的跨越。这体现了将生涯规划看作终身过程的重要性，这正是本书一直强调的。

9.5　问题领域

人们在面对多种工作方式时，反应各不相同。有一些非常满意，而另一些则更喜欢传统的工作方式。在独立签约人、后备员工和派遣服务人员这三种人之间，派遣服务人员对这种新的工作方式最不满意（Bureau of Statistics，2005）。

独立签约人可能会受到雇主不同形式的滥用。比如说，他们与永久性员工一起做相同的工作却不能得到相同的福利和失业救济。事实上，他们做相同的工作而得到的报酬很低。回顾表9—1中的一些项目有助于我们区分独立签约人和雇员。雇主可能正在违背联邦和州的法令，将本不是独立签约人的工作者归为独立签约人。

9.6　一种认知信息加工的观点

在本章中，我们已经探讨了美国劳动力市场中正在出现的新型工作方式的相关内容。循此路径，我们聚焦在各种新的工作方式和临时劳动力的增加等方向展开介绍。现在，我们将从信息加工金字塔模型和CASVE循环的角度简略回顾一下我们已经学过的知识。目标是帮助你改善自己的个人生涯理论（PCT）的相关性和质量，从而有利于解决生涯问题和制定生涯决策。

9.6.1　自我知识

本章聚焦于今天美国人的工作方式所发生的巨大变化。工作的性质正在改变。我们强调了各种新的工作方式和临时劳动力的出现。具有讽刺意味的是，劳动力市场中的一些事物越是变化，其他事物就越是不变。即使这些新工作可能是暂时性的和兼职性的，我们仍然可以依据霍兰德的RIASEC码对它们进行分类。前提是霍兰德的分类标准能被很好地应用于这些新型工作方式中。

这些新型工作方式使有多重技能的工作者以及多才多艺、能使组织的产品和服务增值的员工受益更多。关于雇员的工作价值观，越来越清楚的一点是，工作安全的观念正在转变为就业安全的概念。在一个临时性的员工派遣公司工作时，你可能在一年当中实际在做几份工作，每一份工作在不同的组织中进行。灵活性、流动性和适应性成为受雇技能的新的组成部分。

9.6.2　各种选择的知识

新型工作方式要求个体发展与就业有关的新图式。有关工作和职位的新语言产生了，当我们回顾永久性和临时性劳动力时，已经了解了许多这些方面的发展情况，至少包括以下新型工作方式：外包、员工派遣、临时劳动力、工作共享、弹性工作时间、雇员租赁和向外转职。

临时劳动力和员工派遣行业的发展使求职者很难确定是谁在为多家公司管理工作申请和就业服务的事宜。比如，在当前组织中工作的员工看似在为“客户”服务，实则是在为一个员工派遣公司或一个雇员租赁公司工作。

霍华德（Howard，1995）甚至认为，有关工作的整个观念已经过时了，新的“工作”图式仍旧在形成之中，但我们已经看到了几分它的雏形。

- 一份工作将是不断变化的一般性工作任务和专门性工作任务的松散集合体。
- 一份工作将涉及使用知识（有用的信息）去解决不一般的问题。
- 一份工作将要求保持一些核心的工作技能，但从根本上要求扩展进入与组织中他人互动的角色当中。

霍华德（Howard，1995）总结说：

> 在适应性组织中，后工业时代的工作将是在认知上要求多且复杂的。它将是流动的和不断变化的；在这种环境当中，人们很难保持一份稳定的工作。不确定性和不可见性将增加工作的抽象性质，但与他人的相互合作将产生新的角色和关系。(p. 524)

在第 3 章中，我们学习了关于职业和职业分类的方式。通过对工作组织和工作方式的进一步了解，我们对职业的理解更深入了一层。未来个人生涯发展的关键观念之一是将非全职工作和临时性工作拼成一个和谐的生涯图画。“只是要得到一份工作”的观念中包含了对工作的构成和管理的不同方式的了解。这些知识可改善你的个人生涯理论（PCT）的质量，使你成为一个见多识广的生涯问题解决者和决策制定者。

9.6.3　决策制定

无论是选择全职工作还是非全职工作，永久性工作还是临时性工作，决策的过程都遵循我们在早些时候学习的有关决策制定的 CASVE 循环。无论是要找一份工作还是选择一种工作方式，个人必须认真分析自我知识和职业知识之间的关系。正如我们在本章中所学到的，综合细化意味着有越来越多不同的工作方式。评估阶段意味着选择对你自己、你的家庭、重要的朋友和你的重要参照群体来说最佳的工作方式。我们在第 2 章中探讨的工作价值观，也可以从可选择的工作方式的角度进行考察。本章应该使你更加意识到工作选择快速变化的性质，意识到在未来因为缺乏工作稳定性而使你有更多机会制定生涯决策。

9.6.4　执行加工

在从永久性全职就业的观念中摆脱出来的过程中，你很可能会发展出一种涉及灵活性、自我信任、适应性、团队工作和继续学习的新的生涯元认知。新的工作方式增加了就业的模糊性和复杂性，因此，你必须建立自信心，相信自己是一个优秀的生涯决策者。你需要在这些新的条件下感觉舒适，并认同自己作为一个自雇者的职业生涯。这些新的元认知是有效生涯规划的基础，应当成为你的个人生涯理论的一部分。

在许多组织中，工作者就像租来的技术包裹，人们用完后可将其丢弃。新雇主可能来自员工派遣公司，充当代理来帮助员工兜售工作技能。更重要的是，这种安排与组织的利润和成功并不相关——对许多人来说，这已经成了永久性就业的一种新形式。

小　结

本章聚焦于各种可供选择的工作方式，包括非全职工作、弹性工作、远程办公、独立签约人和临时劳动力。本章开头简略地论述了工作的产生的性质，以帮助我们理解为什么就业形式发生了变化。据此，我们探讨了一些影响常规工作和临时工作的社会力量，以及这些力量对退休的影响。与新型工作方式相对应，也出现了许多问题，我们对其中一些进行了探讨。最后，我们从个人生涯理论（PCT）视角总结了美国人的新型工作方式。本章的一贯主题是帮助你改善解决生涯问题和制定生涯决策的个人生涯理论的质量。

参考文献

Begala, P. (2011, November 27). Who you calling lazy? *Newsweek*, 8.

Broudy, E. (1989). *Professional temping*. New York, NY: Macmillan.

Bureau of Labor Statistics. (2005, Fall). Preferences of workers in alternative arrangements. *Occupational Outlook Quarterly*, 36.

Collegiate Employment Research Institute (2011, January). *Internships as high stakes events*. East Lansing, MI: Michigan State University. (also available at http://www.ceri.msu.edu/home/attachment/high-stakes-internships/).

Chatzky, J. (2011, November 28).The great American internship swindle. *Newsweek*, 22.

Eldridge, L. P., & Pagilonia, S. W. (2010, December). Bring work home: Implications for BLS productivity measures. *Monthly Labor Review Online*. Retrieved from http://www.bls.gov/opub/milr/2010/12/art2exc.htm

Farber, H. S. (2006). *Is the company man an anachronism? Trends in long-term employment in the U.S., 1973–2005*. Princeton, NJ: Firestone Library, Princeton University.

Fleck, C. (2009, September). No rest for the weary. *AARP Bulletin*, 18–20.

Gajendran, R. S., & Harrison, D. A. (2007). The good, the bad, and the unknown about telecommuting: Meta-analysis of psychological mediators and individual consequences. *Journal of Applied Psychology, 92*, 1524–1541.

Godinez, V. (2003, November 5). Market drives workers to self-employment. *Tallahassee Democrat*, 2E–3E.

Hetrick, R. L. (2000). Analyzing the recent upward surge in overtime hours. *Monthly Labor Review*, 30–33.

Hipple, S. F. (2010, July). Multiple jobholding during the 2000s. *Monthly Labor Review, 133*(7), 21–32.

Hipple, S. F. (2010, September). Self-employment in the United States. *Monthly Labor Review, 133*(9), 17–31.

Hochschild, A. R. (1997). *The time bind: When work becomes home and home becomes work*. New York, NY: Henry Holt & Co.
Howard, A. (1995). Rethinking the psychology of work. In A. Howard (Ed.), *The changing nature of work* (pp. 513–555). San Francisco, CA: Jossey-Bass.
Kallenberg, A. L. (2009). Precarious work, insecure workers: Employment relations in transition. *American Sociological Review, 74*, 1–22.
Koc, E. W. (2010, February). Recruiting for tomorrow: Recent trends in employer internship programs. *NACE Journal*, 20–24.
Levitan, S., & Johnson, C. (1982). *Second thoughts on work*. Kalamazoo, MI: W. E. Upjohn Institute for Employment Research.
Mariani, M. (2000). Telecommuters. *Occupational Outlook Quarterly, 44*(3), 10–17.
McChristy, N. (2002, July-August). Stories from the road: Working effectively on the move. *Office Solutions, 19*(7), 16–18.
Miracle, B. (1995, June). Lease-a-worker. *Florida Trend*, 6–9.
Pink, D. H. (2001). *Free agent nation: The future of working for yourself.* New York, NY: Warner Books.
Polivka, A. E. (1996, October). Contingent and alternative work arrangements, defined. *Monthly Labor Review*, 3–9.
Presser, H. B., & Ward, B. W. (2011, July). Nonstandard work schedules over the life course: A first look. *Monthly Labor Review Online*. Retrieved from http://www.bls.gov/opub/mlr/2011/07/art1exc.htm
Rifkin, J. (1995). *The end of work*. New York, NY: Putnam.
Samuelson, R. J. (2010, October 11). The real jobs machine: Without startups, we're sunk. *Newsweek*, 26.
Thottam, J. (2004, April 26). When execs go temp. *Time*, 40–41.
Torpey, E. M. (2007, Summer). Flexible work: Adjusting the when and where of your job. *Occupational Outlook Quarterly*, 14–27.
U.S. Department of Labor, Bureau of Labor Statistics (2001, February). *Contingent and alternative work arrangements: Supplement to the Current Population Survey*, 59.
U.S. Department of Labor. (2005, Fall). Preferences of workers in alternative arrangements. *Occupational Outlook Quarterly*, 36.

第10章 生涯与家庭角色

在第Ⅱ篇中，我们了解了迅速增长的竞争型全球化经济及科技的使用如何影响公司的文化和我们的工作方式。如果我们是地质学家，就可以把这些宏观力量看作浮在地球表面制造着地震和海啸的巨大板块。在许多方面，这些社会力量已在我们求职的路上制造了“生涯地震”（Bolles，2012）。

然而，这并不是故事的结尾。还有一种巨大的变动影响着组织和我们的工作方式，这种变动与妇女走出家门进入工作角色的运动有关。总之，这些宏观力量使问题更加复杂，也改变了我们投入职业生涯的方式。可能不止如此，这些力量已经影响到了我们用于解决生涯问题和制定生涯决策的个人生涯理论（PCT）。本章我们主要讨论以下内容：

- 女性和男性参与工作的劳动力变化的历史回顾及其对组织和家庭生活的影响。
- 在双生涯关系中生活。
- 处理好工作和家庭生活的策略，包括个人的责任和公司的责任。
- 关于 Amerco 公司——一个有利于家庭生活的公司的案例研究。
- 从认知信息加工观点看待与生涯有关的生涯/家庭因素。

当你阅读关于性别和工作方式的议题时，要考虑如何使用这些信息来改进你的个人生涯理论及战略性生涯思考。这些信息是如何影响你所重视的工作—家庭平衡的？当你在家庭之外工作时，它们如何影响你思考家庭角色和家庭关系的方式？你的配偶/伴侣会有什么样的生活—生涯？这些信息如何影响你的工作方式？

10.1　在家和在工作中的家庭问题

在这一部分，我们会探讨几种夫妻关系对工作和生涯决定的影响方式。探讨的关键在于工作—生活的平衡，男性和女性如何进行工作，如何分担家庭负担和养育责任，双生涯家庭的概念，女性的家庭/生涯问题，夫妻双方感知到的过度操劳和紧张，照顾孩子和老人，以及正在改变的家庭系统。

10.1.1　关系在生涯决定中扮演着什么角色?

几年前，在一个本科生的生涯课程上，教师利用问卷调查了 200 个注册生涯课程的本科生，了解他们希望从课程中得到哪些关于生涯规划的信息（Gerken，Reardon，& Bash，1988）。没有人选择获得与生涯规划有关的婚姻/家庭信息的两个条目中的任何一条。显然，在他们的生涯元认知中，没有包含配偶/伴侣以及家庭关系。许多学生仍然没有把这些个人关系与生涯规划联系在一起，这可能是个问题。在本章中我们将会提供一些信息和观点来帮助你拓展对生涯的思考，即把家庭和其他关系等因素纳入其中。

10.1.2　独居

这一章我们主要讨论工作之外的关系以及它们对工作的影响。讨论之前，我们有必要知道今天有 28%的家庭是由一个独居的人组成的。1950 年，独居的美国人有 400 万，今天这个数目已经超过了 3 200 万（Stromberg，2012）。一位叫埃里克·克林伯格（Eric Klinenberg，2012）的社会学家已经写书讨论过这个话题了：《独居：一种日益兴起并广受欢迎的生活方式》（*Going Solo*：*The Extraordinary Rise and Surprising Appeal of Living Alone*）。克林伯格为这个改变做出了贡献，现在在很多大城市，女性越来越不需要依靠配偶或伴侣来维持经济来源，日益发展的社交技术也让她们有可能离开办公室而工作，她们的寿命可以延长，并发展出一种都市文化（一个人可以独居，但是需要和组织中的很多人在一起）。

10.1.3　男性和女性的工作领域

在第 7 章我们曾探讨了霍兰德（Holland，1997）的六种 RIASEC 领域的就业和收入的差异。图 10—1 呈现了 2000 年人口普查报告中男性和女性在这六种工作类型中的分布差异。注意女性的分布比男性的分布更平均，男性主要集中在现实型（R）和企业型（E）领域，而女性在现实型、社会型、企业型和传统型领域都是 15%或稍高。这意味着在 RIASEC 领域选择工作环境时女性比男性更加灵活。

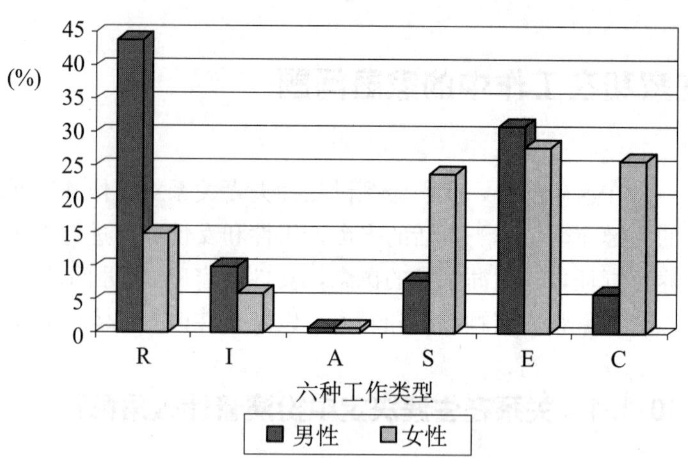

图 10—1 2000年人口普查男性和女性在六种工作类型中的就业分布百分比

10.1.4 工作—家庭平衡

如今，18～22岁的大学生有时候会被称为Y代或千禧一代，这个群体有着多样的信仰和价值观。（其他年龄群体有别的命名，X代指的是23～37岁的人，“婴儿潮”代指的是38～57岁的人，成熟代指的是58岁以上的人。）据考克（Koc，2008）观察，千禧一代在求职时十分注重工作—家庭平衡。他把这种特征称为一种“都市传奇”，因为这个现象其实没有数据支持，多数人已经接受了“平衡”的观念，而且这是一个主观判断。

四代人对工作—家庭平衡的不同看法是千禧一代可能会带入到职业运动中去的东西，也许还能用来区别代与代之间对于工作—家庭平衡的态度差异，至少在一部分人看来如此。Y代员工需要理解他们的主管和经理可能和其他代人有不同的看法，比如说关于加班、照顾家人和生涯平衡（Galinsky，Auman，&Bond，2011）。这些不同可以形成监督和指导的基础。

10.1.5 领导力市场中的男性和女性

在第7章中我们提到过，到2020年，美国将会有57%的女性和68%的男性参加工作（Toossi，2012）。现在，更多的女大学生在工作。考克（Koc，2010）的报告显示，2009年11月份，女大学生的失业率是6.2%，而男大学生的失业率是9.3%。似乎女大学生开始支配曾经受男大学生支配的新劳动力市场，这会使女性变得更有可能参加兼职和暂时性工作（Koc，2011）。

10.1.6 双生涯家庭

父母都工作的家庭叫做双生涯（dual-career）家庭或双薪（dual-earner）家

庭。双生涯这个词常用于这样的家庭：家庭中的配偶双方都拥有专业的、管理的或技术性的工作。根据第1章所定义的“生涯”，双生涯家庭的两个人都长期在外忙于工作，并把承担工作看作一种有目的的生活类型。显然，这是一种更加复杂的生涯状况，因为每个人都在寻找能够有效地处理关系中两个人的职业生涯的方法。这里我们将重点探讨双生涯议题及其实施策略。

10.1.7　对工作和家庭角色的态度

今天的男性和女性已经改变了工作方式，值得注意的是他们都不再认为男性应该赚钱，而女性应该照顾孩子和家庭（Galinsky et al.，2011）。换句话说，2008年所有年纪的雇员中只有36%的人还持有这种观念。而且，男性和女性在这一问题上的一致态度是这30年来的一个重要转变。

在双生涯家庭中，这种态度的转变也特别值得注意。1977年，70%的双生涯家庭中的男性都认为男人出去赚钱，女性在家照料是一个很好的做法，但是到了2008年只有36%的人还这么想，34%的人发生了转变（Galinsky et al.，2011）。

10.1.8　出差和搬迁

另一个双生涯夫妻的潜在问题是出差和搬迁。当夫妻中有一方出差时，照顾家庭的重担就落在另一方身上了。当伴侣一方得到了一个需要搬迁的新机会，另一方可能会受到搬迁带来的消极影响，因为他/她可能会失业，失去原来的社交圈子，以及一些相关的因素，尤其是当他/她无法在新的地方找到新工作的时候。这可能带来生活标准的下降，因为随从配偶不得不进入的新职位薪水低，福利少。在住房、气候、孩子的学校以及与其他家庭成员的密切程度方面也有改变。国际的工作流动使搬迁问题更加复杂化，因为很多国家的法律禁止配偶工作。

当伴侣一方得到升迁或调任，或者决定去一个新地方抓住一个新机会时，随从配偶可能会陷入困境。过去，女性显示出比男性更愿意做“随从配偶”。为了使双生涯夫妇的搬迁和调任更为便利，越来越多的公司与搬迁咨询公司签约以提供配偶搬迁方面的帮助。比如说，OneSource Relocation 公司（www.onesourcerelocation.com）在佐治亚州的马里塔提供搬迁咨询服务，包括“家庭援助和夫妻生涯咨询”。这种服务是为了帮助搬迁家庭更快地找到工作，更好地与新社区融合。当然，有时候一对夫妻会决定分开住，一方搬家，另一方留下。这样的夫妻会选择一段“通勤婚姻”或是一段通勤伴侣关系（Vander Klis & Mulder，2008），以免打乱家庭生活或是留下一方原有的带薪工作。

10.1.9　工作中的女性和母亲

工作—家庭平衡问题的另一个重要议题是女性进入劳动力市场的运动。这影响了工作组织、家庭生活以及几乎社会的方方面面。然而，马修斯（Matthews）和罗丁（Rodin）指出，这种“自然实验”仍在继续，关于它的影响和收益的很多数据是矛盾且不清晰的。

从第一次殖民时期开始，女性通过在农场和家庭里长时间的辛勤工作为美国的建立作出了自己的贡献。1900 年，只有 20%的女性在外工作，通常是因为她们没有结婚或者成了寡妇（Matthews & Rodin，1989）。工业革命驱使男性离开农场和小商店进入工厂，女性则仍留在家里。到 20 世纪 40 年代早期第二次世界大战期间，许多女性开始外出工作，做老师、工厂工人或商人，在战争结束后许多人仍继续工作。

尽管 20 世纪八九十年代，工作中的母亲的数量在劳动力队伍中稳步增加，但是 2000 年以来这一趋势已经放慢了（Macunovich，2000）。比如说，已婚已育母亲出来工作的比例已经从 1970 年的 40%上升到了 2000 年的 71%，但是 2007 年回落到 69%。这个所谓的“选择性退出革命”对于有着专业和管理能力的女性来说格外真实。原因有两个：首先，具有大学学历女性的结婚对象通常也具有相同的学历，所以相对挣钱较多，这就给妻子提供了就业方面更多的选择。第二，具有大学学历的女性通常每周工作时间更长（平均是每周 42 小时，专业学历的会达到 45 小时），繁重的工作量使得女性倾向于脱离工作。

10.1.10 家庭/生涯问题中的儿童照管问题——不仅仅是女性问题

与男性和女性就业有关而尚需解决的最大难题之一是儿童照管问题。女性已经开始感觉到这一问题的重要影响。比如说，在母亲为了照顾儿童而不去工作的这段时间里，母亲是没有收入的，这是“母亲的惩罚”（Galinsky et al.，2011）。当男性负责照顾儿童时，这个问题同样存在。

儿童照管是双生涯夫妻面临的主要问题，但是也有一些好消息。勒斯科姆（Luscombe，2010）撰写了一篇回顾 50 年来相关研究的述评，该评述表明，那些在孩子 3 岁以前回到工作岗位的母亲并没有比那些一直待在家里的母亲出现更多学术上或行为上的问题。实际上，老师们认为那些母亲在外工作的孩子拥有更高的成就，抑郁和焦虑问题也更少（Goldberg，Prause，Lucas-Thompson，Himsel，*Psychological Bulletin*，134，77-108）。类似地，比安基和米尔基（Bianchi & Milkie，2010）报告说，大多数这方面的研究都表明母亲工作对孩子没有影响或影响很小（p. 710）。然而，尽管这些发现都是积极的，美国多数母亲都会在孩子第一个生日之前回到工作岗位（Barnett，2008），这一现象说明了持续寻找双薪家庭儿童照管问题的解决办法是多么有必要。

10.1.11 男性和女性感觉工作过度

今天的专业工作者常常会觉得自己应该身处其他地方（例如，回办公室，见客户，回家陪孩子，或者去社交）(Conley，2009)。部分原因是高收入工作者往往工作时间更长。比如，2006 年 27%的高收入男性报告说他们一周工作 50 个小时以上，而 1979 年这个比例只有 15%。奥弗和施奈德（Offer & Schneider，2011）指出“那些期待雇员高投入、长时间工作、科技化工作的雇主已经模糊了工作和家庭的界限”(p. 811)。我们在第 9 章讨论过，美国是除日本以外工作时间最长的工业国家，结果之一就是人们感觉工作过度。下一节我们会讨论工作和家庭的要求是如何对“三明治一代”产生压力的。

10.1.12　“三明治一代”

当代的工作者有时被称为“三明治一代”，这个词是用来形容那些既要照料年迈的父母又要抚养孩子的中年人。下面一些因素导致人们更加关注这种现象：(a) 更多中年人的父母都健在；(b) 父母都在远方居住，这使得赡养他们更加困难；(c) 女性生孩子的年龄更晚了，父母都已年迈，但孩子还小；(d) 孩子需要抚养、资助的时间比以前增加了；(e) 女性外出工作。

家庭与工作研究所的一项研究（Aumann，Galinsky，Sakai，Brown，& Bond，2010）发现，美国 42%的工作者（近 5 460 万人）在最近 5 年内赡养过老人，其中男性和女性比例均等。这些人正好是“三明治一代”——其中有 46%的女性和 40%的男性家里还有不满 18 周岁的孩子（Aumann et al.，2010）。近几年，青年人和父母同住的趋势也在增长（U. S. Census Bureau，2011）。面临求职和贷款困难的大学生也许会选择和父母同住，以避免在一个新地方独立门户所需要的开支。多世同堂会如何影响个人平衡工作和家庭，这个问题目前还没有定论。

10.1.13　变化中的家庭系统

在第 8 章中我们描述了作为社会系统的组织，并指出这种系统有相互依赖的成分，这些成分之间有相互关联的功能和共同的目标。如果我们以系统的观点来看待双职工家庭的状况，既把每个人看作个体，同时，在实现共同目标时也看作与其他成员有相互的联系，那么，如果一个成员消耗很大，则整个家庭都会受到影响。美国的核心家庭通常包括一个丈夫/父亲、一个妻子/母亲和至少一个孩子。家庭的外延包括了其他的亲属，例如祖父母。

在美国，家庭系统正在改变。例如，弗农·赞克尔（Vernon Zunker，2012）博士报告称，单亲家庭的数量正在增加，离婚家庭的数量正在增加，越来越多的再婚导致了重组的和混合的家庭，结婚晚的人越来越多，外出工作的女性越来越多，家庭中的孩子则越来越少。皮尤研究中心（Pew Research Center，2010）的报告描述了近 50 年来越来越多元化的家庭形式，包括单亲家庭和未婚父母。这些家庭形式影响了工作和父母角色。

人们想要兼顾发展个人职业生涯和照管好儿童就需要战略性地思考和平衡几种生活角色。对父母（通常是母亲）来说，有两种基本的选择，以职业为主和以职业—家庭为主。后一组工作者愿意改变他们的工作时间表或生涯目标以适应他们孩子的需要。他们也许会通过选择弹性工作时间、转为非全职、改变职业路径、在一段时期完全放弃工作或者自己开公司来做到这一点。

人们对于以职业—家庭为主的选择存在一些争论，但这似乎也是创造一种平衡工作和家庭的新家庭系统的方法。对于女性放弃工作、留在家里的选择，斯通（Stone，2007）提供了另外一种视角。在她的关于高成就女性的研究中，工作环境（家庭更是如此）是女性放弃工作的关键因素，并且在很多情况下，对女性而言看似“选择”实际上并不是那样。尽管这种方式可能常常为女性所选用，但也有一些男性正逐渐选择这种方式。我们将在本章的后半部分谈到这个话题。

10.2 影响女性职业生涯的因素

女性的职业生涯一直受到许多因素的影响，包括低薪、压力、传统的性别角色期望、职业刻板印象、玻璃天花板效应、骚扰和工作场所的企业家身份。在今天，影响因素包括晚育，平衡职业提升和儿童照管之间的要求，天花板效应，高教育水平和受训水平。如果你是女性，当你阅读这些因素时，请思考一下你的个人职业和就业目标；如果你是男性，那么想象一下如果这些因素影响了你的生涯目标会是怎样的情形。

10.2.1 晚育

越来越多的女性开始晚育，因为更高的教育水平对时间和生育条件有更多要求，也改变了女性对婚姻的态度（Birnbaum，2011）。从 1990 年到 2008 年，35 岁及以上年龄的产妇数量上升了 64%。并且，婚外生育的比例从 1990 年的 28% 上升到了 2008 年的 41%。伯恩鲍姆（Birnbaum）指出，后一个趋势随着女性与孩子的父亲同居现象的增长而增长。对于大龄未婚女性来说，这个趋势对生涯规划和职业的影响非常大。

10.2.2 玻璃天花板效应和刻板印象

自 20 世纪 80 年代起，越来越多的女性进入工作组织，许多人都经历了“玻璃天花板效应”。这个词是指基于态度和组织偏见而造成的人为障碍阻碍了合格女性进入中级或高级管理阶层（Vega，1993）。据卡塔利斯特（Catalyst）（www.catalystwoman.org）报道，在 2011 年的《财富》500 强公司里，只有 16%的董事位置、14%的总经理位置和 7.5%的收入最高的执行官位置是由女性掌管的。女性在一个组织中坐上最高位置仍然是例外情况。布里曾丹（Brizendine，2008）指出，女性要想坐上最高位置，其面临的挑战之一是只有在她们能够处理好多种生活角色带来的多任务要求时，这个难得的机会才能为她们所用。她认为，如果组织愿意对“创造新型的两性工作模式”（p. 36）持开放态度，允许女性在生涯中后期追求管理权力，那么女性也许会有更多进入高层的机会。

10.2.3　更高的受教育水平

格林斯基（Galinsky，2011）指出，从 1981 年到 1982 年，女性比男性获得了更多的学士和硕士学位。到 2016 年，女性估计将占据 60%的学士学位，63%的硕士学位和 54% 的博士及专业学位。与此相关，兰佩尔（Rampell，2011）指出，年轻女性正在退出劳动力市场以提升技能——她们更多的是在学校，而不是在劳动力市场。长远来看，这也许意味着女性在求职时会比男性更有优势。

10.3　影响男性职业生涯的因素

女性离家工作的运动和社会其他领域的变化促使男性重新审视自己的角色、信仰以及价值观。赞克尔（Zunker，2012）引用的研究表明，很多男性在适应女性平等主义运动和争取女性平权中都不太好过。男孩子被期望要有男子气概，要有诸如积极、进取、独立和勇敢等行为特质。但这些特质并不总是与工作和家庭中新的社会状况相适应，因为新的社会状况涉及团队合作、协商、分享权力和妥协。现在，我们来看看另一些正在改变的社会因素对男性职业生涯的影响。

10.3.1　养家糊口者

也许与男性工作有关的最典型的性别刻板印象或图式是“养家糊口者”的概念，一种要求男性为家庭提供基本经济保障的“传统男性规则”。在最早采集食物的社会中，男性就被看作从森林里带回捕获或杀死的猎物以赡养家庭的打猎者。在工业社会，男性到工厂做工以购买面包赡养家庭。男性被期望外出并获得维持家庭所需要的东西。他们根据工作中的成就、地位、权力和对生活的控制来体会职业生涯的成功。这些图式多年来统治着男性的职业生涯观念。然而在一个性别角色更加平等、女性对家庭经济的贡献更大的社会里，有必要形成一种“新的男性规则”（Aumann，Galinsky，&Matos，2011）。

10.3.2　双性特质

男性特质常常与社会权力、团队领导、健壮的身体、缺少亲密感、逻辑严谨的思维以及雄心抱负联系在一起，而女性特质常常与顺从、意志薄弱、情感丰富、善于照料以及柔弱无力联系在一起（Zunker，2012）。然而，这种两极性在现代生活中正在被打破，双性特质，或者说在一个人身上同时表现出男性特质和女性特质，使得男性和女性都有机会超越传统的性别刻板印象。由于具有双性特质，对女性特质的恐惧为那些发现自己不再是家庭中主要的养家糊口者的男性带来了许多问题。做一个有双性特质的男性特别不能被一些男人所接受，对他们来说，把照看儿童及料理家务放进他们的生活/生涯角色中是非常困难的。

10.3.3 传统的男性职业

男性倾向于在传统的职业中工作，这意味着至少30%或更多的工作者是相同性别的。表10—1显示了男性倾向于在实用型和企业型领域中工作。实际上，一些被性别差异隔离得最严重的职业都是由女性主导的（比如护士，94%）。与女性不同的是，大多数男性并不愿意进入非传统的职业领域，这种倾向限制了他们的职业选择。像我们在第7章说的那样，未来十年有望快速增长的12种职业中只有2种是受男性支配的（如建筑和会计），其他的（如教师、注册护士、家庭健康顾问）则充斥着太多的女性。

10.3.4 居家爸爸

比起30年前，今天的父亲会花更多的时间在孩子身上，尽管母亲花费的时间没有太大的变化（Galinsky et al.，2011）。每个工作日，母亲和父亲分别花4小时和3.1小时在他们13岁以下的孩子身上。格林斯基等人总结道，比起30年前，如今的男性对家庭工作的多个方面都更有责任心（如照管孩子，做饭，打扫）。但是，自称“居家爸爸”的男性数量一直保留在3%以下（Romano & Dokoupil，2010），这是一个非常小的数目。

10.3.5 压力

我们所讨论的男性角色变化与日益增长的工作—家庭冲突有关。30年来，男性的压力有了显著增长，而对女性来讲没有明显的变化（Galinsky et al.，2011）。对于双职工家庭的男性而言，这种变化尤其真实，他们之中有60%的人都报告自己面临着或多或少的冲突。在很多方面，男性正在经历几年前女性进入工作领域时所经历的工作—家庭冲突。

总之，显然同女性一样，男性也发现他们进入了一个未知的“工作—家庭平衡”领域。同时，有证据显示，在平衡这些冲突的价值观时，年轻的男性正在创造新的模式，但当他们需要长时间工作，或以工作为中心，或成为双生涯夫妻中的父亲时，他们也容易受到相当大的压力的影响。

10.4　管理工作和家庭生活的策略

本节将提供一些在家庭和工作中处理双生涯关系的想法。有一些策略可以直接应用于人们的生活，而其他一些策略则需要组织文化以减少家庭/工作冲突，这种冲突会影响到工作中的男女以及他们的孩子。

10.4.1　个人的策略

人们可以采取哪些个体行动来促进工作和家庭生活的进一步平衡呢?

澄清和限定角色与关系

当双生涯家庭的成员对于家庭生活没有共同的计划或看法时就会出现问题。典型的情况是，一方认为另一方应该把对工作的热情和努力放在第二位。

在澄清双生涯角色和关系的过程中，夫妻双方应该回顾他们自己的角色和关系（如孩子、学生、工作者、配偶或伴侣、持家者、公民等）（Super，1990），并分享在他们的双生涯关系中哪些角色是最基本的。一个人不大可能在同一时间里进入所有的角色，特别是在没有另一个人、家庭的扩展成员及签约式家政服务（如保姆、女佣）的支持和角色分担时更是如此。

发展社会支持系统

对双生涯的支持系统包括各种各样的形式，从停车场到在家照看儿童的看护者。扩展家庭成员、朋友、邻居和同事等社会网络中的人会相互交换时间，帮忙提供照料服务。

鉴于在工作和家庭中发生的一切，谁将在这些改变中活下来呢？哪种人会成功？杰拉尔德·哈格（Jerald Hage，1995）提出，那些能有意识地通过协商谁将做什么、什么时候做以及怎样做来重新确定他们的生活角色的人最有可能成功。在第 6 章中我们曾介绍过他的思想。事实是，如此之多的协商最后都是由离婚法庭来解决的，这表明我们在这个领域还有很长的路要走。哈格得出了更具体的结论，他认为能够使用如下高级认知过程的人最有可能获得成功：

1. 那些能够采用新的符号、关系和技术来创造性地解决问题的人。例如，一个人如何才能既当爸爸又当妈妈，同时又在外工作?

2. 那些能够运用复杂自我形象——不仅仅把自己看成是属于某个性别、种族、宗教或国家——而且能够采用他人的观点，从多元的角度看待家庭和工作中社会问题的人。这种能力使得协商新的角色关系更加容易。

朱迪思·沃纳（Judith Warner，2005）在她的新书《妈妈疯了》（*Mommy Madness*）中写道，她发现要找到生活中的“平衡”很困难，很有压力，并且要付出高昂的代价。在我们的文化中，家庭生活的艰难现实，以及没有恰当的机构来让人们平衡工作和子女照料或老年看护，意味着“生涯选择”根本就不存在或者非常有限。“他们几乎从来没有运用他们优质的教育或集体声音去改变或重整他们的社会支持系统。他们就没有这种政治本能——或词汇——来这样思考问题”（Warner，2005，p. 2）。在下面的部分，我们将研究组织和政府对这个问题的反应。

在整本书里，我们都在强调认知信息加工理论在解决职业生涯问题和决策制定中的重要性。大学生必须发展更复杂的包含应对社会变化的策略的个人生涯理论。

10.4.2 组织及政府策略

个人要想实现工作—家庭平衡，能做的努力是有限的。这一部分我们来简要地探讨一些更宽泛的选择。

提供家庭支持的组织

这些组织为工作者提供各种儿童养育安排。它们这样做是为了留住有价值的员工。根据正在使用家庭支持的组织所提供的信息，这些项目包括下列元素（Zunker，2012）：

- 紧急看护。当员工的日常安排被打乱或者当小孩或老人生病时，提供临时的看护。
- 折扣。对员工的日常儿童保育费打折。
- 代金券。负担一部分收费或者提供特殊补贴来帮助员工交纳儿童保育费。
- 咨询业务。提供信誉好的日托或老年看护中心的清单给员工。
- 单位日托。在工作地点提供儿童日托中心，这个日托中心常常跟工作在一幢楼里。
- 灵活收益。日托费从员工的工资里扣，这一部分免税；给居家的伴侣以收益。
- 多种工作安排的选择。弹性工作时间、工作共享、远程办公、居家办公、压缩工作周、周期性休息。
- 休闲支持。假期儿童看护、假期银行、健身俱乐部会员。

在研究可能就业的组织或者可能考虑提供工作机会的组织时，你可以运用这些提供家庭支持的机构信息来评估雇主在帮助你处理双生涯关系时的支持力度有多大。

获取提供家庭支持的组织的名单

提供家庭支持项目的组织可以在互联网上查到。比如，WFC 资源（WFC

Resources，前身为工作—家庭联盟（Work-Family Connection））（www.work-family.com），能够帮助组织制定政策和项目以促进员工的工作—家庭平衡，为工作母亲列出 100 个最佳公司，并且根据不同种类的家庭支持为公司排序。杂志类，如《工作母亲》(*Working Mother*)（www.workingmother.com）和《职业女性》(*Career Woman*)（www.careerwomen.com）也会列出提供家庭支持的组织名单，并对它们的项目作出描述。求职者可以研究名单上组织提供的项目来了解从雇主那里可以得到什么样的服务和便利。这可能是你在决定接受还是拒绝提供给你的一个工作时要考虑的因素。

在公司董事会中增加女性和家庭支持人员

卡塔利斯特是一个坐落在纽约的机构，长久以来一直试图增加公司董事会中女性的数量。它认为这是唯一一种使私人公司能够适应支持家庭需要的长久之策。在最近的研究中，卡塔利斯特（www.catalystwomen.org）报告说，2011 年，女性只占据了《财富》500 强公司中 16%的董事位置和 14%的执行官位置。鉴于这些数据，组织在制定有利于双生涯政策和计划以及解决工作与家庭问题等方面存在很大的困难也就不足为奇了。

制定有关休假和儿童照管的国家政策

美国在关于儿童照管和母亲休假的国家政策制定方面进展缓慢。人权观察（Human Rights Watch）在近来的一篇调查报告《家庭失落》（Failing Its Families）（Crary，2011）中指出，已经有 178 个国家制定了有关新生儿母亲带薪休假的国家法律，但美国、瑞士和巴布亚新几内亚还没有。包括多数西方国家在内的 50 多个国家还保护父亲带薪休假的权益。1994 年，联邦政府通过了《家庭医疗休假法》（Family and Medical Leave Act），允许工作者在需要照顾新生儿或领养儿，出现了严重的影响工作能力的健康问题，或家庭成员有严重疾病时，在一年内可以有最多 12 周的无薪假期。这项法令排除了员工少于 50 人的组织，所以只覆盖了一半的劳动力。

在瑞士，一项 1995 年通过、2002 年修订的法令规定，如果父亲申请一个月的儿童照管休假的话，夫妻双方都可以休假。于是，现在 80%的父亲都会为新生儿的到来请假四个月。德国、英国和澳大利亚也制定了相似的政策（Romano & Dokoupil，2010）。

在下一节，我们将讨论 Amerco 的案例，以加深我们对平衡工作和家庭的个人、组织策略的理解。

10.5　Amerco：一个提供家庭支持的公司的案例研究

为了找出在一个提供家庭支持的大型公司中关于工作—家庭问题到底发生了

什么，社会学家阿莉·霍克希尔德（Arlie Hochschild，1997）花了三年时间与组织中各个阶层的雇员一起工作和生活。为了保护工作者和公司，她为公司起了个假名“Amerco”。让我们看一看在她的研究中获得的一些发现。

Amerco 是《财富》500 强之一，拥有 21 000 名员工，在全球各地抢占市场。像多数当代组织一样，Amerco 已经开始使用团队的方法进行管理，并且转变为一个“瘦身”公司。这个收益很可观。尽管 Amerco 推行家庭支持项目（如弹性工作时间、远程办公）有了一些回报，但其流失受过良好训练的女性的速度要比男性快。高层管理人员感到员工在工作—家庭平衡方面出了问题，并试图找出为什么女性想要离开。

霍克希尔德发现了 Amerco 工作—家庭平衡项目中的许多问题：

● 即使有一些选择，99%的 Amerco 雇员都要全天工作，大约每周工作 47 小时。

● 弹性工作时间是最受欢迎的家庭支持项目——有 25%的工作者使用它，其中包括 33%的工作父母。

● 不到 1%的人从事共享工作，只有 3%有小孩的父母选择了非全职工作。

● 有小孩的工作者实际上花在工作上的时间比没有孩子的工作者还多。

这样的结果是预料之外的。霍克希尔德很奇怪为什么 Amerco 的员工不利用这些家庭支持项目。她得出结论，Amerco 的员工之所以不使用家庭支持项目是因为员工的家庭从未要求使用。为什么他们不要求呢?

霍克希尔德在 Amerco 所发现的答案无论如何是有些令人不安的，因为这些答案不符合我们已经形成的对这个问题的思考方式。

● 家庭生活质量的下降使得许多人在家中寻找“解雇通知书”，相反，人们在工作中却找到了和谐和秩序。有 50%的 Amerco 员工认为，糟糕的婚姻、缺少友谊、照管儿童的需要以及其他家庭问题使得工作成为更理想的消磨时间的场所。工作是人们逃避家庭问题的庇护所。

● 工作者感到在工作中更像“在家”，因为他们在这儿可以得到更多的赞扬和自信。

● 紧张的时间导致了家庭生活的高效率，包括许多家庭服务的外包（如照顾儿童，打扫卫生）。具有讽刺意味的是，工作场所变得比家庭更少忙乱，更放松。

● Amerco 的公司文化相信，在工作中投入时间（露面时间）是忠于职守的表现，就如同工作时间得到的成果一样。这种信仰在效果上削弱了家庭支持项目的作用。

● 在 Amerco，“家庭男人”的观念意味着一个工作者不够认真，男人会避免使用家庭支持项目，因为他们认为这样会破坏他们的职业生涯。

● 在对时间的分配方面，Amerco 比家庭有更大的权力，因此，为了办好事情，父母从他们的孩子那里而不是从公司那里偷时间。父母的收入越高，他们的孩子在儿童托管机构待的时间就越长。

● 虽然父母花更多的时间在工作上（第一个变化），而且花在家庭上的时间更加紧张（第二个变化），但随后他们不得不花额外的时间（第三个变化）来处理儿童由于父母压缩家庭时间而出现的消极情绪反应。这三个变化导致人们在家工作更加困难。

遗憾的是，霍克希尔德没有提示任何易用的方法解决在 Amerco 公司中的职业时间问题。她发现父母常常使用三种策略。首先，一些人只是把问题最小化，在家里花更少的时间，获得更少的乐趣、更少的支持和理解。其次，一些人调整自己做一个好父母或好配偶的观念并花钱请他人照顾孩子、打扫房间或整理草坪。最后，一些人把他们自己分成两部分，真实的自我几乎没有时间做事，而潜在的自我则总是随时准备着做事。为了阐明最后一点，霍克希尔德讲述了一个男人曾经在几年前花费数千美元购买渔具却从来没有用过的事例。

读者应该知道，当霍克希尔德完成她的研究之后，Amerco 停止了工作—生活平衡项目。这个公司决定把精力集中在创造弹性工作时间和弹性工作地点，这样工作者就可以在一天中的不同时间或者不同地点开展更长时间的工作了，不过公司没有采取任何措施来帮助员工减少工作时间（A. R. Hochschild，personal communication，May 6，2005）。

我们可以从 Amerco 员工的经历中学到很多东西。首先，我们认识到，找到工作—家庭生活中的平衡是非常复杂和困难的。其次，一些公司和社会部门仍旧固守着传统的工作和家庭的性别模式。而且，在这方面政策（所说的）和实践（所做的）有差距。再次，工作为男性和女性提供了成功的机会，这看起来比家庭更有动力。人们在工作中感觉更好，显然让家庭生活有吸引力会更困难。最后，由于人们要在儿童照管和养育方面花费大量时间，这本身就是寻找最佳生活—工作平衡的压力源。

现在，我们将从认知信息加工的观点分析一下职业和家庭问题。

10.6 一种认知信息加工的观点

在本章，我们已经考察了与性别以及工作—家庭角色有关的信息。我们相信这个话题与成功的生涯规划和就业有非常重要的关系。下面让我们根据信息加工金字塔模型和 CASVE 循环考察一下我们学到了什么。我们的目标是帮助你发展一个更有用的个人生涯理论以解决复杂的生涯问题和决策制定。

10.6.1 自我知识

本章聚焦于工作和家庭生活之间的相互影响。男性和女性都越来越认识到澄清个人和职业价值观对解决职业生涯问题和决策制定的重要性。

纵贯全书，我们都使用霍兰德（Holland，1997）的 RIASEC 理论来帮助我们思考我们自己和我们的选择。例如，持家者的霍兰德码是 SEC，那么在个人码中包含这三个字母的人就会发现，照料孩子或老人和料理家务至少在一段时间内跟他们很匹配。

10.6.2 各种选择的知识

关于工作中的男性和女性的图式，无论是分开看，还是处于双生涯家庭的状态中，都体现了对工作的新看法。在当代的职业生涯中，双生涯是相对新的选择，它影响了男性和女性生活的方方面面。然而，舒伯定义的九种角色（见第1章）——孩子（儿子或女儿）、学生、工作者、配偶或伴侣、持家者、休闲者、父母或祖父母、退休者和公民——仍旧是任何生活/生涯的基本角色，包括处于双生涯的人们。

若不提及组织和公共政策的角色和作用，我们对与性别有关的职业生涯问题的思考就是不全面的。在美国，关于工作和家庭生活的政策制定进展很缓慢，这一点在工业化国家很少见。国家若不制定公共政策就无法很好地为公民服务，组织若不制定公共政策也就无法很好地为员工服务。有证据表明越来越多的公司希望发展家庭支持服务，因为这使它们能够留住好员工。同时，也有证据表明许多公司的文化并不赞赏那些为家庭生活投入太多的女性（或男性）。在探索职业和工作选择时，你需要仔细了解公司与这方面有关的文化和历史。

10.6.3 决策制定

男女关于家庭和职业的价值观和优先选择顺序在作某些决定时会表现出来，如要孩子、怎样照顾孩子、怎样处理搬迁的选择以及在工作—家庭角色和关系中如何创造独立和休闲的时间。这些一般会发生在CASVE循环的评估阶段。

在双生涯状况下，假设双方决策地位平等，决策制定要在双方协商一致的基础上进行。这是一种更复杂的决策制定，因为包括了两个人以及他们之间的关系。然而，CASVE循环仍然可以作为指导用于帮助双生涯夫妇作出各方面的决策，如儿童照管、老人护理或搬迁。例如，双方在沟通阶段对差距的认识达成共识的过程有助于澄清关于搬迁可能性的问题：我们对现在的环境感觉如何？我们需要更多的收入吗？我们需要更大的房子吗？我们需要住得离我们的父母更远（或更近）吗？我们中有人需要更好的工作吗？在CASVE循环的分析、综合、评估和执行阶段，夫妇可以进行同样的讨论。

本章通篇都在强调为达到生活角色平衡来制定生涯决策的观念。然而，我们注意到Amerco的工作—生活平衡项目没有再继续。也许我们需要一种新的对平衡的理解。一位前出版界高层管理者伊丽莎白·麦肯纳（Elizabeth McKenna，1997）指出，在我们的工作文化中有一些非常糟糕的东西，它要求男性和女性作出不符合他们个人价值和需要的选择。工作者有时渐渐觉得他们做得不对或不能“胜任”，但实际上这是由于公司强迫他们做太多的工作。

10.6.4 执行加工

消极思维会使应对本章所讨论的双生涯问题更加困难。有证据表明，大学生和青少年并没有发展出能够使他们有效应对复杂的双生涯的元认知。例如，在本章伊始，我们提到过一项关于大学生的研究，这些学生都没有看到职业和家庭或配偶/伴侣之间的联系。当然，实际上现在大多数处于双生涯环境的男性和女性都在外工作。这些数据强调了大学生有必要发展新的元认知来思考工作—家庭问题。

也许最重要的一点是，人们需要处理工作—家庭角色以及关系的不确定性。我们试图在这部分对一些关键问题做一个简要的回顾，这些问题日后仍会是研究和讨论一系列规则时的重要焦点（Korabik，Lero，& Whitehead，2008）。

小 结

本章考察了与女性离家工作运动有关的问题以及这种改变对男性和社会组织的影响。我们了解了在当今美国影响男性和女性工作方式的因素，以及与双生涯的有关问题。我们在关于 Amerco——一个提供家庭支持的公司的案例研究中，讨论了由于工作和家庭需要引起的时间困境议题。本章以认知信息加工的观点对性别和工作问题进行了总结，并为建立更有效的个人生涯理论以解决生涯问题和决策制定提出了一些建议。

参考文献

Aumann, K., Galinsky, E., & Matos, K. (2011). *The new male mystique*. New York, NY: Families & Work Institute.

Aumann, K., Galinsky, E., Sakai, K., Brown, M., & Bond, J. T. (2010). *The elder care study: Everyday realities and wishes for change*. New York, NY: Families & Work Institute.

Barnett, R. C. (2008). On multiple roles: Past, present, and future. In K. Korabik, D. Lero, & D. Whitehead (Eds.), *Handbook of work-family integration* (pp. 75–93). London: Academic Press.

Bianchi, S. M., & Milkie, M. A. (2010). Work and family research in the first decade of the 21st century. *Journal of Marriage and Family, 72*, 705–725.

Birnbaum, C. (2011, January). Modern mothering. *National Geographic*, 24.

Bolles, R. (2012). *A practical manual for job hunters and career changers: What color is your parachute?* Berkeley, CA: Ten Speed Press.

Brizendine, L. (2008). One reason women don't make it to the c-suite. *Harvard Business Review, 86*, 36.

Crary, D. (2011, February, 22). Paid parental leave lacking in the U.S. *Huffpost Healthy Living*. Retrieved from www.huffingtonpost.com

Conley, D. (2009, January). Welcome to elsewhere. *Newsweek*, 59.

Galinsky, E., Aumann, K., & Bond, J. T. (2011, August). *Times are changing: Gender and Generation at work and at home (revised)*. New York, NY: Families & Work Institute.

Gerken, D., Reardon, R., & Bash, R. (1988). Revitalizing a career course: The gender roles infusion. *Journal of Career Development, 14*, 269–278.

Hage, J. (1995). Post-industrial lives: New demands, new prescriptions. In A. Howard (Ed.), *The changing nature of work* (pp. 485–512). San Francisco, CA: Jossey-Bass.

Hochschild, A. R. (1997). *The time bind: When work becomes home and home becomes work*. New York, NY: Metropolitan Books.

Holland, J. L. (1997). *Making vocational choices*. Odessa, FL: Psychological Assessment Resources, Inc.

Klinenberg, E. (2012). *Going solo: The extraordinary rise and surprising appeal of living alone*. New York, NY: Penguin Press.

Koc, E. W. (2010, April). The evolution of the college labor market. *NACE Journal*, 16–20.

Koc, E. W. (2011, April). Gender and college recruiting. *NACE Journal*, 18–24.

Koc, E. W. (2008, March). The myth of the millennials: Is there really a millennial generation? *NACE Journal*, 14–17.

Korabik, K., Lero, D. S., & Whitehead, D. L. (2008). *Handbook of work-family integration*. London: Academic Press.

Luscombe, B. (2010, October 16). Working moms' kids turn out fine, 50 years of research says. Time Healthland. Also available at http://healthland.time.com/2010/10/18/working-moms-kids-turn-out-fine-50-years-of-research-says

Macunovich, D. J. (2010, November). Reversals in the patterns of women's labor supply in the United States, 1977–2009). *Monthly Labor Review*, 1634.

Matthews, K. A., & Rodin, J. (1989). Women's changing work roles. *American Psychologist, 44*, 1389–1393.

McKenna, E. P. (1997). *When work doesn't work anymore: Women, work, and identity*. New York, NY: Delacorte Press.

Offer, S., & Schneider, B. (2011). Revisiting the gender gap in time-use patterns: Multitasking and well-being among mothers and fathers in dual-earner families. *American Sociological Review, 76*, 809–833.

Pew Research Center. (2010, November 18). *The decline of marriage and rise of new families*. Retrieved from http://www.pewsocialtrends.org/2010/11/18/the-decline-of-marriage-and-rise-of-new-families

Rampell, C. (2011, December 28). Instead of work, younger women head to school. *The New York Times*. Retrieved from www.nytimes.com

Romano, A., & Dokoupil, T. (2010, September 27). Men's lib. *Newsweek*, 43–49.

Stone, P. (2007). *Opting out: Why women really quit careers and head home*. Berkley, CA: University of California Press.

Stromberg, J. (2012, February). Solitary refinement. *Smithsonian*, 37.

Super, D. (1990). A life-span, life-space approach to career development. In D. Brown & L. Brooks (Eds.), *Career choice and development* (2nd ed., pp. 197–261). San Francisco, CA: Jossey-Bass.

Toossi, M. (2012, January). Labor force projections to 2020: A more slowly growing workforce. *Monthly Labor Review*, 43–64.

U.S. Census Bureau. (2011). *America's families and living arrangements: 2011*. Washington, DC: Author. Retrieved from http://www.census.gov/population/www/socdemo/hh-fam.html

van der Klis, M. & Mulder, C. H. (2008). Beyond the trailing spouse: The commuter partnership as an alternative to family migration. *Journal of Housing and the Built Environment, 23*, 1–19.

Vega, J. (1993, Spring). Crack in the glass ceiling? *Career Woman*, 43–45.

Warner, J. (2005). *Mommy madness*. Retrieved from http://www.manbc.msn.com/id/6959880/site/newsweek

Zunker, V. (2012). *Career counseling* (8th ed.). Pacific Grove, CA: Brooks/Cole.

第Ⅲ篇

实施战略性生涯规划

Implementing a Strategic Career Plan

第 11 章
发起就业运动

本章主要解决如何发起就业运动的问题，并介绍第Ⅲ篇的五个章节。我们通过一系列的活动来介绍就业运动。在第 12 章中我们将讨论如何进行书面沟通，包括写简历、写求职信、保存记录和使用互联网来促成就业运动。在第 13 章中我们将探索口头沟通，如面试和社会工作网络等。第 14 章将讨论就业运动中常被忽略的一个重要环节，与未来雇主协商，并决定接受哪个工作机会。第 15 章将讨论从大学到全职工作的转换，它在预算、时间管理、社会网络和同主管的关系方面都需要仔细规划。

在这一章，我们先探讨就业运动的基本观点，简要回顾一下求职方法随着时间而变化的过程。然后我们探讨一下如今的社会经济条件对大学生求职的影响。我们提供从组织的招聘人员那里获得的信息以及参与应聘过程的通用建议。最后，我们以认知信息加工理论的视角来总结求职过程。

11.1 什么是就业运动

为什么我们用运动这个词？这个词经常与军事或政治术语联系在一起，比如说“政治运动”。当我们将运动和工作联系在一起时，我们想到的是类似的模式。比如：

- 做个人评估。
- 识别目标和工作目的。
- 瞄准潜在雇主。

- 考虑各种可选择的工作环境和工作方式。
- 准备求职信和简历。
- 联系雇主。
- 与雇主面试。
- 进行现场参观。
- 有一个记录保存系统。
- 对工作录用通知进行评估并选出最好的。

也许与就业运动相关的最重要的元认知是需要积极参与——被动将不会产生任何成果。积极行为包括：

1. 在学校的第一个学期就开始就业运动，而不是等到毕业前一个月（甚至一周!）才开始。
2. 利用多种资源列出职位清单，不过度依赖网络。
3. 不期望从广告里找到好工作。
4. 申请不同工作时用不同的推荐信和简历。
5. 积极搜索所有可能雇主的信息。
6. 即使不符合雇主列出的全部条件，也要去试试申请那个职位。
7. 充分运用学校生涯中心的资源（Connelly，2007）。

在第 1 章中，“问题”被定义为现存状态和理想状态之间的差距。更简单地说，就是你所处的位置和你想到达的位置之间的差异。下面是一些人们在就业问题上有关差异的陈述，这些差异会导致就业运动。

- “快毕业了，我需要找一份工作。”
- “这份工作没什么发展前途，我需要找一个给我机会去学习管理的老板。”
- “因为有了孩子，我不想做全职工作了。但我又必须赚钱。我需要找一份非全职工作和一个好的托儿所。”

对于每一个就业问题，个体都需要想出办法来缩小现存状态和理想状态之间的差距——从现在的状态达到更理想的状态。就业运动就像工作一样，它需要时间、准备、承诺、团队工作和技能。参与就业运动的人经常报告该运动所需要的时间——在几周或者几个月内每天 8 小时。此外，有些就业运动是可预料的（大学毕业），而另一些则是不可预料的（被解雇）。

11.2 求职方法简史

求职本质上是一个伴随着机会和沮丧的低效过程。但是，雇主和求职者花费了大量时间、精力和金钱，试图让它出成果。而且还有大量的专家建议，有时候还是免费的。随着时间的推移，就业运动已经发生了很大的改变，但过去人们运用的一些策略仍然是无效的。要记住求职相对而言是一个社会新事物，对于这个社会过程还有很多需要研究的东西。理查德·鲍利斯在他的时事通讯中提到这些观点（Bolles，1994）。

20 世纪初

我们在第 1 章中曾介绍过的职业指导先驱弗兰克·帕森斯描述了他在去波士顿职业局（生涯中心）的路上如何走进每个想招聘雇员的店里以收集当天的工作广告。然后，他把这些广告带到局里，求职者可以在那里获得这些信息。这种把工作信息集中在一个中心地区的观念是很新的。帕森斯也介绍了将人与工作进行匹配的观念。

1929 年

在经济萧条时期，求职者们第一次聚在一起与专业咨询师分享关于求职的故事。这些求职群体还有自己的组织，如星期四晚间俱乐部（Thursday Night Club）、男性营销小组（Man Marketing Group）以及后来的工作俱乐部（Job Club）。在当时这是一个新观念，但今天已经很普遍了。

1960 年

执行招聘人员伯纳德·霍尔丹（Bernard Haldane）研究了各种求职方法的成功率，他报告说，不到 5%的空缺通过就业代理填补，15%通过申请或回应招聘广告填补，80%是通过已经被组织雇用的朋友的推荐、提示或其他方式填补。这就为“隐藏的就业市场”这一概念打下了基础。

1966 年

工作网络——利用朋友、亲戚或其他工作者来了解工作——成为一种有效的求职技术并被使用。有人证明工作网络比利用报纸广告的效果要好 11 倍（Bolles，1994）（第 13 章将会涉及这一话题）。

1970 年

理查德·鲍利斯出版了《你的降落伞是什么颜色?》一书。这本书在美国一直是百本畅销书之一，已发行了 800 多万册（Bolles，2012），被誉为史上最畅销的求职书。这本书里有很多实用的求职策略和框架，用“你一生中想干什么”之类的问题鼓励读者找出自己的劳动技能，想把技能用在哪里，什么组织需要它们，招聘机构的人有哪些。

1973 年

工作俱乐部诞生，这归功于行为心理学家内森·阿兹林（Nathan Azrin）的工作（Azrin & Besalel，1980）。这些小组在帮助人们求职上是很成功的，它们成了一个帮助失业人员的国内工作网络。这些小组强调求职是一项可以习得的技能。

1979 年

休斯敦大学（University of Houston）的社会学家罗伯特·韦格曼（Robert Wegmann）指导了一项研究，并且发现了很多支持我们求职信念的科学证据：(a) 自尊是就业运动成功的关键；(b) 求职的过程本来就是令人沮丧的，几乎每个人都需要某种社会支持；(c) 我们需要学习和了解有关求职的一些事实；(d) 可以在使用电话和面谈技术之前先进行练习；(e) 寻找面试机会所花的时间越多，获得的面试机会越多；(f) 获得的面试机会越多，获得工作机会的可能性越大（Wegmann，Chapman，& Johnson，1985）。

1996 年

互联网成为越来越流行的求职资源，这些资源现在也是网络使用者搜索最频繁的选择。在任何互联网上流行的搜索引擎中键入“就业”这个词就会生成一个有上百个就业相关资源网站的列表。

1998 年至今

在第 9 章中，我们提到一个由全美大学与雇主联合会（NACE，1996）做的最新报告，该报告表明 70%的雇主强调雇用大学毕业生就是利用实习和合作教育项目来创造高质量工作候选人的储备库。

这个简短的历史回顾帮助我们理解了我们关于就业运动的知识是建立在相对比较新的观念和科学知识的基础上的。

11.3 大学毕业生就业

这一节介绍的是随着经济从 2007—2009 年的衰退中恢复过来，大学毕业生的求职需要。我们将讨论大学毕业生的一般问题：(a) 职业和幸福；(b) 求职途径；(c) 求职过程；(d) 专业和职业的关系；(e) 雇主的雇佣策略；(f) 求职时社会/情感能力的重要性；(g) 员工派遣工作；(h) 高层职位的空缺。我们相信这些信息可以帮助你加深思考过程，规划求职策略，以实现你的求职目标。

11.3.1 职业和幸福

在第 1 章我们指出，工作是人们评估生活质量的一个重要动力。盖洛普首席执行官吉姆·克里夫顿（Jim Clifton，2011），报告称 3 亿美国人中有 1.5 亿希望有一份家庭以外的工作，但是其中有 3 000 万人缺少这样一份工作，其中 1 800 万人并没有希望得到。他说“工作缺失是整个国家缺少希望最大的核心原因”(Clifton，2011，p. 20)。对于他这样一个以了解全世界人类所思所想为业的人来说，这是一个非常重要的观测结果。每个人都可以通过找工作而减轻这一"全国性的绝望"，我们写这本书的目标之一也是帮助大学生在他们的就业运动中变得更有希望、更积极。我们个人和国家的幸福都处于危急关头。

11.3.2　求职途径

克里夫顿（Clifton，2011）提醒我们，中小型企业可提供美国大多数的岗位。尽管大企业更为人所熟知，也雇用了很多人，但它们创造的岗位并不是特别多。听起来有点讽刺，但这对大学生求职来说是个很重要的信息。据美国人口普查局（http：//www. census. gov/econ/susb）2011 年秋季的数据，2009 年美国有将近 600 万家企业，其中员工数量少于 500 人的企业占 99%。换句话说，员工数为 100～499 人的企业超过 80 000 家，而员工数多于 500 人的企业只有 18 000 家。小企业所"隐藏的就业市场"创造了最多的岗位，但媒体没有报道这一点。

为了完善克里夫顿关于小企业在工作岗位上的影响力的观点，乔达尼（Giordani，2009）描述了一个"毫无吸引力"的企业床垫公司（Mattress Firm）（http：//www/mattressfirm. com/）是如何通过生涯发展和继续教育吸引大学生向它求职的。床垫公司是一家国有零售企业，在 23 个州拥有 530 个店面，它建立了合作大学，开设了一个为期 180 天的培训项目，疏通了晋升渠道，创建了趣味性的集体文化，同时提供可转正的实习项目，举办校园活动，任用校友进行招聘，以积极地吸引大学生加入。大学生应该从中学习的是拓宽就业运动的范围，把有限的国有企业也包括进来。如果不忽略那些"不太有趣"的企业，学生也许能从中找到合适的工作，求职机会也会更多。

11.3.3　求职过程

对大学生来说，2007—2009 年的经济衰退似乎接近尾声了，但是有必要记住劳动力市场的复苏是一个缓慢的过程，尤其是像上一个大萧条一样的衰退。格罗斯（Gross，2009）把经济恢复分成四个阶段。第一阶段，组织逐渐稳定，裁员减缓，复苏开始。第二阶段，对产品和服务的需求增长，组织激励现有员工更加努力地工作，经济生产力似乎也开始增长。第三阶段，由于需求增长，组织开始招募更多兼职工或临时工，服务业的岗位在几个月内迅速增多，这是经济复苏的又一特征。第四阶段，随着经济复苏成为定局，全职和终身岗位的数量增加。对大学毕业生来说，这四个阶段有助于在就业运动中降低对求职成功的期待，也降低沮丧和压力的水平。

11.3.4　专业和职业

学生有时候会担心雇主对他们的"专业"不感兴趣，但他们需要知道的是，雇主不仅仅是因为“专业”而雇用他们。高校就业研究所（CERI，2012）调查了4 200多名雇主，发现几乎40％的雇主为了填充组织的岗位，会考虑接收任何专业的雇员。重点在于是否“适合”，也就是申请人是否能给组织带来技能、灵活性和创造力。需求最大的专业（依次）是会计、金融、市场、计算机科学、电子工程、经济、人力资源、信息系统、通信、公共关系和数学（CERI，2011）。

有关这个话题的另一份报告来自乔治城大学（Georgetown University）教育与劳动力中心（The Center on Education and Workforce），它调查了大学生对171个大学专业的收入和就业率的态度（Carnevale，Cheah，& Strohl，2012）。结果显示，平均来说，学士的收入和就业都受到尊敬，但有些专业的薪水远高于其他专业。比如，尽管所有专业都是“有价值的”，但工程专业的雇员薪水中位数是55 000美元，教育专业的雇员薪水中位数是33 000美元（中位数是说，一半在这个数字以上，一半在这个数字以下）。但是，工程专业和教育专业的失业率分别是7.5％和5.4％。全美大学与雇主联合会每个季度都会收集薪水调查的数据。虽然全文报告只对协会成员开放，但该组织免费提供不同专业薪水差异的综合报告（http：//www.naceweb.org/salary-survey-data/）。

不同专业之间的薪水差异影响了人们的生涯规划和求职过程。事情并不总像某本生涯书所说的那样，“做你所爱，钱就会随之而来”。学生需要了解自己的专业在劳动力市场雇主的眼中是怎样的，以及与之相关的收入和职业安全感，但同时也需要在读大学时考虑一下将来的收入和潜在的债务情况。

11.3.5 雇主的雇佣策略

当大学生进入劳动力市场时，他们会很明智地用雇主所需要的知识武装自己，而雇主会试着挑选最合适的可能人选来填充岗位。（插一句话，有必要说明，所有雇主都希望雇用最好的人才，有时候会竞争同一个人选。）当我们在2012年春季写这本书的时候，大学生就业市场看起来有了改善，并且雇佣率也在上升，但岗位的供需数量仍有差距——就业竞争很激烈。韦伯（Weber，2012）认为招聘一个新员工的花费平均在3 479美元，而雇用新员工最好的方法是由组织中的老雇员推荐。

这种情况下，实习项目是被雇主应用得最广泛（71％）的招聘策略（相关信息见第9章），社会媒体的应用率在36％。而且，如果有校友在一个组织工作，那么从母校鉴定和招募人才是一种有效的方法（CERI，2012），也有利于举办一些例如人才市场、校园信息交流、学院推荐、面试等校园活动。高校就业研究所还报告称，多数雇主会把这些方法结合起来使用。

总之，对于想要成功在毕业后过渡到就业的大学生而言，需要尽早开始了解和使用学校就业中心的资源和服务，就业中心的质量是选择大学的标准之一。

11.3.6　求职时的社会/情感能力（SEC）

有关雇主如何评估申请人的研究越来越多地表明，人际关系和人际沟通技能在求职过程中与职业技能一样重要（Crane & Seal，2011）。SEC 能力包括"在需要的环境、方式或目的下，涉及认知、管理、个人情感和他人情感，能够导致不同社交结果的一系列交互行为"（p. 26）。这意味着很多工作中的良好表现其实是社交化的、情感化的。比如：（a）个人特质（如工作伦理，忠诚，自我管理等）；（b）个人技能（解决问题，微笑，眼神接触，沟通）；（c）准备（调查一个组织，穿着得体）。（回顾这些 SEC 能力，我们想起了第 2 章中提到的多重技能。）

《今日咨询》（*Counseling Today*）报道了一则主题类似的研究，让 2 662 名雇主通过凯业必达（CareerBuilder）评估情商和 SEC 的重要性，结果 71%的人认为求职时情商比智商更重要。为什么？雇主越来越能在压力下保持冷静了，他们知道如何有效地解决冲突，以身作则，并对团队成员保持理解之心。

11.3.7　员工派遣行业

在第 9 章，我们讨论了派遣劳动力，也讨论了员工派遣行业是如何提供工作岗位的。对很多大学毕业生来说，临时的用人组织是另一个"隐藏"着的就业岗位资源。罗、曼恩和霍登（Luo，Mann，& Holden，2010）报告称这个雇佣领域的工作岗位在 1990 年到 2008 年间，从 110 万增加到 230 万，占据了美国总体就业 2%的比例。这个产业的就业不稳定，因为遇到衰退时，这些劳动者首先被解雇，而经济复苏时，这些劳动者首先被雇用。

实际做这个工作的人被称为雇员或者是合同工，提供临时性帮助的组织被称为雇主。接受这种临时雇佣服务的公司被称为客户。客户在获得这些就业服务时无须向你（雇员）支付费用，而是向雇主付费。

对于参与就业运动的大学生来说，应该引起重视的是，相对于长期的职位，各种组织会创造更多的临时职位，大概有 20%的雇主（客户）使用短期的职位来屏蔽长期雇员。这就导致当一个雇员从临时到长期就业状态转换的时候，出现"买断"或者"临时雇佣"的情况。几乎每一个劳动者在其一生中都会遇到不被雇用的状况，这种临时员工派遣公司可以帮助人们填补这些雇佣状态的空缺。表 11—1 提供了一些个人标准的例子，这些可以用来帮助人们决定是否要去一个员工派遣公司找工作。

在电话黄页（www. yellowpages. com）中的"就业合同工或临时帮助"的标题下列出了员工派遣组织。目前有上百家这样的公司，并且每年都有新的出现。下面是一些全国性公司的例子：德科，富达（Fidelity Staffing），瑟威斯（Service），英特瑞姆，凯利服务，Aquent，万宝盛华，奥斯顿，专业员工集团（Professional Staffing Group），Spherion，Temporary Solution。除了全国性公司，还有一些区域性和本地的员工派遣公司，还有一些针对特殊工作的公司，如技术、创意和管理型公司。美国人才协会（www.americanstaffing.net/index.cfm）可以提供这一行业其他的信息。

表 11—1　　用于决定在员工派遣行业工作的 14 条个人标准

1. 你目前不需要很多的职业安全保障。
2. 在一个组织里面，你为了获取更多的关于长期职位的信息，愿意从一个较低水平的职位做起。
3. 在一个较短的时间内，你愿意在不同的地点为不同的组织（客户）服务。
4. 你想被一些雇主发现，你有他们需要的技能。
5. 你正在搬迁到另外一个城市，不太想立即接受一个长期的工作。
6. 你想要一个还不错的收入和安全的健康福利金。
7. 你想要一个更加灵活的工作和生活方式。
8. 你希望拥有一个代理人并从中获益，他能帮你在社区里推销你的技能。
9. 你希望保持一个稳定的工作记录，而且不用被困在你不喜欢的工作里面。
10. 你对一个由临时性组织提供的比较放松的雇佣流程感兴趣。
11. 你喜欢在新的工作技能领域接受培训，例如文字处理，做数据库。
12. 你想以一种比较低的职业风险尝试一下新的职业或行业。
13. 你有一些技能——咨询、信息处理、技术性技能、专业性技能。这些能让你以一个独立的承揽商发挥作用。
14. 你不想对一个长期的雇主做长期的承诺。

表 11—2 提供了六条建议，以供在临时的员工派遣行业寻找工作。很重要的是，不同于很多学生所想象的，这是一种不一样的雇主，合同条款也会有少许区别。在派遣劳动力中，有一些临时工作，因为它们有确定的截止日期（它们不是永久的），但是它们也可能持续比较长的时间。

表 11—2　　在员工派遣行业找工作的六条建议

1. 对于你想要的工作要明确和诚实，因为员工派遣机构会根据你的倾向与潜在的用户进行成功匹配。机构的兴趣能让你在这个工作中成功。
2. 申请并在多家不同的员工派遣公司登记，而不要只在一家。这样的话你会有好几个雇主，竞相满足你的职业兴趣。不同的机构会联系不同的客户。
3. 你要意识到，也许你在一个雇主那里要从一个较低的职位做起，但是你要不断地与员工派遣机构谈判、协同工作，让自己进入更高的职位。
4. 尽量获得你能从一个员工派遣机构获得的所有领导力、团队工作、计算机、培训经验。
5. 当你在简历里面报告这种工作经历的时候，要记住这种临时的员工派遣机构是你的雇主，而且你的工作描述内容应该是你的职责、客户名称和地点。
6. 当你搜索客户机构的时候，要尽量找出哪一家员工派遣机构与那个机构有员工雇佣合同（如 Spherion 可能与威瑞森（Verizon）有合同，万宝盛华可能与通用汽车（General Motors）有合同）。

11.3.8　高层职位的空缺

尽管大学毕业生的失业率很高、求职竞争很激励，但马格利斯（Margolis,

2010）提醒我们全世界的机构都面临着大规模管理人才的短缺。这是怎么回事呢？在衰退期解雇员工的过程中，一些商业组织让那些本来在经济复苏时能够走入关键领导岗位的劳动者离开，另外正在出现的经济全球化意味着全世界的组织都在寻找那些拥有在多元文化中领导团队、销售服务和产品的软技能的人才。马格利斯发现，5 000 家每年在中国和亚太地区营业的跨国公司将要占据 45% 的国内产品，在美国则占据 20%，在西欧占据 17%。组织在寻找那些可以在全球范围内提供领导力的管理人才，然而顶尖候选人的池子是很小的。

11.4　从雇主的角度看就业运动

密歇根州立大学的高校就业研究所（2010—2011 年）调查了上千名招募在校学生的雇主。在本节中我们会分享一些最近的调查结果。

11.4.1　雇主对成功求职的建议

高校就业研究所询问了 2 300 名雇主，问题是大学生可以为找工作做什么准备。雇主们提出了七点建议。

获取经验

除了参加实习、在合作机构工作，雇主也强调公民参与，做志愿工作，锻炼领导力，去国外学习，跟教授一起做研究。他们强调“投入工作，获得注意”。

拓展关系

雇主指出，对于大学教授、学生服务人员、朋友、民间领袖、导师和就业中心的工作人员，越早和他们建立专业关系越好。穿插在这些关系中的工作网络是最重要的求职策略，这些关系的质量也影响着求职过程。

重视第一印象

雇主指出，第一印象或问候是非常重要的。有时候我们称之为“印象管理”，我们将在第 13 章对此做更多讨论。

专业

雇主强调，学生应该明白从学生到职员的转变也是就业运动的一部分。即使在今天的技术时代，诸如穿着得体、行为端庄、彬彬有礼这样的小事也会在组织完成“雇佣成交”的过程中承担起重要的角色。

准备

最重要的是在面试前做一些调查，了解这个组织。招聘人员指出，有所准备是减轻面试焦虑的最有效的预防针。我们将在第 13 章对此做更多讨论。

坚持

雇主指出，就业市场的竞争是激烈的，对学生来说最坏的选择就是放弃。没有什么事情是现成的，学生必须勇于竞争。从认知信息加工的观点来看，雇主认为学生需要的元认知是“保持乐观；在每一场面试中都保持积极向上的心态”。我们会在本章末对此做更多讨论。

现实（最重要的），开放，灵活

雇主提醒学生们降低对工资、头衔或地位的期待，因为经济还没有从衰退中恢复过来。换句话说，学生需要意识到他们是在和一群更有经验、更有资历的人竞争同一份工作，需要乐于尝试不同的事物，需要有上进心和持续不断的努力。正如其中一位雇主所说：“忘掉晋升吧。对于眼前的任何事情，你只需要乐于做，有热情做，并在能力范围内做到最好。世界已经改变了，这不是失败，这是现实。”

总而言之，本节让我们了解到有校园实地考察经验的招聘者关于大学生成功求职的看法。我们相信当你进入专业工作领域时，这些信息是值得一思的。下一节，我们来扼要考察一些普遍存在的求职迷思，并为你的就业运动发展提几个建议。

11.5 四种求职迷思

这四种迷思里有或消极或被动的求职过程，我们会分析这些错误的观点，然后谈谈更积极主动的方法。

11.5.1 局外人综合征

与无效求职有关的一个假说或迷思是“局外人综合征”。这个求职的迷思来源于在一次聚会中有一个人一直坐着等别人来请他跳舞。消极的自我对话包括“我不是一个好的舞者”“我不受欢迎”或者“没有人喜欢我”，结果就导致局外人综合征，患有局外人综合征的人当然不可能去跳舞。但选择积极的自我对话，如“我想去跳舞，我要邀请别人和我跳舞”，很可能会产生不同的结果。在求职活动中局外人综合征同样会导致低效率。假想其他人会来做这些工作——比如，你必须等着被雇主选中，就业中介将会帮你找一个职位，雇主将会在互联网上找到你的简历，安置办公室将把你的简历发给要雇用你的人——在大多数情况下，这些都不可能达到你想要的结果。

11.5.2　孤独的骑士综合征

另一个与无效求职有关的假说或者迷思是“孤独的骑士综合征”。这个求职的迷思来源于一个卡通人物，他骑着马独立解决所有的问题。正如我们指出的，一个成功的就业运动涉及他人的参与（我们将在第 13 章中详细探讨这个问题）。一个成功的就业运动不是一个人操作的结果，而是需要朋友、家庭、导师、主管以及现在和以前同事的帮助。考虑来自重要他人的意见是很重要的，但不是所有的意见都有帮助。注意这些意见可能会对你求职行为相关的想法有消极作用。回顾一下第 5 章，那一章谈到了怎样改善生涯观念对情感和行为影响方面的自我觉察。

11.5.3　灯下寻找

“灯下寻找”这一迷思指以使用有限或者过于严格的方式求职。这来自一个故事，故事的主人公在灯光照亮的街角疯狂地找他的邮箱钥匙。一个路人想帮他，就问他钥匙是怎么掉的，在哪儿掉的。这个人觉得钥匙是在开车路上掉的，但在明亮的街灯下找显然要容易一些。求职就像找丢失了的钥匙。出现在生涯中心、互联网及报纸上的工作广告很容易找到，但很多工作都是“隐藏着”的，就像本章前面说过的那样，容易找到的地方未必就是发布工作信息的地方。

11.5.4　我愿做任何事

“我愿做任何事”听起来像是在就业运动中的一个很好的图式，但事实上这非常不可靠，主要有以下几个原因。在你的就业运动中的雇主和支持者都不知道你需要什么或者怎样才能帮助你，这会减少他们对你的就业运动的积极影响。缺乏工作目标会导致困惑并浪费时间和精力，结果你可能会申请各种不相关的工作。而且在你的简历或者求职信中，你不能明确地澄清你的兴趣、技能和价值观如何与你的工作需要相匹配。这会给你的就业运动带来不良的后果。我们在第 4 章讨论过，有几个数量可控的选项，5～7 个职业目标，可以让你更有效地集中发力。你可以一直增加更多的岗位、组织或你想去的地点，但同一时间增加太多的选项会加大你的求职负担。

对这四种求职迷思或错误信念的集中讨论，为我们提出一种更积极主动的方法打好了基础。下一节，我们会用本书提到的认知信息加工模型来测试一些更好的想法。

11.6　求职：认知信息加工的视角

就业运动实际上是一种反复出现的失败。不管一个人多认真地进行这个过程，结果总是不确定的。挑选一些可能合适的雇主，调查这些组织，准备简历和合适的求职信，并不能保证申请者一定会在任何目标组织中得到他想要的工作。有些作者把求职过程描述成“寻找拒绝”，我们中的大多数在常规生活中都不会选择去做的一项任务。

就业问题解决和决策制定可以很容易地放进信息加工金字塔模型的背景和 CASVE 循环的步骤中。正如其他生涯选择一样，求职者需要了解关于他们自己和他们的就业选择的具体信息。这是金字塔的基础。接着他们需要按照一些特定的步骤运用知识获得就业机会。这是金字塔的中部——CASVE 循环——一个解决重要问题的过程。最后，金字塔的顶部关注积极思维如何影响人们的求职。

11.6.1 自我知识

作出恰当的就业选择所需要的自我知识与作出恰当的生涯选择所需要的自我知识有一些相似。关于你的价值观、兴趣和技能的知识能帮助你澄清哪种组织、行业和职位能带给自己最想在工作中获得的东西。在完成本书第Ⅰ篇的活动后，你就已经开始汇集这些信息了。不过要记住，这些知识会继续发展，并随着你获得经验和更了解工作而有所修正。另外，你求职时也可能会受到外部因素的影响，比如家庭、地理位置及相关问题。这些将在下一部分进行讨论。

个体的家庭情况也会影响就业选择，如与家庭成员住得比较近的愿望，配偶、伴侣的就业机会，家庭成员的偏好（或偏见），与就业有关的家庭联系或家庭经营的存在。比如在接受一个可能会涉及搬迁的提升机会之前，你可能要考虑一下这个决定对你生活中重要他人（父母、伴侣或者配偶、子女或者其他很亲近的人）的潜在影响。对于某些文化群体来说，重要的一点是在就业问题解决和决策制定中要考虑到家庭成员。

确定一个或者多个工作目标是就业运动中很重要的方面。你的自我知识和你对各种选择的知识可以帮助你回答“我想要做什么”这个问题。以下是一些总结：

1. 考虑和明确你感兴趣的工作系列、工作环境和职业名称。我们在第 3 章和第 7 章中曾讨论过这些话题。它们可能分别是公共关系、广告公司和业务经理。

2. 考虑和明确你想要的工作的地理位置。

3. 考虑和明确谁是老板。这涉及在印刷资料、互联网、工作网络联系中寻找潜在的雇主。

虽然没有哪个职位能完全吻合你的价值观、兴趣、技能、就业偏好和家庭情况，但你所接受的工作机会应该能够尽可能地满足那些对你来说是最重要的因素。

11.6.2 就业选择的知识

第 6～10 章所提供的信息是关于“真实”工作世界特定的就业选择的信息，在发起就业运动时是很重要的。

就业选择的知识与一般的职业选择知识在很多方面都不太一样。第一，就业信息包括组织结构和文化的特定信息。第二，不同行业的工作会有很大差别。一个生物学家为一个木材公司工作，或服务于国家森林公园，或为森林保护协会工作，分别代表了不同类别的工作。第三，就业信息一般包括地理位置的信息，也就是工作将在哪里进行。有些工作在哪儿都能做（如会计），另一些就更受限制（狗拉雪橇的训练师）。最后，正如在第10章中所指出的，各种家庭问题，包括照管孩子和休假政策都可能是影响你作出就业决定的重要因素。

特定工作的知识

职业知识和就业知识有相同也有不同之处。一般来说，就业信息比职业信息更具体。比如，对会计工作任务的描述（职业知识）很宽泛，反映了典型的雇主要求的范围，而一个具体的会计职位的工作任务（职业知识）可能更窄，只是反映了某个特定组织的需要。

与雇主有关的知识

研究雇主时，第3章介绍过的分类系统可能有帮助。比如，你可以用O* NET得到某个招聘职位的"定义"（http://www.onetonline.org/）。雇主在创造一个新职位时有时会参考这些定义。类似地，也可以根据《北美产业分类系统》（http://www.census.gov/eos/www/naics/）（见表3—3）的20个主要产业类别对雇主进行分类。利用《霍兰德职业编码字典》（Gottfredson & Holland，1996），个体可以通过把自己的霍兰德码和产业分类系统码联系在一起以辨别潜在的雇主。很多出版物和互联网资源都引用了这些代码，熟悉这些分类将有助于个体更快地找到并组织其所需要的信息。

地理位置

地理位置与设计就业运动有什么关系呢？很多组织和出版商（如吉普林格，*Fast Company*）发布了"最好"的工作和居住地点的名单，但值得注意的是在《财政时代》（*Fiscal Times*）上发表的一篇文章。文中列举了10个最适合年轻人求职的城市，包括佛罗里达州杰克逊维尔（军事，电影）；俄克拉何马州塔尔萨（石油，低商业成本）；得克萨斯州胡德堡（公司搬迁）；马萨诸塞州波士顿（技术，教育）；华盛顿（政府，旅游，游说）；加利福尼亚州旧金山（新兴文化，信息技术）；路易斯安那州新奥尔良（旅游，私人企业，游轮）；夏威夷州火奴鲁鲁（旅游，商业）；俄勒冈州波特兰（新兴企业，创造）；得克萨斯州圣安东尼奥（石油，航空）（Leah Konen，2012）。这10个城市都以低失业率为特征。

尽管工作在任何地方都有，但是很明显，经济活动往往会聚焦在国内的某些特定区域，这意味着这些经济中心比别的地方有更多的就业机会。同样，求职者应该意识到某些地域性行业的趋势是机会减少、竞争加剧。一个很好的例子是美国国家航空航天局（NASA）空间航行项目的终止带来的经济衰退和失业。就像

第 6 章所说的，你有必要战略性地思考你的生涯，这也包括对地理位置的考虑。

教育和培训

在大多数技术取向的职业中，进一步的教育和培训是很有必要的。不同雇主提供给雇员的教育和培训机会的数量和类型有所不同。通过对雇主进行调查，你可以了解到雇主提供给雇员的教育和培训机会的数量和类型。当考虑教育和培训的好处时，有可能实际上由雇主提供的低工资职位比教育和培训机会很少的高工资职位"更值"。典型的教育和培训福利包括报销学费、在职培训、离职培训和远程学习项目。

休闲

第 3 章中描述了在生涯规划中工作和休闲的相互作用，第 8 章讨论了组织文化和人职匹配的质量。学生可能想知道从工作中可以得到怎样的工作/生活平衡。我们应该补充一点，工作和休闲之间的界限可能是很模糊的。比如，学习打高尔夫球或者网球可能也是加强组织内部成员的工作网络联系或者与顾客建立网络联系的一个很好的方法。

家庭

我们在第 10 章谈到过，工作会对家庭生活产生重要的影响。对于不同的组织文化，工作和家庭生活的平衡问题也不一样。两个要考虑的重要因素是儿童照管和父母休假政策。为了提高员工的工作效率，一些雇主在工作地点提供照管孩子的服务，让有孩子的员工更好地处理照管孩子和接送孩子的问题。

11.6.3 决策制定知识——CASVE 循环

现在该停下来回顾一下 CASVE 循环了，把它作为一个工具来帮助你在就业运动的恰当时间获取并使用恰当的信息。

在就业运动的沟通阶段，你应该意识到你需要作出就业决定。内部线索（如焦虑）或者外部线索（如信任的朋友的评论，或者即将完成的培训项目或学位）都是个体需要开始就业问题解决和决策制定的信号。

在就业运动的分析阶段，你应使用自我知识和就业选择知识来更好地理解你的现在状态和理想状态之间的差距。你首先应思考自己所知道的，然后获取信息，接着再思考自己所学到的。一般来说，对自己和就业选择的准确理解可以让个人的就业运动更有效。

在综合阶段，你首先扩大然后缩小你在就业运动中考虑的就业选择。这一阶段的目标是避免错过潜在的恰当选择（扩大或细化），同时将选择的数量减少为一个足够小的列表以避免在最后选择时被信息淹没（缩小或综合）。以下是扩大你的就业选择的两种方法：

1. 将你以前考虑过的潜在雇主和职位——你的抱负列在表上。

2. 使用信息资源形成各种选择，比如出版物或者光盘目录、互联网目录或者工作银行。在考虑潜在的雇主和职位时，不要忘了对一些个体来说，自雇也是越来越可行的选择。

在产生了一个可管理的潜在职位的综合列表之后，你要通过思考你在分析阶段所学的知识来缩小你的选择。对你来说什么是最重要的？保留那些能提供合理的机会以帮你缩小在就业方面差距的雇主和职位。

在评估阶段，你要围绕少数几个就业选择排列先后次序，所确定的第一选择是为了进行真实世界的探索。也可能会有比较好的第二选择或者第三选择。你的任务就是考虑每个职位对于你和你的重要他人的益处以及要付出的代价。有些个体还会考虑与他们的文化群体、社区和社会有关的代价和收益。

如果你的就业运动顺利，一个或多个目标岗位会成为现实，你会收到一份或多份工作录用通知。考虑了代价和收益之后，将所提供的工作排列优先次序，最终有一个职位被接受。（当同时考虑很多工作机会时，可以参考附录 L 中的就业决策制定练习。）

在就业运动的执行阶段，要通过采取行动完成到就业的转换。执行的第一步是为找工作做好准备，包括撰写简历、求职信和掌握面试技能。建立一个记录保持系统来帮你记录就业运动的轨迹也很重要。最开始，积极求职的执行包括选择你在评估阶段找出的目标职业。一个重要的提醒就是“千方百计地”寻找那些你觉得最适合的工作。

当你收到工作录用通知时，你可能还会重复一遍执行阶段。在求职的这个阶段，有必要通过书面材料（邮件、传真或者信件）来让雇主知道你将会接受这个职位。如果有很多就业机会，其他机会也应该通过及时而礼貌的书信拒绝，让他们知道你已经从求职者行列中撤出；应该用书面形式谢绝所有具体的工作录用通知。在第 12、13、14 章我们将对这些细节进行更多的讨论。

CASVE 循环的最后一个阶段是回到沟通阶段，以检查内部和外部线索是不是表明最初的就业差距已经被成功地消除了。

11.6.4　了解思维如何影响就业运动

本章我们指出了在就业运动中坚持和积极是多么重要。在认知信息加工理论中，执行加工领域处于信息加工金字塔模型的顶部。正如我们在第 5 章中看到的，这个领域的元认知技能影响我们的思维方式以及随后在就业运动中的行为。它们包括以下的部分：（a）自我对话；（b）自我觉察；（c）控制和监督。

自我对话

自我对话是我们自己与自己的关于过去、现在和未来的完成一项特定任务的能力的对话。表 11—3 呈现了一些积极的和消极的自我对话的实际结果。消极的自我对话一般会使得做下列事情变得更困难：

- 在简历上清楚地写出生涯目标。
- 在简历中准确地阐明技能。
- 积极寻找潜在的雇主和职位空缺。
- 利用工作网络所提供的机会。
- 有动机研究雇主。
- 在就业面试中积极阐述你可提供的贡献。
- 对于就业面试者提出的问题，清楚并热情地作出反应。

表 11—3　积极的和消极的自我对话的实际结果

积极的自我对话可以帮助你做到：
● 即使没有被录用还有动机继续。
● 在求职时克服害羞和缺乏自信的心理。
● 即使遭到拒绝也积极寻求机会。
● 清晰并现实地思考工作目标和工作机会的好处与不足。
● 更好地利用生活中重要他人的意见。
● 当需要时在你的就业运动中得到外部帮助。
消极的自我对话可以导致：
● 害怕被雇主拒绝。
● 找不到维持你的就业运动所需的信息。
● 与其他求职失败的人为伍，这可能会导致你沉溺在失望和消极的感觉里。
● 拖延或者迟迟不开始你的求职活动。
● 对工作目标和机会的好处、不足感到困惑。
● 因为重要他人的消极看法而觉得失望。
● 在工作申请没有通过时觉得泄气。

对于一些个体来说，就业运动带来的焦虑比职业选择或者大学专业选择的焦虑更甚。就业运动的结果很可能是来自潜在雇主的具体的和即刻的拒绝。因此，失败是具体的，而且很容易被感受到。

工作申请者经常意识到在真正获得工作机会前，他们很可能会遭到很多拒绝。正如在 CASVE 循环中的沟通阶段所指出的，轻微的焦虑可能有激励作用，但是持续的焦虑可能会导致自我妨碍的应对行为，如拖延。在应对拒绝方面，我们常常会告诉求职者被拒绝与被录用的比率是 20∶1。积极的重构表达是“要获得一个机会，我需要先得到 20 个拒绝”，或者“我很感谢‘不’，因为它们可能表明了一个不好的人职匹配”。

汤姆·杰克逊（Tom Jackson，1992）写了一本很受欢迎的有关求职和撰写简历的书，他将求职的过程描述为一系列的“不”。最好的求职看起来很像这个：

不，不，不，不，不，不，不，不，不，不，是!!

在你等到雇主说“是”之前你必须做好准备面对一系列的“不”。你越快完成“不”，就能越快获得“是”。

自我觉察

有效的问题解决者在他们完成任务（在这里指处理就业信息）时能保持清醒

的自我觉察。自我觉察包括对思维、感受和行为之间相互影响，特别是消极自我对话在就业运动中的不良影响的意识。自我觉察的例子包括承认你需要朋友或导师的情感支持，消极的情绪，比如抑郁或焦虑，或缺乏坚持就业运动的精力。

自我觉察也包括当朋友或家庭成员的积极或消极的评论对你的就业运动产生影响时，你可以对此保持觉察。

控制和监督

有效的问题解决者和决策制定者知道何时停下来获得更多的信息，何时继续进行下一步。控制是指个体在就业运动中有目的地投入到下一个合适的问题解决和决策制定任务上的能力。监督是指个体判断什么时候任务已经成功完成，什么时候进入下一个任务，什么时候这个任务需要额外帮助的能力。有效的问题解决者和决策制定者清楚他们知道什么、他们需要知道什么，他们也能意识到在一个成功的就业运动中下一步应该完成什么。

在执行过程中积极的控制和监督功能可以让你确定你正在使用的图式能够导致成功的就业运动。重构这四种综合征（即“局外人综合征”“孤独的骑士综合征”“我愿做任何事”和“灯下寻找”）是一个可用的策略。

我们将使用认知信息加工方法来总结这一部分的内容，这里为你提供了一些建议以使你的就业运动更有效：

1. 从朋友和生涯服务专业人员处得到积极支持，特别是那些能帮你将消极的元认知变为更积极想法的人。

2. 当你在就业运动中取得进步时，奖励你自己。比如，当你成功地搜索到八个可能的就业机构时就做一些你喜欢做的事情。

3. 注意身体，因为求职需要很多能量，要有充足的睡眠，吃得好一点，多做运动。

4. 避开消极的人群，特别是那些不成功并在拖延就业运动的人。

5. 记录发生在就业运动中的每一件事——费用、人、日期。

6. 当你继续就业运动时，将非全职和临时工作作为保持参与工作和持续建立工作网络的方法。

7. 参与由就业服务机构、教堂、学校或者社区组织提供的求职者俱乐部。

我们想以一句话来结束第 11 章：“能找到最好工作的人并不是资格最高的人，而是最会求职的人。”换句话说，工作会青睐那些最会向雇主推销自己与工作的“良好匹配”的人。雇主想要为这个工作找到最合适的人，但这个人不一定是最有天赋、受过最高培训的人。他们在寻找最“匹配”的人，即一个现在就能胜任、有能力的可靠的雇员来做职位所需之事。

小　结

本章介绍了就业运动的概念，探索了雇主和求职者对就业过程的理解，并且将认知信息加工理论的基本成分应用于问题解决和决策制定之中。我们针对具体的就业运动过程，详述了在第 1～5 章中所介绍的观点。然后，我们通过就业例子提出了一些概念，接着探讨了求职问题的本质。最后，我们围绕就业运动对信息加工金字塔模型进行了回顾，并且将 CASVE 循环应用于作出就业选择的各个步骤。我们的目的是帮助你提高与就业问题有关的个人生涯理论（PCT）质量。

参考文献

Azrin, N., & Besalel, V. (1980). *Job club counselor's manual: A behavioral approach to vocational counseling.* Baltimore, MD: University Park Press.

Bolles, R. (1994, December). A history of ideas and events in the job-hunting field during the twentieth century. *Newsletter about life/work planning*, 1–12.

Bolles, R. (2012). *What color is your parachute? A practical manual for job hunters and career changers.* Berkeley, CA: Ten Speed Press.

Carnevale, A. P., Cheah, B., & Srohl, J. (2012). *College majors, unemployment, and earnings: Not all college degrees are created equal.* Washington, DC: Georgetown University, Center on Education and the Workforce.

Clifton, J. (2011). *The coming jobs war.* New York, NY: Gallup Press.

Collegiate Employment Research Institute (CERI, 2012). *Recruiting trends, 2011–2012.* East Lansing, MI: CERI. Also available at http://www.ceri.msu.edu/wp-content/uploads/2010/11/Recruiting-Trends-2011-2012.pdf

Collegiate Employment Research Institute (2010–2011). What employers want you to know about winning in your job search. *Recruiting trends note 2010–2011:2.1*, 1–4.

Collegiate Employment Research Institute (2010–2011). *Recruiting trends 2010–2011*. East Lansing, MI: Michigan State University (also available at http://www.ceri.msu.edu/ceri-publications/).

Connelly, A. R. (2007, December). How not to find a job. *Counseling Today*, 29.

American Counseling Association (2011, November). Employment and emotional intelligence. *Counseling Today*, 4.

Crane, D. D., & Seal, C. R. (2011, April). Student social and emotional competence in the hiring process. *NACE Journal*, 26–30.

Girodani, P. (2009, September). Recruiting for unglamorous industries. *NACE Journal*, 29–31.

Gottfredson, G., & Holland, J. (1996). *Dictionary of Holland occupation codes.* Odessa, FL: Psychological Assessment Resources.

Gross, D. (2009, December 21). Jobs are on the way! *Newsweek*, 50–51.

Jackson, T. (1992). *The perfect job search.* New York, NY: Doubleday.

Kaihia, P. (2005, March). Features/what you're worth. *Business 2.0*, 6(2), 99. Retrieved from http://proquest.umi.com/pqdweb

Konen, L. (2012, January 12). The 10 best cities for young people to find jobs. *The Fiscal Times*. Retrieved from www.thefiscaltimes.com/media/slideshow/2012/01/12/10

Luo, T., Mann, A., & Holden, R. (2010, August). The expanding role of temporary help services from 1990–2008. *Monthly Labor Review, 133*(8), 3–16.

Margolis, M. (2010, June 14). Executives wanted: Despite record unemployment, recruiters are desperate for top-tier talent. *Newsweek*, 40–41.

Weber, L. (2012, January 24). Your resume vs. oblivion. *The Wall Street Journal online*. Retrieved from http://wsj.com/article

Wegmann, R., Chapman, R., & Johnson, M. (1985). *Looking for work in the new economy.* Salt Lake City, UT: Olympus.

第12章 求职中的书面沟通

我们已经多次强调，生涯决策过程和求职过程是以信息加工为基础的。尽管我们与未来雇主的沟通方式已经受到科技的影响，但这并没有减少对我们用各种文字方式进行沟通的要求。在求职信、邮件和简历中呈现你的任职条件时，应该考虑到你的自我知识（你的技能、兴趣和价值观）以及你对所追求的工作选择的知识。比如说，如果你的工作目标是医药销售代表，那么了解你的个人品质与这一类型的职位如何匹配，并且能够在你与未来老板的书面沟通中有效地描述出来是很重要的。

我们将先讨论下列内容：

- 求职过程中用到的各种信件。
- 简历。
- 书写生涯目标的策略。
- 简历和履历的区别。
- 求职中介绍信的作用。
- 有效保存记录的方法。
- 网上求职、找实习。

当你在阅读就业运动中怎样运用书面沟通的有关内容时，请注意思考怎样用这些信息来改进你的个人生涯理论（PCT）和战略性生涯思考。这些信息将会怎样影响你在求职活动中的行为类型？你在这些活动中会花多少时间？你将在什么时候以及怎样开始准备这些材料？我们的目标是提供一些信息和知识，它们将帮助你改善你的个人生涯理论和解决求职问题所需要的技巧。

12.1 求职过程中的信件

在求职中最常见的书面沟通是求职信或申请信。它通常是老板首先看到的信息，一般会与简历放在一起。在求职信之前的信称为咨询信或者询问信。

12.1.1 询问信

询问信不如标准求职信那样广为人知。很多时候，在求职过程中，你也许不知道你所期望的老板那里是否有工作机会。一些学者建议在你正式向这个机构申请前先写一封询问信或者信息咨询信。在准备了可能有你所寻找职位的组织清单后，你可以给老板寄一封询问信索取求职信息。对这个组织有尽可能多的了解是很重要的，这样可以增加你的询问信的可信度。

图 12—1 是一个询问信的模板。在“即时”沟通的今天，这种类型的信件可能用得不多。很多你希望通过书面的方式所了解的东西都可以通过一个电话甚至可能是一封电子邮件就能得到。这种求职沟通方式的最大优势就在于它能帮助你获得更多有用的信息，并且它让老板有机会看到你的文字沟通技能。从询问信中了解到的信息能改进你在求职信中的内容或者让你知道也许根本不值得花时间去

罗纳尔德·B·卡特
1056 信箱
塔拉哈西，佛罗里达州 32303
2012 年 4 月 10 日

瑞塔·梦露
杰克逊通信公司
西路 1010 号
丹佛，科罗拉多州 79036

尊敬的梦露小姐：

我在《商业周刊》的行政版饶有兴趣地看到了你们的简介。杰克逊通信公司在通信领域的飞速发展给我留下了深刻的印象。

我在大学四年级的时候，塔拉哈西的一些朋友对我的职业发展方向给予了建议，我作出决定，像杰克逊通信公司这样的机构就是我想要开始的地方。我的教育和经验很适应这种入门水平的工作机会，而贵公司可以提供这样的机会。

这学期放假我打算待在丹佛，我希望有机会能见到您，在贵公司寻找机会。我知道您的日程安排很紧，如果能有 30 分钟的时间我将非常感谢，5 月 5—10 日之间的任何一天都行。我将根据您的安排来调整，如果您愿意考虑我的请求，我将不胜感激。

真诚的
（签名）
罗纳尔德·B·卡特
有附件

图 12—1 询问信模板

申请（例如，你通过与老板进行邮件或电话的接触了解到他们刚与一个跨国企业合并，正要解雇 3 000 名员工）。

12.1.2　求职信的形式

我们知道，求职沟通中最常见的类型就是传统的求职信。尽管工作场所发生了很大变化，也产生了新的与老板沟通的方法，但近几年，这种沟通的基本形式在本质上并没有改变。尽管求职信包括各种风格、形式和内容，但两种基本的形式也许对你有帮助，即“海投型”和“聚焦型”。

海投型

在这种类型的求职信中，求职者在他们的领域内向很多雇主寻找可能性而不是给一个雇主单独发信。在一个更大的地域内找工作并且有很多工作目标的求职者通常会使用这种形式。利用这种形式，你实际上是在玩数字游戏，也就是说，如果我寄出去很多信的话，最起码我可以指望有几个积极反馈。

尽管在寻找具体工作的时候，海投型信件不典型，但把信件个性化是很明智的。这样的例子有“我写信向您表示我具备作为……的销售代表的任职资格”或者“我深刻认识到今天的（医院、诊所等）护士正在发生的角色变化”。加入合适的词和短语，你就可以润色每一封信而无须花精力单独写每一封信。确定并陈述你对这个组织感兴趣的地方，然后解释它为什么令你感兴趣。你对组织了解得越多，根据组织的需要调整你的信件内容就会越容易。

信中要突出你的优势和技能。所寻找的职位类型要尽量具体，并且把它与你对组织的知识与它的业务、产品和服务联系在一起。

聚焦型

这种类型的求职信可用于具体的、有目标的求职活动。你也许是在回复一条报纸上的广告、网上的清单，或者听从了你的职业安置或就业服务中心、亲戚、朋友或同事的建议。因为你了解职位的性质，所以你可以建构你的信来显示你的能力和资格可以满足雇主的需要。在信中，你要在你的职业目标、专业背景与雇主的需要之间建立一种匹配。事实上，你就是在向雇主推销你自己。

你也可以提到你在谈话中或者通过对组织的研究所了解的具体信息，你可以这样来陈述这种类型的信息，比如：“我的学术背景和工作经验让我有足够的能力胜任美国运通公司的会计总监职位”，或者“贵公司通过基金认购所获得的持续发展给我留下了深刻的印象”。

写信时，首先确定组织的正确联系人是很重要的，尽管有时候这是不可能的，比如，你也许会发现你寄信的地址是报纸目录中的一个信箱号。直接把信寄给你所申请工作的主管人员或者部门经理是明智的。但在有些比较大的组织中，也许要求你通过人力资源部门或者人事部门来申请。

下面是准备信件的更多的小技巧：

- 对广告进行仔细阅读和再阅读以帮助你了解潜在雇主正在从申请者那里寻求什么。尝试回应组织通过广告所提出的“需要”，因为写广告的人肯定斟酌过字句。看一下组织的网站，以便对于组织想寻找的人大概是什么风格有个把握。
- 在广告出现之后尽快答复。然而，你要保证有足够的时间来准备出最佳的文字。
- 在描述你的技能和兴趣如何与组织的需要相匹配时，你要尽量突出革新性和创造力以使你的信件在组织收到的众多信件中脱颖而出。
- 按照工作目录的要求去做，仔细斟酌哪些地方的反应应该是直接的，要包括哪些内容（例如，简历、对工作地点的陈述等）。回答所有的问题，但不要提到对薪水的要求。在这种情况下避免谈此类问题是明智的，只需暗示这是开放的或可商量的。
- 说明什么时候你可以去面试，并且写上可以找到你的电话号码和电子邮箱地址。
- 要简洁！信件应该是个性化的、简练的、真诚的和真实的。
- 要经常站在雇主的角度来想想他会作出什么样的反应。试着确定对于一个特定的雇主而言，哪些成就和技能是最具吸引力的。
- 要坦率、专业、有条理——记住你是在推销你自己。简历要贴近事实。
- 记住信的主要目的是为你的面试提供机会——一定要让信具有影响力。

在如今的电子时代，你会发现你跟雇主的所有通信都是通过电子邮件，特别是当你知道这是他们最喜欢的联络方式的时候。但即使是发送电子邮件，也注意一定要遵循所有商务沟通的专业标准。要避免使用在更随意、更社会化的沟通中常用的电子邮件俚语、缩写和类似的格式。

图12—2提供了一个求职信的样例提纲，你可以用来建构你的信件。尽管在就业运动中的大部分信件都极有可能是找具体工件的求职信，但是掌握另外一些文字交流的形式也是很重要的。

12.1.3 面试感谢信

通常，面试后应该写封感谢信以表达对占用了面试者时间的谢意。感谢信是找工作中最有效也最容易被忽视的工具之一（Farr，2009)。这不仅是一种公认的礼貌，你的信也能恢复会见时你在面试者心目中的印象。如果是到现场与面试者会见，你可以把会见的报销单一起附在感谢信中。

格式建议

写感谢信时，下面所列内容也许会帮助你形成你的书面沟通。

- 对面试者的考虑和会见安排表示谢意。
- 写上面试的日期及面试者的名字。

你的姓名
联系信息
塔拉哈西，佛罗里达州 32303

(今天的日期)

珍妮·布兰克小姐，头衔
组织名
街道地址
城市，州，邮政编码

尊敬的布兰克小姐：

第一段 为什么你要写这封信；你要应聘的职位名称、领域，或者一般职业范围。写出你是怎么听说这个机会或者该组织的。

第二段 提出一两个你认为该组织最感兴趣的你的优势条件。说出你对他们的看法。说出为什么你对雇主、位置或这种类型的工作尤其感兴趣。如果你有相关的经验或专业训练，一定要写出来，并且强调你如何适合这个岗位。提醒读者看所附的申请表格或简历。如果合适，提出安置办公室已经或将会寄出所有的证书来提供你的背景和兴趣的额外信息。

第三段 以要求会见雇主的机会来结束，建议一个可能的日期和时间。暗示你将会在随后打一个电话（例如，当你到了那个城市时）来确定这次会见，除非在这之前你知道读者不想见你。如果你的要求不是想要面试，而是关于空缺职位的详细信息，随信附上有自己地址并粘贴了邮票的信封是有礼貌的。保证你的结束语不是含糊的，而是尽可能使读者采取一个具体的行动。

真诚的
(你的亲笔签名)
打印上你的名字
另有附件（如果有的话）

图 12—2 求职信的样例提纲

- 通过提及最初面试中忘记的或后来又意识到的一些新的要点或优势条件来重申你对雇主和职位的兴趣。
- 你可以再询问任何最初面试时没有得到回答的问题。
- 表达你期望收到雇主的决定。
- 确保写上你的联系信息。

12.1.4 致谢信

一旦你收到了雇主或组织的录用通知，立即作出回应是很重要的。尽管没有必要马上回答“行”或“不行”，但要迅速对录用通知致以谢意。你可以通过电话来表达，但在这件事情上你最好用写信来回应，这种类型的信件一般包括下面这些信息：

- 对收到录用通知表示感谢。
- 表达对录用通知的感激。
- 向雇主说明你打算做决定的日期。

12.1.5 接受信

一旦你决定接受一个录用通知，要立即通知雇主。没有必要一直等到录用通知的最后期限才与所选择组织的招聘者或聘用人员（如部门经理、副总裁）联系。雇主将会很欣赏你的快捷，这样会让他们对人事选择过程状况的评估更有效率。你也可以打电话表示接受录用通知，但是随后的书面确认也很重要，它包括下面的一些信息：

- 对录用通知，无论是书面的、口头的还是电话的表示谢意。
- 要尽量具体，提出初始工资和主管的名字。确保列出并详细说明录用通知中答应的条件（福利、行为考核、搬家费用等）。
- 说明什么时候你可以去报到。如果录用通知上额外列出了某些条件，如获得学位、通过体检等，那么，你要表明自己了解这些情况。
- 对联系人和招聘过程中任何提供特殊帮助的人表达感激之情。
- 询问是否需要其他信息，或者报到前应该注意的一些额外的细节。

12.1.6 谢绝信

出于礼貌，你在拒绝组织的录用后应写封谢绝信。尽管这种通信方式可能有负面性，但让其他雇主知道你的决定是至关重要的。你除了写一封谢绝录用的信外，通常也需要回复一个电话，但是信件会让你的决定成为记录，帮你避免任何通过言语沟通产生的事后麻烦。

一封谢绝信中的信息包含以下一些内容：

- 对被录用表示感谢。
- 提到可能的主管的名字。
- 说明你曾经考虑的具体职位。
- 有礼貌地拒绝。
- 实事求是，并简短地解释做这个选择的原因。
- 不必过多地道歉——简单地再次表示感谢。

下面是更多与求职信件有关的“可以做的”信息：

- 遵守标准商业信件的规格和格式。
- 在任何可能的时候，把信寄给个人，并附上正确的头衔。
- 拼写正确，加标点和分段。
- 用自己的词汇并使用对话的语言。
- 手写而不是打出你的签名（除非你是发送电子版）。
- 打印在质地优良的纸张上。
- 简短、简洁，抓住重点。
- 利用与雇主的任何联系让你占有一席之地，在竞争中占据优势（如，“我上一个实习主管建议我联系你，可能会有一些开放的机会”）。

与信中对自己优点的描述相比，你的信件的外观和风格更多地展示了你自己。如果你想在写作方面获得更多的帮助，可以在学校的图书馆或职业中心浏览信息资源，在当地书店查看信件书写方面的出版物，也可以浏览关于这个主题的网站。最后，我们建议把你的信件草稿交给职业中心的专业人员或具备相关技能的朋友批评指正。

12.2　简历撰写

在就业运动中最广泛认可的书面沟通形式就是简历。我们将考察简历的目的；简历的风格，包括长度和样式；简历的形式；简历的组织方法和种类；简历模板；与简历的评论和复制相关的问题；简历在网络上的记录。当你在了解为简历所做的准备时，请记住，撰写简历需要你投入一定的时间和努力。

12.2.1　简历的目的

许多年前，简历被称为“资格简介”。它是自我推销的工具，应该在内容和形式上都非常独特，以此突出与工作和职业有关的个人事件。一份简历是对你个人的、教育的和工作经验的资格的概括。记住简历的目的是帮助你吸引面试官的注意、寻找面试的机会，它不应该是一个完整的生活历史。简历应该显示出你是怎样一个人才，以及会给组织带来什么价值（Beecher，2011）。

申请人可以用简历申请工作、实习、研究生院或者奖学金。有时简历甚至可以用来申请抵押借款。

12.2.2　简历的风格

事实上设计简历并没有一种绝对正确的方式，但在撰写简历时仍有一些固定的传统已经成为标准。呈现的内容旨在帮助你创造一个能满足你的个人需要并突出你的资格的简历。

你写简历时所选择的风格将给它定下基调并具有个人气息，这种风格可使你的简历更添风采，也会使它贬损形象。不要忘记：简历是推销装置，因此必须呈现一种积极的形象。记住，虽然简历是就业运动中的基本工具，但这并不意味着它能代替面试（尽管它是在面试之前）。正因为如此，也因为简历是一个概括，你可以（大部分人都这样）使用不完整的句子（例如，“分析调查数据”“带领小组进行创造活动”“督导员工”）。有些人觉得简历应该是行动取向的，这会在某种程度上反映出你自己是一个自信的求职者。其他人则更习惯于中性的口吻，显示资格和兴趣，而没有过多地关注自信或自我提升。

长度

大部分简历都是 1～3 页。简历的长度应该可以简洁地展示你的资格。全美大学与雇主联合会（NACE，1996）所调查的 73%的雇主表示，成熟时期（18～23 岁）的大学生在申请职员层次的职位时偏爱用 1 页的简历。对于申请管理层职位的受到更多教育、有更多管理经验的个人来说，2～3 页的简历比较合适。简历的一种变异形式——个人履历——通常要长得多。本章稍后的部分将谈到个人履历。

样式

简历的样式应该富有吸引力，让看到的人容易产生兴趣。制作一份简历时，为你的信息选择合适的分类，并按照与主题相关的程度从多到少进行组织。用大写字母、下划线、黑体字、缩进和空白来突出重要信息。但是，一旦你选择了一种样式，就要保持风格一致。简历应该具有可读性，赏心悦目。其他如雇主扫描系统和网上张贴简历也许会影响简历的样式。

12.2.3 简历的形式

在网上张贴的简历

求职中的一种常用形式就是在网上张贴简历。在网上发布简历也许会或者也许不会增加你面试的机会，但这也许是你在就业运动中需要做的一个基础工作，特别是在你寻找技术取向的职位时。Riley Guide（http：//www. rileyguide. com）是这方面非常有用的一个资源，因为它质量高并且很流行。在网上张贴你的简历之前，需要考虑以下两个建议：

1. 密切注意简历中的用词。在网上搜索简历的雇主一般会用关键字搜索程序来寻找感兴趣的简历，如果你的简历没有包含这些关键字，在搜索过程中就不会被检索到。在选择关键字时，考虑你所寻找的职位所必需的具体技能和条件。

2. 要知道，世界上任何能上网获得简历的人都能得到你在简历中所公布的信息，所以不要把你想保密的信息包含在内，比如你的通信地址和电话号码。用你的电子邮件地址作为联络点。

可扫描的简历

一些雇主用扫描技术来处理他们收到的大量简历。韦伯（Weber，2012）指出在小企业中只有 19%的招聘人员会看他们收到的所有简历，47%的人只看其中一部分。于是，一些组织会用一种把简历扫描进电脑存储器的系统来实现。然后雇主就可以搜索与特殊工作必需的技术最相匹配的简历。

韦伯（Weber，2012）指出，网上 50%的申请都不满足岗位的基本要求，所以大公司会用系统扫描来搜索匹配的技能和经历。这种系统可以筛选出一半的申请者，并把成百上千的简历减少到面试官能看完的数量。

当制作一份可扫描的简历时，记住下面的技巧：

1. 把你掌握的技术具体化，用名词而不是动词。例如，“负责培训”应该说成“新雇员的培训者”。

2. 用大量的空白来帮助计算机识别信息。一个建议是把组织名称、岗位名称和日期分行写。

3. 不要用奇特的版式，这可能会影响扫描程序读取信息。

4. 用大家都能识别的词汇。扫描程序上也许没有装配词典，所以难的字也许会被忽略。

5. 查看一下雇主的网站，看看有没有特定的形容他们文化和价值观的词汇，因为这些词汇可能会放进扫描软件的程序里。

6. 不要折叠或装订将被扫描的简历。如果你担心在就业运动中你寻找的雇主是否会扫描简历，可以提前打电话核实一下。

12.2.4 简历的组织

简历中的信息有两种组织方法：按时间顺序排列型（也称一般型）和功能型。

按时间顺序排列型或一般型

按时间顺序排列型的简历分别列举、描述和按时间顺序排列每个工作的细节和教育背景。图 12—3 是一个样例。在每个范畴下面列表，按照与时间的相反顺序来排列，从最近的学校或工作经历开始。如果在求职期间你有连续不间断的工作经历，这种方式是最合适的。这也是最普通的方式。雇主一般对这种样式比较熟悉。

目前，按时间顺序排列的简历的一种变型已流行起来。它以相关技能和条件的概述开始。这个部分后面是按传统的时间顺序组织的信息。图 12—4 是这种样式的一个模板。加进这一部分，你就能很快地吸引雇主注意那些与你所求职位类型最直接相关的条件。

功能型

功能型的简历只包含你所有经历中与所找工作相关的部分。在每个类别下面列举出资格、技能、经历等，这些将合理地支持你在各个功能领域中的工作目标，这些领域有管理、研究、写作、教学及销售或者人际关系。这种简历比较难组织，但是它在陈述你想要表达的技能或功用时比较有效，尤其是当你的背景发生变化的时候。如果你的就业和教育这两个阶段的时间间隔很长，这种方式也许更加合适。

艾利斯·哈里斯
AliceHarris@hotmail. com

现在地址	**固定住址**
佛罗里达大学 3035 信箱	易洛魁街 1305 号
塔拉哈西，佛罗里达 32313	皮尔斯堡，佛罗里达 34946
(904) 644—××××	(305) 465—××××

求职目标
在竞争激烈的销售项目中，运用自己强大的人际和组织技能，最终向管理职位发展。

教育
理科学士，2012 年 4 月毕业于佛罗里达州立大学，塔拉哈西，佛罗里达
专业：广告学　　**辅修：**商业贸易
总体成绩 GPA：3.5

经历
有价证券代理培训　阿尔·威廉斯公司，佛罗里达州博喀拉藤，2011 年 5 月
通过合作管理和汇编客户投资时机的研究资料了解了证券行业。

本科生助教　佛罗里达州立大学传播学院，佛罗里达州塔拉哈西，2010 年 9 月至 2011 年 12 月
对本科生的课程选择提出建议，帮助院长执行行政职责。

销售助理　城市巡回百货商店，佐治亚州亚特兰大，2010 年 5 月至 2010 年 8 月
帮助顾客选择产品并提供产品信息；几个月来的销售业绩受到好评；管理部门的财产清单。

业务经理　顾问广告公司，佛罗里达州塔拉哈西，2010 年 1 月至 2010 年 4 月
为当地公司开发市场策略，监督和市场研究；管理当地账目。

所获荣誉/实践活动
- 黑人传播工作者协会主席/创办者
- 少数族裔荣誉学会
- 金钥匙国家荣誉学会
- 优秀学生，2007 年春/秋学期
- 广告俱乐部

图 12—3　简历模板——艾利斯·哈里斯

12.2.5　简历的范畴

就像早先说过的，简历撰写中的某些固定传统已经成为标准。下面的一些范畴已经被公认为是简历撰写中的必要成分。

身份

你的姓名（一般用大写字母或粗体）、地址全称、电话号码和区号应该是简历中的首要内容。如果你的住址是暂时的，你可以加在固定住址的后面或者代替固定的住址，这要根据当时的境况来定。你也可以选择你的电子邮箱地址或者传真号码，如果你愿意以这种方式来联系的话。这部分信息的主要目的是让雇主在任何时候都能容易地联系到你。

杰克·卡特
JackCarter45@hotmail. com
天蓬路，1311 号
塔拉哈西，佛罗里达 32312
(904) 531—××××

优势

- 较强的书面和口头沟通能力。
- 可靠、有热情的工作者。
- 熟悉数据库和电子制表软件应用。

教育

理学学士，**跨国商业运作和财经专业，**2012 年 8 月
佛罗里达州立大学，佛罗里达州塔拉哈西，**总体成绩 GPA：**3.8

经历

协调员　USTA16 岁以下全美网球锦标赛，2011 年 11 月
- 帮助锦标赛的组织协调。
- 负责管理锦标赛的财务账目和优惠待遇。

助理教练　佛罗里达州立大学网球夏令营，佛罗里达州塔拉哈西，2011 年 6 月
- 培训和监督参与人员。
- 准备和协调活动。

接待员　大型运动器械，法国圣·拉斐尔，2010 年 7—8 月
- 接听电话并帮助处理财务记录。
- 协调会员娱乐活动。

荣誉

2011 年，2010 年，2009 年，ACC 学院优等学员
2011 年，2010 年，2009 年，佛罗里达州立大学优秀学生
2011 年，2010 年，2009 年，最佳团队 GPA 金火炬奖
入选全美大学生荣誉社团，2009 年至今
特许商业计划荣誉会员，2010 年至今

活动

佛罗里达州立大学网球队，2009 年 8 月至今
“我很特别”训练营——“残疾儿童顾问”训练营：担任首席顾问、网球教练 3 年
业余时间打高尔夫球

可根据要求提供证明和文件

图 12—4　简历模板——杰克·卡特

职业目标

简历中的职业目标也许是最有争议的和最难确定的。雇主、职业咨询师和求职书籍在关于怎样处理简历的这一部分时总是给出非常不同的建议，其中还有人建议完全删掉这部分。此外，简历的其他部分比较容易用文字表达——它们是你

个人生活历史资料库的一部分——而确定职业目标涉及计划将来，在一张简表上写下你一生想要做的事！一些人直到教育和培训结束也没有过多地考虑过这个问题。这部分内容能帮助你澄清职业目标的相关问题。

设计职业目标是为了尽可能精确地陈述你所寻找职位或机会的类型。在范围上，它应该广泛到足以包含任何合适的工作并引起大量雇主的兴趣，但也应该具体到足以让你的简历有一个明确的职业方向。你的职业目标应该以你早期在这门课上的活动和练习所发展出来的个人知识为指导。你可能寻找的职位类型反映了你的什么技能、兴趣和价值观？如果你是一个有经验的作家，对旅游感兴趣，尊重多样性，你的目标也许是这样的：

寻找一个可以利用我的写作技能在一个旅游杂志做专栏编辑的职位。

形成你的职业目标的另一个策略是关注以下信息：

- 职业名称。
- 职业或功能领域。
- 组织的类型。
- 组织服务或管理的具体人群。

这类目标的例子可能是这样的：

在康复医院寻找一个顾问职位，专门从事老年人的护理。

在写你的目标时，你也可以把你的个人知识和特殊的选择或组织类型的知识结合起来：

用我的规划和技术技能为一个环境组织工作。

如果你计划在几个不同的领域寻找工作，那么，制定相同的目标就不合适了，应考虑为每个领域写一份简历。不要试图在简历中混淆不同的目标。这会使雇主觉得你不知道你真正想要做什么。同样，不要写一个太模糊的简历以至于你没有告诉雇主任何有价值的东西。例如：

找一个能利用我的技能和知识并发挥我的所有潜能的挑战性职位。

这种目标基本上是毫无价值的。最好的目标是个性化的、行为导向的、明确的。它能说明你会为雇主提供什么，它也能显示出你已经为你要进入的领域做好了充分的准备。简历上目标阐述一般只占 1～2 行。

如果你在确定职业目标时有困难，有一些活动也许对你有帮助。回顾一下你的自我评定练习。你想在你的目标中反映出你的什么技能、兴趣和价值观？检查一个你所感兴趣领域的职业资料和你所感兴趣的组织的雇主资料，回顾一下你所拥有的有关选择的知识。阅读你那个领域职位的具体工作预告。回顾一下在你的校园图书馆或职业中心所找到的求职或简历书中的某个目标的例子。

你也可以不在简历中列明你的目标，而是在你的求职信中详细陈述以特殊雇主或职位为对象的目标。这种方式可以让你利用与所找职位类型精确匹配的语言。它的最大缺点就是求职信和简历可能是分开的，无法保证雇主准确了解你的工作兴趣和目标。

记住，不管你在简历中是否阐明你的目标，你都应对这一问题进行认真思考。当你求职联系圈中的人或未来的雇主问你“你有兴趣做什么”或者“你在找哪种类型的职位”时，你心中应该有一些清楚具体的想法。说“我干什么都行”对你永远都是不利的。这个陈述的问题在于它并不能传达大多数求职者的本意（肯定有一些工作他们不会做），而且它使你缩减你的工作目标变得几乎不可能。在你的就业运动中的评估阶段应该留下 3～5 个很集中的工作目标。你可以在任何时候再添加目标，但是你需要一个易操作的目标数来开始你的求职。

教育

最高的教育水平应该写在前面（即使你再有几个月才毕业），然后在后面写上所有其他上过的学校、获得的学位或者接受的培训。无须介绍中学的教育经历。但是，如果中学背景的一些项目显示了很高的荣誉或者加强了求职目标，那么应该加进相关的资料。你应该列出学校的名称、入学和毕业日期、获得的学位和主修/辅修的科目。如果你的 GPA 比较高（3.0 或者更高），你也许愿意列上它。你可以把你的专业 GPA 加进去，如果它比较高的话。如果你的 GPA 不是你的强项，可以不写，但是要准备好谈到它，雇主也许会问起！

在这个范畴下扩展的可能性是无限的，你可以列出你所选的课程，特别是课外自修项目，所得到的学术荣誉、学术专长、你参加的活动。注意，如果你在这方面有一个很长的清单，那么明智的做法是只选择其中最重要的而忽略其他项目，或者把它们单独列在如“荣誉/奖励”“活动”的范畴下面。把所有这些项目都包括在“教育”范畴下面可能会淡化你的学位声誉，而且会使你的简历看起来混乱不清。

经历

这个范畴反映了你与具体雇主接触的有偿和无偿的工作经历。它可以包括实习阶段、志愿者工作、特别的科研项目或者军队经历。如果你有几种经历与目标联系密切，你可以把这些放在“相关经历”的范畴下，其他的经历放在“其他”或“其他的经历”下面。

在每种“经历”下面列出职位名称、组织名称、地点（城市和州）、日期和职责。同样，组织这部分信息时，为简历选择一种样式，把与你的目标联系最紧密的材料放在前面。这里有两个不同的例子：

> 假日酒店，佐治亚州亚特兰大
> **前台接待**（2011 年 1 月至今）

或者

> **前台接待**——假日酒店，佐治亚州亚特兰大
> 2011 年 1 月至今

雇主主要感兴趣的是你所担任的职务和你所展示的技能。在概述你的职责时，试着以最积极的方式呈现关于你的经历的信息，同时把你的经历和你的职业目标联系起来。这里有一个例子：

麦克达菲餐馆，佛罗里达奥兰多

员工主管（2010 年 9 月至 2011 年 12 月）

- 管理日常的食物准备和其他业务；
- 监督管理另外 5 名员工；
- 汇编库存数据，维持库存；
- 协助挑选、聘用和培训新员工。

积极品质/行为词语列表

你可以运用表 12—1 中的积极品质词语和积极行为词语来帮助你从你的工作经历中找出你的技能和工作成绩。记住，任何经历，包括那些在学生活动和志愿者工作中获得的经历，也许都可以用来说明你的可靠性、才智和责任心。选择任何可以表现你的资格和经历的词来突出你的最强优势。在描述你的工作经历和判别你的技能时，行为动词是不可缺少的工具。当为你的简历选择行为动词时，应保证在面试时你能为这些先前经验提供细节，如你在什么时候、怎样以及在什么地方运用了这些技能。

表 12—1　　积极品质和积极行为词语列表

积极品质词语			
能力	有效	原创	显著的
学术	高效	独特的	重大的
精确	扩大	中肯的	可靠的
行政的	执行的	积极的	特别的
建设	扩展的	潜在的	稳定的
才能	富有经验的	爱好	充分的
有能力的	广泛的	富有成效的	成功的
智能	增长的	专业的	技术的
胜任	明智的	精通的	彻底的
能胜任的	知识渊博的	被证实的	彻底地
完全地	主修	合格的	多才多艺的
始终如一的	管理	创纪录的	精力旺盛的
正在发展的	成熟的	足智多谋的	周密计划的
有效的	成熟	负责任的	
积极行为词语			
完成	预算	咨询	编辑
说明	建造	创造	策划
取得	计算	跳舞	娱乐
担当	归类	委派	建立
管理	制图	展示	估计

宣布	澄清	减少	评价
建议	收集	决定	练习
分析	沟通	设计	展览
赞扬	竞争	确定	实验
吸引	完成	发展	解释
筹备	汇编	筹划	促进
聚焦	组成	诊断	制定
分配	带领	指挥	装备
协助	贡献	发现	指导
参加	控制	证实	处理
审核	协调	草拟	雇用
批准	纠正	提取	服务
实施	开发	主持	解决
改善	测量	产生	演讲
增加	会见	规划	开始
发起	动员	提升	构造
影响	模仿	提议	递交
检查	激发	提供	监督
安装	谈判	出版	供给
指示	操作	购买	综合
说明	命令	限制	谈论
会谈	引起	提高	教学
发明	组织	阅读	测试
调查	绘画	推荐	培训
判断	履行	招聘	翻译
美化	说服	修补	旅行
领导	摄影	报导	辅导
学习	计划	研究	打印
收听	扮演	回顾	理解
创造	预言	安排	查证
管理	准备	选择	书写
制造	呈现	销售	

个人信息

在你的简历中要不要包含个人信息，或者如果简历中有这个范畴应该包含哪些内容，专家在这方面的意见曾有很大的分歧。但是，由于这类个人信息（如你的生日、婚姻状况、体貌特征、健康状况、宗教信仰）会使雇主先入为主，所以雇主们不愿意在求职材料中看见它们。而且，这类个人信息还可能被网络窃贼窃取作出危害你身份的事情，因此，我们建议你不要在就业运动的材料中包含个人信息，尤其是你的社会保险或驾驶证号码等，除非这些个人信息与你的工作需要非常相关。

其他的范畴

我们刚刚概述的范畴是一个简历的基本内容。此外，简历也许应包括更多的范畴。如果你感到某些信息很重要，但不适合上面任何一个范畴，那么你就可以为这些信息创造新的范畴。下面是一些可能的范畴：

- 活动
- 奖励/荣誉
- 背景
- 证书
- 计算机技能
- 语言
- 会员
- 特殊技能
- 工作坊/研讨会

12.2.6 评论你的简历

我们建议你让几个你所尊重的人评论一下你草拟的最好的简历。你也可以把简历带到你们学校的职业中心，那里的职员将会很乐意和你一起讨论。你可以使用附录 K 简历自评工作单来指导对文本的分析。

12.2.7 复制你的简历

只有很多人都能看到你的简历，简历才能起到积极的作用，这意味着你需要做很多份副本，也许要上百份（这就又回到了我们前面提出的开销问题），大量复制简历时需要考虑以下一些因素。

准备原件

复制简历，你需要一份质地好、干净、高对比度的原件。大部分人使用文字处理软件来制作原件。在某些地方，你可以找到提供简历制作建议的人。我们相信大多数人可以在优秀的简历制作资源和就业中心工作人员的帮助下，创造出一份有吸引力的、专业的简历。在你付费购买这些服务之前，先看看是否有免费的资源。

简历制作方面的另一项技术进步表现在简历撰写软件包的广泛使用上。这些软件包通常提供几种现在的格式来指引你进行简历的准备，并且还可以提供简历准备方面的其他有用的技巧。有些人就喜欢这种现成的格式，他们需要做的就是“填写空白处”。而有些人则喜欢简单使用文字处理软件来制作的文本。使用模板的弊端就是你的简历可能会跟别人的一样，并且事先排好的格式可能会对如何用最好的方式来安排和强调一些信息以更好地呈现你的资质有所限制。我们不鼓励简历制作时使用现成的模板，但你可以自己决定怎样制作简历最适合你。

制作副本

当你拿到一份高质量的电子简历时，用你身边最好的打印服务（建议用激光打印机，它能提供最好的质量）来制作副本。也许你会选择当地打印店、办公用品店或类似的资源去购买更高质量的纸张。也可以考虑多买一些空白纸张来写求职信，然后把它们邮寄或直接交给雇主。

12.2.8　制作简历的建议

在你真正开始写简历的草稿之前，请彻底熟悉一下这里所列出的“可以做的”和“不可以做的”。遵循这些技巧有助于你将自己的优势条件陈述得清晰易懂。运用从第Ⅰ篇所获得的自我知识，考虑一下你想怎样把自己推销给未来的雇主。

1. 简洁、清晰、简明。一份易读、组织得当的简历会有更多的机会。

2. 协调一致。尝试设计一些大字标题、说明、文本缩进、文本组块，并运用大写字母和下划线。然后选择一种易读且吸引人的版式并贯彻到底。

3. 保持积极。用有积极行为指向的动词来开始陈述或措辞，例如“成功地介绍”“促进”等（参考表 12—1 的积极品质/行为词语列表思考这一问题，避免使用第一人称代词“我”）。

4. 诚实。很多组织把你的简历看作申请工作的一部分，申请中的不真实信息会立刻导致拒绝。它是个人缺乏诚信的表现，提供虚假的简历信息在一个人的求职过程中并非明智之举。

5. 细致。对打印错误以及语法、拼写、标点上的错误检查两遍。要勤查字典或使用电脑的拼写检查功能。文本编写中的错误会暗示出粗心和技艺粗糙，一些雇主会立即把有错误的简历排除在外。

6. 整洁。为你的简历准备 8.5 英寸×11 英寸的纸，然后打印或者影印。打印你的简历时注意留出空白以避免看起来混乱。确保你的副本清晰、完好无损。用激光打印机或者其他高质量的打印机来制作原件。

除了上面的这六点以外，不要提出薪水要求，不要解释为什么要换雇主，除非有必要，不要限制工作地点上的考虑，不要过多说明人生观和价值观，不要提供任何负面的信息。

你会发现，人们关于什么是最好的简历的书写文本有很多不同的看法。对于在简历中应该包括什么内容，几乎每个人都有自己的看法。亚马逊网站列出了 3 000 多本有关书写简历的书，这是有关这个话题存在的为数众多且各不相同的观点的大集合。本章的信息是我们认为的关于这个主题最重要的精华部分，对于毕业后求职的大学生来说更是这样。

12.2.9　简历与个人履历

对于完成学士学位的大学毕业生来说，最易接受的简历格式是 1～2 页的文本，文本应首先集中在教育和经历方面，其次是在未来雇主看来能加强你的优势和技能的活动和荣誉。

简历应该简单明了，其目的是让你获得面试的机会。相反，履历则是有关你的学术和专业成就的完整的、累积起来的记录或历史。单词“vita”（履历）是拉丁语，字面的意思是“生命”。

有时候，在一些职位预告中（特别是在欧洲），你也许会在末尾看到要求履历副本。履历来源于学术工作的求职过程。它们一般被有高级学位并在学院、大学或类似机构求职的人使用。到研究所求职的人也会使用履历。

履历聚焦于学术组织传统价值中所看重的领域，比如：

- 教学
- 研究
- 出版著作
- 演讲报告
- 顾问工作
- 基金申请
- 研究基金
- 证书或资格证
- 专业发展活动
- 专业，机构和社区服务

一份履历的长度少则 2 页，多则 100 页——某些大学老师就是这样！一个刚毕业的学生不太可能要写履历。专门用于寻找学术工作的书籍中包括履历介绍。当申请特殊职位时，如果你不知道是寄简历还是履历，可以与提供职业服务的专业人员或者与这个领域有密切联系的人协商一下以确定你的申请遵循了最合适的格式。

12.3 证明人和推荐信

在决定要不要雇用你的过程中，雇主可能会要求一些证明人或推荐信。这就涉及求职过程中书面沟通的另一个层面了。

你可以利用给雇主的信件和你的简历来沟通可能的证明人的信息。求职过程中的证明人通常包括 3～4 位，他们能与未来的雇主交谈你的任职条件和性格，特别是当这些与一个明确的职位有关时。里弗斯（Reeves，2009）建议工作候选人策略性地选择证明人，挑选那些“对你和你的工作表示过公开赞赏的人”。

对于刚毕业的学生而言，证明人通常包括现在和过去的雇主，还有校园里的一些人，如教师、学生组织指导老师，或者其他对你非常了解的职员。对于有很长工作经历的有经验的求职者，证明人通常是他们最近的雇主。几乎不需要“个人特点的证明人”，这类证明人可能是邻居，看着你长大的人，你所属的宗教团体中的人和其他类似的个人。

雇主通常对能够诚实和精确地描述你作为未来雇员所具备的条件的证明人更感兴趣。他们对你的工作习惯感兴趣，并且他们想证实一下你的简历中的信息。对你来说最重要的事情是在你列出证明人并给雇主之前，问一下你的证明人是否愿意接受。

一些证明人也许愿意为每个你所申请的职位书写具体的信件（这是最理想的

情况），另一些人也许更愿意简单地写信"给有关的人"，这类信往往是一般性的信件。在后一种情况中，你应该保存这些信件并且当雇主要求时寄送副本。另外一种选择是把证明信存档放在职业中心的证书服务处（这将会在后面详加描述）。你也可以选则一种保存电子信件以及相关档案的商业服务（如 www. interfolio. com）。

在简历中呈现你的证明信息时，可以利用这几种方式：

1. 一种选择是在简历的最后简单地写上"可根据要求提供证明"，这是最普遍的做法。

2. 另一种选择是这样表达："佛罗里达××镇州立大学职业安置中心提供证明，32306 - 2490。"如果你选择这种方式，你需要与恰当的部门联系，获得更多有关如何建立证明档案的信息。你可以在职业中心保存这个档案。多数提供证明文件服务的中心已经转入不同的互联网存储系统。这些可能和中心的职位列表以及在校生面试系统连接在一起，以便于为求职者和雇主提供一站式服务。职业中心可以应你的要求把这些信件寄给可能的雇主或者毕业院校并收取一小部分费用。

3. 第三种选择是在一张纸上列出能证明你的相关经历或知识的人（3～5 个）的名字、职务、地址和电话号码。

图 12—5 是证明页的模板。出于礼貌，记住把你的简历副本寄给你的证明人，这样他们就知道了你在就业运动中所用的资料并且能回答未来雇主提出的任何问题。让你找的这个人尽可能简便地完成信件的书写（Reeves，2009）。

为珍妮·琼斯证明

爱丽丝·史密斯女士，项目协调人
全美基金会
考格楼，122 房间
坦帕，佛罗里达 32309
(850) 487 - 5412
aksmith@aaf. org

托尼·梅森先生，运营副主席
里昂郡市政中心
西彭萨科拉街 1150 号
塔拉哈西，佛罗里达 32304
(850) 942 - 1111
tmason@sharks. com

林恩·史密斯博士，教授
教育学院
斯通楼，120 房间
佛罗里达州立大学
杰克逊维尔，佛罗里达 32306 - 1059
(850) 644 - 1111
lsmith@coe. fsu. edu

图 12—5　证明页模板

12.4 就业运动中的记录保存

到目前为止应该能够明显看出，就业运动是一个信息密集集中的过程。例如，如果你正在与 5 个可能的雇主联系，他们中的每一个有 10 条信息，就有 50 条信息要编目和存档。在就业运动中你要保存很多文件，其中包括：

- 你自己的询问信、申请信、感谢信和接受信。
- 简历和职业目标陈述。
- 工作联系和推荐人列表（信息面谈和工作网络）。
- 名片。
- 电话和个人谈话的记录。
- 过去和将来与雇主联系的日期。
- 工作预告和职业描述的副本。
- 雇主资料。
- 网址的打印件。
- 与就业运动有关的收据、发票和开销。
- 雇主回复的信件、电子邮件和电话信息。

最成功的求职者可以发展出某种分类系统来为自己工作，这种系统以便于使用和易于提取的形式来保存信息。当你通过关系网络和信息面谈来建立联系时，你需要记录和你谈话的人（姓名、职务、电话号码、地址等）、谈论的内容、下一步需要做什么（通过谁以及什么时候做）。类似地，如果你的联系人给你介绍另外的人，你需要与那些人重复这个过程。在你为了某个具体空缺职位而联系雇主时，你需要记录什么时候寄的信和邮件、什么时候需要跟进、你或者你的雇主下一步需要采取什么行动。

作为求职的一部分，在你开始寄送书面信件之前，设计某种方式以记录你已经寄送了什么以及什么时候寄的是很重要的。比如，如果你给琼斯先生寄了一封信请求面试的机会并提议在本周的 6 月 6 日打电话给他，你需要对这个日期进行记录以确保遵守承诺。同样，如果你的目标雇主有 25 位或更多，知道你对每位雇主说了什么、下一步可能要做什么就显得至关重要。不同的求职者在记录保存系统中所采用的格式和包含的信息类型有轻微的差别，但很关键的是你要发展出一种系统来，图 12—6 呈现了一个记录保存形式的例子。你可复制下来以备使用，或者将其改编成适合你的方式。

我们现在已经略述了就业运动中所运用的文字沟通的标准方式。还介绍了就业运动中所使用的几种不同的信件，对简历类型和内容进行了分析，并且讨论了求职目标、证明人的使用和建立记录保存系统的需要。现在我们将简要考察一下网络求职的方法。

组织	职位	地点	联系人	联系人电话及邮箱	申请工作日期	截止日期	证明人	面试时间	接受/拒绝二次面试	收到录用通知	收到拒绝信
Widgits 公司	业务经理	丹佛	简·米尔斯	303-413-1121；jmills@widgits.com	2012-07-12	2012-07-15				2012-07-26	

图 12—6　与雇主联系的记录

12.5　网络求职

当今市场上任何求职写作策略的讨论中如果不涉及网络在其中所扮演的角色是不完整的。最近一次用网上比较流行的搜索工具输入关键字“就业”进行搜索时，发现这个主题有 8.13 亿次以上的点击率！(2008 年是 2.4 亿次。) 这一节我们会：

1. 整理描述生涯规划和求职的书籍、网站及其他资源。
2. 梳理网络怎样帮助人查找组织和职位。
3. 讨论就业运动中的社会媒体。
4. 梳理就业运动中的网络使用相关的研究。
5. 分析网络使用的利弊。

12.5.1　网络资源

你可以使用网络或其他资源，从下面的方式中选择一种来获得生涯和求职信息：

- 使用在线索引系统（“搜索引擎”），如必应、谷歌或雅虎。
- 找到可能会链接到有用网站的专门主题的网页。
- 在生涯中心的网站上寻找与生涯规划和求职相关的链接（如 www.career.fsu.edu/library/links.cfm）。
- 阅读网上的出版物或专业网站指南。
- 向你所在职业领域的专家询问有帮助的电子网站地址。

书籍

从 1995 年起，就开始陆续有人撰书，为网络生涯规划和求职提供互联网信息，这也反映了过去十几年来互联网的发展。这些资源提供了利用网络找工作的详细信息，如找出具体的网站和服务、为不同的职业发展和求职活动发展有用的策略等方面的详细信息。运用任何资源和资料时，要考虑书籍作者或者呈现者的资格条件和书籍出版日期。记住，网络和求职的过程均处于不断的变化之中！

下面是一些书籍信息：

● 《生涯规划与网络》（*Career Planning and the Internet*）（Osborn，Dikel，& Sampson，2011）

● 《用网络找到新工作》（*Internet Your Way to a New Job*）（Doyle，2011，e-book）

● 《2008—2009年网络求职指南》（*Guide to Internet Job Searching 2008—2009*）（Dikel & Roehm，2008）

● 《在线求职指南》（*Guide to Job Hunting Online*）（Bolles & Bolles，2011）

● 《没有恐慌的求职：释放互联网和社交网络的力量得到工作》（*The Panic-Free Job Search: Unleash the Power of the Web and Social Networking to Get Hired*）（Hill，2012）

网站

很多网站都与就业运动和生涯相关，我们在这里提供七种网站样本。（注意本书出版之后，网站的网址和信息的质量可能改变了。）

1. 职业信息——在搜索特定的职业名称和雇主之前回顾一下会很有帮助。

● 《职业展望手册》（OOH）（www. bls. gov/oco）

● O* NET（http：//online. onetcenter. org）

● State Occupational Projections（www. projectionscentral. com）

2. 雇主搜索——用来寻找可能的雇主及在面试之前做研究。

● SEC Edgar Company Filings Search（www. sec. gov）

● GuideStar National Database of Non-Profit Organizations（www. guidestar. org）

● Researching Companies Online（www. learnwebskills. com/company）

3. 职位空缺——发布职位空缺、经常为申请者提供简历资料库服务。

● Career One Stop（www. careeronestop. org）

● Career Builder（www. careerbuilder. com）

● Indeed（www. indeed. com）

● Monster（www. monster. com）

● Jobster（www. jobster. com）

● Employment Spot（www. employmentspot. com）.

4. 政府工作/职位——关注联邦、州或本地的空缺。

● 州政府工作（www. 50statejobs. com/gov. html）

● 联邦政府工作（www. usajobs. gov）

5. 求职过程——包括材料、指南、资源列表等来指导求职者。

- America's Career InfoNet（链接州工作银行）(www. jobbankihfo. org)
- CareerJournal. com（管理者职业生涯网址）(www. careerjournal. com)
- JobWeb（对刚毕业的大学生提供建议）(www. jobweb. com)
- The Riley Guide（职业与就业信息）(www. rileyguide. com)

6. 薪水和搬迁——在薪水谈判和决定是否接受录用通知时会很有帮助。

- Bureau of Labor Statistics Wage Estimates（http：//stats. bls. gov/oes/2000/oessrcma. htm）
- Homefair. com (www. homefair. com)
- Salary. com (www. salary. com)

其他资源

除了书籍和网站，还有其他的信息资源和工具可以扩展你的网络知识。在职业中心图书馆的文档和其他图书馆一般可以找到与工作相关的文章和其他网络信息，包括大学图书馆。在许多学校和公共图书馆中，你会发现相关指南或信息工作单，上面有使用和查找网上信息的步骤或一般化的指导。最后，你可考虑参加一个工作坊以获得系统的指导、深入的帮助和网上亲自实践的机会。

梳理了与生涯规划和雇佣相关的基本网络资源之后，我们来谈谈网络是如何帮助求职者了解某个组织或职业的。

12.5.2　雇主和职位信息

使用有效的网络搜索策略，你就可以从网上找到具体的行业和雇主信息。你对关键词搜索技能和高级搜索技术了解得越多，你就越能有效地交流研究的目标，得到你想要的信息。目录网站会保存公共企业和私人企业的资料库，这样你就可以通过地理位置、行业、职业或者雇主名称来找到雇主。例如，如果你的目标职业是在某个特定城市，你就可以在 www. chamberofcommerce. com 上找到美国许多城镇的商贸行名录。

另一个有用的网站 www. learnwebskills. com/company/index. html 提供给你一种在网上搜索企业的方式。不要忘记你的大学（校园）图书馆也可能有其他的工具来帮助你搜索雇主。报纸、杂志上的文章和其他可以从网上资料库得到的媒体资料，都可以提供给你包括雇主的历史、它目前在行业中的位置、新的产品或服务、主要竞争对手和总体财务状况等方面的信息。雇主的网站经常会包括它们的使命声明、年度报告、雇员福利信息和新闻稿等。雇主的网站上的信息通常是有利于雇主的，所以也许你还需要在搜索中利用其他的资源来得到一个全面的认识。例如，Glassdoor（www. glassdoor. com）自称为“职位和公司的透视镜”，能提供很多来自任职的雇员和被多个组织面试过的求职者的信息。

同时，网络也是一个搜索职位空缺的地方。就像我们之前讨论过的网站那样，职位数据库服务包括可以通过不同的标准如地理位置、行业、职业、工资水平、职位等来搜索到的职位列表。你对你想要的工作类型、级别和位置了解得越多，你在搜索时就会越有效率。专业网站会聚焦于某个特定的地理区域（本地、国内或国际），或工作类型（行业或职业），或人群（残疾人或换工作的人），并且它们通常会提供职位空缺和生涯信息。

除了下面列出的网站，不要忘了查看你找工作所在地的报纸，如 www. orlandosentinel. com 或 www. overseasjobs. com 等类的专业站点。有时，雇主会要求你发送你的电子简历。不过，很多组织希望你用“老办法”通过（蜗牛般速度的）邮件来寄送你的简历和相关申请资料。在与职业列表上的组织联系时，仔细阅读说明，弄清楚雇主青睐哪种联系方式。

RSS 聚合

网上有如此之多的职位列表，我们很容易产生负担，感到沮丧，不知道应该把时间和精力集中在哪里。一个有效的方法是使用 RSS 聚合。一个简单讯息聚合订阅（Rich Site Summary；Really Simple Syndication）可以帮助你搜集职位列表，并随着网页信息的更新而更新，如博客、职位数据库服务、专业协会的职位列表等。RSS 聚合让你可以在信息发布的第一时间就接收到信息，并发送到你设置好的某个具体地点或文件中。

你可以从不同的渠道（如谷歌，Bloglines，Live Bookmarks）创建你的 RSS 聚合。例如，如果你使用谷歌，你可以用谷歌读取器获取最近的职位列表（在“更多”标签下寻找）。或者，如果你使用 Live Bookmarks，你可以用网页浏览器上的工具箱获取最近的职位列表。简单地选择一个可能跟你的求职有关的网页，并寻找标识或“RSS 聚合”字样。在找 RSS 聚合之前，确认一下你输入了具体的求职信息。例如，如果你决定使用 Indeed. com，输入职位名称和地理位置，然后再链接到 RSS 聚合。通常你可以在网页顶部找到 RSS 聚合的链接或标识，但也可能在网页边上或底部。这个工具可以帮助你在求职过程中持续收到最新的职位和组织的消息。

12.5.3 线上社交网络

在第 11 章我们曾提到社交网络在就业运动中很重要，因为它能帮助你找到“隐藏”的就业市场，让你从朋友或其他关系那里得到建议和支持。以一种简单又不断扩展的方式，网络提供了社交工作的可能性。社交网络网站的目的是连接单个的人，让他们如愿分享尽可能多的个人和专业信息。人们可以用社交媒体创建网络日志或博客，分享自己的生活，并邀请别人来分享。下面我们简要地描述四种可能用于就业运动的非常常用的社交关系网络工具：博客，脸书，推特和领英（McEvou，2010）。

博客

博客是一种创建个人在线“商标”或名誉的方法，也是关系网络的一个基础。你可以完全掌握你的博客内容，把它用在求职运动中，集中在你感兴趣的生涯观点、趋势和问题上。也可以把你的博客看作一份包括成就、工作史、目标和照片的个人作品集或详细版简历。一个体育媒体机构的招聘人员最近拜访了作者的生涯中心，了解到他是怎样用自己的足球博客引起心仪雇主的注意，并最终在四年的努力之后得到了理想的工作。

脸书

脸书的历史往往和个人、社交网络联系在一起，因为很多雇主乐于把职位信息和申请信息张贴在上面。脸书上有一大群对于管理来说具有压倒性和挑战性的申请者。比如说，美国劳工部和脸书已经发起了一个社会职位合作伙伴（www.facebook.com/socialjobs），这个网站会直接为脸书上的雇主和求职者提供一站式服务，也会提供教育和培训信息（Tsukayama，2011）。

有必要记住，脸书是建立在包装和分享你的个人信息的基础上的——你提供的个人信息越多，对公司来说就越有价值（Lyons，2010）。因此，你需要有规律地更新你在脸书上的个人设置，并避免把工作或雇主信息发布出去。

推特

这个微博工具把发布字数限定在 140 字内。麦克伊沃（McEvoy，2010）把这种快微博描述成和讨论问题、想法和对身边工作的思考的会议闲谈相类似。如在一个会议中，每天一次或者两次的常规交流对于维护一个活跃者形象而言很重要。一个成功的推特活动，意味着找到人，并且让别人跟随你，从一开始的 50 人，逐步发展为数百人。“人际网络的兴奋剂”，有人用这种说法来形容就业运动中的推特（McEvoy，2010）。很多组织使用推特突出正在进行的活动和事件，也包括招募新员工。另外，推特也启动了它自己的职位搜索引擎 www.twitjob-search.com。

领英

领英（www.linkedin.com）是一个职业社交网站，在全球有 1.5 亿人使用。它每个月新增 200 万用户，包括所有《财富》500 强大公司的总经理和 170 多个行业的总经理（Pollak，2009）。你邀请同事和朋友加入你的职业网络，领英通过各种联系，为你推荐社交网络。这种连接为用户提供一个特殊的社交入口，这些用户要么是认识其他联系人，要么是有共同认识的联系人介绍。用户可以参加小组，给其他联系人写推荐信供雇主阅读。用户还可以使用搜索引擎在特定组织中寻找联系人或者浏览雇主的履历。机构在领英上发布职位。你可以选择关注一个特定的组织，以便于和公司的发展趋势和招募需求保持同步。

为了使用领英在线社交，你需要制作一套履历，一页左右的信息，简单介绍你的个人历史、兴趣、目标和主要成就。波拉克（Pollak，2009）提供了一些关于制作履历的个人建议：

1. 包含一些能从个人简历中找到的可能被搜索引擎挑选到的关键词。
2. 贴上一张友好的图片。
3. 根据屏幕情况，使用着重符号和短句子。
4. 列出你所有的经验。
5. 收集多样性的推荐信息，每个历史工作一份推荐信。
6. 通过更新你的状态和工作项目来分享你的近况。

创建完履历之后，你可以使用系统提供的工具，搜索朋友、同事（以前的同事和现在的同事）、同学。可以通过一些已经存在的组织，例如大学校友会、学生职业团队、特别的公司和组织，或者通过问问题，来建立联系。有些人形容领英是“商务世界的名片盒”，因为某人的信息（例如职位、工作地址）更新的时候，领英会通知用户（McEvoy，2010）。一个雇主可以通过浏览履历信息，来鉴别一个来自竞争公司的潜在招募，或者鉴别某人的职业兴趣和目标与机构的需要是否匹配。

12.5.4 社交网络的问题

一个主要问题是一个人在多大程度上愿意用社交媒体网站展示相对于职业信息的私人信息。一些社交网站模糊了这两者的界限，由于有些朋友既是家庭成员，又是同事或导师，例如，当雇主或者潜在的雇主开始查看位于脸书上的“私人”信息，私人信息和个人信息之间的区别就更加模糊。

“数据污点”，包括一个人的夸夸其谈和胡言乱语、业余爱好以及其他飘在博客和社交网站等各种令人不悦的信息，会变成就业运动中的不利因素。据报道，有些求职者的求职活动在出发之前就失败了，因为雇主在考虑可能雇佣的时候查看了这些网站，然后决定不进一步寻找这些求职者。

雇主意识到不断扩大的社交媒体的应用，当潜在雇员出现在社交网络上，就开始执行对他们的检索。专家提醒学生和其他就业市场参与者小心地编辑他们发布的自我信息，特别是照片、政治和宗教言论、群体成员身份或者是玩笑话。社交媒体开始逐步成为招聘工具，因为对于雇主来说它是一个节省费用而且目标明确的方法，雇主不用投资大量差旅费，也不用出现在校园里，就能找到人才。

雇主长久以来执行背景调查（例如，信用报告、驾照、犯罪历史），但是现在他们可以在社交媒体上查看信息，来了解一个人的个人兴趣、爱好、政治观点。超过 90%的雇主使用社交媒体而不是发布的照片来查看信息（Rainey，2012）。例如，他们可以查看领英，检查一个候选人的背景是否和简历相符合。

在有些情况下，雇主要求一个候选人添加他们为好友（强迫好友），这样一来他们可以在做招募决定之前查看私人的脸书信息。最近更具争议的事情涉及雇主要求候选人登录他们的脸书个人主页，让雇主直接看到信息。这类事件的合法性暂时还没有得到解决。洛里（Lory，2010）指出，法律倾向于落后于技术的使用，使用脸书来检查候选人暂时没有纳入法律规定。全美大学与雇主联合会在这种问题上并没有表明立场，但是洛里（Lory，2010）得出结论，学生应当意识到，如果他们被雇用了，他们的个人图片就会被转移至雇主，雇主就有权利查看雇员使用社交媒介工具，至少目前是这样。

12.5.5　互联网关系网络资源

互联网是一个不需要面对面就可以与不同领域和组织的专家进行沟通的极好方式。实际上，关系网络沟通的一大部分将会通过电子邮件和公告进行，而且需要遵循很好的“网络礼节”（一种恰当的礼节）。你可以在你的领域里发展人际关系、建立人际沟通、分享信息、获取建议并建立可靠的形象，包括专业协会网站、社会工作网络论坛、聊天室（如 http：//groups. google. com/，http：//groups. yahoo. com/）和相关的资源。协会网站除了提供职业生涯信息和教育资源外，还可以提供网络指导项目，发起聊天室（有些情况下领英会提供这些）和/或提供会员目录。

一个公共关系专业协会的网站是 http：//www. prssa. org/。佛罗里达分会也有一个领英群。另一个美国协会董事团体 American Society for Association Executives（www. asaecenter. org）提供了不同专业团体的会员目录。邮件列表可以让会员通过电子邮件发送并自动收取信息。专家们可以使用他们特定职业领域的邮件列表来讨论重要的行业话题，并且偶尔发布职位信息。论坛或聊天室在使用者提问或回答有关新闻组内的感兴趣的问题时，在发布职位信息、职位展览和简历时，也可以为你提供现在你的领域内的职位空缺和/或专业沟通的机会。

尽管电子邮件非常普遍灵活，但一定要记住，在就业运动中，你的信息反映的是你作为一个专业人员的形象。除了要简洁具体，还有一些其他要点：（a）使用拼写检查；（b）列出提示性标题；（c）绝不要用“嗨”打招呼，要用“先生”“女士”“博士”等称呼；（d）及时回复；（e）结尾时要有礼貌；（f）不要使用图片作为签名，它可能会被接收者的电脑拦截（Primm，2004）。

12.5.6　研究报告

互联网在就业运动中的应用引发了相当大的兴趣和争议。然而，这一话题仅有很少的公开研究，甚至很少被提到（根据独立评论人在发表之前的评估）。鉴于这种情况，可以分享一些我们的发现。

传统的利用网络找工作的方式是通过 Monster 和 CareerBuilder 等就业版，

但是机构正在不断地搬去社交媒体，例如脸书和领英。这种现象发生的部分原因是脸书有7.5亿用户基础，领英已经统治了职业社交领域（Light，2011）。这意味着使用就业版和社交媒体的企业对于现在发生了什么有着不同的看法。

例如，monster.com的在线就业版报告称，只有42%的公司表明社交网络在招募大学生时是有用的。然而亚当斯（Adams，2011）报告称，几乎90%的公司都计划使用社交媒体来找到潜在的求职者，前一年的数据是83%。该发现来源于Jobvite，一个专门帮助机构使用社交媒体招人的公司。亚当斯还报告称领英是最好的招人网站，几乎有87%的公司在使用，脸书有55%的公司在使用。就实际的雇佣而言，脸书的用户报告是43%，领英为41%，推特为16%。

与这些行业报告相反，密歇根州立大学的高校就业研究所（CERI，2012）报告称，仅有36%的雇主使用社交媒体。莱昂纳多（Leonard，2011）报告了一个相似的调查结果，这个调查由人力资源管理研究院进行，询问了雇主网络招募和社交网络媒体的使用情况。26%的回答者称组织使用搜索引擎查看申请者，18%称公司使用社交网络媒介。最终，莱特（Light，2011）注意到通过脸书的招募仅占全部公司网络招募的1%不到，这些网络招募帮助公司找到候选人并雇用他们。这些数字展示了在这个主题上互相冲突的一些信息。

12.5.7 利用网络求职的利弊

大部分作者建议网络应该辅助而不是代替其他的信息来源和求职方法。持续使用所有的联系、信息源和可利用的服务来最有效地找工作。像其他找工作的任务一样，利用网络也要求你运用良好的研究和批判性评价能力。

利用网络求职能让你做到以下事情：

1. 不论白天或黑夜都能及时地（并且通常是免费的）获得资源和数据。
2. 发现不同寻常的或者难以找到的信息。
3. 在特定领域与很多人或者资源群体沟通。
4. 研究潜在的雇主和机构。
5. 按照职业和州来找到职位空缺。
6. 通过各种网络张贴简历。

互联网指导公司Riley Guide的创始人玛格丽特·迪克（Margaret Dikel）提出了一些利用网络求职的建议（www.rileyguide.com/jobsrch.html）。

利用网络求职的缺陷包括：

- 海量的难以处理的生涯和职业搜索信息（有时好像大海捞针）。
- 在网上张贴简历和其他个人信息带来的隐私问题。
- 过度使用互联网，而对传统的求职资源（如出版物、人等）利用不足。
- 在没有通知的情况下一些有用的网站会消失或者更换位置。
- 有些网站上会有提供资源和职位列表的付费信息（很难判断它们值不值得付费!）。

尽管有这些缺陷，网络作为一种工具仍然在你的求职装备中起着重要的作用。有三个求职活动尤其可以利用网络，它们是关系网络、研究雇主、找到空缺职位。

这里我们对作为一种求职策略的网络做了简要介绍，包括查看工作列表、研究雇主、与专家建立联络、了解更多你所需要的特定主题，如薪水谈判、面试，或者开始你的第一份工作。学习怎样有效地利用网络也许会在你的就业运动中助你一臂之力。在这个过程中，你已经了解到就业运动涉及大量的信息加工、存储和提取。这就是我们相信认知信息加工（CIP）的方式适于处理生涯问题和决策制定的部分原因。

12.6　一种认知信息加工的观点

我们已经讨论了与就业运动有关的书面沟通形式，包括信件和简历。现在我们将从认知信息加工的视角回顾一下关于这个主题都学到了什么。

12.6.1　自我知识

在求职过程中要形成各种书面沟通的形式，此时你的自我知识就变得特别重要。求职信和简历都是与未来雇主交流你怎样看待自己以及你能提供什么的推销工具。利用你的自我评价结果，你可以更好地描述你想运用的技能、你想融合进工作的兴趣类型、你所做的这类工作对你的重要性是什么。如果你的自我知识是模糊而凌乱的，你就很难界定求职范围，也很难告诉雇主你想为他们做什么以及与他们一起做什么。

12.6.2　各种选择的知识

在就业运动中进行有效的书面沟通意味着对未来的雇主、工作目标和行业有足够的了解，这样你才能有效地表达为什么雇主要考虑给你某个特定的职位，以及为什么你的资格能使你成为这个职位的合适候选人。在求职过程中有一个古老的谚语："不知道想要找什么，你就没法开始找。"就业运动意味着要知道"外面有什么"，这包括了解你可能找到工作的各种环境。

12.6.3　决策制定

在 CASVE 循环的分析阶段所收集的信息能够帮助你进入综合阶段，在这个阶段，你可以扩展你所考虑的各种选择，然后把目标缩小到对你来说最有潜力的

3～5 个选项上。当你进入执行阶段并开始撰写简历和求职信时，如果你对想要的工作以及哪些雇主有可能符合你的目标有准确和集中的信息，那么这些任务就会变得容易一些。

要瞄准雇主并通过各种书面沟通形式实施计划，你需要注意 CASVE 循环的每一个方面。大部分专家认为，那些直接进入执行阶段，不考虑职位和地点便四处申请的求职者注定要失败，要么是因为这个人没有找到任何重要的机会，要么是接受了一个与他的长期个人需求不相符合的职位。在形成你的个人生涯理论来解决就业问题时，你要避免这个困境。

12.6.4 执行加工

一些求职者因为在个人生涯理论中对元认知的认识不足，在就业运动的早期阶段就开始出现妨碍自己的行为。例如，我们经常听到求职者说这样的话："我不知道在简历中写些什么""哪些雇主会对我的条件感兴趣呢?""在我的领域里我没有任何工作经历""网上没有跟我的专业匹配的工作"。这些求职者让自己被拒绝的想法所威胁，当他们打算在纸上或互联网上写出他们是谁的时候，他们就会陷入消极思维中。他们对自己想要沟通什么并不清楚，并且在他们的求职文件中表现出不自信。

如果你认为你不值得被聘用，雇主可能也会这么想。我们建议你使用本章开始部分所描写的技巧来积极地思考你能提供什么，并且肯定在你所有与未来雇主的书面通信中，你都清楚地沟通了这些东西。

小　结

本章强调并对比了在就业运动中所使用的书面沟通的基本形式。尽管电子沟通发展很快，但是很多求职过程仍然依赖标准形式的书面和口头沟通。事实上，你也许会发现雇主在其职位通知中注明"不要寄送电子邮件"。有效的书面沟通技能可以大大增加你获得接近雇主的机会，并最终获得与你的个人目标和爱好相匹配的工作机会。在本章的结尾部分，我们分析了认知信息加工概念如何帮助你全面思考与未来雇主进行书面沟通所需要的信息，避免陷入让消极想法妨碍你成功呈现你的书面"资质"能力的倾向。本章的目标是能够让你提高与求职过程和书面沟通有关的个人生涯理论质量。

参考文献

Adams, S. (2011, July 13). More employers using social media to hunt for talent. Retrieved from www.forbes.com/sites/susanadams

Beecher, M. (2011, November). Only assets need apply. *HR Magazine, 56*, 84–85.
Bolles, M. E., & Bolles, R. N. (2011). *Guide to job hunting online* (6th ed.). Berkeley, CA: Ten Speed Press.
Collegiate Employment Research Institute (CERI, 2012). *Recruiting trends, 2011–2012.* East Lansing, MI: CERI. Also available at http://www.ceri.msu.edu/wp-content/uploads/2010/11/Recruiting-Trends-2011-2012.pdf
Dikel, M., & Roehm, F. (2008). *The guide to Internet job searching 2008–2009*. Columbus, OH: McGraw-Hill.
Farr, J. M. (2009). *The very quick job search.* (3rd ed.). Indianapolis, IN: JISTWorks, Inc.
Hill, P. (2012). *The panic free job search: Unleash the power of the web and social networking to get hired*. Pompton Plains, NJ: The Career Press, Inc.
Leonard, B. (2011, October). Few employers use social media networks to screen candidates. *HR Magazine, 56*(10), 16.
Light, J. (2011, August 8). Recruiters troll Facebook for candidates they like. *Wall Street Journal online*. Retrieved from http://online.wsj.com
Lyons, D. (2010, June 7). Facebook's false contrition: A business built on your data. *Newsweek*, 20.
McEvoy, C. (2010). Let's get digital. *ADVANCE for Healthcare Careers*, 29–33.
Osborn, D., Riley-Dikel, M., Sampson, J. P., Jr., & Harris-Bowlsbey, J. (2011). *Career planning and the Internet* (3rd ed.). Broken Arrow, OK: NCDA.
Pollak, L. (2009, November). Everything you always wanted to know about LinkedIn. *NACE Journal*, 24–26.
Primm, C. (2004). E-mail etiquette. *KForce professional staffing*. Retrieved from http://www.kfroce.com/kforce/corporate/me.get?WEB.entities.show&Kforce_00548
Rainey, M. (2012, March). Social media background checks: How your Facebook and Twitter accounts can cost you a job. *Insight Diversity*, 6–7.
Reeves, E. G. (2009). *Can I wear my nose ring to the interview?* New York, NY: Workman Publishing.
Tsukayama, H. (2011, October 20). Facebook, Labor launch "Social Jobs Partnership." *The Washington Post*. Retrieved from www.washingtonpost.com/blots/
Weber, L. (2012, January 24. Your resume vs. oblivion. *The Wall Street Journal online*. Retrieved from http://wsj.com/article/

第13章 求职中的人际沟通

除了在第12章中介绍的书面沟通外，求职者也需要口头和人际沟通技能。一个人可能不交简历或者不填写申请就能获得一个工作机会，但是几乎无法想象一个人没有进行面试就能得到一份工作。求职基本上可以说是一个社交过程，需要与不同的人见面谈话。求职者无法逃避这个现实。

求职中所需要的人际沟通技能有不同的形式，包括信息访谈、工作网络、初始面试以及二次面试或现场参观。掌握与这些不同的面试情境有关的技能将在很大程度上提高你作为求职者的成功潜能。有很多书、网站和研讨会都致力于帮助求职者提高其不同形式的口头沟通技能，在本章，我们将进行一个基本回顾。我们将对上述术语进行区分，并为在求职过程中有效地使用这些沟通技能提出一些建议（注意，尽管我们关注的是求职，但有效的人际沟通也与工作培训项目、学习、联合培训生职位以及研究生学习的申请有关）。

当你读到如何在就业运动中运用口头沟通时，思考一下你的个人生涯理论（PCT）和战略性生涯思考该如何通过这些信息加以改善。这些信息将会怎样影响你在就业运动中所采取的行动？你将如何准备和提高你的面试技能？你将为此花多少时间？你将在什么时候开始以及怎样开始为就业运动做人际方面的准备？本章的目标是帮助你改善你的个人生涯理论及解决就业问题所需要的人际技能。

13.1 信息访谈

搜索潜在的雇主或者职业领域的方法之一是通过“非正式”的信息资源。信息访谈是指直接与选定的人见面，以获得关于一个行业、职业、组织或者培训项目的“内部”信息，这也许能回答出版物或者电子资源上没有包括的问题。信息访谈可以帮助你了解与工作领域有关的特殊问题或需要，以及你应该如何适应工作情境。

无论是否有现存的工作空缺都可以安排信息访谈。但是，如果没有职位空缺，雇主可能不能承诺进行工作面试，因为没有职位空缺。

与工作面试不同，信息访谈需要你主动和雇主联系并安排见面时间。如果你已经通过朋友、家庭、以前的雇主或者协会被引荐了，那么你就可以直接打电话给会见者或者发电子邮件在方便的时候与之见面。如果你没有被引荐，你可以通过以下方式取得联系：你们学校的生涯服务人员、教师或者其他大学人事部成员、专业组织或者贸易协会的成员、当地报纸和杂志，或者你可以直接联系雇主寻求建议。在确定了信息访谈之后，一个可行的引入话题是解释你正在自己感兴趣的领域进行个人职业探索。

为信息访谈做准备，并知道在面谈中如何做是很重要的，这与工作面试有些不同。你必须是真的很想从雇主那里获得信息，并且精心准备有关职业和工作领域的问题，以便了解更多信息。

被面试者不应该以不诚实的方式将信息访谈当成是获得与雇主面试的机会。比如，当你已经掌握了某个职位或组织的信息时，不要装作需要那些信息以作为面谈的借口。这样做的人已经给信息访谈造成了坏名声，而组织也采取了措施禁止员工参与信息访谈。

信息访谈不应该用来获得那些可以在其他地方，比如雇主的著作、网站或者其他媒体资源就能获得的信息。而且，在你打电话要求信息访谈之前应先做一些准备工作，通过阅读职业生涯著作来了解你想要进入的领域。你可以通过信息访谈来检验你从阅读材料中所获得的印象。

13.1.1 为信息访谈做准备

以下是一些你在信息访谈中可能询问的问题。记住，你正在使用这一技术进行与你的生涯选择有关的个人探索，并且你想选择可以提供一些特定信息的问题，这些信息可以帮助你完成整个 CASVE 循环。

1. 背景。告诉我你是如何在这个领域开始的。你接受的教育是什么？什么样的教育背景或相关经验会对进入这个领域有帮助？

2. 工作环境。这个工作每天的任务是什么？工作条件是什么样的？

3. 这个工作需要什么技能/能力？

4. 问题。你所处理的最难的问题是什么？总的来说组织会面临什么问题？解决这些问题需要做什么？

5. 生活方式。除了工作时间之外，你还有什么工作责任？对于着装、工作时间、休假，你有多大的弹性？

6. 奖励。你觉得从这份工作中得到的最大奖赏是什么？

7. 收入。刚进入这个领域的人起薪是多少？一般都有什么附加福利？其他形式的补助有哪些（奖金、佣金、保险）？

8. 潜能。你觉得自己在几年内会有什么样的发展？你的短期和长期目标是什么？

9. 晋升。在这个机构中晋升的机会是什么？一个人如何从一个职位转换到另一个职位？最后在这个职位上的人怎么样了？最近 5 年内，这个工作有多少人做过？如何对雇员进行评估？一般会有什么样的培训来帮助员工维持技能并使他们的技能多样化？

10. 行业。在未来 3～5 年内，你觉得这个行业的发展趋势是什么？在你看来这个组织有什么样的前途？你的工作在多大程度上与经济、政府支出、天气、供应、全球劳动力市场条件等因素有关？

11. 要求。在这个行业中雇用员工的是哪种类型的雇主？他们在哪里工作？

12. 工作网络。你可以联系哪些人以便获得进一步的有用信息？拿到其他组织中相似岗位的联系人的姓名和电话号码和/或电子邮箱。

回答这些问题以及相关问题将能为你提供图书馆资源、网站和招聘材料以外的补充信息。

13.1.2 安排信息访谈

在安排信息访谈时，可以发电子邮件、打电话或者写信给你想要会见的人要求在他们方便的时候与他们进行简短的会谈（20～30 分钟）。没有人有义务让你占用他们的时间和信息，所以要对他们保持尊重和礼貌。如果你能通过别人的引荐来介绍自己会更好，比如，“新产品部的琼斯先生建议我跟您联系，以便获得更多关于网络市场的机会的信息”。如果你想要联系的人很忙，那么可以问问什么时候更合适与他会谈，或者让他推荐其他在该组织中能回答你问题的人。

准备好面对可能不让你进去的接待员。一定要坚持。要意识到一点，由于被其他求职者滥用了信息访谈的机会，一些雇主可能会持怀疑态度，他们可能会直接询问你想要和他们见面的动机和目的。准备好回答你想见的人的疑问——你为什么想要进行会谈。一些人只要一听到“面谈”这个词，就立即想用“我们这里没有工作空缺”或者其他类似的话来把你打发走。你需要很清楚自己的目的——你在寻找一些你感兴趣的行业或者领域的“真实世界”的信息，而这些信息通过印刷资源找不到。预期到雇主会提出这些问题，这样你就不会有被吓唬或慌乱的感觉，礼貌而坚定地解释你想要与他们进行面对面会谈的目的。

有时候当你打电话约定见面时，那个人可能会说“我现在就有一些时间——你想知道什么呢？”要为这种情况做准备！这意味着在你打电话之前就要设计好面谈内容，并且打电话时那些问题就在面前，这样，你就不会被面谈者心血来潮想要马上跟你交谈而搞得措手不及。

以下是更多处理信息访谈的技巧：

● 如果信息访谈对你来说是一个新技能的话，可以与一个能帮你更自然地提问的朋友一起练习。

● 就像参加实际的工作面试一样穿着。第一印象总是很重要，很可能你在面谈时的行为方式给会见者的印象非常深刻，也许以后会为你提供实习或工作面试的机会。

● 提前几分钟到约定的地方，并礼貌对待你遇见的每一个员工，不管他们在组织中地位如何。

● 在会谈时采取主动。你向接待者主动提问，是你在面试别人。问一些不能用一两个词回答的开放性问题以促进讨论。使面谈变成谈话——接下来问一些你感兴趣的问题。

● 走进公司之后，要观察四周。你发现了什么样的工作环境？着装风格是什么样的？沟通模式是什么样的？办公室是怎么布置的？组织文化是什么样的？这是你想被培训或者工作的地方吗？

● 不要超出你要求的面谈时间，但要做好准备可能待得久一点，以备面谈者可能愿意超出预约时间继续谈话。

13.1.3　面谈之后

在信息访谈之后，做一些后续工作。立即写一封短信感谢那个愿意花时间与你会谈的人。可以用电子邮件，但是记住，在第 12 章我们已经说过，不管是什么方式，要用职业的方式来沟通。如果在会谈之后，你希望能在那个组织工作，你可以随后给他们寄一封求职信、简历或申请。记录你在面谈中获得的信息（如姓名、评论、新的推荐人）。与那些推荐人约好以后的面谈。每一个信息访谈建立的联系都有希望为你的工作网络圈增加一些人的名字。

评估你的经验

你对信息访谈过程感到满意吗？你得到了你想要的信息吗？你还缺少什么信息？下一次你需要做什么？有时候人们从信息访谈回来之后会说：“真是浪费时间，他们根本没有工作空缺。”这种说法反映了他们对信息访谈缺乏理解。如果每个信息访谈都能打开“隐藏的”工作空缺的话那是很理想的，但是你需要理解，在大多数情况下你所获得的是帮助你探索选择机会和雇主的独特信息资源，以及有助于你联系其他工作的推荐人名单。一切关于具体职位空缺的信息都是额外的好处——是一份奖金。获得工作线索不应该是进行信息访谈的首要目标。

信息访谈能让你成为见多识广的求职者，并能够让你制定更好的关于未来选择的决定，包括实习、培训项目、组织偏好。很多求职的书籍（如 Bolles，2012）都介绍了信息访谈的各种技巧。如果你不确定如何在求职中最佳地使用信息访谈，或者对于开始实施信息访谈觉得很犹豫，可以从这些书上了解相关信息，或者与职业生涯指导者讨论如何在求职中有效运用这一工具。

13.2 社会关系网络

与信息访谈相似，社会关系网络也是求职过程中的一个有效工具。这是求职过程中人际沟通的另一个例子。关系网络可以提供以下信息：

● 关于工作机会的内部信息，特别是“隐藏的”工作市场。

● 在寻找工作的过程中进行有价值联络的方法，这是雇主强调的在考虑一个申请时最重要的事情。

● 关于生涯领域和行业发展趋势的一般信息。

大量研究表明，关系网络是一种很有效的求职策略。许多关于职业、工作空缺、在组织中发生了什么以及行业发展趋势的有用信息，是通过探索而不是通过印刷材料获得的。你的关系网络中的人际联络与很多印刷材料的资源一样重要（有时候甚至更重要），特别是考虑到工作场所快速变化的特性。人脉资源不仅可使你获得有关特定领域或组织的最新信息，也能使你直接接近那些作出录用决定的人。

在几年前的一个职业会议上，关系网络的巨大作用显现出来。一个工作坊的领导者询问 75 个与会者，他们在就业运动中是否需要帮助。一位妇女举手说她正在调动工作，她丈夫正在西雅图寻找一份私人保安方面的工作。通过在小组中询问一系列的问题，比如有谁的家人或者朋友在侦察或者安全领域工作，或者有没有人认识美国西北部在那个职业领域工作的人，领导者很快发现 3 个可以和那个妇女谈论关于她丈夫在西雅图工作的人。两分钟内，那个妇女从没有潜在工作联络人到拥有好几个，而且在结束这个会议之后也许还有更多。法尔（Farr，2004）把这个情景与电影《六度分离》（Six Degrees of Separation）中的概念相比较，那个概念认为“只要通过六个人或更少人的关系链，一个人就可以和地球上任何一个人建立连接”（p. 44）。随着社交媒体的大爆炸，同样的关系网络策略可以被反复验证，并在几秒之内到达更多观众。

记住这几个与关系网络相关的重要因素非常有用：

● 建立关系网络是一项可以习得和改善的可迁移技能。

● 加入一个专业组织（即使是作为学生会成员），并且志愿为一个委员会服务，或者作为一个领导者，早一点发展你的关系网络。

● 同你们学校本专业的往届毕业生建立关系网络，许多职业生涯中心使用互联网资源就是为了这个目的，很多校友在社交媒体网络上建立了院系专用群。

● 第 12 章回顾的社交媒体为就业运动中建立专业关系网络提供了一个有力工具。

虽然关系网络看起来是一个简单而熟悉的术语，但是当将它作为你找工作的策略的一部分时，还要考虑其他一些因素。第一，建立关系网络是一项需要用到你的自我知识的活动。你可能会选择那些你觉得能分享你的兴趣、价值观或者在反映了你的兴趣或你想使用的技能的组织中工作的人来建立关系网络。比如，你是否喜欢在户外活动（兴趣），并相信保护环境是很重要的（价值观）?

第二，这种自我知识可以用来缩小你在查找时所关注的组织或者雇主列表。就拿那个喜欢在户外活动的人来说，他可能会选择在环境方面的非营利组织中就业，并可能觉得与塞拉俱乐部或者奥杜邦社团（Audubon Society）的成员保持网络联系是很重要的。这些关于你自己以及你考虑的选择机会的知识可以指导你建立关系网络的活动。

第三，关系网络就像一个相互联系的人际网，它可以是长久关系的基础。它不应该为了短期利益而被使用或抛弃。

13.3　工作面试

任何求职策略的最终目标都是获得一份工作。然而，面对面的面试过程是获得工作录用通知的必经之路。最初的工作面试可能发生在大学里（经常被称为“校园面试”）、会议上、工作场所甚至是饭店的房间。正如在求职过程中所使用的其他形式的人际沟通一样，工作面试也是一项可以习得和改善的技能。我们现在将要讨论在最初的工作面试之前必须要准备什么，在工作面试中期待什么，在面试之后该做什么。在所有对就业运动和面试过程的回顾中，你要记住雇佣是一个人决定雇用另一个人的人际过程。

13.3.1　面试问题

学生准备面试，一般都聚焦于他们将被问到的问题。布拉特（Bradt，2011）指出，每一个面试问题都是试图弄清楚三个关键方面：（a）长处；（b）动机；（c）匹配度。更具体地说，在面试官的脑海中，这三个问题是：（a）你能做这个工作吗？（b）你会爱这个工作吗？（c）我们可以忍受与你共事吗？如果你用事例和感悟让面试官确认你在这三个方面的能力，那么你可能会有一场成功的面试。

类似地，鲍利斯（Bolles，2008）指出雇主希望了解你的五件事，你的自我知识为你回答这五个问题提供了基础：（a）你为什么到这儿来？（b）你可以为我们做什么？（c）你是什么样的人？（d）你和别人有什么不一样？（e）我们请得起你吗？实际上，作为一个求职者，你是在销售自己能解决一个组织的问题的能力。

为了帮助你准备面试，学一下表 13—1 中的 50 个问题样例。几乎可以保证，面试会问到其中一些问题。

表 13—1 面试问题样例

生涯目标

- 你的长期和短期目标及目的是什么？你是在什么时候定下这些目标的？为什么定下这些目标？你为了实现这些目标做了哪些准备？
- 除了与你的职业相关的目标之外，在未来 10 年内你还为你自己定下了哪些具体的目标？
- 你看到自己五年后在做什么？
- 这个工作会怎样帮助你实现自己的生涯目标？
- 在你的职业生涯中你想获得的最重要的回报是什么？
- 在五年内你期望能够得到什么？

自我认识

- 为什么你会选择你所准备的这个职业？
- 你认为自己最大的优点和缺点是什么？
- 你会怎样描述自己？
- 你认为一个对你很了解的朋友或者教授会怎样描述你？
- 什么动机会推动你作出最大努力？
- 你怎样确定或评价成功？
- 你有什么条件使你认为你在这个领域能够成功？
- 我们都会有一些引以为豪的事情。你认为什么事情会成为你现阶段最自豪的事情？

经验知识（大学，实习，工作）

- 通过参加课余活动你学到了什么？
- 在以前的工作中，你学到了什么？
- 在什么样的工作环境中，你觉得最舒适？
- 你最感兴趣的非全职和暑期工作是什么？为什么？
- 你会怎样描述你毕业后的理想工作？
- 你之前的经历会怎样帮助你在这个领域获得成功？

行业与职业知识

- 你为什么决定在这个组织中谋职？
- 对于我们的组织，你都知道些什么？
- 在你的工作中，最重要的两三件事情是什么？
- 你是否想在一个有一定规模的公司中谋职？为什么？
- 你用什么标准来评估你想要去工作的组织？
- 你对地理位置有偏好吗？为什么？
- 你会搬迁吗？搬迁会不会困扰到你？
- 你愿意出差吗？
- 你是否愿意花至少半年时间当培训生？

决策能力

- 描述一个你运用良好的判断力和逻辑思维解决问题的例子。
- 描述一个你必须进行瞬间决策的例子。
- 告诉我过去一年里你做过的一个艰难的决定。
- 你是怎样选择你想被录取的大学的？

情景/行为

- 说说过去当你错过了截止日期，你是怎么做的？
- 说说过去当你意识到自己犯错了，你是怎么做的？
- 描述一个在学校或工作中你迅速适应了计划的改变的例子。
- 给我一个你展现主动性、承担领导职责的例子。
- 描述你遇到的一个专业问题，以及你是怎么解决的。
- 你是怎样平衡所有的责任，给它们设立优先权并做得井井有条的？举个例子。

结束

- 为什么我应该雇用你而不是另一个优秀的候选人?
- 你还想让我知道什么关于你和你的能力的事情?
- 你有什么问题要问我吗?

13.3.2　为面试做准备

你约好了一次面试，那么为这次面试做好充分准备是非常必要的。你没有第二次机会来给人第一印象！把面试当成和一个与你有共同利益的人的谈话——你需要一个工作，雇主需要一个人来担任工作。在这一过程中要用到两个关键方面的知识：自我知识和雇主知识。这两方面的知识都是你面试前需要准备的重要内容。

了解自己

你需要了解雇主，雇主也需要了解你以便作出公正的判断。你们双方都在寻找兴趣、技能和价值观的恰当匹配。在面试之前，很重要的是要了解你能给潜在雇主提供什么。根据你的优势以及你可以怎样将这些优势变为未来雇主可以用的技能来对自己进行评估。了解自己的弱点也会很有帮助，因为没有人是完美的。如果你陈述了一个弱点，不要详细描述它，试图让它反过来成为对组织有利的潜在力量。

思考你的兴趣、技能和价值观是否与你正要面试的组织类型或者职位相匹配。你可以通过某种形式来对它们排序。比如，如果你的一个价值观是赚钱，那么这个价值观是否比其他你认为重要的工作价值观，如工作安全感、有休闲时间、帮助他人更重要呢？回顾第 2 章中的价值观列表，将这些价值观和每次的面试情境联系在一起考虑。

准备好谈论你的生涯目标，短期或者长期的目标以及你的兴趣。研究你的简历，并熟悉你的教育和工作背景。练习举例说明你的课外活动如何反映了你的领导能力和责任心。在准备面试时要记住的最重要一点是，未来雇主最想雇用的是对组织能作出有价值的贡献的人。

在第 9 章中我们将工作描述为雇主希望的状态与目前状态之间的“差距”。你作为一个雇员是一个潜在的“差距消除者”。准备好陈述几个要点来总结你与工作相关的技能，并且准备好询问雇主与职位相关的问题。有很多人申请同一个工作，现在由你来说服面试者在所有被面试者中你是最好的选择。

了解你的雇主

一旦你完成了对自己的探索，你需要将你最好的探索技能用于了解你的潜在雇主。虽然研究雇主始终贯穿在个体求职过程中，但在实际面试之前，它变得更加重要。有很多理由可以说明研究潜在雇主是很有用的。

1. 雇主寻找那些真正对其组织感兴趣的人，而你的个人研究反映了你的兴趣、周到和热情。这是表现你如何完成重要任务的第一个机会。

2. 当你对一个组织有了一些了解之后，你可以用更多相关的术语来描述你可以怎样在那种文化中工作，或者你的技能可以怎样帮助该组织获得成功。熟悉一个组织也能帮助你回答“你为什么对我们组织感兴趣?”“我的个性是否适合这个环境?”“我的目标与晋升结构一致吗?”等问题。

3. 很多组织的实际情况远不止你所看到的。如果你还没有研究就假定你对一个潜在的雇主有了足够的了解，你很可能会忽视非常重要的信息。比如，大多数人都知道 ESPN 是一家体育媒体公司，但它的 50 多个业务实体覆盖全球。

4. 研究雇主并询问很有见地的问题将会巩固你的地位，并帮助你在面试中建立积极的第一印象。根据调查确定的目标问题，也能帮助你决定是否接受工作录用通知。

你在面试中的任务是发现雇主需要和正在寻找的是哪种员工（Farr，2004）。你要尽可能多地找出你要去面试的公司的历史和文化。在你的调查中应聚焦的领域包括行业知识、特定的雇主、职业和职位。询问你自己以下这些问题：

1. 这个组织是做什么的？它提供的是什么样的服务？

2. 这个组织的规模如何？它的组织结构是什么？在这种结构中，升职的可能性有多大？

3. 这个组织的高级职员、行政人员、领导者是谁？他们的背景以及最近的成就是什么？

4. 雇主的人事政策是什么？员工一般有哪些津贴？

在你的调查中，尽量找出你所感兴趣的职位在整个组织中是怎样构建的。回顾第 8 章关于组织文化和第 9 章关于工作方式的有关内容以便为你的调查提供思路。尽量精确定位一些问题、政策或组织的理念，并计划在面试中聚焦于这些方面。

一方面，你可以在网上、生涯中心图书馆、大学图书馆或者当地的公共图书馆找到一些这样的信息。你的生涯中心可能会有展示职位列表和雇佣系统的网页，包括基本的雇主档案，并可以链接到雇主的“生涯”主页（如 www.espn-careers.com）。在研究某个具体的雇主时，尽早着手准备非常关键。你可能会找到很多信息，你需要进行筛选以找出最重要的。另一方面，你可能找不到任何书面或网页上的信息，因此你需要打电话询问或者约一个信息访谈来找答案。其他可能对你有帮助的是：生涯中心图书馆的资源中有关雇主的文献资料（如手册、DVD）和一系列的雇主指南（如《美国雇主年鉴》（*The Almanac of American Employers*））。

表 13—2 提供的列表可以作为收集潜在雇主数据的指南。你越早开始调查研究，能够覆盖的分类就越多。并非所有的材料都有用，它取决于你所研究的组织类型。

表 13—2 需要了解的雇主情况列表

基本情况
- 名称、地址、办公电话
- 完整的生产线或者提供的服务
- 工厂、商店、工厂直销店、部门、分支机构和员工的数量
- 地理位置
- 公司总部的位置
- 母公司或子公司信息

雇主历史/形象
- 组织在行业中的地位（领导者还是后起之秀?）
- 组织在国内和当地的声誉、奖励或者其他赞誉
- 雇主活跃于哪些协会
- 主要的竞争者（你如何帮助雇主在竞争中取得优势）
- 股票价格及历史（如果有关的话）

财务信息
- 组织和行业的规模
- 发展潜力
- 在过去 5 年内每年的销售以及预算增长

理念/目标
- 使命陈述——应该反映目前的策略和长期的目标
- 高层执行官的传记信息——收入、年龄、教育和历史
- 政治兴趣、研究兴趣或者社会兴趣以及财务支持

专业/工作环境问题
- 组织结构和过程，包括团队工作
- 职位描述，包括非全职工作和永久性工作
- 培训项目的类型和质量
- 收入和利益
- 典型的生涯发展路径
- 雇主对工作者的考察和评价过程
- 入职背景和经理职位所需要的背景

你对未来雇主的调查不仅能够增强你的自信，也可以给面试者留下印象。他们会把你看作一个对组织真正感兴趣的人，因为你花时间去了解它。然而，仅仅知道雇主的信息并不能保证面试成功。只有当你知道如何巧妙地将知识运用于面试时，关于产品和机会的知识才是有用的。罗列事实或者用大量背下来的细节来提问并不能向雇主证明你的兴趣或知识。在后面的部分，我们将讨论如何在面试中根据你的研究来对雇主提问。虽然对你个人和雇主的研究是面试前准备的关键方面，但是在面试真正进行前反复练习你要说的内容才是很好地使用这些研究材料的关键。

13.3.3 练习，练习，再练习

改善面试沟通技能的最好方法是在面试之前进行角色扮演练习。让朋友、配偶或者室友帮助你以表 13—1 中的几十个问题样例作为指导来模拟面试。注意评

价你声音的强度、体态和目光接触。

另外一个对角色扮演的建议是与其他也正在为面试做准备的人一起练习。由此你能学到更多东西，而且这也是一个彼此提高士气的好方法。如果你有录像或者录音设备，考虑录下练习面试的过程，然后与你尊重并信任的人一起看录像。很多职业生涯中心提供模拟面试培训项目，这是一个提高面试技巧的很棒的方式。

练习的时候需要记住的关键一点是避免记忆你想说的话。不管你是在谈论你自己，还是在谈论你正在面试的组织，让话语自然说出来。如果你表现得像在进行一次准备好的演讲，那么你的面试效果将会降低。工作面试在本质上是社会交往，因此尽量让面试成为积极的社会经验。鲍利斯（Bolles，2012）提出 50 - 50 法则和 20 秒- 2 分钟法则。前者是说与面试官平分面试时间，后者是说把你的回答控制在 20 秒～2 分钟之间。

在面试中你很可能会紧张。你应该将注意力集中在问题上并用正常的语调作出恰当的反应。在你回答问题之后，不要控制不住地问招聘人员："我回答您的问题了吗?"如果你准备充分，你的回答就是恰当的。如果面试官想要更多细节，要允许他追问。

13.3.4 外表和着装

在面试过程中有很多事情是你不能控制的，因此要在你能控制的事情上最大限度地发挥你的优势。你给雇主的其中一个印象是服装。如果你寻求的是专业职位，你必须看起来像一个专业人士。一个很好的指导原则是像其他做同一个职业的人一样穿着。对于一些组织来说，你常常可以通过组织的材料和网站，观察他们员工的照片来获得线索。

记住：在你走进门的时候，雇主就开始评价你了，而衣着是第一印象的关键。确保这个第一印象是积极的！就像辛伯格（Sinberg，2010）指出的，衣着光鲜、一致的人比那些相比之下不注意自己外表的人更有可能得到工作录用通知。里夫斯（Reeves，2009）建议在面试中对于男性和女性来说最安全的外表是传统和保守的。"要给面试官一个印象，就好像你已经是组织的一部分了"（Sinberg，2010，p. 1）。虽然某些特定的工作场所可以容忍比较随意的穿着风格，但是也不要在你还没获得那份工作前就穿成那样。以下是其他的一些指导原则。

对于女性

穿一套剪裁简单的裤装或者裙装。涂保守的指甲油和唇膏。保持整洁的发型。将小饰品减到最少（如小手表、小耳环等）。注意手包或公文包不要过大（Colista，2002）。用适度的香水，化淡妆。

对于男性

穿一件干净、平整、保守的西服，配上衬衫和领带。把皮鞋擦亮，穿干净的袜子。把发型弄得干净整齐。把指甲弄得干净整洁。避免闪闪发光的佩饰。尽量少用香水。将面部毛发修剪整齐也许好也许不好，不过在理解组织文化之前，最好将文身遮起来。

我们列在第 12 章的很多一般性求职网站提供了面试着装的更多细节建议（如 http：//career-advice. monster. com/job-interview/interview-appearance/jobs. aspx），包括怎样应对“商务休闲”的情景。确保在你正式面试的前一天给你的装备一个“运行测试”。虽然一些调查显示，对基本身体特征的歧视仍然存在，但你对着装的选择可以设立一个积极的基调，并在你回答第一个问题之前就透露很多关于你的信息。如果你的生涯中心提供“为成功而穿着”的工作坊或面试行为和着装的标准化培训，好好利用这些资源。调查显示“参加过面试准备活动的学生更可能在求职过程中快人一步”（Gaw，2012，p. 1）。

13. 3. 5　准时

对于你的面试，提前几分钟到比迟到一分钟要好得多。面试官的日程安排很满，如果你迟到了将会缩减你的面试时间。最重要的是如果你迟到的话，将会留下很不好的印象。正如俗语所说，你没有第二次机会来留下第一印象。如果你去一个不熟悉的地方面试，确保你有足够的时间来解决关于交通、找到那座大楼或者办公室的问题。可以提前在你实际要面试的时间段先试驾到面试地点，这样你就可以知道那个时间的交通状况。问一下可以在哪里停车，并在面试之前去洗手间检查一下你的外表。

13. 3. 6　初始面试

面试可以采取不同的形式。它可能是你和组织中的雇员，比如人力资源专员、校园招聘人员或者部门经理之间一对一的接触，也可能是由多个代表不同层级、功能或者团队的员工组成的面试小组；可能是与一个组织的代表进行单个面试，也可能是在某一天中进行一系列面试。

一些面试官会根据组织的人力资源政策进行一个高度结构化的面试，另一些则会用一种更自由流动的风格。尽管具体的问题会根据职位和组织的类型而千差万别，但面试问题一般都落在这四个领域内：（a）候选人的学术背景；（b）经历；（c）优势和弱点；（d）个人性格。

头脑里有了这个警示后，我们就可以进一步讨论不同作者所指出的在初始招聘面试及其他就业互动过程中可能发生的情况。我们的目标是让你知道这个过程，并帮助你更有效地规划你的就业运动。很多求职的学生经历过一种“典型”的校园面试，这种面试通常时长 30 分钟。尽管招聘人员或面试官可能会走稍微不同的路线，但大致过程是这样的：

- 回顾工作要求以及候选人的简历。

● 简短的谈话让候选人放松下来并解释面试的结构。

● 提一系列的问题，看看候选人和职位之间有多匹配。

● 面试官分享组织的信息，详细解释这个职位和公司、工作环境等（如果这个职位和/或组织不太为人所知，这一步会发生得更快）。

● 总结，解释下一步可能做什么以及第二次面试（如果有需要）或雇佣决定的最晚时间。

● 面试官完成对候选人的评估，并附上面试笔记。

电话面试

虽然面对面的面试是招聘过程中最经常用到的方式，但一些公司也使用电话面试（我们会在下一节谈谈 Skype）来作为它们最初的筛选工具。当你积极地参与就业运动时，你就要做好准备随时拿起话筒与可能打电话来的雇主谈话。电话面试与面对面的面试一样重要。

这让我们需要对一个相关的问题谈一下看法：当你等待雇主来电话时，就不要在你的电话留言机上留有装腔作势、怪异或者长的、拖长音的留言（包括音乐片段!）。最好的情况是，一些雇主会质疑你是不是他们真正想要的候选人；最坏的情况是，他们会厌恶地挂掉电话，然后继续给列表上的其他候选人打电话。

不管怎样，大多数正式的电话面试都是雇主预先约好的。他们会安排好某天的某个时间给你打电话。接电话时最好不要用移动电话，用固定电话可以减少断线的可能。他们也应该告诉你电话的形式，比如会持续多久，其他什么样的员工会参加，在约好的时间里是他们给你打电话，还是你给他们打电话。正如其他形式的面试一样，电话面试也需要你做关于自己和组织的“功课”。

电话面试的一个优点是你可以在你面前展开一些“作弊纸”或者记录卡来帮助你回答问题。罗森（Rosen，2011）建议你列一张你想在面试中覆盖的关键点表。在电话面试中，你可以更容易地作记录，因为不必担心要保持目光接触。但是，不要让记笔记分心以至于不能认真地听对方说什么。有些求职者报告说，他们在电话面试时也会盛装打扮，并且会记得微笑，因为这样会帮助他们在面试时保持专业，并且放松。

如果电话那边的人不止一个，确保你了解打电话的人是谁，并弄清他们在组织中的职位分别是什么。你可能想为小组的成员勾画出草图。不管是在家还是在办公室打电话，确保没有让你分心的事物——挂出你的“请勿打扰”的牌子。如果电话面试进行得很顺利，你应该期望在收到工作录用通知之前某个时间有面对面的面试机会。

视频和 Skype 面试

在一些情况下，如面试官与候选人不在同一个地方时，就会运用远程视频来作为面试的一部分。随着网络、Skype 和其他视频技术的发展，雇主可以进行屏幕面试，而不用支付候选人的差旅费。这种面试的挑战之一是两个终端的视频质量。在正式面试之前检查一下这个非常重要！如果你可以安排的话，去一个万一你出问题，可以得到一些技术支持的地方。

被面试者需牢记要慢速、清楚地说话，因为在声音传输上可能会有延迟。记住不要看显示器，要看镜头，这样面试官就能在他们的显示器上看到你的脸。基维特（Kiviat，2009）讲述了一个故事，说一个候选人靠得太近了，让面试官看到了他鼻子的特写！面试时要避免处于一个杂乱的房间，如身边有一条汪汪叫的狗，一个哭闹的孩子等，以免分散你的注意力。和你的生涯中心确认一下，看他们的面试准备是否包括电话/网络摄像面试的练习。

行为面试（BBI）

这种面试变得越来越普遍。使用这种面试形式的雇主，希望通过考察过去的行为来预测未来的行为。问题往往聚焦于你过去的成功经历以及获得成功的具体行为。比如说，学生要能够聪明地讨论某次国际经历怎样帮助他们发展出了他们可以用于工作的能力。基弗（Keever，2008）报告说，在 500 强公司里，70%的培训经理和招聘人员都会使用 BBI。学生应该意识到，BBI 不要求回答观点或提出假设性的问题，而是以“告诉我你之前……”或“你能想起来一个……的情景吗?”开始。

为了训练面试官使用 BBI，基弗举了一个例子来描述面试官怎样坚持提问以得到更有意义的回答。如果面试官说，“告诉我一个你必须向你的实习主管传达困难信息的事例”，那么学生需要聚焦到四个领域去回答并提供更详细的信息：

1. 情景——提供一个详细的情景，发生了什么，关于谁。

2. 行为——你在这个情景中实际上做了什么，其他人做了什么。

3. 结果——解释发生的事情以及问题是否得到解决，是否需要进一步行动，主管是否满意。

4. 收获——总结一下你从这个情景中学到了什么，让你的行为有什么变化。

这个例子解释了为什么 BBI 比典型的 30 分钟的初始面试花费的时间还要长，可能要花 60～90 分钟。下文介绍了一个叫做 STAR 的类似的方法。

基弗（Keever，2008）也建议面试官用 BBI 寻找关于面试者行为的相反证据。比如说，“告诉我一个你实习的时候因为自信而表现良好的例子”会提供正面信息，但如果面试官问，“告诉我一个因为自信而阻碍了成功的例子”，就可以提供相反的信息。学生提供消极经历的信息时应该有所准备，解释一些他们从中学到了什么，对他们随后的行为有怎样的影响。

学生可以通过解释具体的解决问题的事例来为行为面试做准备。这些事例应该通过解释问题和学生的解决方法，将注意力引到具体的工作技能上去。理想上，这些事例也应该提供量化的数据资料，比如百分数，并且候选人应该做好准备解释意外结果或者在回答面试官的问题时提供更多细节（如“当我们学生组织的基金中断时，我准备了一份投标书，投到学生政府经费配置董事会，拿到了 10 000 美元的拨款，支持我们团队未来的项目”）。

准备行为面试的另一个不错的办法是运用STAR技术中的四个步骤：状况（situation，S）、任务（task，T）、行动（action，A）、结果（result，R）。举例来说，你可能想起一个状况（S），如一个团队沟通不畅，为了解决这个问题（T），你在午餐和其他时间组织非正式会议（A），让团队成员就这个问题进行讨论，结果是沟通得到改善，生产率得到提高（R）。

压力面试

虽然一些求职者认为所有的面试都是压力面试，但是除了正常的面试，还有一种更高压力的面试。根据一位作者（Yate，2004）的说法，这种面试在专业领域是很常用的。这种面试的特性是以不同寻常的问题来设阻（比如，如果可以的话，你想变成哪种动物？为什么?），不同的人快速地向被面试者提问。这种面试看起来是由面试官最先提出来的一个看似简单的问题，随后跟着一系列的关于为什么、什么时候、谁、什么、怎样和在哪里的问题。在这种面试中，面试官可能故意让你觉得沮丧或者看看你在压力下如何反应。通常处理这种面试的关键一点是拒绝被恐吓，对你的情绪保持控制并相信你在面试前的准备。不要害怕要求时间思考或要求澄清问题。如果你对这种面试有很糟糕的体验，你就要问一下自己是否真的很想在一家用这种方式筛选员工的公司工作。

陷阱或“创造性”问题

有时候学生会很担心工作面试里面的陷阱问题或创造性问题。没有证据显示它们会经常出现，不过有迹象表明面试官可能会用谜语或智力测验来考察候选人的智力、策略和创新思维能力。帕赫特（Pachter，2003）提供了几个例子：“如果你可以取消美国50个州里的任意一个，你会选哪一个?”“为什么啤酒瓶在末端慢慢变细?”“多长时间能移动富士山?”“为什么照镜子会左右相反，而不是上下颠倒?”庞德斯通（Poundstone，2004）描述了几个组织（如微软、谷歌），这些组织的候选人很有可能会遇到这类问题，并提供了一系列有用的关于怎样准备这种情景的建议。关于这类问题是否真的能辨别出最佳候选人的争论还在继续，但是因为使用它们的组织都是最受赞赏、最富有创新精神的，所以有些人认为它们肯定在做正确的事情（Poundstone，2012）。

操作或“文件筐”面试

在这种面试中，你要在限定的时间内完成与工作相关的任务。错误肯定会出现，雇主想知道你如何管理自己。在有些情况下，他们会给你一个特定的组织问题或者情境要求你分析，你可以去另一个房间制定处理这个问题的对策和计划。你也可以用电脑写出你的反应对策，或者被要求作一个口头阐述。

虽然关于每种面试的流行程度，不同资料提供了矛盾的信息，但底线是候选人需要证明他们将会怎样为组织做贡献（Schuele，Madison，& Gourniak，2010）。

卡茨（Katz，2007）建议求职者准备下面七个大问题：

1. 你对我们有哪些了解？
2. 我需要对你有哪些了解？
3. 你如何与别人合作？
4. 你有哪些与这个职位相关的技能？
5. 你的个人目标是什么？
6. 你对你的专业领域了解多少？
7. 你怎样处理特殊状况？

虽然我们已经呈现了一些与准备面试有关的一般指导原则，但要记住的重要一点是，面试常常是无法预测的，并且没有两个面试是一样的。很多事情都取决于控制并主导面试的面试官。关于什么时候反应和怎样反应，你应该根据面试官的线索行事。

13.3.7　社会/情感能力（SEC）

在第 2 章和第 11 章我们提到社会/情感能力对潜在雇主来说可能是最重要的。这些能力包括沟通，问题解决能力，责任，积极的行为态度，涉及认可、管理、对自身和他人情感的影响等一系列相互关联的行为的团队工作（Crane & Seal，2011）。彻尼斯（Cherniss，2000）指出 2/3 的与优秀表现相关的能力本质上都是情感或社会能力。

在面试中 SEC 该怎么沟通？斯特劳斯、迈尔斯和莱维斯克（Strauss，Miles，& Levesque，2011）报告说，非言语沟通，如目光对视和微笑是在面试中积极人际关系评价的重要指标。科瑞恩和希尔（Crane & Seal）认为，社会/情感能力，尤其是自我管理能力和关系管理能力，是得到再次面试机会的重点，而自我管理能力和社会意识是得到工作录用通知的关键。自我管理包括在面试中保持冷静，而关系管理包括和面试官建立良好关系，社会意识则包括积极倾听的能力。学生可以通过志愿活动，成为团队成员，模拟面试经历来获得经验提高社会/情感能力。另外在简历上，包括你的领英账户或类似的社交网络写上这些能力。

13.3.8　薪酬

一个你应该准备好回答的问题是你希望有什么样的薪酬。你不应该在简历中提及工资。在申请表中你可以写上“可协商”。空着不写更好，因为面试官可能会觉得你忽略了。然而，在面试中，面试官可能会要求你说出一个数字。了解其他与你有相似条件的人在与你正面试的相似职位上起薪是多少。我们会在第 14 章中对面试时和协商工作录用时涉及的工资问题进行深入的讨论。

要价太高的候选人可能会失去工作录用机会。但如果你的要价太低，面试官可能会认为你是一个没有抱负的人，而不再将你列入需要进一步考虑的候选人中。另一个可能是他们会以更低的工资来雇用你，然后你就没有机会去协商更高的工资了。处理收入问题的一个方法是给一个收入范围。准备好用你的教育和经验方面的具体信息，以及你在这个问题上做过的研究来支持你对工资的要求。

13.3.9　“棘手的”面试问题

尽管在平等就业机会领域中已经有了进步，人们在消除工作场所歧视方面也做了很大努力，在面试情境中依然存在不合适的问题。歧视性问题表现在依照非法标准对人进行分类。非法问题在不同的城市、县和州也都不一样。美国平等就业机会委员会（U. S. Equal Employment Opportunity Commission；www. eoc. gov）提供了更多关于禁止雇佣的政策和操作的详细信息。雇主应该为这种歧视问题负责任，即使这种问题不是有意用来歧视申请者的。

某些情况下，雇主是可以恰当地询问这些领域中的问题的，如果雇主对所有的申请者都问了这些问题；如果这些信息与工作上的成功有很明显的关系；如果获得这些信息不会导致在就业中年龄、性别、种族、原国籍、婚姻状况或者残疾等方面的歧视。比如，法律规定某些政府机构或者签约人只能雇用美国公民，宗教组织在雇用时可以允许按照宗教来区分。一些职位的招聘广告可以正当地要求某种性别的申请者，比如演员或者模特的工作。

下面是几个“非法”问题的例子：

- 你是美国公民吗？
- 你多大年纪了？
- 你的婚姻状况如何？
- 你属于什么社会组织？
- 你有什么残疾吗？
- 你有没有被逮捕过？

处理这种状况或“问题”的面试提问没有唯一正确的答案。康拉德和萨尔加多（Conrad & Salgado，2007）在《全美大学与雇主联合会杂志》（*NACE Journal*）上指出你可以有下面几个选择：

1. 回答问题。你可以自由地回答，不过记住你在回答一个跟工作无关的问题。如果你的回答让他们不满意，可能会妨碍到你获得这个工作。

2. 拒绝回答问题。这取决于你如何表达会引起他们的兴趣，也可能让他们觉得你很唐突。这可能会让你不能成为工作录用的最佳人选。

3. 从工作的角度思考这个问题的目的，并相应回答。例如，如果面试官问：“你准备结婚吗？”你可以回答：“我可以适应出差和这个工作所要求的时间安排。”

大部分资料建议你尽量理解雇主问这种问题的动机。他们是不是想知道你对工作的承诺？你出差的能力如何？你对搬迁或者长时间工作的意愿如何？愤怒或对雇主感到生气不可能给你带来任何好处，因此不管你对这种问题有多不舒服，最好避免这种反应。一种积极的非防御的方式是，重新向雇主保证你对工作的兴趣以及为什么你觉得这个职位与你的技能和条件很符合。对这些问题做一个计划，并训练你自己用专业而平静的礼仪来回答，可能是最好的策略（Reeves，2009）。

康拉德和萨尔加多（Conrad & Salgado，2007）提供了很多不合适的和合适的问题的例子，这些例子涉及所有开始列出的敏感话题（如种族、性别及其他）。犯罪史和逮捕记录的问题尤其难以解决。有一些州制定了法律来规范雇佣时的犯罪史信息，一些州没有。即使是对罪犯，雇主也必须证明犯罪史跟工作有关系。工作之外的行为（如吸烟）是另一个法律灰色地带，雇主也得说明他们提这样的要求是与工作有关的。雇主可能会拿到申请者的信用报告。

如果你在面试中经历了这种提问，你可能会决定这家公司不适合你。然而，不要总是假定面试是组织的完全代表。这个面试的人可能只是做初步的筛选，你的上司可能是一个完全不同的人。不要过早取消申请，你与其他人，特别是那些很可能是你同事的人联系后，完全肯定这个组织不适合你，再取消申请也不迟。

在面试过程中，最重要的事情是记住要诚实。如果你想误导他们的话，面试官将不能对你作出公正评价。告诉面试官你认为他们想听的事情并不是面试的目的。如果你想要欺骗面试官，而他们又看穿了你的把戏，那么获得第二次面试的机会就会很小。

13.3.10　轮到你提问

在面试官提问完后，你有机会问一些问题。做好面试前的研究，提前准备一些相关的问题。这些问题应该真实地反映你对这个职位和组织的兴趣，而不要试图给面试官留下印象或为了提问而提问。

问一些问题能鼓励雇主扩展你在文献中看到的信息。如果你发现了关于组织的负面信息，这不是一个可以讨论这些发现的地方。比如，你可以问面试官关于政府规制的合作政策（而不是当地的流言飞语），具体产品未来的市场策略（而不是目前的股价下跌），或者对组织的结构和文化的描述（而不是目前倒闭的门店）。下面是你可以问的其他一些问题：

1. 你们能提供哪种培训？培训时间会有多长？
2. 在组织结构中，这个职位的位置在哪里？
3. 在头几年里，受训者的一般晋级会有哪些？
4. 你认为对于追求这个职位的人来说，哪些品质比较关键？
5. 这个职位需要出多少次差？
6. 这个职位的管理和考评过程的本质是什么？
7. 我可以有哪些选择机会来选择（或者接受）任命？
8. 我有没有机会在一个特殊的项目中工作？
9. 在最初的培训之后，还可以参加什么样的员工发展项目？

10. 这是一个新职位吗？如果不是新的，那以前在这个职位上的人都有什么样的发展？

不要询问休假时间、福利或者类似的问题。这不是与工作相关的活动。你应该谈论机会而不是保障。确保你的问题不只是为了发现对你有什么好处，要表现出你想对组织了解更多。这样，面试官将会对你的兴趣和准备留下印象。

13.3.11 结束

在面试过程中，留意面试快结束时的迹象。校园面试一般是 20～30 分钟。面试可以以不同的方式结束。一些面试官可能会看一下表，这是一个告诉你面试即将结束的线索；其他面试官则比较直接——他们站起来，伸出手，感谢你来参加面试。然而，大多数雇主会采用微妙的暗示，期望你感觉到是离开的恰当时间了。

当面试结束的时候，要感谢面试官花时间与你谈话。向面试官要他的名片。你可以使用这个信息来写你的跟进信件。再次强调你对这个职位的兴趣（如你想要这个工作）以及对这个面试机会的感激，这是很重要的，因为很多候选人都错误地假定面试官能感觉到他们的兴趣。雇主也不想被拒绝，相信你是真诚地对工作感兴趣将使他们有信心把工作提供给你。

如果面试官没有明确提供给你一个工作（在初始面试中很少这么做）或者指出你在什么时候能够收到回复时，询问一下作出工作录用决定的大概日期。问一下面试官你之后通过邮件或电话联系他询问你的申请状态是否合适。

13.3.12 面试之后

面试后跟进是面试过程中的关键部分，常常被求职者忽视。在面试之后给面试官写一封感谢信是很重要的。鲍利斯（Bolles，2012）将面试之后不写感谢信描述为在整个求职过程中最被忽视的一步。你可以通过几种方式来使用面试后的跟进信件。告诉雇主你对职位仍然感兴趣，回顾你在面试中提到的你的资质以便唤起面试官的记忆。你也可以问几个你在面试中没有问的相关问题。

注意，在这个过程中，你要执著地“推销”你自己。在不打扰雇主的前提下保持联络。一些雇主说，接到录用通知的人大部分都表达过想要这份工作，它显示了主动性和承诺。如果面试官很快给你回信的话，这可能表明你仍然是这个职位的被考虑对象。但是，不同雇主做雇佣决定所需的时间相差很大。对有些雇主来说可能是几天的问题，对另外一些雇主来说就要用几周、几个月的时间才能填充一个职位（Reeves，2009）。如果你基于面试决定不接受这个工作职位并且已接到录用通知，那么，你就可采用第 12 章中的书信指导原则来终止这个选择过程。对于大多数面试情境来说，这些信被看成是商业信件。就像我们之前提过的，不管你是用电子邮件还是常规信件来回复，保持你的专业性依然很重要，不要断了自己的后路。在第 12 章的“感谢信”部分有更多的提示。

在面试之后尽快记下你学到了什么。问自己这样一些问题：

- 我所做的哪些事情看起来让雇主感兴趣？
- 我有没有很好地呈现我的资格？
- 我是不是说得太多或者太少了？
- 我是不是太紧张了？我是否太进取了？是否进取不够？
- 什么问题让我觉得很难回答？我可以怎样改进我的回答？

通过回顾你的表现，你可以作出计划改进你的技能。你可以与你尊重和信任的人一起讨论你的经历。记住，你进行的面试越多，你的技能越娴熟，你就能越快地获得一份工作！然而，在接到录用通知之前的下一步常常是第二次面试或者现场参观。我们接下来将看看它们与初始面试有什么不同。

13.3.13　第二次面试/现场参观

第二次面试或者现场参观通常是获得一份工作的最后一步。虽然不同的行业或者组织的录取概率不一样，但是到这一步之后能获得工作的可能性一般有50%。在第二次面试中，雇主和作为被面试者的你都要有具体的目标。这些目标应该是什么呢？在初始面试中，雇主一般会聚焦在许多一般品质上，这些品质在其组织中是非常重要的。在第二次面试中，雇主更想确定你是否具有其想在一个新员工身上寻找的某些特定品质。雇主也想知道组织中其他人会对你有什么反应以及你是否适合组织的文化。

作为被面试者，这是一个额外机会来决定你是否想接受在这个组织中工作的录用。很重要的是需要记住，第二次面试中，你将有机会参观组织的设施，寻找在初始面试中没有提到的问题的答案，会见除初始面试的面试官之外组织中的其他员工，也可能参观当地的社区，然后大体上决定这个组织是否适合你。

第二次面试可以有好几种不同的方式。主要有两大类：结构性面试和非结构性面试。如果面试官有具体的对你进行评价的标准，那么这个第二次面试就是结构性的。比如，一个人可能会问问题来确定你的工作道德或销售能力，另一个人可能只问你的教育背景或工作经验。在这种面试中能够做好的关键是识别被评估的具体品质，然后直接给出关于那个领域的信息。

在非结构性面试中，面试官会作广泛评价。可能所有的面试官都会问你相似的问题。要把每个面试官视为同样重要的人。重复回答同一个问题可能会很枯燥，但是尽量不要表现出来。事实上，每个面试官都能从你那里获得同样的信息是很重要的，否则你的真诚和可信度可能会受到质疑。记住，面试官们常常会比较他们记录的关于一个申请者的笔记。

13.3.14　为第二次面试做准备

如果可能的话，提前了解路线和面试进程。了解一天活动的安排是很重要的，包括了解面试官的姓名和头衔。了解谁会对你进行面试将能帮助你预测他们可能提出的问题，因为这些问题可能和他们所负责的特定领域有关。比如，你可能是为了一个广告职位去面试，但是来自预算和财务部的面试官想要了解你是否理解与广告运动有关的经济现实，你能做预算吗？能管理为一个方案所投的资金吗？

准备第二次面试时，你将要继续对雇主进行研究。问第一轮面试官一些你应该知道的关于工作、组织、部门或者你将要工作的团队的附加信息，或者任何他们觉得你在参观之前应该了解的重要信息。查看杂志和互联网，看看有没有关于组织或者行业的及时性文章或信息。就像之前提到的，利用你的关系网络看看为这个特定的雇主工作可能是什么样的。

那些为即将到来的日程做安排，了解将要发生什么并了解组织工作及其相关行业知识的被面试者，比那些不够在意进行必要研究的候选人更有可能成功获得工作。

在第二次面试之前，你应该通过你的联系人了解旅费、住宿费、汽车租用费以及其他花销应该怎样处理。他们可能会让你自己来安排，或者组织将会帮你处理。问你的联系人哪些费用将要预先支付，哪些费用你可以要求报销（注意在旅行的时候你需要收集收据）。有些组织，你可能要付所有的旅行费用，另一些则会在它们录用你而你也接受之后给你报销这些费用。

正如先前讨论过的其他面试类型一样，在第二次面试之后也应该寄送感谢信。你可能想要感谢那个陪你参观的和/或主持调查委员会的人，或其他在面试过程中涉及的关键人物。在这些信件中，你可以再次重申你对职位的兴趣以及为什么你认为自己是这个工作的最佳人选。

13.3.15 其他资源

在求职的文献中包括很多关于面试的书和相关的资源。亚马逊网站列出了35 000多本有关工作面试的书。在大书店的生涯或者商业类书架上也有很多这样的书。关于这个专题的几本近期有帮助的书是《我可以戴着鼻环去面试吗？》（*Can I Wear My Nose Ring to the Interview*?）（Reeves，2009）、《傻瓜求职指南》（*Job Interviews for Dummies*）（Kennedy，2011）、《快给我那个该死的工作！：怎样在初始面试之后就得到工作》（*Just Give Me the Damn Job*！：*How to Get Hired After the First Interview*）（Smith，2011）、《面试中可以问的 101 个聪明问题》（*101 Smart Questions to Ask on Your Interview*）（Fry，2009）。

13.4 一种认知信息加工的观点

在本章中，我们学习了与求职面试有关的社会交互方式，包括信息访谈、关系网络、初始面试和第二次面试或现场参观。现在我们来总结一下从认知信息加工的角度我们都学到了什么。

13.4.1　自我知识

本章聚焦于就业运动中的人际关系方面，特别是社会关系网络和面试。关于自我知识，需要指出的一点是，工作面试技能是能够习得的。我们强调通过演练表 13—1 中的标准面试问题可以改进你的面试表现。

我们也明确地知道好的面试行为需要有关个人兴趣、技能和价值观方面的知识，因为这些是工作面试和其他求职互动中的兴趣焦点。雇主想要知道你在这三个领域中的自我知识。此外，对于各种因素——地理位置、工作名称、收入、培训机会——的优先次序的透彻理解将会让你能够自信而一致地回答面试官的问题。当你与一个面试官交谈时，不必担心你在别的情境下与另一位面试官所说的话，因为你的回答基于你的自我知识，前后是一致的。我们相信自我知识是你的个人生涯理论和战略性生涯规划的基础，它将在你与就业相关的人际沟通上反映出来。

有意思的是，可以通过以下方式来应用霍兰德的 RIASEC 理论。理论表明，求职的舒适程度从高到低是这样排列的：SEIACR（Holland，1997）。我们在第 2 章中曾提到过社会型和企业型是六种类型中与人打交道倾向最大的，也就是说，这两种类型的求职者会更容易感觉放松，特别是在人际沟通方面。

13.4.2　各种选择的知识

我们已经了解到信息访谈和社会关系网络使我们能获得书面材料以外的关于行业、培训项目、职业、组织或者职位的“内部”信息。表 13—2 为我们提供了一些能帮助我们对雇主进行调查研究的信息。不管是正式的还是非正式的人际沟通都是改进知识领域中各种材料和信息的有力工具。有了这一领域的良好知识，我们可以更好地作出关于就业和工作录用的决定。

13.4.3　决策制定

社会交互作用可以影响 CASVE 循环的每一个阶段。在分析阶段，通过社会交互作用，比如信息访谈和关系网络，你可以发展有用的信息以帮助你更好地匹配你的偏好与雇主的需要。社会交互作用让你能够判断组织文化以及有可能与你一起工作的团队成员的人格特质。在评估阶段，与你可能的上司或者同事的谈话可以为你提供一些信息，这些信息能帮助你对就业选择的优先次序排序，并认真思考你是否应该接受这份工作。最后，社会交互作用在就业运动决策制定的执行阶段也是非常关键的。你在执行阶段获得的信息将使你采取下一步行动开始新工作。

13.4.4 执行加工

在本章中，我们重复指出了积极的自我对话、自我觉察以及控制和监督的重要性。在寻找就业机会时，你必须在你的个人生涯理论中建立这些元认知。如果你的自我对话是消极的，你将很难在求职过程中开展信息访谈以及创造社会关系网络。我们经常会遇见一些不能很好利用这些工具的求职者，那是因为他们常常受到消极想法的阻碍。他们会说："如果我不知道该说什么，怎么办？""如果我给他们打电话，雇主会觉得我打扰他们吗？""雇主没有给我回电话，她一定是在躲避我。"

在求职中有效的人际沟通要求你警惕这种消极想法"悄悄潜入"的倾向，并且使用恰当的重构技术，比如在第 5 章中描述的学习如何用不同的方式思考。能否成功地面对面试取决于你有效而快速地加工来自面试官关于你的行为信息的能力。积极的自我对话也与处理伴随不良面试而产生的被拒绝的压力有关（如"尽管失去了这个工作机会，但我学到了一些有价值的东西，下次面试会表现得更好"）。

正如我们在本章中所强调的，这些求职沟通技能可以随着时间而习得并能够自我改进。如果在求职过程中你发现自己被困在了以你的人际交互作用为基础的消极想法的循环中，那么，你就需要与一个生涯服务专业人员或者一个你信任的朋友交谈关于如何以不同的更积极的方式重构这些经验。

小　结

本章回顾了在求职过程中的几种重要的人际沟通形式。在求职的开始阶段，求职者可以使用信息访谈和关系网络技能来建立有价值的联系并获得关于职位、雇主和组织的有用的信息。这些信息在接下来的工作面试过程中（包括为面试做准备和在实际面试过程中与雇主的沟通）依然很有用。成功地通过初始面试之后，个体才可能有机会与未来的雇主进行第二次面试或者现场参观。我们总结分析了认知信息加工概念如何帮助你在与未来雇主进行沟通时思考自己的需要，以及如何帮助你避免消极思维对你在面试中成功呈现你的能力的干扰倾向。

参考文献

Bolles, R. N. (2012). *What color is your parachute*? Berkeley, CA: Ten Speed Press.

Bradt, G. (2011, April 27). Top executive recruiters agree there are only three true job interview questions. *Forbes online*. Available at www.forbes.com/sites/georgebradt/t2011/04/27

Cherniss, C. (2000). Social and emotional competence in the workplace. In R. Bar-On & J. Parker (Eds.), *The handbook of emotional intelligence: Theory, development, assessment, and application at home, school, and the workplace* (pp. 433–458). San Francisco, CA: Jossey-Bass.

Colista, C. (2002). Dressed for interview success. *Graduating Engineer & Computer Careers*, 48–51.

Conrad, N., & Salgado, T. (2007, December). Legal Q & A. *NACE Journal*, 8–13.

Crane, D. D., & Seal, C. R. (2011). Student social and emotional competence in the hiring process. *NACE Journal*, 26–30.

Farr, J. M. (2004). *The very quick job search: Get a better job in half the time* (3rd ed.). Indianapolis, IN: JIST Works, Inc.

Fry, R. (2009). *101 great answers to the toughest interview questions* (6th ed.). Boston, MA: Cengage Learning.

Gaw, K. (2012, January 4). Measuring SLOs: Effective on-campus interviewing. *Spotlight for Career Services Professionals*, 1.

Holland, J. L. (1997). *Making vocational choices*. Odessa, FL: Psychological Assessment Resources, Inc.

Katz, S. M. (2007, October). The job interview: Is career services giving students a realistic picture of what to expect. *NACE Journal*, 38–44.

Keever, S. (2008, October). Behavioral-based interviewing: Taking the guesswork out of interviewing. *NACE Journal*, 31–36.

Kennedy, J. L. (2011). *Job interviews for dummies* (4th ed.). Hoboken, NJ: John Wiley.

Kiviat, B. (2009, October 20). How Skype is changing the job interview. *Time*. Retrieved from http://www.time.com/time/magazine/article/0,9171,1933214,00.html

Pachter, R. (2003, May 12). Author explains perverse logic behind trick questions. *The Herald*, 5D.

Poundstone, W. (2004). *How would you move Mount Fuji?: Microsoft's cult of the puzzle*. New York, NY: Little, Brown, & Co.

Poundstone, W. (2012). *Are you smart enough to work at Google?* New York, NY: Little, Brown, & Co.

Reeves, E. G. (2009). *Can I wear my nose ring to the interview?* New York, NY: Workman.

Rosen, A. G. (2011, June 14). 17 tips to ace your next phone interview. *U.S. News & World Report*. Retrieved from http://money.usnews.com/money/blogs/outside-voices-careers/2011/06/14/17-tips-to-ace-your-next-phone-interview

Schuele, K., Madison, R., & Gourniak, A. (2010). Navigating the 21st century job search. *Strategic Finance, 91*, 49–53.

Sinberg, L. (2010, February). Dress for interview success. *Forbes.com*. Retrieved from http://www.forbes.com/2010/02/16/job-interview-fashion-forbes-woman-style-meetings-10-mistakes_2.html

Smith, A. D. (2011). *Just give me the damn job!: How to get hired after the first interview*. Parker, CO: Outskirts Press.

Straus, S. G., Miles, J. A., & Levesque, L. L. (2001). The effects of videoconference, telephone, and face-to-face media on interviewer and applicant judgments in employment interviews. *Journal of Management, 27*, 363–381.

Yate, M. (2004). *Knock 'em dead 2005: The ultimate job-seeker's guide* (6th ed.). Holbrook, MA: Adams Media Corporation.

第 14 章 协商与评估工作录用通知

我们在第Ⅲ篇所讨论的求职活动是为了帮助你从潜在雇主那里获得工作录用通知。工作录用通知就意味着机会！然而，我们必须明白，直到签订协议、达成最终的一致、沟通协商成功，否则这些机会都不真正意味着什么。正如我们将在本章中学到的，工作录用通知并不是就业活动的终点。求职者在收到工作录用通知后，还有更重要的工作要做。

相当多的大学生都在成功协商工作录用或接受最好的工作这一环节上栽了跟头。这就像是进行了一场精彩的比赛却跨过了错误的终点线，或打了一场漂亮的高尔夫球却没在计分卡上记录一样。为什么会这样呢？在一切即将办妥的时候，一个人怎么会把结局搞得一团糟呢？为了找到一些答案，让我们来看看安娜的例子。

> 安娜已经完成了儿童教育学士学位的学习，并得到了两份工作录用通知。她感到既高兴又庆幸，因为她认为以她的学历和技能，这两份工作都非常简单。她不敢针对这两个工作提出太多问题，因为担心雇主会因此对她产生坏印象。也就是说，由于她没有对职位进行更多研究，她对实际工作中的许多方面都没有真正了解。
>
> 两份工作都让她能够留在自己毕业的那所大学所在的城市。一个职位是在一所地方小学任教，另一个职位则是为一家儿童福利机构调查儿童虐待案件。第二份工作的薪酬比第一份多了 5 000 美元，但教师工作有两个月的暑假。安娜的朋友和妈妈都让她选择钱多的那份工作，因此她接受了第二个在儿童福利机构的工作。

接下来发生了什么？安娜在她的新岗位上干了 6 个星期就辞职了，并且由于工作导致的强大压力和失望情绪让她很不快乐。为什么？因为她从不知道第二份工作要求每个月出差近两个星期，偶尔要出城 3～5 天，而且大多数的外出都要在天黑后才能回家。安娜有宠物，在她离开时宠物需要照顾，她也不喜欢出差，而且讨厌在天黑以后回家。由于安娜缺乏协商工作录用通知的技能，没有按照自己的价值观和偏好选择，导致她作了一个糟糕的就业决定。更糟的是，经历这些之后，她发现自己又失业了。

本书尤其是本章中的概念可以帮助你避免像安娜一样的经历。评估和协商工作录用通知的过程包含了以前章节中所讨论的许多观点。这个过程需要你加工自我知识（见第 2 章和第 5 章）和未来雇主的知识（见第 3 章和第Ⅱ篇），同时它还要求运用第 4 章所讨论的 CASVE 决策制定技能。

本章将讨论如下内容：

- 就工作录用通知进行协商的重要性。
- 有效协商的必备技巧。
- 评估工作录用通知的过程。
- 接受或拒绝工作录用通知的恰当步骤。
- 以认知信息加工的观点来分析协商和接受录用通知的问题。

在本章开始前，最好先回顾一下用信息加工的术语如何界定求职过程，并了解几个重要的元认知。首先，如果你对于自己的工作技能信心不足的话，很难想象你如何坚定而自信地告诉你的雇主你希望在工作中得到什么。而这一缺乏自信的现状就是一个需要被解决的差距，缩短这一差距有助于在求职者就业过程中取得成功。我们在第 5 章和第 11 章中已经讨论了这一内容。

其次，如果你不是非常明确自己的目标和价值观——你希望从工作中获得什么——也很难想象你能从两个或更多个工作录用机会中选择最适合你的。因此，为了能完全理解并领会本章的内容，你一定要清楚自己对于雇主的价值，并知道对于你来讲，工作中什么才是最重要的。这些元认知对于协商、评估和接受工作录用通知都是至关重要的。

14.1 协商的内容

雇主和求职者各自带着不同的需求进入招聘和雇佣过程。在这一节中，我们会界定一些说法，描述一些雇佣协商中“涉及的规则”，看看在就业运动中雇主和学生各自寻找的基本要素。

在第 13 章中，我们曾说过几乎无法想象你能在不参加面试也不与做录用决策的人交谈的情况下获得职位。这句话也适用于协商工作录用通知的过程。从参加面试开始，就必须留意你已经开始了与雇主就工作录用通知进行的协商。全美大学与雇主联合会近期的一项调查显示，平均而言，雇主们向其所面试的高校毕业生中的35%发送了工作录用通知，而其中74%的应聘者接受了这个意向。雇主平均在面试后的22.5天内会向应聘者发送工作录用通知或告知应聘者他们已经不在被考虑的人选之列了（NACE，2011）。

14.1.1 协商的定义

协商这个词到底是什么意思?《韦氏词典》中将其界定为“与他人交换意见，以期解决某些问题”。在本章中，协商是指为了在就业问题上与他人达成一致而进行的人际互动过程。你可以将协商看作一个达成共同目标——你同意为某个雇主工作——的过程。你和雇主应以“双赢”作为最终目标。如果仅仅是其中一人取胜而另一人失败的话，那么协议就不可能长久维系，或者雇员感到不满并选择离职，或者雇主不满而不提升雇员或辞掉他!

14.1.2 雇主寻找什么

首先，我们看看雇主的需求。高校就业研究所（CERI，2010）对950个雇主进行了一项研究，调查他们在雇用大学毕业生时看重的因素。表14—1列出了雇主描述的最多的能力，包括基本能力和非常重要的能力。建立和维持专业关系是新雇员一开始就需要证明的最重要的能力。

表14—1　　雇主对新雇员各项能力重要性的评分（N=897）

能力	基本的（%）	重要到非常重要（%）
1. 建立工作关系	40	57
2. 分析、评估、解释数据	34	58
3. 持续学习	30	61
4. 口头说服和解释	20	61
5. 规划并管理项目	15	57
6. 创造新知识	12	63
7. 全球性的理解	12	54
8. 组建成功的团队	12	43
9. 领导他人	11	36

根据这些数据，学生可以开始评估自己的个人潜质和技能，以及在申请工作和协商录用机会时如何使用这些技巧。学生们越是可以有效地展示他们的个人特质和技能，雇主就越有可能积极地评价他们的工作申请。正如我们在第2章中所讲的，准备一份履历表对这个过程将非常有用。

14.1.3 学生寻找什么

为了解学生在就业运动中的需要，全美大学与雇主联合会在全美范围内调查了19 000多名学生，看他们在选择工作时对雇主的15个特点的重要性的评分

(Koc，2008)。表 14—2 显示了这些评分。学生希望雇主和/或工作能够提供一些经济安全保障，而且，他们似乎希望和雇主建立长期关系。

表 14—2　　学生对雇主和/或工作各项特征重要性的评分（N=19 000）

排序	雇主/工作的特征	平均分
1	提供晋升机会	9.74
2	提供工作安全感	9.26
3	有一个好的保险套餐	9.20
4	友好的同事	8.93
5	地理位置	8.90
6	个人发展的机会	8.88
7	起薪高	8.85
8	对优秀表现的认可	8.54
9	自我表达和创造的机会	7.69
10	清晰明确的签约	7.47
11	随意的氛围（非竞争性的环境）	7.25
12	包容多样性	7.15
13	在社区中扮演积极活跃的角色	6.77
14	提供签约奖金	6.21
15	有一个公认的名称	6.18

另一个全国性的调查（Universum，2011；www.universumglobal.com/）询问了 60 000 多名学生，发现他们最看重的东西是良好的工作/生活平衡，安全的雇佣，有创造力和活力的工作环境，培训和发展的机会。对学生最看重因素的调查说明，几乎没有一个雇主可以满足这些需要，因为现阶段大多数雇主还没有赋予这些因素优先权。

这两张表中的条目说明了在考虑工作和雇佣决定时，雇主和学生认为重要的因素之间的差异，也提供了在就业运动中，为了达成一个双方都满意的雇佣共识，可供协商的内容。

14.2　协商工作录用通知的社会力量

协商是一个涉及两个或多个人——你和雇主（组织中对于你应聘的职位有决定权的人）的社会过程。不论在哪种社会关系中，社会力量或影响力都是适用的。社会力量来自对领导力、专业水准、能力、正直、愿望和权威等的知觉。在就业协商中，社会力量会随时间的变化而发生改变（见图 14—1）。在图 14—1 中，应聘者用实线表示，雇主用虚线表示。

在初始面试时，雇主拥有最大的权力。然而，随着过程的推进，应聘者在关系中所拥有的权力将会逐渐增强。如图 14—1 所示，对于应聘者而言，最佳的协商时间就是收到工作录用通知之后和接受它之前。这一阶段正是求职者处于最佳水平的社会力量时期。一旦你收到了工作录用通知，你马上就具备了在整个沟通

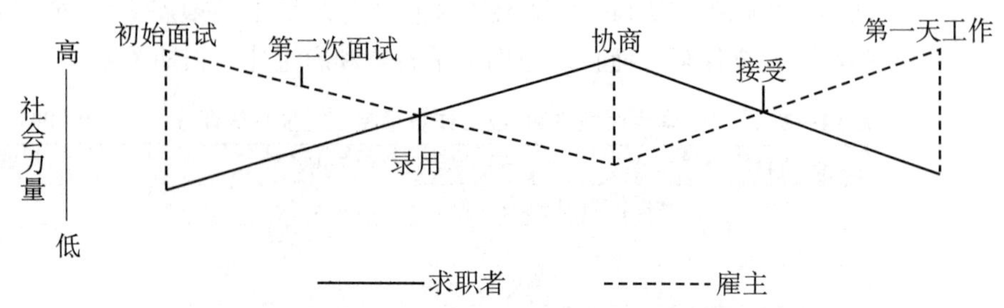

图 14—1 就业协商过程中的社会力量

和协商过程中前所未有的“力量”，正如一位求职指导书的作者所言，这可能是你在协商过程中唯一占据轻微优势的时机（Yate，2012）。

在发出工作录用通知之前或者接受工作录用通知之后，相对而言，雇主都具有更强大的权力。这是由于随着面试过程的推进，雇主对于应聘者的投入越来越多，表现出自己的兴趣并投入资金来招聘这一职位的人选。招聘是一个昂贵的过程——全美大学与雇主联合会（NACE，2010）报告说，2010 年雇主在每场招聘会上的花费是 8 974 美元，比上一年增长了 57%。一个组织成功与否，很大程度上有赖于是否找到了合适职位的合适人选。招聘的风险比很多应聘者意识到的要高。

当雇主发出工作录用通知书时，就是在公开表示该申请人就是这一职位所需要的人选。换言之，雇主所表达的意思是“别管别人，我们要的就是你”。到此阶段，雇主们通常都已经投入了数量可观的资金和情感精力来招募和遴选可以为该组织工作的最优人选，因此他们不想失去这些人。对于绝大多数组织的管理者而言，将经过精心挑选的新员工带入组织工作是非常重要的。这是关乎招聘任务是否成功完成的关键点——成败在此一举。

此外，目前的职业市场供过于求，所以雇主的权力更大。实际上，全美大学与雇主联合会（NACE，2010）的一项针对 2 万多名大学毕业生的调查显示，在申请工作的学生当中，只有 38%的学生收到了至少一份工作录用通知。

这 38%收到录用通知的学生意味着什么，意味着他们是最好的、最有工作资质的。对于每一份录用通知，招聘经理都必须从大量求职者的简历中加以筛选，所以跟你协商并最终完成他们艰辛的工作要比从头开始再走一遍整个过程要容易（Weiss，2009）。因此，即使在一个不景气的市场中，协商仍然是一个不错的想法。

14.3 让你的协商权力最大化

关注下面的 8 个条目有助于加强求职者在协商工作录用通知时“讨价还价”的力度。如果你恰好还有 6 个月或更长的时间才开始自己的求职历程，这个清单还可以帮助你把精力集中于打造你的简历或采取行动来提高你未来的协商能力。

1. 知识增加力量。你对于产业、组织和工作本身所进行的研究将为你在协商过程中提供非常有价值的信息。你对工作和组织了解得越多，你被“卖”到一个自己不喜欢、不胜任或无法取得优异表现的职位上的可能性就越小。准备好解释“为什么你比其他候选人更好”。了解你所看中的职位的平均薪酬、在不同地区生活的消费状况或者与此工作相关的新型培训形式，可以增强你与雇主之间关于职位的协商能力。

2. 可靠的推荐。你的名声和先前的工作记录，包括实习、志愿者工作、兼职工作、暑期工作和校园活动都可以提供书面形式的推荐信，从而加强你在“讨价还价”过程中的力度。要重视从先前的主管或教授那里得到推荐信，而他们的推荐应基于你的个人工作习惯和工作标准。

3. 镇定和自信。你的协商风格对于成功获得理想的录用结果是非常有帮助的。协商的过程为雇主提供了一个深入了解你的机会。对你而言，清楚自己的目标、尊重协商过程中的其他人、避免被面试者的社会力量所胁迫（不要在被催促的情况下作出决定）都是非常重要的。记住，协商是一个社交过程，在此过程中，友好、聆听、清晰的表述以及个人表现（如穿着得体）都十分关键。如果你在就业协商过程中表现良好，雇主也可以在协商过程中了解你可能会怎样处理其他棘手的工作状况。

4. 内部推荐。如果你与某些已经在该组织中工作的人有联系，这会加强你的协商力量。实际上，这是一种特别推荐，聚焦于你如何以及为何要成为组织的一员。与其他证明你的技能和背景的推荐信不同，这种推荐将你作为“组织大家庭”中一名有潜力的高素质新成员来对待。

5. 供求关系。如果这个工作、产业或组织目前正处于“炙手可热”的状态，并且在此领域中缺乏胜任的工作者，你的讨价还价力度就提升了。你的调查应包括与该工作有关的当前劳动力市场的需求信息或者该职位所需的特殊技能。例如，现在急需有计算机技术的咨询师，因为相对较少的咨询师具备此技能，而计算机在生涯服务中使用得越来越多了。周边地区的低失业率也会起到类似作用。

6. 其他录用机会。如果你已经在考虑其他工作录用机会，那么你的讨价还价力量就加强了。如果雇主得知还有其他人想要你，就可能为了胜出而在他们之间燃起竞争的硝烟。然而，你需要小心而诚实地处理这些信息，因为误导他人（采取不正当手段讨价还价）可能会在许多雇主中毁掉你的声誉。在你的面试过程中，如果你没有从其他雇主那里得到一份可靠的证明，尤其是书面证明，不要说你已经有了。这种“不正当但也不违规”的行为是违背我们在本章提到过的双赢局面的，如果其他雇主知道你用这种方式来协商，你将来的机会会受到影响。

7. 说服力。为雇主提供用更优惠的价格雇用你的理由。清楚地解释你的资质。列出你与工作有关的成就，解释这份工作如何契合了你的目标，将自己与其他也可能获得这份职位的人进行比较。这一阶段的目标是向雇主展现你的潜在价值，你的贡献将如何超出雇主对此职位员工的期望。这么做的一个技巧是总结你对该岗位职责的理解："我知道我需要对 100 万美元的预算负责，这个工作覆盖 3 个州的范围，我要向 3 个经理汇报，并要领导 5 名职员。"

8. 在薪酬上保持沉默。如果你能成功地向雇主推销你的资质和你自己，而没有涉及薪酬问题，你在协商中讨价还价的力量就加强了。通过将就业沟通的焦点保持在你的目标、组织的使命以及你与组织/工作的高度匹配上，你向雇主传达的信息是，你感兴趣的不仅仅是钱的问题。如果你在面试初期就询问薪酬问题，应尝试通过暗示"保持开放"或"愿意进行协商"来赢取时间。我们将在本章后面的部分更多谈及薪酬问题。

总之，这 8 个因素都可以加强你在协商工作录用通知过程中的立场。然而，当你无法以一个坚定有力的立场来协商时，也不要试图"装作"你可以。雇主在协商工作录用方面往往比你经验更丰富，因此不要试图在其他工作机会、推荐信、你先前的经历或你对该职位供求关系进行的调查等方面撒谎。

14.4 接受工作录用

在考虑接受工作录用之前，有几个因素很关键。包括接受工作录用通知的时机、个人印象、澄清工作录用的具体条件、决定何时决策。

14.4.1 录用的时机

求职者常常想知道："何时我可以期望得到工作录用通知？"总体而言，工作录用通知可能会在第二次面试或第三次面试之后的一天到 6 个星期之内的任何时间到达。个别情况下，雇主会在他们最后一次面试的当场向你表达录用意向。

14.4.2 印象依然很重要

不要以为拿到工作录用通知你就可以"掉以轻心"了。工作录用通知到手后，你仍然应该继续维持良好的形象；因为雇主仍在收集有关你的信息。这需要一种微妙的平衡艺术。让雇主知道你很高兴收到录用通知是很重要的，但不要让他们听到你对你的室友或重要他人发出的欢呼："耶！我找到工作啦！"另外，你也不要告诉雇主你是多么期待收到工作录用通知或者你已经收到了多少其他的工作录用通知，从而给他们留下消极的印象。

尽管我们主要关注你在雇主面前的表现，但也要记得你依然处于了解雇主的立场上。如果你感到雇主在协商过程中不尊重你，不聆听你关心的问题，或者不用成年人的方式对待你，那么，你就要好好考虑一下如果接受了这个录用机会之后，雇主仍然以这样的态度对待你的可能性会如何。记住，在雇主已经发出工作录用通知之后，你就处于关系中的相对强势地位了（回顾图 14—1）。

14.4.3　澄清录用通知

由于收到工作录用通知时的激动心情，求职者可能会忽略一些重要细节，而这些都是在签署文件或口头同意接受录用之前需要与雇主澄清的。要弄清楚录用通知上的所有条款，包括职位名称、主要职责、薪酬、地点、报到日期、出差或搬迁的花费、签约奖金、其他形式的奖励（如员工优先认股权）、津贴（如医疗、假期、保险、学费补助、汽车补贴）以及答复的最终期限。在你决定接受录用时，还有一些信息很重要，我们将在本章的后面部分讨论到。

赫拉瓦卡和伊斯特利（Hlavac & Easterly，2008）提出了雇佣协议的几个方面，潜在的雇员应该了解一下，因为这些会影响雇佣安全。

随意还是有条件雇佣

这个概念和第 9 章介绍过的派遣和永久性工作相类似。随意雇佣，简单来说就是雇佣双方（不管有没有通知）因为任何意愿（不管有没有过失）随时终止雇佣关系。随意雇佣的员工没有任何形式的离职金。

有无过失

雇佣可以由于过失而终止，但这可能包括不忠、不顺从或者表现得让雇主不满意。签约一份工作之前应该澄清什么是“过失”。

“常绿条款还是合同协议”

不管是在永久岗位上还是在特定期限内（有明确的结束日期）受雇的雇员，都会有一个自动续约协议，除非其中一方提供书面证明，说明自己不希望再续约。

限制性条款

工作录用通知可能包括竞业禁止、非劝诱、保密协议，这是为了保护雇主的商业机密和智力财产。这些协议会影响离职员工的工作，也会影响他进入同行业的另一家组织。

是否豁免

最后，《公平劳动标准法案》（Fair Labor Standards Act，FLSA；www.dol.gov/whd/flsa/）规定，非豁免雇员如果一周工作超过 40 小时，就应该得到加班费。豁免雇员不管每周工作多久，都不会得到加班费。

求职者需要理解这些协议以及其他赫拉瓦卡和伊斯特利（Hlavac & Easterly，2008）所描述的一些协议，这样他们才能非常清楚雇佣关系，使它变得积极和长久。

14.4.4 协商做决定的时间

很多求职资源都建议不要当场接受工作录用通知。尽管你可能已经考虑了接受录用，你仍然需要时间来评估这个决定的所有方面。在收到工作录用通知之前就要对何时可以告诉雇主自己的决定做到心中有数——这会帮助你更有效地协商。记住，不要被收到工作录用通知时的激动心情“冲昏头脑”。准备好与雇主协商做决定的时间。雇主不会对你同时还在参加其他组织的面试感到惊讶，他们还会欣赏你的诚实和对自己决定的谨慎态度。平均而言，雇主会给候选人 14 天的时间来考虑接受还是拒绝录用机会（NACE，2011）。

现在，我们将要考察一下刚毕业的大学生可能与雇主协商的一些问题。

14.5 需要协商的问题

记住在收到工作录用通知之前，你没什么可协商的。然而，一旦收到了工作录用通知，你考虑所有可能协商的因素就变得非常重要了。在这一部分，我们将探讨 15 个可能需要协商的问题，这些问题取决于组织政策和你的受雇需要。

14.5.1 薪酬

工作录用通知中的薪酬数目也许可以协商，但也许不可以，它也许是一份不错的薪酬，但也许不是。在协商薪酬之前，你应该根据地理位置、经历、学历水平、专业和以往薪资来衡量薪酬水平。你通常会发现，对于不同工作、不同雇主、不同地区的雇员而言，薪酬差别很大。一些咨询师建议你可以给出三个数字：（a）你的最低或底限薪酬；（b）一个现实的中等水平的薪酬；（c）“梦想的薪酬”（Yate，2012）。

从你的上限数目向下砍价比从底限数目向上加价要容易得多。所以，你给出的薪酬范围应该从现实的中等水平到你的梦想薪酬。不要给一个太低的数字，因为这样做会使你低估自己，并给了雇主一个看低你的理由。一个作者建议求职者要求的薪酬应超出平均数的 10%～15%（Skelton，2011）。下面是一些有助于你调查薪酬的资源。第一个调查报告在大部分学院的就业指导中心图书馆中都可以找到。

- 《全美大学与雇主联合会薪酬调查报告》（可在这里查阅 SS _ January _ ex-summary _ 4web. pdf）
- 《职业展望手册》（www. bls. gov/ooh）
- www. salary. com
- www. glassdoor. com/Salaries/index. htm

- www.homefair.com/calc/salcalc.html（帮助你对比不同地域薪资的网站）

在协商薪酬时，避免提及一个具体数字——给出一个范围。暗示你希望更灵活并有参考的范围。如果你已经细致地调查过该组织和工作，关于合适的薪酬你将有一些概念了。先从范围的最高点开始要价，这个数字要多于你预料雇主会给你的数字。

14.5.2　评估考察的时间

有些雇主会根据你工作表现的质量来发放奖金。通常这与你的评估考察结果有关。如果组织采取这种评估考察机制，你也许可以询问是否可以早一些对你进行评估考察。有时候，如果你知道自己的第一次薪酬评估考察比原先规定的要早，那么你可以考虑接受较低的起薪。例如，如果一次评估考察按常规需要 6 个月，并增加 15%的薪酬，那么你可能希望协商提前至 4 个月进行。

14.5.3　签约奖金

安家费也可能是以签约奖金的形式给予的，这种奖金其实就是在你同意接受这份工作时给予你的一笔资金。如果你的雇主没有提供签约奖金或安家费，你也许可以考虑在协商时提出要求。根据全美大学与雇主联合会（NACE，2011b）的调查，2011 年有 46%的雇主会给大学毕业生提供签约奖金。

14.5.4　销售佣金、分红、股票期权

如果你是在私营部门工作，那么雇主可能会给你基本薪资和其他的经济激励。这些可能会基于你销售业绩或完成工作的额度而定。一些人（Reed-Woodard & Alleyne，2011）建议说，在这个不确定的就业市场中，协商员工优先认股权等利益可能会促进你长期就业的安全感，而不是拿一份最初的薪酬。你在这个领域的调查研究将会帮助你了解到这一行业中通常会提供怎样的薪酬组合，然后你可以评估怎样对你来讲最合适。

14.5.5　工作的地点

在不同的城市工作会有很多不同之处。花些时间看一看你的新岗位所在的地理位置。下面是一些可能需要考虑的问题：

- 社区提供你所寻求的生活方式吗？
- 还有什么其他的社区因素对你来讲很重要，例如家庭、学校、教堂等？
- 在上班路上你大约要花费多长时间？
- 你有机会选择工作地点吗？

● 与你现在所住的地方相比，那里的消费怎么样？

工作地点直接影响生活的开销。司柏林（Sperling）的《最好的地方》（*Best Places*）是评估这一因素的一本免费参考书（http：//www. bestplace. net/）。这个网站提供了不同地方的信息，并把这些地方的开销、税收、健康、发展以及其他因素进行了比较。就像之前说过的，你可以在 www. salary. com 上找到关于薪酬和其他工作问题的信息。我们建议你先做一做里面的“薪酬奇才”（salary wizard）测试，然后检查一下如果你从一个地方搬到另一个地方你的“净值”（net worth）的变化情况。另外一个由全美大学与雇主联合会赞助的网站（http：//www. jobsearchintelligence. com/NACE/jobseekers/salary-calculator. php）中关于薪酬和协商过程的信息可能会对你选择居住地有所帮助。

14.5.6 保险、养老计划和其他福利

一个组织的福利组合一般为薪酬的 30%以上。把福利组合算进薪酬或换算成可消费的美元很重要，因为这可以使你对某个录用机会的财务条款进行更加全面的衡量。例如，如果雇主提供完整的健康保险，那么可以考虑一下，假如你需要到市场上自行购买全部或部分健康保险将花费多少钱？

组织之间在以下方面存在差异：就业福利所包括的内容、建构满足个性化需求的福利组合的灵活性、福利的纳税负债、福利的受益者范围、福利计划的可转让性。可供选择的福利组合中的项目应该包括激励性储蓄、401（k）计划、产假/父亲假期、牙科/眼科保险、日常飞行/出差俱乐部、伤残保险、病假、寿险、贷款利息补助、学费报销、健康项目、子女看护费用。这些都可以成为你协商的内容。很多雇主的福利计划是由独立组织（如 FBMC）策划的，这些组织的网站（www. fbmclearningcenter. com/）上有供求职者和雇员学习这些不同选择的教育资源。在你签署最终录用通知或协议之前，回顾一下这些会很有用。

14.5.7 安家费

很多雇主提供安家费以帮助你搬迁到工作所在地。由全美大学与雇主联合会（NACE，2007）针对雇主进行的调查显示，对 2007 年毕业的大学生而言，80%的雇主打算为其员工提供安家费。这可能包括到工作所在地寻找住处的交通费用、运输行李或交通费用以及在安顿下来之前住宿的费用。其他补偿还可能包括临时住宿的费用、搬家的费用、房屋抵押率的差异、结算费用以及不动产代理费。你或许可以协商短期的免息贷款来帮助自己支付搬迁至新工作所在地所需的花费。

14.5.8 报销情况，汽车、里程补贴、燃料津贴

由雇主提供的另一部分经济费用可能包括与工作有关的报销或进一步的开

销。这些项目可能包括移动电话或寻呼机、公共交通补贴、通勤或停车补贴。把这些收入作为办公费用可能会有税收方面的好处，或者你也可以将其作为福利。

14.5.9 俱乐部会员

如果你的工作包括招待客户的内容，或者你的工作会产生压力，那么你可能希望协商成为某些私人俱乐部、网球俱乐部或健身中心的付费会员。雇主是否会提供你可以使用的娱乐设施？这些费用是否可以被免除或减免？

14.5.10 消费品折扣

你的组织也许可以让员工享有购买某些折扣产品的活动。你或许能就自己是否可以参与这种活动进行协商。

14.5.11 办公设备

你应协商的另一个关于“位置”的话题是关于你的工作空间或办公室的物理环境。你想在家办公吗？如果在家办公，你需要哪些设施？如果在家工作，你需要哪些通信或办公器材？你是否有残障，需要合理的住宿安排？如果办公室有无窗户会影响到你的工作质量的话，也要为此协商。也许新的办公室家具、一台新的台式电脑或者笔记本电脑可以改善你的工作环境。

14.5.12 报到日期

根据组织和工作的不同，一些雇主可能会提供灵活的报到时间。如果你一直梦想着背着行囊或骑着自行车环游欧洲，现在可能是时候了，或者也许你只是想找点时间放松一下。记住，在接受工作录用通知之后再协商报到日期恐怕就为时过晚了。

14.5.13 假期

假期的时间可能会根据实际休假的长度（天、小时）、是否带薪、何时可以休假而有所不同。如果在某一特殊季节或一年中的特殊时段休假对你来说很重要，并能使你成为一个更快乐、更满意的员工，你也许需要跟雇主协商。有些雇员愿意拿少一点的薪酬，换来一个三到四周的假期。

14.5.14 分部、部门、头衔或职位类别

总体而言，一个组织内的工作并非同等重要。在接受工作录用通知之前，尽

可能多地了解你的其他选择。如果你认为某些分部或部门比其他的更加吸引你，那么在签字之前让雇主知道这一点。负责你具体的工作任务安排的分部或部门可能也是可以协商的一个方面。与此有关，你也许还能为自己的工作协商一个不同的名称或类别。

14.5.15 消遣和娱乐

人才紧缺的"金领"工作者不仅期望丰厚的收入，而且要求工作中充满乐趣，并能带来成就感。有些公司抵制协商中的这种趋势，担心一旦有了先例就无法回头。但是，如果你身怀绝技并能为公司做贡献，并且公司的竞争对手允许雇员在办公室放一个小鸟戏水池，那么你的潜在雇主恐怕会为了让你接受录用通知而满足你的愿望。如果公司的目标是雇用并留住那些业内最有才华的人，那么最佳办法就是让他们为所欲为了。

根据你个人的情况，并非所有这15个因素都需要协商，但如果它们对你而言很重要，并将影响到你在组织中能否成为一名成功且令人满意的员工的话，你就应谨慎且合理地进行探索。

14.6 关于薪酬的额外话题

在就工作录用通知进行协商时，薪酬的话题显得格外重要和关键，因此我们要对此多说一点。协商薪酬的一个基本技巧是了解信息（NACE，2011a），要知道这份工作会支付多少薪酬，以及你的价值是多少，另外就是要等到你清楚地知道雇主已把你列为第一选择时再谈及薪酬。在沟通薪酬或工作录用通知中的其他问题时，你应该假定雇主愿意采取措施使你成为一名快乐、满意的雇员。因此，你必须要让雇主清楚怎样能使你成为一名快乐、满意的雇员。事实上，你甚至可以用这样的口吻来讨论关于工作录用通知中的细节问题。

在讨论薪酬时，雇主有时会以时间（小时、周、月或年）为单位来谈论薪酬。提前做好准备，准备好以这些术语来衡量你的薪酬。雇主也可能会谈论薪酬增加的百分比，而不是实际的美元数目，因此也要做好准备，事先了解这些百分比实际上意味着什么。如果你不能确定，在协商之前，要求对方给予时间、澄清或协助，以帮助你理解一份工作录用通知书的所有内容。大多数雇主在讨论和考虑这些问题方面比你的经验丰富得多，因此，你应该采取必要的措施保证参与到这一过程中的各方当事人处于相对平等的地位。

你的第一份专业工作的薪酬是至关重要的。在某些组织中，你不能协商录用的起薪。但无论如何，这一薪酬非常重要，因为你将来的职位很可能部分取决于你前一份工作的薪酬多少。一般而言，你的新雇主会给你涨至少10%～15%的薪酬，正是出于这个原因，你的起薪才显得格外重要。另外，薪酬的增加额通常是基于你现有薪酬的百分比，例如，10%的年终奖金。未来的薪酬协商也常常是基于你现有或基本薪酬的百分比。福利也是根据基本薪酬来计算的。

薪酬通常是组织根据职位，而非担任此职位的人而定的。由于这个原因，向雇主解释假如你担任这项工作将会给这个职位带来什么附加值对你而言将是有帮助的。这意味着任何你给这个职位带来的特定收益，例如国际经验、语言技能、领导能力、社区服务或技术专长，都可能帮助你提高薪酬。

如果你的雇主问“你需要多少薪酬?”你该如何回答？与其不假思索地报出某个数字，你不如反问“对于这个职位，贵组织的一般薪酬范围是多少?”这样就将球踢回到雇主那边了。假如雇主给出这个职位的薪酬范围是 32 000～36 000 美元，那么你可以使用斯格尔顿（Skelton，2011）的 10%～15%规则。你知道这个职位的典型现行薪酬是 32 000 美元，那么你应该回答一个比 32 000 美元高 10%～15%的数字。你可以回答说你希望能挣 35 200～36 800 美元。耶特（Yate，2012）建议你报出的薪酬范围应该以一个符合现实的中等数字开头，以你梦想中的数字结尾。

在你知道了薪酬并确定你可以接受这个价格之前，永远不要接受一份工作。一旦你接受了，一定要拿到一份关于工作录用通知条件的所有细节说明的信函。永远，永远不要在获得一份书面的工作录用通知之前掉以轻心。写一份正式的接受信，表达对于参与招聘过程的所有人付出的时间和精力的谢意，重述工作录用通知中的所有细节，包括职位名称、入职日期和地点、起薪、特殊安排等。记住，与你进行协商的那个人在你之后到达的时候也许已经不在原职了，因此将所有条件写下来非常重要。

14.7　协商的过程

在本部分结束之前，我们想再提几个与成功协商工作录用机会有关的事宜。主要涉及的是如何运用你的积极元认知指导整个过程。

14.7.1　确定你的条件

确定你想从录用中获得什么是非常重要的，但同样重要的是你要知道从一份工作中你至少要获得什么。制定一个灵活的计划。你应该始终如一地对雇主说明对于你而言，工作中什么是重要的。通常来说，协商中不会有太多惊喜。

14.7.2　保持积极的态度

与你进行协商的人也许是你未来的主管或至少是你的同事。如果你真的对这份工作很感兴趣，就不要在协商的时候激起雇主的防御心理。一个核心技巧是积极地谈论他人、工作和组织。重申你确实对在该组织中工作充满兴趣，并说："有什么办法能让我们解决这个问题吗?"或者"我真的很想试试将此事做成"。

14.7.3 做决策

一旦组织申明了其最终工作录用通知，你就要做好作决策的准备了。要明白什么时候停止协商并作出接受或拒绝的决定。不要过分在乎工作录用通知中的薪酬数目；在作决策时，应全面考虑录用的其他方面。把其中的一些因素转换成美元或你的薪酬的百分比也是可行的。在协商完成之后，下一步就是要评估结果并作出对你而言最好的选择。

14.7.4 诚实面对雇主

协商并不是一场"游戏"，因为在游戏中欺骗或缺乏诚意可以带来良好效果。事实上，要求你在与雇主协商时尽可能地诚实、坦率、有礼貌是为了你的利益着想。《聚焦互联网生涯服务专家》（*Spotlight Online for Career Service Professionals*）（NACE，2008）引用全美校园招聘活动总监詹妮弗·吉利兰（Jennifer Gillilan）的观点，"一般来说，如果学生彬彬有礼，对一开始的录用通知和机会很满意，并且已经调查/证实了这份岗位的'市场率'，那么我认为假意协商是不合适的"（p.1）。与此同时，还有很关键的一点要明白，鉴于在协商薪酬和其他与工作录用通知相关的内容时雇主灵活性的大小，他们并不总是那么愿意帮忙。

14.8 评估工作录用通知：作出最好的选择

在本章开始的时候，我们讲述了安娜的故事，以及她在协商和评估两个工作录用机会时遇到的困难。下面我们将考察关于如何在两个或多个录用机会之间作出决策的更多细节。让我们看看其他场景。

> 萨拉·冯（Sara Feng），中文与管理信息系统专业学生，在秋季学期已经进行了25场面试，她预期自己将收到不止一份工作录用通知。她面临的最大挑战是安排选择的优先次序并作出正确的决定。她的优先选择是一个挑战性的工作环境和有预付款的房子，如果第一个雇主不符合标准，她不打算逗留。
>
> 乔斯·埃斯波西托（Joes Esposito）在工作8个星期后离职了。作为某州立大学的毕业生，他希望得到一个重视团队合作和培训的工作，并有足够的薪酬支持他读一个硕士学位。迫于雇主催促他尽快决定的压力，他接受了一个小型广告公司中的销售职位。加入这家公司后，他很快发现这里的氛围不是他所期待的。公司的氛围是竞争性的、非人性化的并且不友善的，尽管

待遇优厚，他还是辞职，成了一名失业者。

所有这些对于一个正在求职的大学生而言意味着什么？我们认为这意味着学生要采取积极主动的态度，清楚自己的目标，采取具体的步骤了解信息，以作出明智的就业决定。

14.8.1　等待其他的录用机会

对两个或多个录用机会进行评估并决定接受哪个的过程似乎涉及很多因素。告诉雇主 A 你需要多一些时间，因为你正在等待雇主 B 和雇主 C 的消息是完全合适的。同时与多个组织讨论你的工作状况并没有任何问题。事实上，这还可能会增加你的身价。雇主们也都希望为工作雇用到最佳人选，了解到还有其他地方希望争取你的加盟可以使你同时对三家组织更具吸引力。和雇主分享此类信息的关键点是用一种无要求的方式来表达，不断地表达你对他们发出录用通知的感谢，并强调你希望尊重与你的工作有关的所有组织，尽可能在掌握所有信息之后再作一个决策。

14.8.2　招聘陷阱

记住，招聘者的工作是把你带进公司，让你说“同意”。在协商过程中，你也许会被公司“盛情款待”——享受一流的餐饮、住宿和娱乐服务。你也许会被告知公司为新员工提供许多额外补贴（“实惠”）。然而，你必须依据自己的价值观——在工作中你真正想要什么来衡量你在应聘和协商过程中获得的信息和经历。

14.8.3　伦理两难：你能对一个已经接受的录用通知食言吗？

一旦你与一名潜在雇主协商，就有可能发生几种情况。其中一种是你只有一个录用机会，一旦你已经协商达成协议，你必须作出决定，是接受雇主的工作录用通知还是拒绝并继续寻找工作。假如你在协商过程中向雇主提出了一系列的要求，雇主一一满足了，而最后你却拒绝了这个录用机会，你将把自己置于一个非常尴尬的境地。如果你拒绝了录用机会，你必须有非常充分合理的理由。否则，雇主可能无法相信你在协商时的诚意。而这可能会对你的将来造成影响。记住，你正在专业和行业领域内为自己树立信誉。

你也可能面临来自雇主催促作决定的压力。比如，如果你能在 24 小时内接受录用通知，雇主就给你 3 000 美元奖金。根据全美大学与雇主联合会（NACE，2008）的《录用通知截止日期合理指南》（*Reasonable Offer Deadline Guidelines*），招聘人员应该控制自己做出任何会对候选人公平地接受工作产生影响的政策或行为。这些行为可以包括施加时间压力或鼓励候选人拒绝另一个公司的录用通知。如果你无法争取更多时间来协商评估其他的录用机会或者考虑是否接受这份录用机会，那么你就要仔细考虑一些事情了。你现在从雇主那里感受到的压力或许可以让你想象一下，当今后你成为组织的一员后将被如何对待。如果你在此关系中具有一定的社会力量时都会有如此感受，那么想象一下当你接受录用从而力量削减之时雇主将怎样对待你。

还有一种情况是，你先接受了一份工作而后又拒绝了它。当雇主提供了一份工作而应聘者接受了的时候，就业的协定就产生了，尤其是当这份工作有一个结束日期时更是如此。然而，像本章之前讲过的那样，如果这份工作是一个“随意”工作，那么任何一方都可以随时终止协定。在工作了几个星期或几个月的时候就选择跳槽可能被视为冲动或缺乏耐心的表现，学生理应诚信地接受工作；然而，也许在有些情况下你不得不作出反悔的决定，例如意料之外的家庭责任——罹患重病的父亲或母亲将使你无法接受远离家乡的工作。如果这种情况发生了，学生应该立即把相关情况告知雇主并退回自己的接受信（NACE，2009）。

14.8.4 确认你的工作

为了帮助你更好地认识自己的工作录用机会，我们从一篇由汉弗莱、纳尔冈和摩根森（Humphrey，Nahrgang，& Morgenson，2007）所作的元分析研究中抽取了好的工作状况需要考察的元素。以下就是他们认为在你决定是否接受一份录用机会时可能需要参考的因素：

1. 自主性——在工作中完成任务和活动的自由度。

2. 技能多样性——在完成工作时，多种技能得以发挥的程度。

3. 任务一致性——个体完成一个完整项目的程度。

4. 任务重要性——工作对他人生活的影响程度。

5. 来自工作的反馈——对于你的工作表现，能够提供给你的信息的程度。

6. 社会支持——工作提供的从上司或同事处获得协助和建议的机会的程度。既然你每周要花 25%的精力到工作上，要保证这个地方让你感到舒心并能获得成长。

7. 外部交流——你能与其他人进行交流，并在具体的工作任务方面获得指导和反馈的程度。

8. 报酬——工作能提供的薪金酬劳的满意程度。

9. 意义感——在工作中你可以追求自己认为重要的目标的程度。

10. 地点——工作离家远近的程度。我们发现当今的大学毕业生在寻找第一份全职工作时，更愿意选择离家较近的工作，尤其是那些入学时背负了大笔债务的学生（Winograd & Hais，2011）。地点可能还包括了交通时间，而其又受到交通费用和压力的影响。仅仅是每天在单程路上花费 25 分钟，一年也要花掉 200 个小时。

底线？试着问自己这个问题：“我是不是真的想在这儿工作？”考虑这些问题也许可以帮助你分清自己了解的信息，一个工作给你提供的东西中哪些是最重要的，从而尝试作出接受与否的决定。

14.9　匹配过程

在决定是否接受一份录用通知时，考虑一下哪些事情对你很重要也许是有用的。表 14—3 提供了你也许会考虑的 4 类共含 46 个条目的因素：(a) 生活方式；(b) 雇主或工作的性质；(c) 薪酬与福利；(d) 工作活动。这 46 个因素和我们之前介绍过的表 14—2 的主题学生在寻找雇主或工作时看重什么类似。对这些因素做一个认真思考式的回顾将帮助你确认你接受的录用通知是最适合你的。而且，在就业运动的调查、面试和协商过程中辨别出你最看重的因素，将会丰富你的信息，帮你作出一个认知充分的职业选择。

表 14—3　　评估录用通知时要考虑的 46 个因素

生活方式	雇主或工作的性质	薪酬与福利	工作活动
弹性福利	声誉	生活费用	创造性
社区规模	提供的产品/服务	教育支持	独立性
继续正规教育的要求	晋升机会	专业发展计划	智力启发
地理位置	与同事的和睦相处	目前薪酬/收入	助人机会
弹性工作时间	与主管的和睦相处	潜在薪酬/收入	领导机会
对配偶和孩子的影响	机构规模	搬迁费用	社会声望
工作之外的社会期望	工作环境愉悦	家用电脑、远程通信	多样性
轮班工作的要求	工作安全保障	专业协会会员	在自己感兴趣的领域工作
出差要求	工作职责	假期	
离家距离	岗位名称	保险计划	
文化及娱乐机会	机构的稳定性	健康俱乐部	
	支持团队	儿童照管	
	绩效评估体系		
	在职培训的类型和数量		
	获得指导的机会		

附录 L 就业决策案例研究提供了一个案例和一份工作单，求职者可以用来评估重要因素，了解工作录用通知和这些因素的匹配程度（毫不匹配，匹配性差，有点匹配，高度匹配）。雇主和候选人都在寻找最佳的雇佣匹配，因为好的匹配意味着快乐的员工、有效率的工作和整个组织的成功。

14.10　开始之前的最后步骤

一旦你接受了工作录用通知，下一步就是在第一天去报到了，对吗？其实并不尽然。在你真正开始工作之前，还有可能发生一些其他的重要事情。你的合同或签订的契约很可能依赖于雇主最后需要获得的信息。这可能包括体检、药检、民事和刑事背景调查、宣誓、保密协议甚至你的推荐者调查。根据组织不同，也许需要花上几周的时间来获得这些信息之后才能任命你。

马登（Madden，2011）的报告显示，73%的雇主会调查刑事背景，81%的雇主会核对推荐信息。只有 13%的雇主会调查信用问题。如果有第三方机构来调查你的背景，雇主需要获得你的允许。至于药检，很多组织会检测员工和申请者的药物使用状况。实际上，很多地方和州法律要求雇主在发放录用通知之后做一些调查（Chin，2010）。

14.11 使用认知信息加工方法来协商和决定一个录用机会

在本章中，我们已经讨论了协商和决定录用机会的过程。现在，我们将从认知信息加工的视角回顾一下我们已经了解的一些话题。我们的目标是帮助你完善自己的个人生涯理论，从而解决就业问题。

14.11.1 自我知识

正如自我知识在探索职位和教育选择时很重要一样，它在帮助你评估工作录用机会并进行最优选择时也很重要。清楚地知道你从一个工作中寻找什么将会给你一个衡量你得到的机会的“准绳”。

14.11.2 各种选择的知识

在研究职业选择时，你已经了解了你希望现在或将来从工作中得到些什么。选择的知识包括各类工作组织的具体职位信息。很多求职者由于在没有完全了解工作的具体事宜时即接受职位而给自己制造了不必要的麻烦，就像安娜的例子。

14.11.3 运用 CASVE 模型

我们建议你采用同一套标准来评估所有的工作录用机会。第 4 章所呈现的 CASVE 循环模型可以运用到与评估工作录用机会有关的问题解决和决策制定中。

沟通

雇主提供一个工作录用通知相当于一个外部事件，从而促使你启动了生涯问题解决和决策过程。与此同时，你的个人情绪也可能会被调动起来。你可能一方面因收到工作录用通知而兴奋，但同时又因为要承诺于一个特定雇主或者因为要拒绝某个不真正适合你的工作录用通知而焦虑不安。你可能还会从重要他人那里得到一些压力，促使你接受到手的任何录用通知。

分析

对于你自己和你的各种选择有准确而完整的知识在选择工作录用机会时是至关重要的。在分析一个工作录用机会时，你应该确定这个录用机会在多大程度上可以满足你的技能、价值观和兴趣，以及你对自己就业需求设定的目标。分析工作录用通知和不同工作与你的匹配度时需要用到的 46 个因素，会在这一过程中起到促进作用。你也应该意识到自己的决策风格及其对分析过程的影响，同时注意你可能产生的任何关于摆在你桌子上的工作录用通知的想法。

综合

在评估工作录用机会方面，CASVE 循环的综合包括对录用机会的细化和具体化。在细化过程中，你试图通过协商所提供的工作更好地满足你在分析阶段所确定的那些重要因素。评估工作录用通知的过程也许从更大程度上而言就是聚焦于缩小个人选择的范围，即具体化阶段。在任何一个阶段，你能考虑的工作录用通知的数量都应该是比较少的。然而，如果录用机会的吸引力相当，或者它们满足你在分析阶段所确定的不同方面的标准时，决策过程就更为困难了。你也有可能会发现一个有助于权衡不同因素的结构化的练习会对你有所帮助，附录 L 就是这种练习的一个例子。

评估

正如前面讲过的，CASVE 循环的这一阶段包括考虑每个选择的付出和收益，不仅是对你个人，还包括你的重要他人、你的文化群体、社区和社会，不仅包括现在，还有未来。

- 对于你的家庭而言，这份工作是否符合你的需要和你喜好的生活方式（如果一份工作意味着我要离家人相当远，我应该接受这份工作吗）？如果接受一份工作会使你的配偶找工作更困难，你还会接受这个录用机会吗？
- 是否有跟你的文化群体（雇主是否特别歧视我的文化群体的成员）或社区（我是否会为一个曾被指控污染附近饮用水源的化学品公司工作）和社会（雇主在全国的声誉如何）相关的问题？
- 最后，如果你在考虑的录用机会不止一个，那么整个过程的最终结果应该是你完成了对所有录用机会的优先性排序。你应该确定你首选的雇主，接下来是其他的优先顺序。总之，除非你已接受一个职位，收到书面确认并签署了合同书，否则你不应该划掉任何一个选择。

执行

一旦你作出了选择，你还需要采取一些与 CASVE 循环中的执行阶段有关的关键步骤。首先是与发出工作录用通知的雇主取得联系。一旦你决定接受这一录用，至关重要的一点是与其他向你发出工作录用通知的雇主进行沟通。包括采取口头或书面的形式拒绝那些你没有接受其工作录用通知的雇主。这一步非常关键，因为过后你或许还需要与这些雇主进行联络——所以千万不要断了自己的后路。

在你与发出工作录用通知的雇主作出口头承诺后，下一步就是要以书面的形式确认你接受这份工作（参见图14—2）。记得要包括职位头衔、薪酬、报到日期和时间、地点、协商过的其他额外津贴或签约奖金或其他任何你认为含糊或没有包含在工作录用通知中的因素。

334信箱
佛罗里达州立大学
某地，佛罗里达 32301-4708

2012年3月30日
爱丽丝·墨菲女士
招聘部负责人
信息系统科技公司
布罗德班德大道100号
丹佛，科罗拉多 80207

亲爱的墨菲女士：

非常感谢您2012年3月17日的来信。我很高兴接受这一工作录用通知，即客户支持部的执行会计一职。我明白我的初始安排是与网络支持组的布鲁斯·艾伦先生共同工作，年薪40 000美元。

正如我们所一致同意的，我将于2012年6月4日星期一正式开始工作，在当天早上8：00我将去人事部门报到并完成必要的文书工作。在您的工作录用通知书中提到，我的搬迁补贴为3 500美元，超过不补。

感谢您为我所付出的辛勤工作。如果在6月4日之前有任何与我约定有关的额外信息，请您通知我。我非常期待加入信息系统科技公司团队。

诚挚的
Joan Roberts
琼·罗伯茨

图14—2 工作录用通知接受信样例

14.11.4 执行加工

你的战略性和有效的思考能力在协商和评估录用通知过程中是很重要的方面。此外，你必须在有很大压力的情况下同时考虑许多与你自己和你的选择有关的信息。也可能还有重要他人提供他们的意见。

当你只收到一份录用通知时，消极的想法常常会发生。常常会有一种迫不及待地抓住第一个到来的录用通知的倾向。你听到自己说："我最好选择确定的东西。""如果我得不到另一个录用通知怎么办?""这是个非常好的机会——我很傻才会拒绝它。"你是唯一一个能够决定愿意冒多大的风险拒绝录用通知以期望更好的机会到来的人。此时挑战你的上述想法，你可以说："如果一个雇主认为我足够好给我录用通知，那也会有另一个雇主这么想。"协商工作录用通知的过程需要你最大限度的自信和积极的自我对话。

小　结

本章回顾了与协商工作录用通知有关的因素，包括希望协商的条目和协商过程的步骤。本章也讨论了求职者评估录用通知、作出就职决策时可能会遵循的步骤。我们还指出元认知，一个人思考的质量，会影响协商和评估的过程。本章的目标是帮助提高你在协商工作录用通知时个人生涯理论的质量。

参考文献

Chin, J. (2010, April). Legal Q & A: Updates for career services and recruiting professionals. *NACE Journal.* 8–14. Retrieved from http://naceweb.org/Publications/Journal/2010April/Legal_Q___A_Updates_for_Career_Services_and_Recruiting_Professionals.aspx

Collegiate Employment Research Institute. (2010, February). Under the economic turmoil a skills gap simmers. *CERI Research Brief 1-2010*, 1–18.

Hlavac, G. C., & Easterly, E. J. (2008, May). Legal Q & A. *NACE Journal*, 8–12.

Humphrey, S. E., Nahrang, J. D., & Morgenson, F. P. (2007). Integrating motivational, social, and contextual work design features: A meta-analytic summary and theoretical extension of the work design literature. *Journal of Applied Psychology, 92*, 1332–1356.

Koc, E. L. (2008, May). NACE research: The oldest young generation—a report from the 2008 NACE graduating student survey. *NACE Journal*, 23–28.

Madden, K. (2011, February 11). Be ready for a background check. *Tallahassee Democrat*, 11.

National Association of Colleges and Employers. (2007, July). *Moving on: Student approaches and attitudes toward the job market for the college class of 2007* (executive summary). Bethlehem, PA: Author.

National Association of Colleges and Employers. (2007, June). *NACE 2007 recruiting benchmarks survey: A report on key measures for college recruiting & experiential education* (executive summary). Bethlehem, PA: Author.

National Association of Colleges and Employers. (2008, June). *Reasonable offer deadlines guidelines*. Retrieved from http://naceweb.org/legal/offer_deadlines

National Association of Colleges and Employers. (2008, December 10). To negotiate or not to negotiate: Should the economy dictate how students respond to salary offers? *Spotlight Online for Career Services Professionals.* Retrieved from http://naceweb.org/printerFriendly.aspx?printpage=/spotlight/2008/december/negotiating_salary_offers

National Association of Colleges and Employers. (2010, September.) *2010 Student survey: Key findings. NACE research brief.* Bethlehem, PA: Author.

National Association of Colleges and Employers. (2010, October.) *2010 recruiting benchmarks survey: Key findings. NACE research brief.* Bethlehem, PA: Author.

National Association of Colleges and Employers. (2011a, November.). *Job outlook 2012 survey*. Bethlehem, PA: Author.

National Association of Colleges and Employers. (2011b, November). *NACE 2011 recruiting benchmarks survey*. Bethlehem, PA: Author.

National Association of Colleges and Employers. (2011). Reality check: Salaries for new graduates. *Job Choices 2012: Diversity edition*. Bethlehem, PA: Author.

Reed-Woodard, M. A., & Alleyne, S. (2011, September). Negotiating beyond the salary. *Black Enterprise, 42*, 50.

Skelton, A. (2011, September 16). You got the job offer. Now, about that salary offer . . . *USA Today College*. Retrieved from http://www.usatodayeducate.com/staging/index.php/career/you-got-the-job-offer-now-about-that-salary-offer

Universum. (2011). *Universum student survey 2011: US undergraduate edition*. New York: Author.
Weiss, T. (2009, June 23). How to negotiate for a better salary, even now. *Forbes.com*. Retrieved from http://www.forbes.com/2009/06/23/jobs-salary-negotiating-leadership-careers-basics.html
Winograd, M., & Hais, M. D. (2011). *Millennial momentum: How a new generation is remaking America*. Piscataway, NJ: Rutgers University Press.
Yate, M. (2012). *Knock 'em dead 2012: The ultimate job-search guide*. Avon, MA: Adams Media.

第 15 章
第一份工作和早期的生涯变动

很多生涯书籍都没有像本书一样包含这样一章，因为它们更聚焦于生涯准备和求职过程，而不是工作本身。颇具讽刺意味的是，就业被人们认为是与生涯发展和规划截然不同的两回事。我们应该相信，在本书中，最后一章与第 1 章同等重要。鉴于以上原因，我们有理由在本章的结束部分，探讨求职者的工作本身及其工作最初时期的期待。

> 一个刚刚毕业的大学生与我们分享了她上班第一天的经历。特蕾西（Traci）上大学时学习的是英语专业，她在求职的激烈竞争中表现优异，收到了好几家公司的聘用意向，也成功地进行沟通协商，并在上班的第一天报到了。到公司之后，她惊讶地得知，之前跟她进行沟通谈判的那个人——也就是应该作为她的上司的那个人——已经离开了公司。事情显得毫无头绪。实际上，公司里的人看起来一点儿也不期待她的到来，连职位任务书都没有准备好，更别说她的办公室了。以至于她甚至开始怀疑是不是自己搞错了。幸运的是，公司的人迅速做了调整，特蕾西也很快对自己的工作环境感觉好多了。这个故事说明新工作中可能会有意料之外的事情发生，提前做好准备是非常重要的。

本章涉及的重要内容就是生涯转换。第一年的工作者已不再是大学生，但也并非真正意义上的工作者，他们处于一个特别的转换阶段。有些人保持他们书生气的态度和行为太长时间，他们没有意识到，要想成为一名羽翼丰满的专业人士，他们需要花些时间。在这个初入职阶段，有一些不同的规则需要遵守，而这正是本章的重点所在。

本章包括如下内容：

- 在新工作中寻求一个好的开始。
- 大学与工作的比较。
- 适应专业工作。
- 工作第一年的生涯策略。
- 一个职业中心经理关于成功转型的建议。
- 向上走还是离开。
- 关于第一份工作转型的认知信息处理（CIP）的视角。

与此同时，我们还将给你提供建议，帮助你发展在第一年中解决生涯问题和进行生涯决策所必需的元认知。如果将你个人生涯理论（PCT）延伸到整个人生长度的职业生涯转型管理而超越初始职业生涯的选择，PCT将能为你提供更多帮助。最后，我们会提供一个CIP视角来看待开始新工作的过程。正如我们在第1章中所说的，“生涯”是一个不断出现问题、解决问题、制定决策的过程。当学习过第15章之后，你会更加认同这种说法。

15.1 在新工作中寻求好的开始

高校就业研究所（Render，2010－2011）询问过1 850名雇主关于大学毕业生作为新雇员应如何做才能成功地确保职位稳固，而且快速发展他们的事业。除了高水平的技能很重要，且在第11章已经讨论过了，雇主们还强调了三个方面的基本技巧和能力，其他方面的技巧被提到的较少。他们说了什么？

1. 基本技能。这个领域被回答者最频繁地提及（26%），它包括写作（拼写、语法、句子结构等），口语和视觉的交流，准备报告，清晰而简洁的总结。一些雇主表示糟糕的写作是一个“巨大”的问题，投射了个人和机构的负面形象。

2. 职业化和成熟。这个领域包括对薪水期待采取务实态度，与经理和客户相处的时候在行动上职业化，管理时间并排列优先次序，接受反馈。这个领域被24%的回答者提到。具体的评论包括很差的邮件沟通，拒绝接受反馈，缺乏主动性。

3. 社交技巧。这个领域被23%的受访者提到，包括无法进行与另一个成年人的一对一的谈话，无法进入团队工作，无法与顾客、同事和上级建立融洽关系。具体的评论包括多用更直接的人际沟通，少依赖社交媒体。

幸运的是这三个基本技能大学生都比较熟悉，而且在可以获得的范围内；不幸的是这三个领域经常被雇主作为缺陷提到。

其他被雇主提到的领域包括：工作道德（11%；工作的准备，及时，集中精力）；研究和准备（8%；了解机构的重要信息，拥有个人职业发展方向的感觉）；主动性（7%；表现出对职位的兴趣和追求机构内更高的位置）；软件技能（7%；

Excel 和 Word 技巧)；经验（6%；实习和工作开始时的培训)；领导力和项目管理（5%)；时间管理（5%，持续让其他人知晓项目截止日和完成情况)。

15.2 大学与工作的比较

大学生作为职场新人进入工作的时候，可能会体验到一些“入职冲击”，因为工作和大学环境的差别非常大。霍尔顿（Holton，2011）指出，很多学生“简直没有学会如何工作”(p. 40)。表 15—1 详尽说明了大学和职场文化的不同，老板和教授在态度和行为上的不同，以及大学和职场在学习性质上的不同。

表 15—1　　大学环境与工作环境

工作文化	校园文化
1. 更固定的时间安排。 2. 你不能缺勤。 3. 得到的反馈既无规律又很少。 4. 没有暑假，节假日也很少。 5. 很少有问题的正确答案。 6. 任务模糊、不清楚。 7. 根据团队表现进行评估。 8. 工作循环周期更长，持续数月或数年。 9. 奖励通常以主观标准和个人判断为基础。	1. 弹性时间安排。 2. 你可以逃课。 3. 得到的反馈既规律又具体。 4. 充足的假期和自由的节假日。 5. 问题总有正确答案。 6. 教学大纲提供明确的任务。 7. 分数上的个人竞争。 8. 工作循环周期短，每周班级会面 1～3 次，每学期 17 周。 9. 奖励以客观标准和优点为基础。
你的老板	**你的教授**
1. 通常对讨论不感兴趣。 2. 分派紧急的工作，交付周期很短。 3. 有时很独断，并不总是公平的。 4. 以结果（利益）为导向。	1. 鼓励讨论。 2. 规定完成任务的交付时间。 3. 被期待是公平的。 4. 以知识为导向。
学习的过程	**学习的过程**
1. 具体的问题解决和决策制定。 2. 基于工作中临时发生的事件，具体、贴近真实生活。 3. 社会化、共享型学习。	1. 抽象性、理论性的原则。 2. 正规的、结构性的和象征性的学习。 3. 个人化的学习。

这个表格还说明了一些大学毕业生可能会有一些适应第一份专业工作的问题，如在时间使用、环境结构、组织文化、长期努力的要求、更加复杂的人际关系等方面。在接下来的一节，我们将聚焦这些主题，深入更多细节，提供一些建议使得你向职场工作的转型更加容易。但是刚开始，让我们先考察一些底线现实。

15.3 适应专业工作

即使你曾经做过兼职工作、实习、暑期工作或者在某个组织做过志愿者，当你变成一个全职工作的职场人士，有一些调整还是必需的。在这一节，我们将会审视一些影响这种转变过程的事情。

15.3.1 雇主对你第一份工作的建议

密歇根州立大学高校就业研究所（CERI，2010—2011）询问了 2 300 名雇主给大学毕业生关于第一份工作的建议。招聘人员访问大学校园分享了他们的想法，我们相信这些信息对于你进入职业工作环境时的思考是重要的。下面是他们说的。

做一个 7×24 小时的学习者

回答者认为对于学生来说第一重要的是应当抓住一切机会学习和成长，把每一个任务视为新的学习经验。学生应当把自己当成可教导的，接受改变，认识到在课堂外学习需要主动性和新的方法。

搁置技术，建立人际支持

雇主认为好的人际交往技巧对于建立与同事和经理之间的关系来说是非常关键的。这意味着减少对于电子邮件、推特或者短信的依赖，花更多的时间在直接的人际互动上。一个受访者写道，“年轻人发展了对技术的极端依赖，正在逐步丧失人际沟通和人际关系能力”。

正直的行动

雇主认为学生的性格会决定他们从一开始能做得多好。诚实、与他人建立信任、尊重承诺会造就一个有价值的雇员。

在困难工作中坚持主动性

一些调查问卷中的评论包括“把每一天当成面试”“不要问公司能为你做什么，要问你可以为公司做什么”。这些调查受访者的评论反映了当代工作的一些现实，表明了展示主动性和为组织成功奉献是绝大多数案例中成功的关键。

积极，但谦逊

最后，高校就业研究所调查的受访者建议学生理解这一点，那就是他们被贴上 Y 代和“富足一代”的标签，愿意学习、提问、尽可能帮助他人等行为可以改变这种印象，关键是平衡自信和谦逊。你已经离开了学生的角色，但是你还没有真正地形成职业化的风格，原因很简单，你刚刚开始一个新的工作（Holton，2011）。

15.3.2　“上船”项目

有些雇主会把入职培训项目称为“上船”，因为它能让你尽可能长时间地待在“船”上。乔丹妮（Giordani，2009）指出，大学毕业的新员工五年内的流动率维持在 20%～23%，但如果有个好的入职导航项目，第一年的流动率可以低于 5%。你期待从类似的项目中获得什么呢？

入职导航培训

这个项目会从简单的欢迎仪式到持续数月的培训不等，能从历史、服务、任务、文化、产品、政策、程序以及介绍同事等多个角度对你进行培训。

同化期

这个“上船”项目可能持续数月或者一年，典型的包括：在组织内不同的工作岗位轮岗尝试不同的工作；经理关于新雇员的进步和期待的反馈；结构化的指导，新员工会匹配一个老员工，以获取支持和指导；社交化，包括在正常工作关系之外的社交活动、宴会、休息和交流；技术手段的使用，包括接入集体协作工作用途的机构内联网，学习文化。

15.4　适应成为一个专业人员

无数的期刊和文章都撰写过帮助大学毕业生更容易地实现从大学到就业的转变。我们把这些想法分为四个领域的调整：（1）工作文化；（2）毕业后的个人生活；（3）工作第一年的理财；（4）考量文化。在下面的部分，我们将详细阐述这些想法，这些对于下一代大学毕业生仍然非常实际和有用。

15.4.1　工作文化

有关适应工作组织文化的建议，包括提高管理时间、处理与老板和同事关系的技能，以及采取积极方式处理上司反馈的技能。

时间和日程管理

在工作中形成良好第一印象的最简单方法是保持准时。另外，保持精力充沛、准备天天早起也是很重要的。良好的时间管理技能也可能需要你付出晚上和周末的时间以便按时完成任务。还需要特别注意的是提前或准时到达单位，也不要每天一到下班时间就马上离开。

作为一个专业人员，你被期待对工作更加投入，而不仅仅是一个按时上下班的人。这意味着有些时候你可能要在一个工作上花费更长的时间。要让上司和办公助理清楚你在工作时间内都在哪里以及你什么时间会出差。日程管理还包括，在工作不满 6 个月之前，不要提出休假的请求，除非在你接受这份工作之前已经就此问题有过明确沟通。

对于新雇员来说，控制他们工作的日程安排很重要。如果你被安排了一个项目，要确定清晰的目标，并且精确地明确到谁对什么负责。为活动什么时候需要结束设定时间表，为项目撰写一个书面计划。如果你没有接受过专门的项目发展和管理、评估的培训，那就在你第一份工作的时候自己去搞定，你需要用自己的空余时间，通过自己的努力来学习。

印象管理

在工作中形象是至关重要的，比在大学中重要得多。大部分大学生将不得不开始在自己的衣着服饰上进行投资，而且这种印象在工作的第一天就开始发挥效力了。印象管理始于第一天，并且在绝大多数组织中，人们不会去冒险做有损于自己第一印象的事。“获取好印象的关键是弄明白你需要做什么才能赢得信任和尊重”（Holton，2011，p. 40）。

除了衣着打扮，还有一个重点是，保证你没有将电话或办公设备用于私人或社交活动。确定你明确知晓了办公邮件使用的政策，因为这里的错误会导致一个负面的印象。练习良好的工作场合电子方面的礼节（Langland，2011）。花时间去了解同事们希望别人在私下和公开场合如何称呼自己。因此，要弄清楚他们的头衔。另一个明智之举是，不要急于装饰你的办公桌或工作区。观察一下与你同级别的其他员工在这方面是怎么做的。再有，你可能要对各种宗教和政治符号保持敏感，小心你的招贴画和卡通图片可能冒犯同事或客户。

不仅如此，印象管理还涉及你的工作表现问题。对于一个产品来讲，形式往往先于本质被关注到。有时，同事们不会读你写的东西，除非内容的表达形式恰当得体——格式新颖、无打印或拼写错误。在工作场所，消极怠工通常是不可容忍的，即使你的同事可能不会说什么。这个和你在学校提交作业不一样，你没法重做一次或者选择再提交一份更正版。

假如你的举止不像是个新来的专业人员，反倒像是个大学生，人们就会说你“太嫩”或“乳臭未干”。你要接受一个现实，那就是你仿佛置身于玻璃鱼缸中，你的大部分行为都在众目睽睽之下一目了然，你的上司和同事一直在对你成功的潜力进行品评。你从未违规的清白记录将放大你的价值。

避免一切可能会让你的同事觉得你还像个大学生。在学校中，“不太合群”的名声或许还可以被人接受，但在工作组织中，这一点会被认为是不成熟的表现，进而限制你晋升的潜力。要清楚你的私人行为（酗酒、吸毒、抱怨工作）会对你作为员工有不良反应，并影响你的工作评估和生涯发展。这个注意事项同样适用于一切可能会反映你是个糟糕雇员的网络身份，特别是你在网上发布包含你对工作场合批评的微博、消息。

管理你的老板

从最开始，你就应该让你的老板或者你直接上司成为你生涯发展的盟友。就像霍尔顿（Holton，2011）所说，“在你第一年工作中唯一最重要的人就是你的老板”（p. 42）。自从你走上岗位的第一天，就请老板介绍一些可以在工作程序、政策或资料方面帮助你的同事，并在接下来工作时呼唤他们的名字并请求帮助。在有些设置上，你可以遵守一个正式的指南程序，然而在有些场合需要你自己学习，你需要依靠自己弄明白更多的事情。最好的规则是“有疑问的时候，就去问!”

为使你的老板满意，你应该及时高效地完成项目，行动专业、态度积极。你要给自己建立一个知道如何保守机密和忠于职守的好名声。如果你犯了错误，最好尽快告知老板，并采取必要的措施从错误中汲取教训以避免将来再犯。假如你的老板出其不意发现了你的失职或从他人处得知了你的错误，他常常会更加恼怒。

让老板满意也意味着在工作的第一年，你需要牺牲自己的周末时间来完成老板需要处理的临时性紧急任务。这种灵活性、合作性和愿意为组织作贡献的精神常会获得组织高层管理者的“生涯发展加分”。

有时，你可能会遇到一个办事不公、过分刁钻，甚至十分虚伪的上司。如果遇到一个不可理喻、极端难缠的老板，先不要急于辞掉工作。相反，最好争取晋升机会或调离到其他部门。总之，不要因为这样的老板而产生对工作的消极态度（元认知）或不良的工作表现。如果你这样表现的话，会首先给自己带来麻烦，而不是给你的老板带来麻烦。

与同事的关系

发展同伴或同事关系是适应工作的另一个重要方面。一方面，为了完成任务，你需要在团队中与同事合作。另一方面，在获得认可和晋升的问题上，你很可能与这些同事之间存在竞争。最好的建议是在人际关系的建立上不要操之过急。如我们在本章后面所讨论的，态度消极或对组织心存怨念的人可能会对你很友好，但是他们在组织内无法得到升迁。在发展长期午饭和社交活动伴侣的时候不要着急。最开始时要友善地对待每一个人，当你能判断出哪些人对自身和组织抱有积极态度并能出色完成工作之后，考虑与他们建立友谊。

不要让同事成为你的心腹知己，因为今后你可能会与之形成监督和被监督的关系，或其他类型的双重关系，这可能导致伦理问题。然而正如我们在第 10 章中讨论 Amerco 案例时所指出的，雇员倾向于与同事建立非常亲密的人际关系。这是一个很有难度的领域，需要你通过很长时间形成良好的判断。

在你证明自己之前，对于你的同事来讲，你就是一个局外人。霍尔顿（Holton，2011）建议新雇员不要急着冲过转换期，而要去拥抱新来者这个角色，愿意去付学费。你要证明你是这个新组织中的一员，而不是站在外围试图去改变它的一个人。换言之，应学习工作业务并理解组织文化（在试图改变它之前）。例如，考察一下是什么在导致一线工人的工作发生改变，以及这一改变如何影响市场。正如一位同行所指出的："只有你了解了组织是如何运作的，你才能试图改变。"

作为一个新的专业人员，你可能发现自己像个按天结算的计时工那样做着重复性的工作。你也可能要负责监管几个办公助理、销售人员或生产工人。从你工作的第一天起，尊重这些底层同事就非常重要。虽然他们中许多人确实没有学士学位，但他们可能已经在组织里工作多年了，从组织的其他管理者那里赢得了很多美誉，也曾接触过与你担任相同职位的其他专业新手。关键的一点是，你要尊重这些员工，并从他们那里了解组织的运作模式。

不要对低级任务充满怨气。鉴于大部分人都不是从高层工作开始做起的，你很有可能在工作之初主要做些"体力活儿"，包括买咖啡和午餐、跑腿儿、糊信封之类的事情。如果你是临时工或者你不具备工作所需技能，上述活动就显得更加重要了。很关键的是，你不要对这些琐事发牢骚，而要把它们视为一个了解组织和他人工作的机会。几乎每一份工作都会有些任务是无聊的或没什么意义的。这是管理个人期待和对工作的方方面面持务实态度的一部分。招募你的人向你描绘的工作浪漫可能无法与你每天的现实相匹配，特别是在刚开始的时候（Holton，2011）。

在与同事交往中，最值得称道的品质可能就是你能够倾听他人并在需要时不遗余力地给予他人关注。人们喜欢那些对自己的故事或观点真正感兴趣的人。与此同时，你也不要去强化某些人之间的过节或令自己卷入办公室的流言飞语之中。

办公室恋情

由于很多人非常紧密地在组织内工作，持续接触，而且他们经常表现出最好的一面，办公室恋情很难避免。一个研究发现超过59%的雇员报告与同事之间发生办公室恋情（vault. com，2011）。更新的一个调查显示，涉足办公室恋情及对它的态度在不同年代发生了变化（Tuggle，2012）。关于办公室恋情的危险程度，有不同的观点。

在有些案例中，办公室恋情在工作场合是破坏性的。一对情侣在生活和工作之间的模糊界限可能会导致同事之间的流言和在办公室尴尬的时刻。更大的问题是上下级之间、雇员与用户、客户之间的恋情。在前一种关系中，员工们会相信他们的同事被上司偏爱，从上司处获取了更特殊的信息。在后一种关系中，上司会质疑员工的忠诚度。

这些浪漫的关系可能威胁到你的职位，或者导致调换工作。一些年轻人会觉得如果这种关系产生问题了，他们可以辞职，但是现实中这种短时的思维可能会对以后在其他机构的工作产生长期的影响（Tuggle，2012）。所以如果这种关系可能在任何形式上影响其他组织内的雇员，那么查看公司关于员工恋情的规定并及时通知你的上司非常重要。

你的评估

你的绩效考评很可能是非正式的、持续的、模棱两可的、批评性的和非常重要的。你的老板通常是最主要的评估人，而这种评估很可能包括一些对你工作的消极评价。新员工应避免对评估过分防御，而应将这些反馈看作提升工作表现的一种挑战。重要的是要意识到，即使是非正式的评论（比如，“打电话时间很长”或“报告开头处太短”）也要注意改正。类似这样的观察和反馈常常会在管理层中被公开，日积月累将导致记忆持久而难以磨灭，所以不要给别人留下“对上级反馈不积极回应”的印象是非常重要的。

为了减少在你的评估中出现惊讶，有以下建议。

1. 留意那些有时比较细微，甚至非语言性的关于工作质量的线索：这样太晚了，这样不正确，这样不符合政策，这样很混乱。

2. 认真研读你的工作描述，搞清楚你不明白的地方，提前了解对你进行绩效考评会使用的评分表。确保你的直接上司也知道你的活动从属于人事考评表所对应的分类信息。

3. 询问你的上司和同事，如果你需要经常性的反馈应该去找谁。

4. 阅读组织关于迟到、伦理、药品、着装、工作期限、缺勤和其他方面事务的人事规定。不要因为你的行为导致玩忽职守从而违反规定。

5. 要明白考评是在社会交往的环境中进行的。因此，你老板的考评更可能是针对你这个人，而非你的工作表现。注意自己每日工作中人际接触时的个人表现。

初次考评的负面结果并不意味着一败涂地。因为组织并不愿意花费金钱和时间去招聘新人或替换员工，你仍可以赢得第二次机会，前提条件是你不要变得自我防御，并要让你的雇主知道你愿意改进自己的工作。

15.4.2　个人生活

本部分的撰写所基于的假设是“你刚刚开始自己的第一份工作，并且你还是单身”。如果你已婚或者与一个重要他人生活在一起，下面的部分内容可能与你关系不大。

有时候，在工作之外寻求建立社会人际关系是很困难的。与学生时代不同，在新的工作环境中，人们可能在年龄、背景、社会地位、兴趣爱好、归属群体方面都存在很大差异。然而，学校环境每学期、每学年都在变化，而工作场所或其他场所的变动周期却要长很多。毕业生最好在工作以外的地方寻找朋友，包括与同公寓或邻近住所的人、运动或健身活动中结识的人、宗教团体、义工活动、校友会、继续教育课程、服务型组织和专业学会中的人交朋友。

谈到有关个人生活的问题，开始新工作后的最初 6 个月是异常紧张的。你可能尚处于试用期，会犯各种错误，要学习很多东西，因而感到身心疲惫。在这种情况下，你应该学习尽可能多的减压活动，并形成一种健康的生活方式。对于有些人而言，这可能是有待调整的最重要领域之一。

15.4.3 财务管理

这部分的撰写同样是基于这样的假设，即你现在是单身并独自生活。从这个假设出发的关注点将跟你已婚或与另一个人共同理财的假设有所不同。

一些大学毕业生发现，工作第一年的理财问题是适应阶段颇具挑战性的问题。确实，大学毕业生们发现他们自己的债务不断增长，所有书都会提及大学毕业后的个人财务管理问题（Blumenthal，2009；Koblinger，2009），对于一些毕业生来说，问题源于对居住在新的社区，开始第一份工作所需要的启动资金而言，毕业生高估了自己最初薪水的购买力。对于大学毕业生很重要的是应量入为出，学会节俭。

一些报告指出，近来大学毕业生还必须向父母借钱，或在工作第一年靠借钱来接济资金短缺。哪些必须包含在第一年的预算内？我们根据生活安排、服装置备、交通、饮食、贷款、信用和储蓄来将各种预算进行分类。

生活安排

如果你一直居住在公寓中，那么你应该对于房屋租赁所需的抵押金和首付款问题有所了解。然而，作为一名新入职的工作者，你可能需要独自负担许多这样的花销。此外，你除了需要厨房用具和家庭娱乐用品之外，还需要家具和一张舒适的床。许多工作新手的问题之一就是把太多钱花在购买家具和家庭娱乐项目上，而忽视了一张舒适的床和饮食的重要性。你很有可能需要投入比大学时代更多的时间用于辛勤的工作，因此不要在那些会影响自身健康的事情上自欺欺人。另外一个可能的适应困难是宠物饲养问题，尤其是如果你的工作要求你出差，即使是短期出差。

服装置备

根据你工作的组织文化不同，你可能发现自己需要花几千美元来置办合适的行头。尽管你可能需要马上采购一些衣物，但明智之举是多花些时间慢慢选购大部分的服装。咨询那些已经在组织中成功适应的人，列出采购物品的优先顺序清单；选购质量好又耐用的物品；在采购时向经验丰富的销售人员咨询服装的潮流趋势知识。

交通

在其他预算项目都处理妥当之前，谨慎购置昂贵的汽车。对于工作第一年而言，安全、可靠的交通方式就已足够。还有很重要的一点需要记住，那就是保险、汽油费、停车费、养路费等也应纳入交通费用之中。如果选择了公共交通，那么也要将这笔费用包括在你的预算中。

饮食

作为一名受雇的专业工作者，你的饮食习惯可能与学生时代有所不同。与工作类型有关，雇员们很可能经常一同出去吃饭。吃饭对预算的影响要比学生时代大很多（没有饮食安排），可能轻而易举地让你每周的花销增加 75 美元或者更多。假如你参加一些娱乐活动，这也会影响到你的预算状况。当然如果你能将各项开支统一在一个支出账户上将会大有益处。总而言之，既然身为一名工作者，你很可能会花更多的钱在高质量的食品以及准备和储存食品方面。

贷款、信用和储蓄

最后，针对第一份工作的财务管理适应问题还涉及贷款、信用和储蓄等事宜。你在第一份工作上的收入很可能大大超过你原来挣到的任何一笔钱。这种体验确实令人愉快。然而，还是有一些现实的烦恼需要考虑。假设你每年挣 34 000 美元，或每个月挣 2 800 美元。除掉税收和工资中的各项扣减，你最终拿回家的实际收入可能每月不足 2 000 美元。工资的各项扣减包括寿险、长期失业保险、健康保险、养老保险、证券投资，经常还要包括储蓄计划，这些扣除将会减少你的净收入。在签署所有关于新工作的合同协议时，你应确保清楚自己每个月的净收入到底是多少。

关于理财问题，还有两个需要留意的方面。2/3 的大学毕业生进入就业市场时的平均负债是 25 500 美元，其中的 3 500 美元是信用卡债务（AFT on Campus，2010）。对于平均起薪为年收入 35 000 美元的人而言，这样一笔债务将会影响购房、假期、创业和信用等级。除了信用卡问题，延期支付账单、房租、物业费或透支款等费用所导致的罚金都会在无形中削减你的财务资产。

你可能需要一笔启动资金来支付押金和购买衣物。如果家庭成员无法提供援助，你可以通过自己雇主的信用联盟来寻求贷款，或使用某种通过扣除工资的机制偿付贷款。

最后，从每项支出中节省一点资金无疑是最为重要的。你可以将这个过程想成“先付钱给自己”。将一些钱存入一个有息账户中，这将为你今后的大额开销——比如购房——提供资金。很多网站（如 http：//www. finaid. org/；http：//moneymix. cuna. org/13856/easy_budget. php）和指南（Blumenthal，2009）都可以帮你提高理财 IQ。在你开始一份新工作之前，好好利用这些资源，并把长期的理财计划纳入你的生涯计划之中。

15.4.4　考量文化

在本章中，我们处处提及组织文化以及在工作第一年学习组织文化是何等重要。正如我们在第8章中所介绍的，组织文化很像一个人的人格，它代表了一个组织独一无二的、令人难忘的、持久不变的和引人注目的特征。总之，组织希望其新雇员接纳该组织的文化，适应它，并理解事情如何进行。那么作为一个新雇员，你将如何行事呢？

在工作任务上的出色表现并不必然使你的评估结果名列前茅，因为名列前茅的员工通常是那些态度积极、与同事和谐相处、对组织文化有一定了解或已经“融入其中”的人。或许了解组织文化的最有效办法是倾听和观察那些组织中经验更丰富的员工。阅读关于组织建立者的故事，收集他们的创业过程和原因的信息。留意组织的网页上哪些内容是被高度强调的。观察那些经验丰富的成功同事在言谈举止间所体现的组织的职业道德风尚，观察他们是如何利用时间的？他们如何称呼他人？他们如何着装？

克里夫顿（Clifton，2011）报告了盖洛普的调查结果，有28%的美国员工是积极投入工作的，但有53%不够投入，有19%是非常不投入的。这28%的积极投入工作的员工将会成为你最好的同事，因为他们是协作建设组织、为环境创造美好事物的人，包括带来新客户。在评估一个组织的文化时，这些人你必须要鉴别一下。

那些不够投入的员工并没有敌意，也不是想搞破坏，他们只是基本上合格，对客户、生产、安全或组织使命不太关心或者说漠不关心。那些非常不投入的员工把自己陷入了给组织制造各种麻烦的境地中，比如说偷窃、疾病、事故、旷工。这些人也许会把你拉为盟友，一起消解这个组织，所以对他们小心一点。

但是那些积极投入的人呢？你怎样辨别出他们？克里夫顿（Clifton，2011，p.104）描述了这些投入员工的12个行为或特点，列在表15—2中。你在读这12条的时候，思考一下员工和经理（代表组织的人）的行为是如何相互关联的，思考一下你可以怎样利用投入员工的这些特点来管理自己和其他人的行为。

表15—2　投入员工的12个特点

编号	特点描述
1	我知道别人对我的工作有什么期待。
2	我有正确完成工作所需的材料和工具。
3	在工作中，我每天都有机会把事情做到最好。
4	在过去的七天中，我因为工作良好，受到了承认和表扬。
5	我的主管或工作着的某个人，看起来关心我。
6	工作中有人鼓励我成长。
7	在工作中，我的观点能发挥作用。
8	我的组织的使命或目的让我觉得自己的工作重要。
9	我的同事决心从事有质量的工作。
10	我在工作中有最好的朋友。
11	在过去的六个月，工作中有人跟我说过我的进步。
12	去年我在工作中有机会学习和成长。

在第8章中，我们介绍了肖恩（Schein，1985）提出的观察组织文化的六种

具体方法，包括组织文化的常规行为、规范、主导价值观、哲学、规则以及情感或氛围。我们也提出了组织文化影响个人生涯发展和行为的几种方式。当你准备在新组织中开展一份新工作时，重读第 8 章对于你为新生活做准备尤其有帮助。

总结这一部分有关文化和适应新工作的问题，我们可以回顾一下第 1 章和第 2 章曾介绍过的霍兰德（Holland，1997）的 RIASEC 理论。你应该记得，霍兰德认为有六种职业人格和六种相应的工作环境：实用型、研究型、艺术型、社会型、企业型和常规型。我们相信，这六种类型的划分为你提供了一个有用的框架，有助于你思考自身人格和对某一特定工作环境的期待与奖励。RIASEC 六种环境类型之间的文化差异通常是很明显的，这有助于我们理解一个组织或工作团队的文化。

15.5 为工作第一年发展生涯策略

大学毕业生可能会采取一些策略来提高自己在工作第一年年终时的积极评价结果。这里是针对这些策略的一些思考和观点，这些观点来自管理专家和年轻的员工。

15.5.1 在职培训

卡利纳（Carliner，2010）报告说，2008 年美国的组织花费 562 亿美元用于培训。相比之下，1986 年的花费是 290 亿美元。这个报告显示了组织的培训费用受到所有州的经济的影响，但是即便不景气，公司也愿意花钱在学习技术上。作为一个大学毕业生，你可能认为当你参加工作，你的教育和培训就停止了，但其实没有什么会比教育更为深远。

除了由组织提供的培训，你还可以加入专业协会或商贸团体，从而与该领域的变化趋势保持同步，保持联系并获得就业机会。通过协会名录、在线资源、大部分的图书馆和职业中心，你可以找到这些信息（详见第 12 章）。

这些数据表明，作为一个刚刚参加工作的新员工，希望在培训上多花些时间的想法很重要。事实上，你应该以一种积极的态度和热情对待这些培训机会。一些权威人士认为，一个员工对组织唯一理智的期望是获得能使员工在市场上变得更具生产力和竞争力的持续训练。

15.5.2 沟通技能

在本章我们一直在建议，改善你的沟通技能很重要。表达能力的发展尤为重要，建议你参加一些特殊的演讲课程或类似国际演讲协会（Toastmasters International）这样的组织。你在面对面交流、员工会议、大型团体演示中呈现自己观点的能力将依赖于个体有效表达的能力。

改善沟通技能的另一个方面是电话。尽管你可能已经在打电话方面花费了大量的时间，但并不一定是出于专业需要。用一个事先准备好的议程表可以帮助我们把打电话的过程变得尽可能简明有效，可以先准备一个纲要，并记录下电话中的重要信息或决定，同时利用一只手表来为自己打电话计时。另外需要提到的是，你应该寻找培训机会来学习利用你办公室中的通信系统（比如停车电话、呼叫等待、会议电话、口信）。学习“办公室网络礼节”（Langland，2011），并意识到不同组织对员工的专业和个人沟通的指导和政策是非常不同的。

15.5.3 做你自己的公关顾问

出色完成工作固然重要，但如果你的工作不为人知，就不会得到认可。一个建议是你应花业余时间与人交流，让人们知道你在做什么。让他人获悉你的工作进度。和同事分享一些与工作相关的文章，但不要拿邮件或链接轰炸他们，要避免给他们造成你大多数时间都在上网的印象。自愿性地展示你的工作。在恰当的时候，通过邮件列表或电子邮件分享你的观点。邮箱列表和新群组的索引可以登录 http：//www. lsoft. com/catalist. html 和 http：//groups. google. com。及时更新你的简历，尤其是在你获得新的证书、完成重要项目或学习新的技能之后。维护和更新你的个人网页或履历表。

15.6 升职或离职

在第 14 章（见表 14—1 和表 14—2）我们列出了雇主和学生对工作的期待。这两者之间匹配的质量会带来成功的生涯转换或雇佣终止。我们会在接下来的几段中提供一些关于升职、解雇和离职的细节信息。

15.6.1 升职

加德纳（Gardner，2007）调查了一个全国范围的雇主样本，看看什么样的新雇员特征能够提升和获得组织委派的新任务。被调查者列出了大概 1 500 个积极品质，加德纳和他的同伴把这些品质分成了 7 类。

1. 具有主动性。接受一份工作所描述的责任；自我激励；志愿做一些额外工作；提出新的想法。

2. 自我管理。设定优先级；时间管理；处理变化；按时完成工作；理解工作的高级指示。

3. 个人特质。友好，可靠，耐心，灵活，可信赖，尊重多样性。

4. 承担责任。用积极的态度工作；有热情，做奉献。

5. 领导力。规划、陈述、认同共同目标；认识到发展人的需要；培养管理技能。

6. 展示和表达。用书面和口头形式，令人信服地表达观点。

7. 技术能力。掌握一个研究领域的核心知识；展示工作所需要的技能；精通一个职位。

15.6.2　被解雇

同一个调查也揭示了导致新雇员被解雇和雇佣终止的因素（Gardner，2007）。新雇员会因为表现不佳或违反工作准则、行为不当而陷入麻烦。下面列出了 7 个被提到的最多的原因，后附的百分比用来说明被调查者眼中这些不良行为是偶尔发生还是非常频繁。

1. 缺乏工作准则/投入（52%）。表现得好像这个职位是暂时的一样，直到更好的到来；缺乏工作热情。

2. 不合时宜的行为（46%）。对技术的错误使用（如入侵组织的计算机系统）。

3. 没有按照指示做（41%）。

4. 在团队工作中效率低下（41%）。

5. 没有主动性（26%）。

6. 错过了签约/截止日期（33%）。

7. 不能有效沟通（32%）。

应该指出，尽管这些行为不会导致解雇，但也会导致表现不良或某种纪律处分。不合伦理的行为以及与对技术的错误使用紧密相关的不良行为很有可能导致解雇。佩特雷卡（Petrecca，2010）报告说，在一项美国管理协会的调查中，26%的雇主因为电子邮件或网络的滥用解雇过员工。同样的行为有时候在教室里很明显，所以对学生来说，在生涯行为中克服这些弱点是很重要的。缺乏自我管理和良好的人际技巧是生涯转换问题的核心。

15.6.3　离职

之前的数据显示，人们在 20 多岁的时候，每 18 个月就会换一份工作，另有 75%这个年龄的工作者表示他们正在寻找新工作（Loeb，2007）。美国劳工部（BLS，2010）近期的一份数据表明，25～34 岁的有偿劳动者中，女性的平均任期是 3 年，男性的平均任期是 3.2 年。对很多大学毕业生来说，工作任期是不稳定的。有鉴于此，在本部分我们将简要评析你继续留在某个雇主那里工作的决定以及与这个问题相关的一些因素。

关于这一主题的文献的一般共识是，雇员应就工作中的问题达成一个解决方案，而不应该辞职。例如，员工可能会与老板进行协商，为目前的工作岗位争取更好的环境。不要在绩效评估或工作评价会议上讨论自己的计划，因为在这种情境下，老板的日程是最重要的，最好为自己的讨论安排一个专门的会议。正如我们在第14章中所说的，协商的目的是要达成一致，所以在进入这一过程之前，你需要做好充分准备。

与老板讨论辞职的决定与你们之间的关系好坏以及老板的管理风格直接相关。有些老板对于生涯变动持支持的态度，而另一些老板则相反。如果你与当前的老板关系不太好，千万不要提任何与辞职有关的事，除非你已经从另一个雇主那里获得了一份确定的书面聘用。你当前的雇主可能建议你马上离开，因为辞职被视为不忠诚的表现，他不希望让"一个烂苹果糟蹋一筐苹果"。如果你与老板的关系很好，那么可以告知他你的新聘用单位的情况，并请求他协助你完成当前的工作项目并建立任务的先后次序。总之，你同老板的关系越糟，就越要耐心等待提出辞职的时机。

一些公司，如德勤（Deloitte & Touche）（Coster，2007）已经开始聘用生涯教练作为独立的签约者来帮助雇员在组织内部而非到外面去探索其生涯发展机会。德勤称，已有23%的员工（9 700人）参与了这一过程。

不论何时，你的离去都很有可能将你的雇主置于难堪境地。各种来源的报告显示，公司需要花费相当于员工月薪30%～200%的资金才能填补离职员工造成的空缺。当然，这笔花费根据职位类型和水平的不同而不同。在高要求的领域，这笔花费可以达到这个范围的最大值。这通常要耗费数星期甚至数月的时间来填补空位，还需要在职雇员数小时的工作。

这里有一些关于离职的具体建议：(a) 至少提前两周发出通知，如果职位较高，还需提前更长时间，或根据员工手册所规定的具体时间发出通知；(b) 写一份辞职信；(c) 完成紧要的工作，并为完成其他工作提供指导；(d) 对于填补空位提供援助；(e) 搞清楚你的离职补贴有哪些；(f) 不要评论你的前雇主；(g) 与你的前老板和同事保持联系；(h) 对曾给你提供帮助的人表示感谢；(i) 尊重任何你开始工作时签署的保密协议。

底线是：要给自己留后路，特别是你还打算留在同一领域时，因为你的名誉会随着你进入下一个工作组织，而且你很有可能跟你从前的工作伙伴再次成为同事。

15.7 从生涯发展到生涯管理

在新的工作情境中，你的生涯规划的焦点将有所变化，这是由于你目前有监督者和管理者来帮助你发展和管理自己的生涯旅程。正如我们在第8章中所提到的，一套组织的生涯发展体系应该包括个体和团体的生涯咨询、评估、职位空缺通告，培训和发展，组织生涯规划，以及针对目标人群的特定项目（如转职员工、年轻员工、即将退休的工作者等)。你的早期任务之一就是研究由雇主提出的生涯发展计划，并寻找一位或多位导师来为你在这个新的工作环境下进行生涯过程管理提供建议。这个问题很重要，因此多花些时间来让其成为你的生涯发展过程中的有力帮手。

15.8 利用认知信息加工理论指导你的新工作

在本章中，我们已经了解了开展一份新的专业工作的过程以及工作第一年的情况。在下面的部分，我们将回顾一下从认知信息加工的视角如何分析这些我们已经学习过的东西。我们希望聚焦于那些已经形成的新的元认知，并将其整合进你的个人生涯理论和战略性生涯思考中。

15.8.1 自我知识

在第 2 章中，我们强调了兴趣和价值观在解决生涯问题和制定生涯决策中的重要性。同样，它们将通过你自己在新工作中表现出来的方式帮助你决定轻重缓急和自己的喜好。新工作将为你提供澄清自己兴趣和价值观的机会，证明和增进自己的工作技能。自我知识将帮助你确定你是如何适应新工作的，因为它给你提供了一个标准来决定你在工作中是否感到满意和快乐，还是要计划转到下一个工作。

15.8.2 各种选择的知识

关于职业选择的知识包括职业、特定职位和工作组织文化的各种知识。为了更有效地评价一个新的工作情境，你需要尽可能学习关于组织、老板、同事、你的第一次绩效评价方式等所有方面的知识。你可以在之后的几年中使用这些信息，你在思考自己的生涯进展时也可以使用这些信息。

15.8.3 CASVE 模型的应用

我们建议你使用基于贯穿全书的 CASVE 循环的相同因素评估你的新工作以及第一年工作。

沟通

在一个全新的工作情境中，你可能感觉自己孤独、失落、茫然无措或无所适从。其中有些困难根源于校园文化与工作文化的差异。这些感觉可能提示，你的生涯存在一些问题或者你需要作出一些决定。

另一方面，你也许对于新职位提供给你的那么多机会感到很兴奋但又不知该如何从中选择。关于新工作，你的感受很大程度上取决于你与新老板，以及/或者那些经常与你接触的新同事的关系。不论是哪种情况，建构合适的“差距”都是非常重要的。

从认知信息加工理论的角度来讲，这些差距不会仅仅存在于最初的几天或几周，而是持续发展的关于工作环境中的自我、你的感受、印象、与工作或同事关系的舒适程度的自我觉察。如果出现了不良的感受，不要否认它或认为这种不良感受会很快消失，应尝试从中学到点东西。

分析

正如在前文所讲的那样，对于你自己和你的新工作以及组织文化有清晰和全面的了解是适应新工作情境的一个关键部分。许多在学校中习得和使用的文化行为和价值观却变成了工作的阻力。分析这种差距时，你应确定工作究竟在多大程度上能满足你的技能、价值观、兴趣和你的职业目标。对这些人格特点的探讨需要考虑你与老板和同事的关系、组织文化、你的第一次绩效考评结果、行业的发展趋势、工作变动的方式和其他的环境事件。

分析也包括你对所在职位以及组织对于该职位的所有政策和规定拥有全面的认识和充分的理解。分析环节的另一个重要方面还包括你应理解如何尽可能地满足上级的期望，决定何时可以寻求帮助，并发展一套计划方案帮助自己在工作、组织乃至行业中获得提升。像我们之前提到过的，要对可能影响你对工作看法的消极认知保持觉察（如“我不知道怎么完成所有的工作”“这份签约的细节让我觉得压力过度”）。

如果你发现自己在试图分析与适应新工作相关的差距时感到困难，那就找一个值得信任的朋友作为你探索差距形成原因的知己。

综合

从评价你对新工作的选择余地的方面考虑，CASVE 循环的综合阶段是指对组织内外的各种聘用机会进行区分和具体化。在综合区分阶段，你应努力创造更多在工作或组织中可供选择的工作方式，提高你的职业生涯质量，也包括离职的可能。

你对适应新工作进行评价的过程更倾向于强调缩小选择范围，或称为综合具体化。这个过程可能包括降低你的期望、聚焦于那些你工作中最为重要的内容、满足上级领导的期望。

当你已经可以驾驭在组织中的第一份工作后，你将有可能扩充自己的职业知识，例如包括自己如何在组织中得到晋升，或者什么样的横向轮岗可以为你提供拓展工作视野或生涯发展的机会。

评估

CASVE 循环的评估阶段包括考虑每一个工作适应方案的付出和收益。这不仅是对你个人而言，还要考虑到你的重要他人、你的文化群体和你所在的社区和社会，也不仅包括你的现在，还应包括你的将来。

对于是否要适应组织文化，你是唯一的决定者。附录 L 中的就业决策制定练习提供了一种方法，来帮你就那些在个人和工作方面具有优先地位的因素进行比较和评估。

执行

一旦你决定留下来继续工作，随之就有一些与 CASVE 循环中的执行环节相关的重要步骤需要关注。第一步就是要与你的老板进行沟通，表示你愿意为组织投入并希望改进自己在组织中的工作表现。第二步包括改善你的个人表现，例如时间管理、印象管理、个人财务管理。第三步就是要与同事建立与组织文化相符的有效的、合作的关系。这将有助于你成功地管理项目和领导工作。

假如你选择离职，那么就要破釜沉舟，不再回头。不要对自己的选择反悔或犹豫不决。在你的职业生涯发展道路上，你已经在朝新的目标迈进了。

15.8.4　执行加工

执行加工是思考你如何确定问题和如何解决问题。你的目标是像一个问题解决者一样去思考，不仅思考你的具体工作任务，也思考你的生活和生涯。

当你踏上一个新的工作岗位，组织中体现出的生活现实与你的理想发生冲撞时，消极的想法往往最容易产生。你是唯一能够确定你是否足够快乐和满意地留在这个岗位的人。在这个问题上挑战自己的想法，你可以对自己说：“既然一个雇主认为我很不错并且愿意给我工作机会，那么另一个雇主说不定也会这么做。我应该在当前的工作背景中促成一些积极事件的发生。”这个过程需要你最大限度地发挥自信心并进行积极的自我对话。

适应新工作意味着你要对自己和自己的未来负责，即采取行动来创造有利于自身生涯发展的环境和条件。在此过程中，你不是一个消极观察者，而是自己生涯的积极设计者和创造者。最后，执行加工阶段中你的生涯元认知将帮助你设定自己的工作伦理和价值标准，进而在工作与其他生活角色之间建立有效的平衡，最终达到你在工作和生活中追求的卓越水平。

小　结

本章探讨了开始一份新的专业工作和确立第一年工作目标的相关问题。本章的研究发现涉及大学毕业生与工作适应、学校与工作环境之间的基本差异、当今工作生活的经济现实、适应一份新的专业工作的策略、关于离职和留职的想法以及从生涯规划向生涯管理的转变。本章还从认知信息加工的视角对于开始一份新工作和度过专业岗位的第一年的有关问题进行了总结。最后，我们补充一个与生涯发展和生涯管理相关的网站，即 http：//careers. wsj. com/。该网站包括来自《华尔街日报互动版》（*Wall Street Journal Interactive Edition*）和《美国商业就业周刊》（*National Business Employment Weekly*）的内容。

参考文献

AFT on Campus. (2012, January/February). Climbing student debt worsened by high unemployment. *AFT on Campus*, 2.

Barnett, E. (2012, February 18). Tweeting about a bad day could lose you your job. *The Telegraph*. Retrieved from http://www.telegraph.co.uk/technology/social-media/9089826/Tweeting-about-a-bad-day-could-lose-you-your-job.html

Blumenthal, K. (2009). *The Wall Street Journal. Guide to starting your financial life*. New York, NY: Three Rivers Press.

Bureau of Labor Statistics. (2010, September 14). *Employee tenure in 2010*. Retrieved from http://www.bls.gov/news.release/pdf/tenure.pdf

Carliner, S., & Bakir, I. (2010). Trends in spending on training: An analysis of the 1982 through 2008 training annual industry reports. *Performance Improvement Quarterly, 23*, 77–105.

Collegiate Employment Research Institute (2010–2011). What employers want you to know about winning in your job search. *Recruiting trends note 2010–2011:2.1*, 1–4.

Coster, H. (2007, October 15). Baby please don't go. *Forbes*, 86–87.

Gardner, P. D. (2007). Moving up or moving out of the company? Factors that influence the promoting or firing of new college hires. *CERI research brief 1-2007*. East Lansing, MI: Collegiate Employment Research Institute, Michigan State University.

Giordani, P. (2009, May). Elements of a top-notch on-boarding program. *NACE Journal*, 36–41.

Holland, J. (1997). *Making vocational choices* (3rd ed.). Odessa, FL: Psychological Assessment Resources.

Holton, E. (2011). The critical first year on the job. *Job choices for business & liberal arts students: 2012*. Retrieved from www.jobchoicesonline.com

Koblinger, B. (2009). *Get a financial life: Personal finance in your twenties and thirties*. New York, NY: Fireside.

Langland, M. (2011). Workplace e-Etiquette. *Job choices for business & liberal arts students: 2012*. Retrieved from www.jobchoicesonline.com

Loeb, M. (2007). How to make a graceful job exit. *MarketWatch*. Retrieved from http://www.cbsnews.com/stories,2007/04/25/business/printable2724936.shtml

Petrecca, L. 2010, March 17. Feel like someone's watching you? You're right. *USA Today*, 1B–2B.

Render, I. (2010–2011). What employers want you to know about winning in your first job. *Recruiting trends note 2010-2011:1*. East Lansing, MI: Collegiate Employment Research Institute, Michigan State University. Also available at http://www.ceri.msu.edu/ceri-publications

Schein, E. (1985). *Organizational culture and leadership*. San Francisco, CA: Jossey-Bass.

Tuggle, K. (2012, April 16). *Office romances on the rise among young employees*. Retrieved from http://www.foxbusiness.com/personal-finance/2012/04/18/office-romances-on-rise-among-young-employees

Vault.com. (2011, February 7). *2011 office romance survey results*. Retrieved from http://blogs.vault.com/blog/workplace-issues/2011-office-romance-survey-results

附录 A
术语表

分析（analysis） 生涯问题解决和决策制定过程（CASVE 循环）中的一个阶段，以确定生涯问题的原因及生涯问题各部分间的关系为特征；是对问题所有方面进行更充分理解的一个反思阶段。

生涯（career） 个人通过从事工作所创造的一系列有目的、延续不断的生活模式。是多种角色的结合，包括工作者、学生、父母、子女、配偶/伴侣、公民及退休者。职业是一个人生活和生涯的重要部分，但生涯同时还包括学业领域、休闲活动和家庭角色。

生涯发展（career development） 综合起来塑造我们生涯的经济、社会、心理、教育、生理和机遇因素的总和。

生涯问题（career problem） 在当前的未决定生涯状态和更理想的已决定状态之间的差距；涉及多方面内容，包括情感、信念、行为、家庭、社区、休闲和精神维度。

生涯观念（career thought） 一个人关于行为、信念、情感、规划和/或与生涯问题解决和决策制定相关的策略的心理活动（思考）的结果。

CASVE 循环（CASVE cycle） 是一个生涯问题解决和决策制定过程。在该过程中，使用一系列逻辑、推理的步骤以帮助决策制定，同时辨识情感和行为在此过程中的作用。看待 CASVE 循环的最简单办法就是把它看作人们识别并解决生涯问题的方法——如何消除“现在在哪”和“想要在哪”之间的差距。CASVE 循环包括沟通、分析、综合、评估和执行阶段。

编码（code）（也称为霍兰德码或 SDS 码） 用 1～3 个 RIASEC 字母来说明个人、职业、研究领域或休闲领域最相符合的类型。

分化性（differentiation） 人格特征描述的明确性或区分程度，一个高分化性的人在 RIASEC 的各量表之间的得分差异很大，而一个低分化性的人各量表之间的差异很小，呈现一个“扁平”的轮廓图。

双生涯家庭（dual-career family） 通常指配偶双方都拥有专业性、管理性或技术性工作，并试图同时掌控生涯和家庭关系的家庭。

企业网络（enterprise web） 具有高价值的商业企业，其工作组织具有复杂性和灵活性的特点，也可能是临时性的组织。对其最佳的理解是，将其比作一张蜘蛛网，其中的每个节点都是工作者进行信息交换的场所。

执行（execution） 是生涯问题解决和决策制定过程（CASVE 循环）中的一个阶段，以实施生涯问题解决的规划和执行步骤为特征；可能包含对解决问题的首选方案的尝试或真实性的考察。

执行加工领域（executive processing domain） 与信息加工金字塔模型的顶端相联系的认知过程。这一认知与对低一级水平的信息加工的监督、控制、调节和评价相关，包含一个人通过自我对话对自己作为一个生涯问题解决者的觉察，以及对个人解决生涯问题能力的赞赏性认知。

外部冲突（external conflict） 无法权衡一个人自我认知和来自重要他人信息的重要性，导致不愿承担决策制定的责任；是生涯观念问卷的一个量表。

六边形模型（hexagon） 一个反映霍兰德理论 RIASEC 类型、顺序和对称关系的六边形图形；也可用于表现个体类型与可选择的工作环境的匹配程度。人们可以使用个人生涯理论从个体类型及与之相匹配的工作角度去考虑生涯——例如“她在六边形中处于什么位置?”

独立签约人（independent contractors） 那些独立接待顾客并提供产品或服务的自我雇用工作者，同时以顾问或自由职业者自居。

工作（job） 在一个具体组织中，一个人或具备某种相似特征的多个人所拥有的付费职位。人们会失去或得到“工作”；组织会失去或得到“职位”。

就业运动（job campaign） 涉及求职中许多方面的思考和规划，包括确定目的和目标，寻找资源与识别潜在的雇主，明确雇主和/或工作目标，考虑可选择的工作环境和工作方式、准备信函和简历、接触雇主、与雇主进行面试、进行现场参观、保持记录系统以及从多个工作聘用机会中进行选择。

知识型工作者（knowledge workers） 知晓如何获得和运用知识与信息，从而生产出迎合市场需求的产品和服务的人，他们生产有内在价值的产品。

休闲（leisure） 相对而言，可以自主决定的无偿的活动和经历，取决于个体可自由支配的收入、时间和社会行为；这些活动可能是体力的、智力的、志愿性的、创造性的，或以上四者的结合。

邮件列表（mailing lists/listservs） 主题讨论群组，可允许订阅者群发邮件给其他订阅者；这种邮件列表可能可以自行编辑，也可能不允许编辑。

元认知或元认知技能（metacognitions or metacognitive skills） 管理我们如何思考生涯问题解决和决策的技能，也就是“对思考的思考”。前缀“元”可简单理解为“超过”或“更高级”，例如“更高层次的思维技能”。

网络礼仪（互联网礼仪）（netiquette（internet etiquette）） 以恰当的行为与专业工作者和雇主进行网上沟通，沟通方式包括讨论群组、电子邮件、网上聊天工具；针对不同形式的沟通如感谢信、询问信息或在线论坛，采取相应水平的正式方式。

新闻组（newsgroups） 将信息发布于特定中心位置以供读者浏览的主题讨论群组；在加入一个新闻群组前，应阅读常见问题解答部分。

新的社会契约（new social contract） 以员工在组织中的受训和发展机会为基础；忠诚与否在更大程度上是针对职业群体或专业，而非组织。

职业（occupation） 在不同产业或组织中相似职位的集合。

职业水平（occupational level） 一个职业与其他职业相比的声誉、地位、一般收入、教育要求或实际复杂性。

职业知识（occupational knowledge） 信息加工金字塔模型底层的知识领域之一，包括与个体职业、研究领域、受训程序和工作世界结构的信息的获得、存储与提取相关的认知。

办公室工作（office work） 服务型产业的一部分；雇用大量工作者，支付工资最高，发展速度最快，受雇于此类工作的一半以上为大学毕业生，且其收入大约占总收入的一半；包括会计师、经理、销售代表和经纪人等。

旧的社会契约（old social contract） 现在已基本过时的交易方式，如果工作者对组织忠诚并把他们的工作时间都奉献出来以生产产品或提供服务，那么组织就应维持与工作者的雇佣关系，并在他们退休后提供福利。

组织（organization） 有特定目标的机构，聚焦于一个任务，在有清晰的目标且组织中的工作者清楚地知道如何根据这个大目标给自己进行定位的情况下，其职能发挥最好。

组织文化（organizational culture） 一个稳定的且有一定发展历史的社会群体的特征，其成员在解决群体问题过程中曾共同分享许多重要经验；这些共同经历使得群体成员之间拥有共同的世界观，并在其中定位，这些共同观点曾长久成功地被运用，已经在群体内部达成共识，并在当前已经从成员的意识层面脱离出来；作为群体的一员，他们将这些共同观点奉为普遍适用的法则；“文化”可以被看作群体经验的学习产物，由具有丰富历史的群体或组织所发展。

组合（permutation） 三字母霍兰德码中的字母的不同排列顺序：RIE，IRE，IER等。

个人生涯理论（personal career theory，PCT） 对于生涯和工作的个人看法和观点，可能包括对于工作特征和环境的分类方法，以及对于教育和生涯决策、求职和生活角色的各种生涯想法。个人生涯理论薄弱可能导致生涯问题，个人生涯理论可以用六边形模型和金字塔模型来描述。

人格类型（personality pattern） 个体在兴趣和人格测验中所得分数的轮廓图，SDS，MBTI和CTI都是提供轮廓图的工具。

职位（position） 被组织中某个人执行的一系列任务；工作中反复发生或连续发生的一系列任务的一个单位；一个任务是一个工作行为的单位，有起始点和结束点，以小时而非以天来计量。

问题解决（problem solving） 思考或加工那些将导致消除未决状态与决策之间差距的行为计划的信息。换言之，问题解决就是"消除差距"，并且可以发生在我们生活中的任何方面。这一思维过程包括：（1）识别差距；（2）分析原因；（3）找到解决问题的几种方法；（4）从中选取一种方法来消除差距。因此，问题解决就是在多种可能的行动计划中作出一个选择。

轮廓图（profile） 从兴趣和人格测验或其他测验中得到的分数的模式。

信息加工金字塔（pyramid of information processing） 根据认知信息加工理论，展示三个领域的一个图形：（关于自身和职业的）知识领域在底部，决策制定技能（CASVE 循环）领域在中间，执行加工领域在上部。生涯观念在这三个层面上进行操作，负责收集、指导和控制生涯决策制定。通过一个人在金字塔模型中的位置的内容和质量可以理解他的生涯，例如："他处于 CASVE 循环的哪个阶段?""他的职业信息发展情况如何?"

重构（reframing） 改变或重述反映在一个句子或陈述中的元认知或思维的过程。例如，一个人可以通过重写句子或陈述而把消极思维的句子变成在本质上更积极的句子，从而将一个消极思维重构成一个积极的思维。

自我觉察（self-awareness） 一种从自我中分离出来的，把个体作为一个任务的完成者而进行自我知觉的状态；一种自我意识的状态。

自我知识（self-knowledge） 信息加工金字塔模型中底层的知识领域之一。包括对个人特征（例如兴趣、技能和价值观）相关信息的获得、存储与提取的认知过程。

自我对话（self-talk） 一个人与作为外部观察者的自己进行对话的言语表达。自我对话可能是鼓励性的或指责性的。例如，你可以对自己进行积极的描述，如"我是一个优秀的决策者"，或"我从不相信我可以作出对自己而言最好的决策"。

服务产业（service industry） 为个体拥有特定经历或获得特定信息而提供帮助的职业，例如飞机驾驶或接听电话。该产业既包括低收入工作者，如清洁工，也包括收入丰厚的脑外科医生、辩护律师、电影明星和会计师。

社会经济（social economy） 见"第三部门"。

战略性生涯思考（strategic career thinking） 根据愿景或使命来规划你的生涯，生涯方向的设立依赖于内部力量，例如你的兴趣、价值观和技能，也与社会的外部力量（例如全球经济、新的工作方式）有关。

亚类型（subtype） 一个由三部分组成的霍兰德码中的第二个或第三个字母。例如，如果一个人被确认为是 RI 亚类型则意味着这个人与 R 类型最相似，I 类型次之。

成功（success） 在生涯中，这是一个人的成就与满意度的标准，与个体的生活满意度有很大关系。它更多以内部因素和个人意识状态为基础，而不是那些个体很难控制的外部因素；涉及个人价值观的权衡。

综合（synthesis） 生涯问题解决和决策制定过程（CASVE 循环）中的一个阶段，以形成一个可供选择的解决生涯问题的方法清单为特征。综合的细化涉及通过头脑风暴产生大量不同的可能解决方案，而综合的具体化涉及把潜在解决问题方法缩减至3～5个最优选项，以带入 CASVE 循环的下一个评估阶段。

派遣工作（temporary work） 被作为派遣工作者雇用的（"派遣"）个体，他们一般与现任雇主相处时间不超过一年或不超过某个特定结束时间。然而，如果一个人连续受雇于某个派遣性公司，那么这个工作就是持久性的，而不是临时的或偶然的。这意味着一个人可以通过某个派遣性机构实现永久性就业。

第三部门或社会经济（third sector or social economy） 作为独立的或志愿性质的部门，与公共部门（政府）和市场部门（商业）相对而言，包括安置贫困人口、保护环境、教授阅读和建立教会的志愿者和社区组织。

类型（type） 霍兰德理论在解释环境中的行为时，使用了六种人格类型——RIASEC 和六种环境类型。没有一个人或一种环境是纯粹的、完美的某类型，但与一个类型的相似程度能帮助我们对个体或环境进行描述。

评估（valuing） 是生涯问题解决和决策制定过程（CASVE 循环）中的一个阶段，以根据什么对个人、重要他人、社区和社会而言是最好的标准对可能的解决方法进行排序为特征。尝试性的最佳选择从这一决策阶段中产生。

职业抱负（vocational aspiration） 个体期望的职业或生涯目标；类似的术语包括职业期望、工作抱负、职业梦想和工作期望；对抱负或期望进行分类可以得到个体的霍兰德码；抱负可用于测量一个人的重要兴趣。

职业历史（vocational history） 个体的职位、职业或职业抱负的工作历史，可以用于从中抽取形成其霍兰德码。

工作（work） 制造某些对自己或他人有价值的东西的活动。工作不仅仅局限于我们赚钱的活动；它也可以包括那些能为我们自己或他人制造出有价值的东西的非付费、志愿性质的活动，例如培训年轻棒球队员、带领教会唱诗班。

附录B 章节学习指南

说明：这个指南是为帮助你加工每章学习的信息所设计的。你可以复制并使用下面的表格作为你阅读每章内容时记笔记的参考。注意新的词语和概念，聚焦于你已经知道的内容和你还不确定的内容。

1. 术语/概念的定义。列出所有新的或难的概念。用你自己的语言来给新术语下定义。你是否认同当前的定义。

____

____

____

____

____

2. 作者观点。简要总结作者的主要思想。

____

____

____

____

____

3. 分析主要思想。你是否理解作者的主题和方法。对于此刻和未来，这些思想是否很重要？阅读材料中的标题和小标题是了解作者主要观点的线索。

____

4. 联结其他知识。这些观点对于你已经知道或经历过的东西而言是否有帮助？这些观点在你所学习的其他课程上是否有所涉及？

5. 应用知识。这些观点如何影响你个人？这些观点对于你的教育和生涯规划是否有意义？这些观点是否会影响到你的教育和生涯计划？

6. 评估作者的观点。作者的观点在将来是否对你有用？哪个观点有用？

7. 在你的笔记本上写下该章中你学到的最为重要的一点。

附录 C 自传撰写指南

想象一下你正在为申请工作或申请研究生的面试做准备。可以肯定的是，面试者会问及你的经历，以及这些经历如何影响了你的目标选择。自传撰写指南的目的在于帮助你为回答面试者的问题而做准备。你在这项作业上所花费的时间在将来会以多种方式得到回报。

说明

在回顾你的经历时，请集中考虑那些对你目前的生活/生涯目标有影响的方面。为此，你的自传应该包括四部分内容，小标题如下：

1. 家庭经历；
2. 教育经历；
3. 工作经历；
4. 目前的生活/生涯目标。

每个部分应该包括 250～300 个字，从一个如本页所示的小标题开始。拿出你最好的写作能力来撰写这份材料。在每个部分中不要仅罗列事实，还要分析或回顾你的经历，从而发掘其对你的生活/生涯目标的深层影响。若能在每个部分中都说明某特殊任务或者事件对你的影响则更有帮助。

只有你的老师可以读到你自传中的内容。与其他课堂材料一样，本材料在课程结束时你可以收回。一篇完整的自传大约 4～6 页长（以隔行打的打印稿为准，1 英寸页边距，12 号字，Times New Roman 字体）。

家庭经历

考虑你童年时代的经历和活动，以及这些经历和活动如何影响你的生活/生涯选择。你的家庭成员的工作角色是如何影响你的生涯想法的？你可能希望集中于你居住的环境、直系和旁系家庭成员的关系、民族传统、你的性别和家庭活动等方面。

教育经历

你可以集中写一下从幼儿园到现在的各阶段中，你最喜欢的学科或活动，或者是对你的生活/生涯产生影响的重要的老师、组织和成就。

工作经历

回想一下那些对你有影响的工作经历。注意，“工作”的概念也包括无报酬的、志愿性质的经历。你可以集中写一下与上司和同事的关系、工作组织的性质、工作的具体活动（什么是你所喜欢或不喜欢的），或者你的工作经历的变化趋势。你是否在寻找新的工作经验？

目前的生活/生涯目标

写下三个你目前的生活/生涯目标或志向。解释一下你的家庭、教育和工作经历与你的每个目标有何联系。如果你现在的教育或职业目标还不是很确定，试着规划一下未来的 5～10 年并将写作的重点集中于你想取得的成就，对你重要的东西，以及你希望别人如何看待你。

附录 D RIASEC 六边形

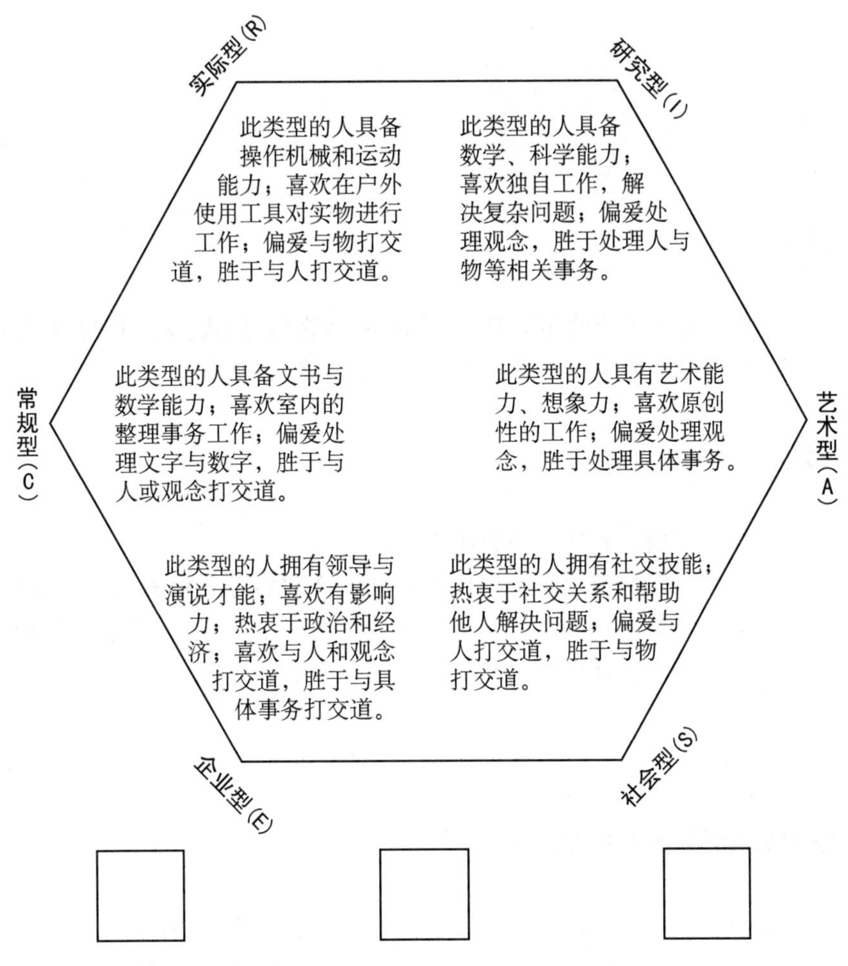

资料来源：Reproduced by special permission of the publisher，Psychological Assessment Resources，Inc.，from *Making Vocational Choices*，copyright 1973，1985，1992，1997 by PAR，Inc. Further reproduction is prohibited without permission from PAR，Inc.

附录 E 生涯领域分析

目的

本作业是为了帮助你了解关于职业和教育信息的资源，并为你提供机会去尝试一些职业或专业选择，或就某一职业进行深入的调查。

目标

1. 深入了解一种或三种职业或专业。

2. 撰写一篇研究论文，包括恰当的引文和参考文献索引，从而提高或证明个人的研究技能。（注意：个人化、主观化的写作风格并不符合本作业要求。）

3. 学习如何更加有效地利用生涯辅导中心图书馆、互联网或其他生涯信息资源。

4. 通过有效、按时地执行一项工作任务来体现自己的项目管理技能。

生涯领域分析的两种选择

1. 选择某一职业，从 16 个维度进行深入的调查。你必须采取下面所述 12 种不同的信息来源中的至少 5 种。这意味着你的参考文献至少有 5 篇。

2. 选择 3 个不同职业或专业，从 6 个维度分别对你所选择的 3 个职业/专业进行深入调查。这种选择要求你针对每种职业或专业采取下面所述的 12 种不同信息来源中的至少3项。这意味着你的参考文献至少有9篇。

过程

1. 与你的老师协商，决定对你而言研究1个还是3个职业/专业才更有帮助。

2. 确定你要研究的职业/专业名称。

3. 学习如何使用多种类型的信息资源，包括下述12种信息来源：

(1) 关于生涯领域或专业方面已出版的图书；

(2) 信息访谈（如可以提供资源的人、人际网络关系）；

(3) 雇主发布的文字资料（如年度报告、雇主的网站主页）；

(4) 计算机辅助生涯辅导系统（如Choices™ Planner，e-DISCOVER®，SIGI3）；

(5) 大学或学院的出版物；

(6) 政府文件（如美国劳工部的出版物、《职业展望手册》）；

(7) 专业学会的资料（如报告、手册或网站、公告）；

(8) 新闻报道（如新闻、新闻类杂志、《黑人大学生杂志》(*Black Collegian*)、《工作选择》(*Job Choices*)）；

(9) 职业简报（如编年史导引出版物）；

(10) 多媒体资料（如CD，DVD）；

(11) 目录信息（如商会目录、行业专业目录）；

(12) 工作公告。

4. 选择你将用于撰写职业/专业报告的信息资源类型。完成目标1时，至少选择12种信息资源中的5种；完成目标2时，对于每一个职业/专业，选择12种信息资源中的至少3种。12种信息资源的举例详见上面部分。

5. 准备一份长6～8页（不包括参考文献和目录）双倍行距打印的研究报告，采用下面提供的主题来组织你的报告。

6. 把包括在你报告中的所有事实和数据用适当的参考文献引用顺序组织起来。就是说为此你在文中使用事实和数据，你必须在之后标出资料来源。除前言和结论以外，每一主题下应至少包含一个参考引文。引用时应该采用美国心理协会（APA）的文献格式，其样例详见下文。本书采取的引文格式即为APA格式，因此，可以参考本书的参考文献部分的格式。

7. 对于研究报告的评估将根据文后所附的生涯领域分析评估表进行，其中分数的25%用于技术方面的评估，包括格式化和语法，其余的75%用于对内容进行评估，包括文本。

8. 在上交作业时，将评估表附在作业后面。

9. 不论是选择1还是选择2都应包括如下三部分内容：

a. 标题页，包括你的姓名、指导老师的姓名、研究报告的题目和日期。

b. 内容列表，包括报告中每个题目的页码；见下面为选择1和选择2所列出的题目列表。

c. 参考文献，包括在文章中对于你引用的资源的恰当标注，以及文后的参考文献列表；只有在文章中被引用的资源才可作为引文列入最后的参考文献列表中。

选择 1：用 16 个题目的小标题研究一个职业

1. 简介。针对一个职业进行简要、基本的描述，如典型的工作设置和工作种类。

2. 典型的生涯路径。描述从事该职业的个体从新手到最高职位的典型生涯路径。

3. 趋势。描述影响该职业的技术、新的组织结构、各种培训和其他管理或经济趋势。

4. 薪酬信息。提供该职业领域中不同职位的薪酬范围信息；包括新手和有经验的工作者的薪酬差别，以及薪酬的地域差异。

5. 使用的技能。描述该职业的从业者所使用的典型技能或能力。

6. 就业机构。说明哪些类型的公司会雇用该职业的从业者，涉及哪些行业，以及在这个职业中是否有自主创业的可能。

7. 多元文化方面。说明该职业是否由某一性别或种族群体掌控。

8. 就业过程。描述一下从事该职业的从业者是如何找到工作的。是否可以通过实习、志愿活动、招聘会、教授举荐、网络或其他方法找工作？

9. 典型的工作布告。回顾并描述一个该职业中典型的、让你感兴趣的工作布告。

10. 工作条件。描述物理环境、压力水平、管理类型、消费者/客户接触、工作时长、因公出差等情况。

11. 教育/培训。描述与该职业中的工作准备有关的学习专业或领域。

12. 证书/资格证。找出该职业所需要的任何证书或资格证。是否有在职培训的要求？不同的州是否有不同的要求？在你打算住的州对此有何要求？

13. 隶属关系。该职业的从业者一般情况下隶属于哪些专业组织？该组织的性质是国际、全国、地区还是本地的？

14. 前景。描述该领域目前或未来的工作机会、地域性影响以及行业变化等。

15. 对生活方式的影响。讨论一下该职业的工作会如何影响家庭角色、婚姻或休闲选择以及假期安排。

16. 结论。为你的主要发现和总结写一个简短的摘要或回顾，以此作为你的调研结果。

选择 2：使用下面 6 个小标题来研究 3 个职业/专业

1. 简介。针对一个职业或专业进行简要、基本的描述，如典型的工作方式或需修学的课程、典型的职业或教育路径。

2. 兴趣/技能要求。描述在此职业或领域工作的人的兴趣、技能或能力的典型要求。

3. 工作或学习条件。描述工作或课堂环境的物理条件；压力水平；获得督导或指导的方式；与消费者/客户/教师接触的方式；学习或工作的时长；与同事的关系；工作或学习活动的性质等。

4. 培训/教育/资格证。描述一个人为此职业或此领域的学习进行准备的途径（如在职培训）；与该职业有关的专业或学习领域；需修学的课程，包括入门条件；须持有的资格证或证书；该领域工作者所持有的专业会员身份。

5. 发展前景/薪酬。描述该职业或相关专业当前和未来的就业机会；当前和未来的薪酬；该职业或专业未来发展的地域性影响；对于从业者或学生受训经验的要求；对培训或课程变化的预测。

6. 结论。为你的主要发现和总结写一个简短的摘要或回顾，以此作为你对每一个职业和/或研究领域的调研结果。

关于参考文献的建议

对于本课程，撰写此类研究报告应避免学术欺骗或剽窃情况的出现。如果你对报告中引用的材料有任何疑问，应请教你的任课老师。

APA 格式

生涯领域分析首选的写作风格可在《美国心理学会文章发表手册》（*Publication Manual of the American Psychological Association*）（APA，2010）中找到。事实上，这一格式是从作为发表在社会科学和教育领域期刊上的文章的写作样式发展而来的。它为生涯领域分析提供了一种简单流畅的几乎是速记式的引用形式，从而避免了冗长、复杂的脚注和尾注。除生涯领域分析，这一格式还适用于其他学术和研究计划的撰写。

引用什么/注明什么

你的引文来源和你的引用情况将为读者对于你研究的质量进行评判提供依据。因此，你应在报告中注明下面所有内容的来源：

1. 直接引语；
2. 统计数字、表格、图形；
3. 来自他人而非你自己的话语或观点；
4. 对来自他人而非你自己的事实、观点的解释和重述。

如果你对是否应注明某个引文来源没有把握，那就注明它！

如何在生涯领域分析的正文中引用材料

在生涯领域分析的正文中，APA格式仅对于引文进行一定标注，给读者提供足够的线索，从而可让他们在文章结尾处的按照字母顺序排列的书目列表中找到引文的来源。这一信息通常包括：

1. 作者的姓氏（如果作者的姓名未知，则给出书目列表中文档/引文来源中的第一个单词）；

2. 发表（或访谈）的年份，如果日期不知道，就在日期的地方写"n. d."，例如：(Kenneth，n. d.)；

3. 直接引用部分所在的页码（如果有的话）。

这些信息可嵌入你文章中的语言，或者用圆括号的形式进行标注。（如果引文在圆括号内，就是附加说明格式。）本书的撰写即采用APA格式——你可以以本书为例学习如何在你的论文中进行引用。下面还将提供一些例子。[①]其目的是给你提供示范。你应使用自己所需的材料来形成自己的引文。

生涯领域分析中叙事形式的引用

1. 作者的姓氏（如果作者的姓名未知，则给出书目列表中文档/引文来源中的第一个单词）；

2. 直接引用的全部信息都放在圆括号内：

"The profession of law is becoming popular among women"（Jones，2012，p. 7）.

3. 在叙事中加入部分信息：

In reviewing the current literature，Jones（2012）concluded that "the profession of law is becoming popular among women"（p. 7）.

4. 在生涯领域分析中，大段落引用（超过40个字）应采用两空格缩进形式（注意，不要使用引号）：

Jones（2012）noted：

The profession of law is becoming popular among women. For the past ten years law schools have admitted more women each year；in a few law schools，women now outnumber men. Likewise，increasing numbers of women are being admitted to the bar in every state（pp. 7-8）.

5. 对引用材料进行转述而非直接引用，且作者名字可知。在引用不是直接

① 以下文献格式均为英文原书中的格式，未按中文引用文献格式进行调改。——译者注

引自原文的信息来源时，要列出作者和年份，不必列出引用页码。

a. 单一作者，文献信息放在圆括号内：

Women are beginning to enter law in greater numbers (Jones, 2012).

b. 作者不止一名时，引用信息放在圆括号内：

Women are beginning to enter law in greater numbers (Smith & Smith, 2012).

c. 单一作者，文献信息放在括号外：

Jones (2012) tells us that women are entering law in greater numbers.

或者：

In 2012, Jones found more women were entering law.

d. 不止一篇引文提到同一件事：

Women are beginning to enter law in greater numbers (Jones, 2005; Smith & Smith, 2005).

6. 作者姓名未知。

当无法获知作者姓名时，可在叙述正文中简单使用按字母顺序排列的参考文献的第一个单词（通常是标题），以便读者找到完整引用信息。这么做同样适用于《职业展望手册》或计算机指导系统中的引用（如Choices）。如果几个引用的第一个单词一样，应确保你能使用足够长的标题来区分它们（提示：如果两个或多个资源有相同的名字或单词开头[如生物学家（Biologist）或史密斯（Smith）]，可在日期后面使用字母，诸如a，b，c，以示区分。）

a. 引文作者未知，参考文献信息在圆括号内：

Women are beginning to enter law in greater numbers (Women, 2012b).

b. 在文章结尾的参考文献部分，像这样列出：

Women and Law. (2012b, December). *Working Women*, pp. 43-45.

7. 引用访谈内容。

如果在正文中引用访谈信息，像个人谈话一样引用。但是个人谈话不需要列入参考文献，因为它们没有提供可重获的数据。

如何在生涯领域分析的结尾引用参考文献

下面是一些具体的参考文献样例。以粗体字呈现。参考文献列表内容的顺序应以字母表顺序为准，而不是以在文中出现的顺序为准。

1. 书籍、手册、小册子。

a. 作者已知，全书引用：

Doran, G., Willis, J., & Jones, P. (2011). *Business careers in the global economy*. Dubuque, IA: Kendall Hunt Publishing.

b. 作者未知，全书引用：

Medical school admissions requirements, 2012 – 2013: United States and

Canada（2011）. Washington，DC：Assoc. of American Medical Colleges.

c. 系列出版书籍（其参考文献格式比较特别，但通常一个图书馆中这样的资源并不少见）：

Administration，business and office（Career Information Center Series，No. 1）.（2011）. Encino，CA：Glencoe.

d. 小册子或手册（注：合作作者；作者即发行者）：

National Association of Social Workers.（undated）. The point is helping people. Washington，DC：Author.

2. 图书引用类型。

Lawyer.（2012）. In *Occupational Outlook Handbook*（2012－2013 ed.，pp. 263-265）. Washington，DC：U. S. Department of Labor.

a. 多卷本，编纂性质的图书：

i. 某节的作者已知（第一卷）：

Bogart，L.（2010）. Chemical and drug industries. In W. E. Hopke（Ed.），*The encyclopedia of careers and vocational guidance*（15th ed.，Vol. I.，pp. 193-197）. Chicago：J. G. Ferguson.

ii. 某节的作者未知（第二卷）：

Flight Attendants.（2010）. In W. E. Hopke（Ed.），*The encyclopedia of careers and vocational guidance*（15th ed.，Vol. II，pp. 407-470）. Chicago：J. G. Ferguson.

3. 定期出版物（杂志、报纸、时事通讯、学术期刊）。

a. 杂志：

Thompson，P. A.，& Dalton，G. W.（2011，February）. Balancing your expectations. *Business Week* Careers，pp. 32-35.

b. 报纸：

Snelling，R. O.，Sr.，& Snelling，A. M.（2012，April 21）. New era in marketing creates greater need for professionals. *The Atlanta Journal and Constitution*，pp. 28-30.

c. 时事通讯（作者未知）：

Entrepreneurs-who are they?（2012，April）. *Career Planning & Adult Development Newsletter*，p. 5.

d. 学术期刊：

Blustein，D. L.（2005）. Decision-making styles and vocational maturity：An alternative perspective. *Journal of Vocational Behavior*，30，61-71.

4. 职业简报/传记。

Purchasing agents（Occupational Brief 167）.（2012）. Moravia，NY：Chronicle Guidance.

Wildlife Photographer（Vocational Biography D，6，4）.（2012）. Sauk Centre，MN：Vocational Biographies.

5. 计算机指导系统。

a. 具体职业信息：

Pediatrician.（2012）. *CHOICES Planner* [Computer software]. Oroville，WA：Bridges Transitions，Inc.

Market research analyst.（2012）. *SIGI*[3] [Computer software]. Tucson，AZ：Valpar International Corporation.

6. 电子媒介。

电子媒介快速更新导致经常更新参考文献风格的需求日益加强。这些更新信息可以在 www. apastyle. org/elecref. html 上找到。然而，对于其他参考文献而言，其目的是帮助读者找到作者和资料信息。电子信函（如电子邮件）可作为私人交流而引用（见下面信息访谈提示）。

a. 在线信息引用的：

American Dental Association.（2012）. *Careers in dentistry*. Retrieved from http：//www. ada. org/public/careers/index. asp.

7. 其他。

a. 报告：

National Association of Colleges and Employers.（2012，March）. *NACE salary survey*：*A study of* 2010－2012 *beginning offers*. Bethlehem，PA：Author.

b. 访谈信息（你自己进行的）：

H. P. Jones（Personal communication，February 10，2012）.

8. 丢失信息/生僻资源。

生涯资源图书馆通常尽力提供尽可能多的关于每个生涯领域的信息。有些情况下这意味着会有一些“碎片”内容或其他文件（如样件工作通知）无法找到完整的引用信息。如果这些信息是相关的，就放心大胆地引用它；只要尽力将参考文献做完整即可。例如：

Glut of lawyers.（n. d. ）.（Clipping found in a Career Center vertical file II B 211“Lawyer”.）

生涯领域分析评分标准

授课教师将以此《生涯领域分析评分表》作为评价你的论文的标准。对于生涯领域分析的最终评定将基于你的论文的内容（占75%）和形式（占25%）。生涯领域分析打分等级见下表。

字母等级	内容分	技术分	总分
A+	74～75	25	98～100
A	70～73	24	93～97
A−	68～69	23	90～92
B+	66～67	22	88～89
B	62～65	21	83～87
B−	60～61	20	80～82
C+	58～59	19	78～79
C	55～57	18	73～77
C−	53～54	17	70～72
D+	51～52	16	68～69
D	47～50	15	63～67
D−	45～46	14	60～62

关于 APA 格式手册，可参见 http：//www. apastyle. org/manual/index. aspx。

参考文献

American Psychological Association. (2010). *Publication manual* (6th ed.). Washington, DC: Author.

姓名：______________________________　日期：______________________________

生涯领域分析（CFA）工作单

选项 1：研究一个职业/专业领域

选择所研究的职业/专业领域：______________________________

写出**至少 5 种**使用过的信息资源：

1. ______________________________
2. ______________________________
3. ______________________________
4. ______________________________
5. ______________________________

其他可能获得信息的资源：

1. ______________________________
2. ______________________________
3. ______________________________
4. ______________________________
5. ______________________________
6. ______________________________

姓名：______________________　日期：______________________

生涯领域分析（CFA）工作单

选项 2：研究 3 个职业/专业领域

研究的**第一个**职业/专业领域：______________________

写出**至少 3 种**使用过的信息资源：

1. ______________________

2. ______________________

3. ______________________

4. ______________________

研究的**第二个**职业/专业领域：______________________

写出**至少 3 种**使用过的信息资源：

1. ______________________

2. ______________________

3. ______________________

4. ______________________

研究的**第三个**职业/专业领域：______________________

写出**至少 3 种**使用过的信息资源：

1. ______________________

2. ______________________

3. ______________________

4. ______________________

其他可能获得信息的资源：

____

学生姓名：____________　上交日期：____________

分数：____________　等级：____________

生涯领域分析评估表

技术方面（25%）

- 内容列表____________
- 结论部分____________
- 参考文献____________
- 论文装订、页码编排____________
- 语法、拼写、标点符号、文字录入____________
- 按时递交____________
- 附有评估表____________

内容方面（75%）

- 引用不同文献类型的正确数____________
- 所用标题的正确数____________
- 引用内容的适切性____________
- 覆盖的深度____________
- 叙述内容的完整性____________
- 内容的质量（新颖性、适当性）____________

教师意见：

____

____

____

____

附录 F
良好决策制定指南

注：CASVE 循环（见图 4—2）显示了生涯决策的制定步骤。

知道自己需要作一个选择

事件——发生在我身上的事：

　　“我需要在下学期之前选择一个专业。”

来自朋友和亲人的意见：

　　“我的室友说如果我不尽快作决定的话必将陷入麻烦之中。”

我的感受：

　　“我很害怕为自己作出承诺。”

回避我的问题：

　　“我下周再开始。”

身体问题：

　　“我觉得很心烦，我吃不下东西。”

了解我自己和我的选择

了解我自己，例如：

　　我的价值观、我的兴趣、我的能力。

了解职业、学习项目或工作：

　　了解具体的职业、学习项目或工作。

了解具体的职业、学习项目或工作是怎么组织的。

了解我是如何作出重要决策的；了解我如何对待我自己的决策：

自我对话。

自我觉察。

对于自我对话的觉察和控制。

扩大或缩小自己的职业、学习项目或者工作选择列表

找出适合自己的价值观、兴趣和技能的职业、学习项目或者工作。

通过从“了解我自己和我的选择”一栏中学到的方法选出 3～5 种职业、学习项目或工作。

选择一个职业、学习项目或工作

每个职业、学习项目或工作对于以下方面的付出和收益：

我自己

我的家庭

我的文化群体

我的社区或社会

对职业、学习项目或工作进行等级排序。

作出选择

作出后备选择，以防首要选择出问题。

执行我的选择。

计划——作出获得教育或培训的计划。

尝试——获得工作经验（全职、兼职或志愿工作）并通过修学课程或培训来检验自己的选择。

申请——提出申请并获得工作。

知道我作出了恰当的选择。

事情是否发生了变化？

我的朋友和亲人对于我的选择作何反应？

我现在感受如何？

我是否在逃避我应该做的事？

附录 G
个人行动计划指南

将你的决定分解成一个个具体的步骤可以使生涯决策的过程更加可控。你的小组领导会帮助你发展你的行动计划。参考下一页“简”的个人行动计划，依此模板做一个你的行动计划。用铅笔填写后面的空白个人行动计划，并为你与教师的讨论做准备。你可按下面步骤进行：

1. 在个人行动计划表格的上端填写你的姓名和日期。

2. 在空格处写下你的决策目标。如：

- 选择一个学校专业或找一个与我的专业对口的工作。

3. 在第一列，写出任何你能想到帮你达到目标的行动，如：

- 了解物理治疗师行业的入职要求；
- 与我所关心领域的专业从业者交谈；
- 定位可能的工作机会。

4. 在第二列中，列出所有在你完成每个活动中所需要的人或信息资源，如：

- 关于物理治疗师的职位描述；
- 能帮助我找到潜在工作机会的人。

5. 回顾你写下的活动，在第三列中写出你最先打算做哪件事，其次做什么，然后做什么，依此类推。注意，你在一个活动中所获得的信息可能会在下一个活动中用到。比如，在你填写工作申请或发送简历和求职信之前，你需要先了解有哪些工作机会。

6. 在第四列，写下你打算完成这一活动的期限。这一步可以让你的计划更加具体。

7. 当你完成计划中的某一活动时，在第五列打上“√”。这样可以给你的进步提供反馈。

个人行动计划（IAP）模板

姓名 简 日期 2012年6月7日

目标 选择一个可以让我获得好成绩并找到好工作的大学专业

有助于我达到目标的行动	可以求助的人或信息资源	活动次序	日期	活动完成情况（打“✓”）
与咨询师交谈	玛丽琳·阿比	1	6月 7月	
学习如何更好地作决策	玛丽琳·阿比	2	7月2日	
完成决策制定	生涯课教材	9	7月	
找出可能的专业	计算机辅助系统，教育机会搜索	3	7月8日	
了解可能的专业	专业系统指南	4	7月10日	
了解职业	生涯辅导系统和生涯图书馆资源	5	7月8日	
与从业者交谈	生涯辅导中心在线网络	6	7月15日— 7月19日	
与特定专业的辅导教师交流	奥尔特兹博士 楚博士	7 8	7月22日 7月29日	
完成转专业表格	本科生办公室	10	8月26日之前	

个人行动计划（IAP）

姓名 ________________ 日期 ________________

目标 ________________________________

有助于我达到目标的行动	可以求助的人或信息资源	活动次序	日期	活动完成情况（打“✓”）

附录 H 改善生涯观念的练习

说明：下页中呈现了摘自生涯观念问卷（CTI）中 4 个消极的生涯观念以及相应的重新表述，使之变成对应的积极说法。

检查你的生涯观念问卷结果，并标出你选择“同意”或“非常同意”的项目。在“原来的生涯观念”一列中依次写下这些项目，你可能希望增加一些细节以使之变得更加相关、更加个人化，如使用某个人的名字。

依照下面的问题来检视你“原来的”生涯观念。

1. 这个观念的证据是什么？完全客观地看你的生活经历，有什么证据表明这是真的？

2. 这个观念对你是否一直适用或对你来说一直是真的？

3. 这个观念全面吗？是否考虑到了积极和消极两个方面的结果？

4. 这个观念是否有利于你的身心健康？

5. 是你自己选择的这个观念，还是由于你的家庭成长经历导致你产生了这个观念？

原来的这个想法现在看起来是否还那么合理可信？这些旧想法是否帮你做出了正确的选择？如果你现在认为旧观念无法帮助你投入到有效的生涯问题解决或决策中，那么就在“新的生涯观念”一列中将这些观念改为更加积极的表述。

你可能会发现使用练习工作单中的空白来重构其他影响你有效进行生涯规划的消极生涯观念会很有用。

《生涯观念问卷工作手册》提供了丰富的材料来帮你重构在生涯问题解决和决策制定中许多重要的观念。如果使用工作手册能够帮助你在生涯规划中取得成功的话，你的老师会协助你使用这一手册。

改善生涯观念练习工作单：举例[①]

题目 6	原来的生涯观念	新的生涯观念
	我父母的观点让专业选择更为困难。	我知道我的父母希望我取得成功。我会跟他们讨论这个问题的，但我还是需要仔细思考并作出一个好的决策。

题目 8	原来的生涯观念	新的生涯观念
	当我需要做决定时，我如此担忧，乃至根本无法思考。	面对如此重要的决定，感觉担忧是很正常的，与其陷入僵局，不如利用所有可能的帮助来作一个好的决策。

题目 16	原来的生涯观念	新的生涯观念
	在此之前，我为选择一个好专业已经尝试了三次，但我依旧无法作出一个好的决定。	我可以学习作出更好的选择，认为自己很失败只会阻碍我。坐以待毙也不会对我有任何好处。可以找到对我有帮助的方法。

题目 19	原来的生涯观念	新的生涯观念
	如果我再次换专业，我会感觉自己非常失败。	如果我的决策是基于充分的信息而作出的，那么我完全可以改变想法。我曾作过一些糟糕的决策，但我不是一个糟糕的人。

① Adapted and reproduced by special permission of the Publisher，Psychological Assessment Resources，Inc.，16204 N. Fl. Ave.，Lutz，FFL 33549，from the Career Thoughts Inventory by Sampson，Peterson，Lenz，Reardon，and Saunders，Copyright 1994，1996 by PAR，Inc. Further reproduction is prohibited without permission from PAR，Inc.

改善生涯观念练习工作单[①]

<table>
<tr><td rowspan="2">题目号</td><th>原来的生涯观念</th><th>新的生涯观念</th></tr>
<tr><td></td><td></td></tr>
<tr><td colspan="2"></td><td></td></tr>
<tr><td colspan="2"></td><td></td></tr>
<tr><td colspan="2"></td><td></td></tr>
<tr><td colspan="2"></td><td></td></tr>
</table>

<table>
<tr><td rowspan="2">题目号</td><th>原来的生涯观念</th><th>新的生涯观念</th></tr>
<tr><td></td><td></td></tr>
<tr><td colspan="2"></td><td></td></tr>
<tr><td colspan="2"></td><td></td></tr>
<tr><td colspan="2"></td><td></td></tr>
<tr><td colspan="2"></td><td></td></tr>
</table>

<table>
<tr><td rowspan="2">题目号</td><th>原来的生涯观念</th><th>新的生涯观念</th></tr>
<tr><td></td><td></td></tr>
<tr><td colspan="2"></td><td></td></tr>
<tr><td colspan="2"></td><td></td></tr>
<tr><td colspan="2"></td><td></td></tr>
<tr><td colspan="2"></td><td></td></tr>
</table>

<table>
<tr><td rowspan="2">题目号</td><th>原来的生涯观念</th><th>新的生涯观念</th></tr>
<tr><td></td><td></td></tr>
<tr><td colspan="2"></td><td></td></tr>
<tr><td colspan="2"></td><td></td></tr>
<tr><td colspan="2"></td><td></td></tr>
<tr><td colspan="2"></td><td></td></tr>
</table>

附录 I
信息访谈作业

说明：这个作业要求你同那些在你的教育和生涯规划领域有相应知识并能帮助你的人进行两次信息访谈。请回顾第 13 章中关于信息访谈的内容，并在完成作业之前注意以下内容。

一些组织对于员工参与信息访谈有限制性政策。如果你说明这是课堂作业一部分的话，可能会更容易见到被访者。下面是一些有助于你安排和进行信息访谈的小窍门：

- 通过朋友、家人、前任雇主以及就业指导中心的员工来确定访谈对象。
- 研究你的受访者所在的生涯领域或行业。
- 准备好问题列表（以第 13 章中的样例问题作为出发点）。
- 通过电话或电子邮件与受访者约定时间。
- 穿着得体并尊重受访者的时间。
- 让受访者推荐一些其他的合适的信息访谈联系人。
- 访谈之后写一封感谢信，如果可以的话，附上自己的求职信和一份简历。

很多雇主将信息访谈看作一次专业会面。一些准备充分的学生曾在信息访谈中给受访者留下了深刻的印象，甚至导致受访者邀请那些学生递交实习或工作申请。

为了完成这个课堂作业，请对每次面谈写一份简短的打印版书面报告，应包括如下信息：

1. 受访者姓名。
2. 职务头衔。
3. 组织类型。

4. 面谈日期。

5. 面谈内容简单总结（一段）。

6. 对于访谈的个人感受（一段；例如对于你的所见所闻，是否有什么让你感觉惊讶的地方）。

附录 J
战略性学业/生涯规划项目

说明： 这个项目是本课程中最重要的活动。其目的在于帮助你整合你在本课程中学习到的全部内容。你应该利用你所完成的全部论文或报告来准备这篇论文。将这个项目作为对于本课程的“开卷的、具备家庭作业性质的和渐进性的期末考试”。整个项目可包含上百个观点。

具体要求

1. 使用 CASVE 循环的各个阶段（见下面内容）作为大标题建构你的论文。为了表述更为清晰，你可以选择其他的子标题。在每一节中使用问题来引出你的讨论。在开始撰写之前，请阅读下面 6 节的材料，并在准备论文的过程中再次引用它们。

2. 如果你依旧不能确定自己的学业或生涯规划，那么与你的授课老师、辅导老师或咨询师讨论你的情况，并具体写下整个学业/生涯决策过程以及你打算利用的资源，并使用 CASVE 模型。

3. 这是一篇正式的论文，因此应遵循恰当的学术格式。论文应打印，并且配有封面和内容目录。应该正确引用你所参考的资料，并列出参考文献列表。在论文的左上角装订，不要使用活页封面。如果你做到了以上几点，那么你的论文将至少有 6 页打印内容了。

总结

记住，本项目的目的是帮助你整合所学到的关于你自身和学业与生涯选择的信息，并利用这些信息形成自己的生涯规划。这篇论文应能够代表你的学术工作和生涯思考的最高水平。如果你有任何疑问或被卡在某一环节了，向你的老师求教。

战略性学业/生涯规划项目纲要

封面
内容目录（包括下面每个主题的页码）
正文：
1. 沟通
2. 分析
3. 综合
4. 评估
5. 执行
6. 沟通
评分表
你的论文和内容目录应包括如下 6 个部分：

1. 沟通

a. 在上课之初，是什么原因促使你开始进行学业/生涯问题解决和决策制定过程的？当时你的处境和你期望自己所达到的处境之间的差距何在？（例如："我上这门课，仅仅是因为它没有数学要求，除此以外一无所知"或者"当我还是孩子的时候，我就很想成为一名医生，但自从接触生物和化学课程后，我发现在这些课程上我的表现并不好，很难进入医学院校。我想知道什么样的生涯可能更适合我"。）

b. 你体验到了哪些内部的（感觉、情绪和灵感）和外部的（父母、大学、新闻报道、年级、催促你选择专业的信函）线索，让你发现自己需要缩小实际情境和理想状态之间的差距？（例如："我刚刚意识到我在春季就要毕业了，而对于毕业后做什么工作我还毫无头绪。父亲一直在询问我有何计划，而我的朋友们也都找到工作远走他乡了。这让我既紧张又焦虑。"）

c. 你曾经期望从此课程中学到什么？（例如："我想发现自己真正喜欢做哪行"或"我想选择一个专业"。）你的学习目标是什么？

2. 分析

a. 在这门课中，你学到了哪些关于自己的知识对于你进行学业和/或生涯决策是十分重要的？检视你的价值观、兴趣、技能和人生经验。可以参考本书第 I 篇中曾做过的作业（SDS、自传、计算机测验结果、技能练习等），它们可帮助你完成"分析"这一主题。

b. 你对"工作世界"的哪些了解将会影响你的决策？广义而言，哪些职业或专业似乎是最具吸引力的？同样，你了解了哪些组织、哪种活动、什么样的规划方案？

c. 对于你的决策过程，你学到的哪些知识与此相关？总体而言，你处于CASVE循环的哪一个或哪几个环节？你有哪些证据支持这一说法？对于CTI的发现是否可应用于解决你的决策困扰？承诺焦虑？外部冲突？

3. 综合

a. 你已经（或打算）采取哪些行动来为自己创造可能的教育和职业机会？这可能包括从他人、媒介及生涯服务中心的信息（计算机、问卷与书籍）处征询意见。请列出具体的资源和活动。

b. 找出3～5个你已经或打算考虑的教育或生涯选择。在将选择缩减至3～5个的过程中，你去掉了哪些选择？

4. 评估

a. 哪些因素曾经/现在/将要在你做出决策的过程中产生重要影响？是什么因素导致这一决策成为一个好的或坏的决策？这可能涉及你的内在因素（兴趣、价值观）、实际因素（你现在的准备可以帮助你进入实践领域或专业），或与他人有关的因素（我的父母愿意为我从事这一专业提供经济支持，我的朋友在丹佛工作，我想离他们近一些）。

b. 对于每一种选择，你自己、你的重要他人和你的社会有哪些付出和回报？相对于你自己和他人能获得的潜在利益，每一种选择要付出的努力和代价如何？

c. 基于这些问题和你对这些问题的回答，对于综合阶段所得的选项进行优先性排列（排序）。

5. 执行

a. 你需要做些什么来实现你的第一选择？尽可能详细：一步一步地列出你的计划（标记出步骤亦可）。你将与谁探讨？你将去哪里？你将实施哪些新的行为？你将利用哪些资源？你将如何实现自己看重的选择？这是计划性策略。可能既包括教育，也包括职业和就业活动。应该包括一个有时间框架的步骤。

b. 你估计实现这些目标需要花费多少精力？

6. 沟通

a. 在你的教育和/或生涯决策过程中，你处于什么位置？这一年你想成为什么样的人？通过思考你现在的处境和你愿意在不久或久远的将来想要达到的状态，你可以更好地理解和计划下一步需进行的决策。

b. 对于你的学业和/或生涯现状，你有何感受？有哪些内在的和/或外在的线索告诉你现状是这样的？你感觉满意吗？

c. 你接下来需要解决的问题或事情是什么？如果你现在感觉比较满意，那么你认为下一步可能出现的问题是什么？（例如：“我对于专业感觉很满意，现在该开始积累一些相关领域的经验了。”）如果你对现状感觉不够满意，你需要聚焦于什么问题？

注意：请记得将下页的评估表附在论文最后。

战略性学业/生涯规划项目评估表

姓名________________________　交付日期____________________________

分数________________________　年级________________________________

技术方面（25%）：

是否准时：____

参考文献情况（如果有需要）：____________________________

语法、拼写、标点：________________________________

可读性（整洁、格式规范）：______________________________

封面、内容目录：__________________________________

CASVE 标题的使用：________________________________

长度适中：____

边距适宜、有页码标注：____________________________

附有评估表：______________________________________

内容方面（75%）

论文体现了对 CASVE 循环的理解：__________________________

论文体现了应用 CASVE 到解决学生实际问题的能力：______________

陈述中强调了对班级活动/生涯中心资源的利用：_________________

叙述中说明了激励性问题：__________________________________

叙述中体现了对课堂知识的整合：_____________________________

总体评价：

____

____

____

附录 K 简历评估工作单

标准	评价
1. **标题**：名字、地址、电话号码是否放在了首页的开头？下一页是否也有名字？地址是不是暂时的？有效期多长？电子邮箱是什么(可自由选择)？	
2. **目标**：你的生涯目标是否清晰明确？是否强调了招聘启事要求的领域？是否体现了他们所希望具备的基本水平？是否表述清晰、言简意赅？	
3. **整体印象**：简历看起来是否专业？你是否愿意阅读？思路顺畅吗？拼写、语法、标点是否正确？	
4. **排版**：关键内容是否醒目？凌乱吗？是否使用了页边、空白、标题、加粗、大写字母、下划线等？	
5. **组织**：关键信息是否能突出你的技能、能力和成就？是否强调了合理的类别？是否突出细节？是否避免了不必要的标题？顺序是否从强到弱？格式是否一致？	

续前表

标准	评价
6. **行动导向**：是否以积极的动词作为句子开头？是否避免了介绍性词语？是否以结果为导向？是否避免了夸张和晦涩的形容词？	
7. **简洁**：是否适用了简短、清晰的书面语言？是否避免了使用完整的句子？是否使用了总结性的陈述？是否罗列了各项成就？	
8. **相关性**：是否删除了外部材料？是否聚焦于与经历有关的具体信息？是否提供了事实？是否避免了过分概括？	
9. **争议性**：简历是否提出了比它所能回答的更多的问题？是否避免了涉及有争议的活动或价值观？	
10. **底线**：简历在多大程度上呈现了有关申请人素质的积极方面，从而可以使申请人获得一次面试机会？	
11. **其他事项**：	

附录 L

就业决策案例研究

苏西的档案

苏西，22 岁，是大四学生，即将从州立大学获得学士学位。她主修心理学，辅修工商管理。她在该州农牧区的一个小镇长大。之所以选择该州立大学，是因为该校的心理学专业很有名气，而且离家很近。

苏西已经表现出在助人方面的兴趣。大二的时候她就是一个电话危机咨询的志愿者。在大四这一年，她在当地社区精神卫生机构实习，帮助那些刚从酒精依赖中恢复过来的人。在帮助一名患者度过一个艰难时期的过程中，苏西收获了极大的满足感。她也很乐于帮助他人学习新的技能。她很喜欢由来访者带来的持续的多样性和挑战。一旦证明了帮助他人的能力，她就有了独立工作的自由，而这正是她所看重的。苏西喜欢同事之间家人般的氛围。

在暑假期间，她在一家小型出版公司做主管的行政助理。她很喜欢商务领域的快节奏生活以及丰厚的薪酬。她希望找到一份工作，既可以让她有机会帮助他人、管理他人的工作，同时又可以提供不错的收入使她享受更好的生活。苏西目前有两份选择（见下文的描述），她应选择哪个？

苏西已经找出了下面八项因素用来考虑她的就业生涯决策（见第 14 章列出的 46 个因素）。鉴于在苏西的心目中它们的重要性，你将如何给这些因素打分？例如，有些重要，重要，非常重要。

1. 独立性；

2. 助人机会；
3. 多样性；
4. 晋升机会；
5. 与雇主关系融洽；
6. 出差要求；
7. 离家近；
8. 工资或收入（现在的）。

评估苏西和两份工作选择之间的匹配程度

苏西收到了两份工作录用通知，但要她从中选择一个有点困难。看一下下面这些信息，评估哪一份工作会和苏西考虑的八项因素形成最佳匹配。用这些等级评价苏西和录用通知的匹配程度：

0＝毫不匹配；1＝匹配性差；2＝有点匹配；3＝高度匹配。

聘用意向一

苏西所在的实习机构已经为她提供了一份全职工作，她还可以在所实习的单位暂住。单位可提供宿舍和三餐。她的工作头衔是心理卫生技术员。起薪30 000美元，一年之后可升至32 000美元。如果她愿意继续深造硕士学位的话，单位可报销学费并提供假期。她将成为一个5人非专业支持小组的成员之一。长时间工作和较低收入导致的士气低下致使人员的流动性很高。如果努力工作，两到三年内有可能被提升为指导者的职位。一些心理学界的朋友和老师都告诉她，这是一个绝佳的入门机会，可以在非常广阔的领域积累心理健康相关的技能和经验。

聘用意向二

苏西还获得了在杰克逊维尔的一家新型电信公司人事部培训与发展处提供的一份新员工培训师的职位。对于苏西而言，人事工作一向令她兴奋异常。给她提供的起薪是40 000美元。公司要求她研究如何教会其他人新技能，以及如何开发书面和多媒体材料来辅助培训工作。她的上司希望所有的决策都要由他过目。这份工作要求她评估所有受训新员工的进步程度，并解雇那些无法满足最低工作标准的员工。在不太忙的时候，要求她协助职员提高文书工作的质量。她的一个朋友在这个组织工作。她告诉苏西福利待遇很不错，但调动和晋升机会很少。但是两年之后苏西将有机会参与公司的管理培训计划项目。苏西已经听说公司正在积极筛选女性参与到这个项目中。

下一页是一份评估聘用意向表。

说明：将苏西选择的八项工作因素名称填在左侧一栏的空白处。将备选工作的名字填在第一行其余几栏中。

使用下面的数字来权衡你认为每一项因素对于苏西的重要性，并将赋值分数填在左侧一栏的（　）内（即包括因素和权重）：

1——有些重要

2——重要

3——非常重要

使用下面的数字，在余下的栏目内，在（　）内为每个工作匹配苏西对各因素要求的匹配程度打分：

0——毫不匹配

1——匹配性差

2——有些匹配

3——非常匹配

将每一因素的权重与每一工作满足该因素的程度相乘，并将最终得分记录在最下面一行。苏西应该选择哪份工作？

因素&（权重）	工作一：技术员（　）	工作二：培训师（　）
（　）	×（　）=	×（　）=
（　）	×（　）=	×（　）=
（　）	×（　）=	×（　）=
（　）	×（　）=	×（　）=
（　）	×（　）=	×（　）=
（　）	×（　）=	×（　）=
（　）	×（　）=	×（　）=
（　）	×（　）=	×（　）=
总计		

附录 M 计算机/网络系统反馈表

计算机/网站系统反馈表（表一）

姓名：__________________________ 日期：__________________________

使用的系统：____________________ 使用日期：____________________

你觉得该系统有多大帮助？

你喜欢该系统的哪些方面？

你不喜欢该系统的哪些方面？

该系统建议的哪些职业或生涯领域是你想进一步调查研究的？

该系统的建议与你对自我和职业的想法一致吗？为什么？

使用该系统，你学到的最重要东西是什么？

计算机/网站系统反馈表（表二）

姓名：____________________ 日期：____________________

使用的系统：________________ 使用日期：________________

你觉得该系统有多大帮助？

你喜欢该系统的哪些方面？

你不喜欢该系统的哪些方面？

该系统建议的哪些职业或生涯领域是你想进一步调查研究的？

该系统的建议与你对自我和职业的想法一致吗？为什么？

使用该系统，你学到的最重要东西是什么？

译后记

《职业生涯发展与规划》一书是美国佛罗里达州立大学生涯中心的四位教授多年工作的结晶。四位作者既是咨询心理学专业的教授，也是生涯中心的实务工作者。他们分工不同，生涯认知加工理论是他们合作的成果。他们合作撰写的教材既有理论框架，又有实践操作方法，便于授课教师使用，更有利于学生掌握相应的知识与技能用于实际工作。

该书第1版引入中国是在2004年，第1版的中文版出版于2005年。转眼间11年过去了，本书为第4版的中文版。11年间，《职业生涯发展与规划》经过了3次修订，作者始终关注生涯领域的最新研究，在每一次修订中都会增加新内容，特别是有关劳动力市场和全球化的部分，每一版都有最新信息补充。翻译每一版对我而言都是新的学习。

在过去的这11年间，中国的生涯发展领域发生了翻天覆地的变化。我作为一名专业工作者见证了这一发展过程。生涯不再是一个陌生的概念，而是变成了一个流行的词汇。不仅大学设有生涯发展课程，中学也陆续开设了生涯发展选修课。各种与生涯发展有关的创业公司应运而生。不少在这个领域工作的人，特别是从事高校教学的教师，都是这本教材前三版的读者。尽管国内近年来也出版了各式各样的生涯教材，但是相对本书的作者而言，国内学者尚缺乏生涯发展的系统研究和相应的本土化理论，也少有像本书中专门为教师和学生提供的教学参考资料。因此本书现在依然具有其特有的蓬勃生命力。

参与前三版翻译的很多研究生都已经毕业并进入专业领域工作，在此一并向他们表示感谢。本版本的翻译工作主要参考了第3版的内容，我指导的在读研究生曹莹、宓轶倩做了大量工作，朱佳佳、田晓鹏、王丹妮、徐梦飞、肖义涛、张鑫也在本书的翻译过程中给予了一定帮助。

由于时间仓促，水平有限，翻译中的问题和错误在所难免，敬请读者赐教。

侯志瑾

图书在版编目（CIP）数据

职业生涯发展与规划：第 4 版/里尔登等著；侯志瑾等译．—北京：中国人民大学出版社，2016.4
（工商管理经典译丛）
ISBN 978-7-300-22755-9

Ⅰ.①职… Ⅱ.①里…②侯… Ⅲ.①职业选择 Ⅳ.①C913.2

中国版本图书馆 CIP 数据核字（2016）第 073024 号

工商管理经典译丛

职业生涯发展与规划（第 4 版）

罗伯特·里尔登
珍妮特·伦兹
加里·彼得森
小詹姆斯·桑普森 著
侯志瑾 等 译

Zhiye Shengya Fazhan yu Guihua

出版发行	中国人民大学出版社		
社　　址	北京中关村大街 31 号	**邮政编码**	100080
电　　话	010－62511242（总编室）		010－62511770（质管部）
	010－82501766（邮购部）		010－62514148（门市部）
	010－62515195（发行公司）		010－62515275（盗版举报）
网　　址	http：//www.crup.com.cn		
经　　销	新华书店		
印　　刷	北京七色印务有限公司		
开　　本	787 mm×1092 mm　1/16	**版　　次**	2016 年 4 月第 1 版
印　　张	22 插页 2	**印　　次**	2026 年 1 月第 13 次印刷
字　　数	451 000	**定　　价**	52.00 元

中国人民大学出版社　管理分社

教师教学服务说明

中国人民大学出版社管理分社以出版工商管理和公共管理类精品图书为宗旨。为更好地服务一线教师，我们着力建设了一批数字化、立体化的网络教学资源。教师可以通过以下方式获得免费下载教学资源的权限：

★ 在中国人民大学出版社网站 www.crup.com.cn 进行注册，注册后进入“会员中心”，在左侧点击“我的教师认证”，填写相关信息，提交后等待审核。我们将在一个工作日内为您开通相关资源的下载权限。

★ 如您急需教学资源或需要其他帮助，请加入教师 QQ 群或在工作时间与我们联络。

中国人民大学出版社　管理分社

教师 QQ 群：648333426（工商管理）　1057207274（财会）　648117133（公共管理）
教师群仅限教师加入，入群请备注（学校＋姓名）

联系电话：010-62515782，82501868，82501048，62514760

电子邮箱：glcbfs@crup.com.cn

通讯地址：北京市海淀区中关村大街甲 59 号文化大厦 1501 室（100872）

管理书社

人大社财会

公共管理与政治学悦读坊